LA DICTÉE

JEAN COSMOS

LA DICTÉE

roman

ROBERT LAFFONT

COPRODUCTION TF1 ET PATHÉ-CINÉMA

© Éditions Robert Laffont, S.A., Paris, 1987
ISBN 2-266-02758-1

A notre Alice,
fille d'Aveyron

1

LE SAUVAGEON

Le ciel pesait de tout son poids sur l'Aubrac.

Il y avait eu d'abord un froid dur à geler les fontaines, les hommes avaient accumulé sur eux gilets et nippes, comme les oignons leurs peaux, du vin même avait claqué dans les caves. Et puis il était venu une douceur dans l'air, inattendue. Alors les nuages de l'ouest par vagues successives s'étaient mis en route, et butant au mur des Cévennes, n'avançant plus, semblaient un troupeau monstrueux que des tourbillons d'air, de temps à autre, animaient d'un mouvement profond qui remuait toute l'épaisseur. Le « Grand Almanach » 1881-1882, ayant annoncé un hiver clément, en savait donc moins long que les outardes, passées dès la Saint-Michel et tirant droit au sud, d'un vol inaltérable et lent.

La neige était là. Dès le matin, les vieux avaient levé la tête en poussant leurs volets, et pas un qui n'eût pensé : « Il va en tomber gros. » Elle était là, la grande neige épaisse et durable qui mettrait sur les monts son édredon de silence, mais les premiers flocons prenaient leur temps, espacés, larges de fleur et capricieux comme de la plume. Plus tard viendrait la muette avalanche des flocons serrés qui tombent aussi dru que les grains d'un sac. Il y en aurait des mètres par endroits. Les routes se boucheraient, les burons et les granges s'enfonceraient dans la masse blanche, et il faudrait de l'attention le soir pour retrouver les toits, hors des villages. Une femme était morte l'an passé, à cent mètres de chez elle, incapable de retrouver son chemin effacé en deux coups de vent alors qu'elle était sortie prendre du bois sur un tas préparé dans sa châtaigneraie.

A Rodez, capitale de l'ancienne province de Rouergue réduite par la Révolution à n'être plus que le département de l'Aveyron, un liseré blanc dessinait tous les détails des bâtisses construites sur le piton qui dominait la cathédrale-forteresse. Les rues étroites entre les maisons demeuraient pour quelque temps encore de la couleur rougeâtre du grès qui pavait les rues ; les flocons mouraient avant de toucher le sol.

Un homme à la carrure puissante apparut à l'un des angles de la place d'Armes, tirant par la longe un cheval de trait. Ils avançaient, sonores, dans une même buée de chaleur et d'haleine. On ne voyait presque rien du visage de l'homme, serré dans une écharpe de tricot surmontée d'un « capel » à large bord, sinon deux yeux pétillants de malice et une moustache que le gel avait prise. Revêtu d'un long manteau jeté sur la peau d'un mouton, on voyait dessous les jambes du pantalon s'enfoncer dans d'épaisses chaussettes. Un autre homme s'approcha de lui, alors qu'il atteignait son porche au-dessus duquel on pouvait lire : « AMBROISE TURLAN et Fils — Roulage — Messagerie — Transports divers ». Quelqu'un de la ville, ça se reconnaissait au chapeau de voyage, à la cape à mantelet, aux demi-bottes cirées, et au ton de la voix.

— Bonjour. C'est vous, Turlan ?
— Turlan le jeune, oui. Bonjour, *moussu*.

Turlan jeta un coup d'œil à quelques caisses de bois que l'étranger avait laissées derrière lui. Sur chacune était inscrite au pochoir la mention : « PAULIN LABARTHE. Imp. Rue V.-du-Temple. Paris. »

Il leva la tête vers l'homme de Paris, s'interrogeant sur ce que pouvaient vouloir dire ces trois lettres mystérieuses : « Imp. »

— Je voudrais être à Soulargues d'ici la nuit. En

passant par la montée de Cambernac et les bois au-dessus, ça me coûtera combien ?

Turlan s'étonnait que l'étranger connût aussi bien le pays, Soulargues n'était qu'un petit hameau perdu dans le causse. Peut-être n'était-il pas aussi étranger au pays qu'il l'avait cru. Mais il fallait bien être parisien pour penser qu'en cette saison, avec tant de neige, de froid et de vent, on pourrait faire le parcours en quelques heures. De toute façon, il n'était pas question d'aller à Soulargues par un temps pareil.

— Ça ne vous coûtera rien, *moussu,* dit Turlan. Soulargues, je n'y vais pas avant Pâques... peut-être même Pentecôte !

Il y avait dans son sourire cette ironie particulière que montrent souvent les gens de la campagne à l'égard des citadins dont l'ignorance des choses de la nature leur est un fonds d'inépuisable raillerie.

M. Labarthe ne se laissa pas démonter pour autant. Sourire pour sourire.

— Je paierai ce que vous demanderez.

— Mon bon *moussu,* l'argent ne fait pas tous les miracles. Ici, ça ne se voit guère, mais dès que nous serions aux approches du causse, c'est tout neige et glace. Les chevaux ne tiendraient pas jusqu'à Soulargues.

— Prenez des bœufs

— Des bœufs !? (Turlan ne retint pas son rire.) Alors, j'ai bien dit : nous n'y serons qu'à Pentecôte !

Turlan jeta un regard sur l'amoncellement de caisses, de sacs, de ballots, de cantines épars sur le sol derrière son interlocuteur. Il réfléchissait.

— Si encore vous aviez moins de charge...

— Je peux vous en laisser une partie. Vous la monteriez plus tard. Avec les bœufs.

Devant l'assurance du voyageur, Turlan fut ébranlé. Après tout, cet homme lui plaisait. Il savait ce qu'il voulait. Et puis ce n'est pas tous les jours qu'en cette saison on vous offre du travail. M. Labarthe sentait qu'il était près de gagner la partie. Il usa du meilleur argument pour l'emporter sans se perdre en paroles.

— Vingt francs.

La pièce brillait entre le pouce et l'index du tentateur. Le visage de Turlan blanchit de toutes ses dents. Il avança d'un pas et, comme le font les maquignons les jours de marché, il topa la main que lui tendait ce curieux *moussu* Labarthe, puis se tourna vers des commis apparus au fond de la cour.

— *Alé, lous éfons! Otola-mé lou Négré é lou Miral ol carry pitchou... E corgorès ocouo qué Moussu vous diro* (1).

Les deux costauds que Turlan fils avait hélés firent une grimace et, traînant leurs sabots sur le sol verglacé, entrèrent dans une remise d'où ils ressortirent bientôt tirant le *carry pitchou* annoncé. En fait, c'était un gros chariot rustique à quatre roues, avec de hautes ridelles et trois arceaux supportant une bâche. A l'avant se trouvait la banquette où s'asseyait le conducteur et, parfois, un passager s'il acceptait de rester exposé aux rigueurs de la saison, car le soleil d'été brûlait les yeux comme le gel mordait la chair.

Les commis vinrent atteler au timon le Noir et le Miral, deux splendides comtois qu'on eût crus capables de tirer la cathédrale derrière eux, puis commencèrent à charger les affaires de M. Labarthe qui les surveillait depuis une petite salle où l'avait entraîné le roulier.

Il était tôt, et le peu de vent qui régnait sur cette matinée, bien incapable de nettoyer le ciel, rabattait la fumée des cheminées, la mêlant aux flocons qui maintenant commençaient d'épaissir leur valse et blanchissaient les joints du pavage. Alors qu'ils s'apprêtaient à charger une troisième malle, les commis entendirent un doigt cognant contre une vitre. C'était M. Labarthe qui leur faisait signe qu'elle ne serait pas du voyage. En revanche, il leur désignait de médiocres petites caisses de bois blanc. Le plus proche crut pouvoir saisir la pile d'un coup, mais la soulever lui demanda un effort inattendu qui le fit bâiller. Il ne put entendre le voyageur qui s'amusait de sa surprise

(1) — Allez, les enfants! Attelez-moi le Noir et le Miral au petit chariot... Et chargez ce que Monsieur vous dira.

derrière la fenêtre et murmurait pour lui-même : « Eh oui, mon ami ! C'est du plomb ! Densité 11,34 ! Le plomb qui tue et qui sauve !... »

Dans le même temps, à Conques, bourgade située à dix lieues de Rodez et dont les maisons s'étalaient sur les pentes des gorges du Dourdou, une femme, tenant un petit garçon par l'épaule, entrait dans la cour d'un cloître qui servait d'école, au bas du village.

Au milieu de la cour se tenait un grand prêtre coiffé d'un bonnet carré, maigre sous la soutane et cet air perpétuellement excédé qu'ont certains grands oiseaux irascibles. Tout un peuple d'enfants en blouses sombres criait autour de lui, avec la modération que suscitait son austère silhouette. Une cloche sonna qui mit fin à cette jacasserie. C'est alors que le prêtre, se retournant, vit la femme et l'enfant s'approcher de lui. Apparemment, il les connaissait, mais les accueillit d'un regard froid. La femme, encore jeune, un grand fichu noir jeté sur ses épaules, le fixait, frémissante d'espoir.

— Vous m'aviez promis...

L'ecclésiastique fronça les sourcils. Son visage d'Indien fâché n'exprimait rien de la mansuétude habituelle aux gens de son état.

— Je vous avais promis, moi ?

— Oui. Vous m'avez dit, la dernière fois : « Qu'il revienne à l'Épiphanie... »

— Eh bien, nous ne sommes pas encore à Noël !...

— C'est pour être plus sûre. J'ai fait ses blouses et j'ai acheté le trousseau... Même les souliers.

Elle montrait un paquet qu'elle avait posé à quelques mètres, sous l'abri du cloître.

Le prêtre leva les bras au ciel.

— Mais, ma chère enfant, nous nous sommes mal compris ! C'est impossible autrement. Im-pos-si-ble !

Il laissa descendre son regard sur le garçon qui le contemplait par en dessous, avec l'expression inquiète et sournoise d'un jeune animal menacé.

— Vous dites vous appeler ?...

La femme, les mains serrées sur sa poitrine, fixant le prêtre de ses grands yeux noirs, répondit d'une traite :

— Meissonnier. Louis Meissonnier, fils de Jeannou,

mon mari qui est tombé du toit, il y aura sept ans à la Saint-Joseph.

Comme s'il se bornait à constater un fait banal, le prêtre s'adressa à la mère.

— Vous êtes donc veuve ?

— Oui. Je m'appelle Maria Meissonnier. Avant j'étais Maria Fabre.

Le prêtre détourna légèrement la tête et feignit d'apercevoir un élève, le seul resté dans la cour, debout, face au mur de la classe où les autres étaient entrés. C'était le premier puni de la journée. Puis il revint à Maria et à son fils. Sa voix s'était adoucie.

— Si j'avais de la place...

La femme se récria.

— Mais il y a les deux de Piouzac qui sont morts !

On eût dit d'une aubaine pour elle que ces deux élèves eussent vidé leurs tables. Le prêtre y vit argument à se rembrunir, et toute trace de compassion disparut sur son visage.

— Les deux de Piouzac ! Les deux de Piouzac ! Mais j'avais déjà un élève de trop !... Et puis le vôtre est trop grand.

Obstinée, la femme sauta sur le mot.

— S'il est grand, c'est l'air du causse. Ça les développe plus vite que dans les vallées...

L'autre la fit taire d'un mouvement de menton.

— S'il est comme vous, ma fille, réponse à tout, ce doit être un bel effronté !

Tout le temps qu'avait duré la conversation entre sa mère et le prêtre, le petit Louis — trop grand pour son âge ! — avait jeté des regards angoissés, de ce prêtre un peu terrifiant à sa mère qui semblait vouloir le jeter dans ses bras sans qu'il comprît la nécessité d'un tel acte. Enveloppé dans sa pèlerine, on ne pouvait guère apprécier les traits de son visage, mais il était de ces blonds au teint mat qui ne sont pas rares dans ces contrées d'antiques mélanges dont il semble que les hommes aient conservé les marques du passage des barbares du Nord, tandis que les femmes ont hérité l'œil noir et la voix perchée des ancêtres sarrasines.

Le prêtre commençait à en avoir soupé de cette petite

femme têtue qui refusait ses raisons et continuait d'évoquer les deux petits morts, dont l'un au moins devait permettre à son fils d'entrer à l'école. Il se retourna vers l'élève puni et s'approcha de lui. Il lui adressa la parole sur un ton doucereux.

— Toujours vous, monsieur Faure !... Vous ne comprenez donc pas la chance que vous avez d'être ici ?

L'enfant approuva de la tête, résigné. A quoi cela lui aurait-il servi de répondre qu'il n'avait pas l'impression d'être particulièrement privilégié ?

— ... Il y a des garçons qui donneraient gros pour prendre votre place, mon ami. Vous devriez réfléchir là-dessus.

« Monsieur Faure » prit l'air de quelqu'un qui réfléchissait déjà, mais il eut un sursaut quand le prêtre saisit entre le pouce et l'index les courts cheveux qui bordaient l'oreille.

— ... Vous allez venir m'expliquer quelle bêtise vous avez encore imaginée.

L'enfant eut un couinement de douleur et voulut parler, mais son tortionnaire, en bon pédagogue qu'il était, secouait la tête.

— Non, non, non ! Vous allez m'expliquer ça *par écrit...* Je ne veux pas vous entendre.

Ils disparurent ensemble, l'un tirant l'autre comme s'il s'agissait d'un chien sans collier que l'on ramène à la niche par les poils du cou.

Louis regardait sa mère. La disparition soudaine du grand curé, aussi piquant qu'un chardon des causses, le ravissait secrètement et le troublait.

Sa mère le rassura en lui prenant la main.

— Il va revenir.

Il ne le souhaitait pas mais eut l'esprit de se taire. Et tous deux regardèrent longtemps la porte par où s'étaient engouffrés le prêtre et l'élève puni, le cœur battant d'une espérance contraire.

La porte ne se rouvrit pas.

Le chariot de Turlan avait pris la route de Soulargues. Le roulier et M. Labarthe étaient assis sur la banquette, enfouis dans leurs vêtements, le visage comme un masque de bois où seuls vivaient les yeux. Ils avaient franchi l'Aveyron, qui coule au pied de Rodez, sur un vieux pont de pierre. A l'horizon s'effaçaient les pointes de Notre-Dame. Bientôt, ils commencèrent à gravir un chemin qui menait vers les hauteurs du causse. Turlan fumait sa pipe. Le Noir et le Miral, dont l'étoile blanche au front justifiait le nom, exhalaient des nuages de vapeur par les naseaux et tout leur corps en travail. La neige s'épaississait et M. Labarthe, pensif, essayait de percer ce brouillard blanc qui cachait le paysage.

Dans ce même univers laiteux que balayaient des rafales de vent, Maria avançait à grands pas, s'enfonçant dans la neige, courbée en avant, un bras passé dans le nœud du balluchon qu'elle avait apporté avec elle et qui contenait le « trousseau » de son fils. Lui marchait à quelques pas derrière elle. Maria avait le visage crispé par la colère. Son front était creusé de profondes rides. Elle serrait les mâchoires. Était-ce en raison des efforts qu'elle devait faire pour arracher ses jambes de la neige ou de l'indignation qu'elle ressentait, toujours est-il qu'elle ne pouvait recouvrer son calme. Elle croyait au bon Dieu, naïvement, comme tous les charbonniers, ses ancêtres, avant elle. Elle savait que son Fils à Lui aurait accepté dans l'école son fils à elle. Pourquoi dès lors ce grand escogriffe de curé les avait-il rejetés ? Elle s'en voulait de mal penser d'un homme qui portait la même robe que le curé Vergne. Celui-là était bon ! Il l'avait mariée au Jeannou, avait baptisé Louis, et chaque dimanche disait la messe à trois lieues de Soulargues où ne subsistait qu'une chapelle à demi effondrée. « J'aurais dû lui demander une lettre », se reprochait Maria.

Louis, lui aussi, mangeait sa colère. Malgré son application à suivre sa mère, il échangeait de temps à autre avec elle de courtes phrases, criant plus qu'il ne parlait pour traverser le feutre des flocons devenus abondants. Selon la tradition, même en milieu de grande pauvreté, l'enfant voussoyait sa mère.
— *Couos ün gran solop !*
— *Parlès pas mal d'ün curat, sé bouos !*

16

— *Nani, mê bous l'obès ditch otobé !*

— *Ero én couléro.*

— *Ou sès paspus ? You bourrio qu'on lou fouto tout nud, lou quioul sul lous pelovotch.*

— *Obonço al lioc dé porla coumo ün colut* (1).

Maria s'était arrêtée pour laisser passer l'enfant devant elle. Heureusement que dans le Rouergue on était habitué aux hivers rigoureux ! Jamais quelqu'un de la plaine n'aurait pu marcher si longuement, si péniblement, dans cet enfer blanc.

Louis continuait à laisser échapper de courtes phrases qui sifflaient entre ses dents.

— *Mé fouto dé lour puto d'escuolo* (2) !

Sa mère, toute à l'effort de marcher et d'ouvrir leur trace, répondait sans conviction :

— *Calo-té* (3)

L'enfant se taisait un instant et reprenait, têtu :

— *Youraï jamaï ! Jamaï ! Foraï les tioulados des oustals, coumo mon païré. E lur pissouraï sul cap* (4) *!*

Enfin, la mère, perdant patience, lui donna une taloche en criant :

— *Té bouolé pas pu cousi ! E perdès toun nalè ! Marcho son parla, obèn dé cami obou lo nutch* (5).

Le chariot de Turlan, maintenant, n'avançait guère plus vite que Maria et Louis. Les chevaux peinaient, leur encolure puissante tendue vers l'avant. Dans ce paysage désolé, seules leurs sonnailles mettaient un peu de gaieté qui contrastait avec la mine rembrunie de Turlan.

(1) — C'est un grand salaud !
— Ne parle pas mal d'un curé, tu veux !
— Mère, vous me l'avez dit aussi !
— J'étais en colère.
— Vous ne l'êtes plus ? Moi, je voudrais qu'on le foute tout nu, le cul sur les bogues de châtaigne.
— Avance, au lieu de parler comme un fou !
(2) — Je me fous de leur putain d'école !
(3) — Tais-toi !
(4) — Jamais j'irai ! Jamais ! Je ferai les tuiles des maisons, comme mon père. Et je leur pisserai sur la tête !
(5) — Je ne veux plus t'entendre ! Tu perds ton souffle ! Marche sans parler ! Nous avons du chemin à faire avant la nuit.

Celui-ci se tourna vers M. Labarthe.

— Tout de même, j'aurais pas cru qu'il y en aurait tant, de cette neige.

— Nous sommes encore loin ? demanda M. Labarthe.

— A vous entendre, en bas, on vous aurait cru du pays.

— Pas moi. Ma mère, la famille de ma mère.

« C'est bien ça, se dit Turlan, il n'a jamais mis les pieds ici, mais on lui a dit que, pour aller à Soulargues, il fallait prendre la montée de Cambernac. »

En fait, que sa famille soit originaire de l'endroit accroissait sa sympathie pour cet homme qui n'était plus tout à fait un étranger et dont il devenait évident qu'il venait s'installer dans la région. Turlan, qui connaissait, depuis des générations, la dureté de la vie dans les causses, lui en était reconnaissant mais ne dissimula pas son scepticisme.

— Si vous n'y êtes pas né, vous n'y tiendrez pas !

M. Labarthe continuait de conserver la réserve qu'il avait depuis le début et gardait le silence.

En bon roulier, Turlan excita les chevaux à montrer plus d'ardeur. Il les apostropha, comme il l'aurait fait de commis paresseux.

— *Beleou, boudrias, qué bous pourtissiès sur mos espallos* (1) ?

Il aimait bien le Noir et le Miral. Tout ça n'était que rhétorique et langage de roulier à ses bêtes. Il donna mollement un coup de fouet sur leurs croupes. Mais l'épaisseur de neige ne cessait de croître, compliquant la marche de l'attelage dont les arrêts se faisaient de plus en plus fréquents.

Turlan profita de l'un d'eux pour répondre à la question de son client.

— Loin ? Pas vraiment. Mais assez pour que le temps nous dure à tous si la neige monte encore.

A travers le brouillard, un toit apparut soudainement, couvert de *lauzes*, ces tuiles de schiste parfois

_____

(1) — Vous voulez, peut-être, que je vous porte sur mes épaules ?

18

larges comme des tables de pierre et d'une épaisseur de trois doigts.

— On va s'arrêter boire un coup, dit Turlan que cette vision réjouissait.

— Je n'ai pas soif, répondit M. Labarthe.

— Moi, si.

Maria et son fils avaient fini par se perdre. Pressés de retrouver Soulargues et la chaleur de la maison, ils s'étaient pris au jeu des raccourcis, tirant à droite à cause d'un arbre connu, puis à gauche à cause d'un autre et, finalement, harassés, les yeux piqués de flocons, le tournis dans la tête, ils ne savaient plus. Simplement ils avançaient, farouches, ensevelis à mi-cuisse. Louis ne récriminait plus. Il avait oublié ce drôle de curé qui tirait les cheveux des garçons de son âge, oublié l'école et le projet cent fois repris aux veillées d'y descendre à l'Épiphanie. La neige l'occupait seul ; et le froid qui lui prenait le ventre.

Maria, plus robuste que son fils, s'inquiétait.

— *Béni deriès you ! Ané béni ! Ma bas préné mal ombè tos combos nudos ! Mal ol ventré* (1) !

Quelles que soient les rigueurs du climat, un enfant de l'âge de Louis devait porter des culottes courtes. Le pantalon était réservé aux hommes. Et les genoux de Louis étaient aussi rougis par le froid que son visage.

— *Y aï déjà mal* (2) !

Et Maria soupirait :

— *Canto misero* (3) !

C'est alors que, porté par le vent, se fit entendre un premier hurlement. Louis s'arrêta, tout son être dressé.

— *Ocouos lou loup* (4) !

Dans une contrée aussi proche de la Lozère, où, il y avait à peine plus d'un siècle (et la mémoire est longue dans ce pays !) s'était illustrée la « bête du Gévaudan », il n'était pas superstitieux de croire aux loups.

(1) — Viens derrière moi ! Allez viens ! Tu me vas prendre mal avec tes jambes nues ! Mal au ventre !
(2) — J'y ai déjà mal !
(3) — Quelle misère !
(4) — C'est le loup !

19

Devenus rares, ils couraient encore par couples ou par bandes.

Maria chercha à rassurer son fils :

— *Qué bas diré lou loup ! Ocous lou co dé Barral, lou grand co. Oben retroubado lo routo* (1).

La ferme des Barral était comme un repère qui menait à Soulargues à travers le fouillis des ronces et des châtaignes. Un autre hurlement se fit entendre.

Louis tourna la tête.

— *Couos aquel lou grand co dé Barral. L'aoutro acouos lou loup* (2) !

Et, brusquement, Louis changea de direction...

Le chariot de Turlan était arrêté près d'une ferme toute faite de pierres, murs et toit. Avec, à proximité, une lavogne, dépression du sol, au fond d'argile ou de pavé, où viennent boire les troupeaux.

Turlan et le fermier déchargèrent quelques colis.

— Toujours un bon quintal qu'ils n'auront plus à tirer, dit Turlan. Ça n'y paraît pas, mais, des fois, deux ou trois centimètres en moins, et ça passe !

Les gens de la ferme avaient servi à M. Labarthe un bol de lait chaud. Il en prit une gorgée et s'arrêta, avec une grimace.

— Trop chaud ? dit Turlan.

— Non. Trop d'alcool !

— C'est que le lait, *moussu,* c'est juste pour changer la couleur.

M. Labarthe reposa son bol sur l'appui d'une fenêtre. De l'alcool déguisé en lait ! A Paris, les gens buvaient l'absinthe, qui avait aussi la couleur du lait et rendait fous ses adeptes.

Le chien de la ferme leva le nez droit vers le ciel et poussa un long hurlement auquel d'autres répondirent du fond de la tourmente.

— Vous avez encore des loups par ici ? demanda M. Labarthe.

_____

(1) — Qu'est-ce que tu vas dire, le loup ! C'est le chien des Barral, le grand chien. On a retrouvé le chemin.
(2) — Celui-là, c'est le grand chien des Barral. L'autre, c'était le loup !

Turlan, qui enlevait les grosses couvertures posées sur les chevaux pour les protéger du refroidissement et les frictionnait au passage, répondit :

— Plus guère ! Ceux qui restent, on en tue, mais ils se reforment l'été, en forêt. Et, l'hiver, ils sortent… et ils chantent ! Vous allez monter vous asseoir sur le chariot, moi je reste à parler aux chevaux, sinon ils ne voudront plus bouger.

Il aida M. Labarthe à reprendre place sur la banquette, puis salua celui qui les avait accueillis.

— *Adiou, Barral ! Oquelcès Parisiens oou dé soous. Olaro nou foou faïré dé bestisos qué los cabros n'y ossojorions pas* (1) !

Le père Barral et Turlan se serrèrent la main, complices. Eux étaient du pays. Ils savaient ce que ça voulait dire d'aller de Rodez à Soulargues en plein hiver.

Turlan vint prendre les chevaux à la bride pour les faire sortir de la cour de ferme.

— *Ané, lous éfons ! Perqué y cal ona, onéens bité* (2) !

Quand ils reprirent le chemin de Soulargues, la neige avait cessé de tomber. Dans le ciel, toujours opaque, croassaient des corbeaux alertés par ces hurlements annonciateurs de quelque charogne.

Plus loin, ils arrivèrent à un embranchement dont l'une des voies avait été dégagée par un véhicule précédent et montrait deux rails profonds dans la ouate fraîche.

— C'est la petite route dont m'a parlé Barral, celle par où est passé le traîneau du docteur, dit Turlan. Ça nous rallongera un peu, mais c'est une aide qu'il ait frayé le chemin.

Si Turlan était satisfait de l'aspect que prenait le voyage, Maria et Louis, eux, étaient maintenant hébétés de fatigue et de froid. D'angoisse aussi, car marcher à l'écart de tout sentier tracé leur était d'une peine incroyable. Louis s'accrochait à la longue jupe de sa

(1) — Adieu, Barral ! Ces Parisiens ont des sous. Alors, ils nous font faire des bêtises que les chèvres n'oseraient pas !
(2) — Allez, les enfants ! Puisqu'il faut y aller, allons-y vite !

mère. Celle-ci, le visage raviné de sueur, malgré le froid, était au bord des larmes. Ils avaient à franchir une nouvelle crête. Maria, épuisée, tomba. Son fils la suivit dans sa chute. Ils étaient à présent à plat ventre dans la neige, haletants, économes de leur énergie, enlisés dans cette couette mortelle.

— *Se m'en cal mouri*, dit Maria, *onoras métré lou fuoc onoquel curat* (1) !

Un rictus découvrait ses dents blanches.

— *Sé dubès mouri*, répondit Louis, *you démouroraï ambé vo* (2) !

Sa mère le regarda longuement. Sur son visage encore jeune, mais marqué par la fatigue présente et toutes celles qu'elle avait endurées depuis sa naissance, se peignait l'immémoriale émotion d'une mère en proie au malheur. Et qu'y a-t-il de plus profond que le malheur d'une mère lorsque son enfant est victime de la nature ou de la méchanceté des hommes ?

C'est alors que, d'un coup de reins, elle se releva sur un coude, l'oreille tendue vers un bruit lointain qui semblait venir vers eux au travers du cristal glacé de l'air. C'était comme une clochette d'église à l'élévation, mais Maria, fille de la terre, avait reconnu les sonnailles de chevaux, et puis même un bruit de voix et le claquement d'un fouet. Louis aussi avait entendu. Ils se redressèrent tous deux, s'arrachèrent à la neige et se précipitèrent, autant que leurs forces le leur permettaient, au faîte de la colline. A moins d'une centaine de mètres en contrebas, ils aperçurent un chariot et deux hommes assis à l'avant. Alors, tels des naufragés pris dans une tempête et qui voient un navire sortir de la brume, ils se dressèrent, criant et agitant les bras, s'enfonçant et resurgissant dans une suite d'efforts qui mangeaient leur reste de vie.

Turlan et M. Labarthe entendirent à peine leurs cris, mais cela suffit pour qu'ils fouillent du regard les collines dominant la route tracée par le traîneau du docteur. M. Labarthe les aperçut enfin et les montra du

(1) — Si j'en meurs, tu iras mettre le feu à ce curé !
(2) — Si vous devez mourir, je resterai avec vous !

doigt à son compagnon. Turlan fit aussitôt arrêter les chevaux. Soucieux, il observait les silhouettes qui s'agitaient en criant, juste sous la crête. Homme de la campagne, il était méfiant et son métier de transporteur n'avait fait qu'aiguiser ce trait de caractère. Ça ne serait pas la première fois que des brigands rançonneraient ceux qui passent. Et tout le Rouergue connaissait par cœur la fameuse complainte de Fualdès, ancien procureur de l'Empire dont on avait retrouvé, un jour de 1817, le cadavre flottant sur l'Aveyron. Peu importait que le crime ait eu lieu dans un bouge de Rodez et non sur les collines, la vérité est qu'il y avait eu des malfaisants capables d'un tel crime.

— Ils sont au moins deux, souffla-t-il à M. Labarthe.

— Oui. J'entends une voix d'enfant.

— Ça n'est pas une raison. Ces brigands ont de la malice.

Turlan descendit du chariot, après avoir sorti de dessous son siège un petit pistolet qu'il dissimula sous sa houppelande.

— Si l'affaire tournait mal, dit-il à M. Labarthe, continuez droit devant. Vous en avez un autre tout pareil à celui-ci sous la banquette.

Louis regardait monter vers lui le gros homme qui bataillait sur la pente, lançant une jambe après l'autre d'un air plus menaçant que secourable. Maria se tenait droite. Lorsqu'il atteignit l'enfant, Turlan lui tendit la main et le fit se redresser. Non, ce n'étaient pas des brigands ! Mais une femme et un gamin perdus dans la neige et qui allaient crever de froid.

Il s'adressa d'abord à Louis.

— Tu peux aller jusqu'à la voiture ? lui demanda-t-il en français.

— Il ne comprend que le patois, dit Maria.

Turlan redit sa phrase.

— *Baï duscoo o lo bouéturo, pitchou* (1) !

— *Pouodé pas* (2), répondit Louis.

(1) — Va jusqu'à la voiture, petit !
(2) — Je ne peux pas.

— Attends, je vais t'aider… Je reviens.

Le roulier se dirigea alors vers Maria.

— Il y a longtemps que vous marchez?

— Oui. On habite Soulargues. On vient de l'école, pour le petit. De Conques. On s'est perdus.

— De Conques? *Boun Diou!*

Turlan était effaré. Cette femme et cet enfant avaient parcouru des lieues à pied, dans toute cette neige, dans ce vent, dans ce froid, que lui, un homme fait, avait hésité à affronter avec son char et ses chevaux. Et Dieu sait si cela avait été pénible! Il en éprouvait une réelle honte.

— Accrochez-vous à moi et venez.

Maria le prit par une manche et Louis par l'autre. Puis, soudain, elle lâcha Turlan et repartit à grandes enjambées sur la pente.

— Qu'est-ce qu'il y a? dit le roulier, étonné.

— *Lou paquet! Aï perdut lou paquet! Moun Diou Nostré Seigné! Lous souliés noous* (1)!

Elle revint bientôt, son précieux paquet dans les bras. Le trio s'approcha du chariot où M. Labarthe était demeuré assis sur la banquette, fasciné par cette insolite rencontre.

— Des concitoyens à vous, *moussu!* Ils sont de Soulargues. Vos vingt francs, on les aura pas volés, les *pitchous* et moi.

Le Miral, d'esprit plus vif que son compère, agita une oreille en signe d'acquiescement.

Turlan fit monter Maria et le petit dans la voiture. La mère bouchonna vigoureusement le torse et les jambes du garçon, qui peu à peu reprenait des couleurs, puis elle ouvrit son balluchon et en sortit quelques vêtements propres et secs qu'elle lui fit enfiler. En tournant la tête, Louis aperçut avec étonnement un gros carton rond parmi les affaires de M. Labarthe.

C'était la première fois qu'il voyait une semblable boîte!

(1) — Le paquet! J'ai perdu le paquet! Mon Dieu Notre Seigneur! Les souliers neufs!

24

— *Déqué io oqui dédins* (1)?

Sa mère jeta un coup d'œil, et lui répondit à mi-voix :

— *Un capel. Oquelcès moussus oou toutcho ün pulit capel sul cap.*

— *Cos ün ritché?*

— *O Paris, sous toutès ritchès!*

— *Perqué ou s'en pas, naoutrès* (2)?

La question de Louis était parfaitement logique. Pourquoi vivre à Soulargues où on est pauvre, alors qu'à Paris on est riche?

Maria Meissonnier haussa les épaules d'un mouvement qui exprimait toute la résignation des humbles. Pour elle, le monde était ce qu'il devait être.

— *Né cal oïci, né cal olaï* (3)...

Ayant atteint le plateau, le chariot de Turlan traversait maintenant une vaste étendue où parfois émergeaient de la neige de gros rochers dispersés au hasard et comme tombés du ciel. De-ci de-là, des hêtres et des pins aux branches courbées sous le poids de la neige fraîche, qui pèse double ainsi que chacun sait, des bouleaux même, se dressaient à l'entour de petites dépressions du sol que les gens du pays appelaient des *cloups.*

Le ciel était dégagé, et M. Labarthe aperçut un petit hameau à quelque distance.

— Est-ce ici? demanda-t-il à Turlan.

— Eh oui! soupira le roulier.

— C'est petit.

M. Labarthe avait parlé d'une voix posée, sans montrer ni étonnement ni déception. Il constatait.

Turlan renchérit.

— C'est même un peu perdu...

Il montrait toujours à l'égard de l'étranger une pointe

---

(1) — Qu'est-ce qu'il y a, là-dedans?
(2) — Un chapeau. Ces messieurs ont toujours un joli chapeau sur la tête.
— C'est un riche?
— A Paris, ils sont tous riches!
— Pourquoi on ne l'est pas, nous autres?
(3) — Il en faut ici, il en faut là-bas...

d'ironie sans méchanceté, plutôt amicale, même. Qu'est-ce qu'un tel homme pouvait bien venir chercher dans ce hameau ignoré du reste du monde que les gens de Rodez ne frôlaient qu'au passage ou dans l'euphorie des chasses et des cueillettes de champignons ? Ce n'était pas un simple pèlerinage au berceau de sa famille : il n'aurait pas emporté autant de choses avec lui. A coup sûr, il venait s'établir.

Ils allaient à présent dans l'unique rue de Soulargues, de ce fait dénommée Grand-Rue et bordée de maisons à peu près semblables, à croire qu'on les avait faites toutes ensemble d'une même main, à la même époque. Pour chacune, un rez-de-chaussée de pierre locale taillée à gros appareil et nue sur ses deux faces formait une sorte de remise, depuis laquelle on accédait, au moyen d'un escalier intérieur, à l'étage destiné à l'habitation.

Turlan arrêta son char à l'entrée du hameau. L'arrivée des voyageurs avait troublé le pesant silence, chiens et poules se lançaient la nouvelle. Une vieille femme parut sur son seuil, les mains dans la poche ventrale de son tablier. Elle était tout habillée de noir, avec une jupe et un fichu de cadis, cette laine rugueuse des moutons des Causses, et portait sur la tête une *coueffo* à la mode rouergate. Son regard pointu fixait l'équipage et le char avec étonnement.

— *Déqué margo ? Sé troumpo d'oustal* (1) *!* murmura-t-elle en grimaçant.

Il y avait donc quelqu'un à Soulargues qui attendait l'arrivée de Turlan ou, plutôt, de M. Labarthe.

La petite vieille s'avança vers le char, tandis que Turlan s'affairait à l'arrière, dégageant les bâches qui le fermaient. M. Labarthe, intrigué, la regardait s'approcher à petits pas. Maria et Louis descendirent du char et entrèrent dans la maison après un bref conciliabule avec le roulier.

— Ils vous remercient bien, dit Turlan à son client. Elle voulait payer quelque chose. Je lui ai demandé que le gamin vienne prêter la main au rangement de vos affaires et que ça suffirait.

(1) — Qu'est-ce qu'il fabrique ? Il se trompe de maison !

26

— Vous avez bien fait.

— Il viendra dès qu'il aura bu un bouillon chaud.

— Ce soir ? Il n'est pas fatigué ?

— Pensez-vous, répondit Turlan avec fierté. C'est une race très solide, ici ! Ceux qui ne meurent pas dans la première année, ils tiennent contre tout. Les étés brûlants aussi bien que les hivers comme celui-là. Sans compter les travaux qu'ils doivent faire pour tirer une récolte de cette pierraille qui laisse passer l'eau du ciel et ne donne à manger qu'aux moutons. Rien ne pousse ailleurs que dans les *sotchs,* ces grands trous que vous verrez au départ de la neige et qui sont de bonne terre poudreuse et noire.

La vieille, maintenant, poussait des cris en agitant les bras, sans approcher.

— Qu'est-ce qu'elle veut, celle-là ? marmonna Turlan.

Mais la bonne femme déjà faisait demi-tour et trottinait vers sa maison toujours en piaillant...

Une demi-heure plus tard à peine, tous les bagages de M. Labarthe avaient été déchargés et portés dans la maison où la petite vieille était entrée. C'était bien lui qu'elle attendait, ce « M. Labarthe de Paris », et cette maison était celle qu'il devait habiter.

— Mon nom est Noémie Baccaria, mais tout le monde ici m'appelle la Caria, faites de même, lui dit-elle d'entrée de jeu. Moi, je m'occuperai de tout.

Grave, attentif, le nouvel occupant des lieux parcourait du regard la grande pièce où ses bagages avaient été déposés. Un regard d'huissier dressant sa liste : ici une table de ferme à deux bancs dépareillés, un tabouret en bout, un fauteuil et un coffre aussi vieux l'un que l'autre ; là un long comptoir noirci de fumée et gravé d'une croix au couteau ; et encore un autre coffre sous les fenêtres, qui tenait lieu de buffet. Il y avait aussi une cheminée, une haute horloge à balancier de cuivre, quelques bibelots épars, de vieilles gravures accrochées aux murs, toutes piquées de rouille et de chiures de mouches, quelques bougeoirs, une lampe à pétrole... et c'était à peu près tout, si l'on excepte le train normal des ustensiles de cuisine entassés dans la cheminée et la vaisselle qu'on devinait dans le coffre-buffet. M. Labarthe semblait satisfait de se trouver dans cette vieille maison rustiquement meublée, où se lisait le passage de générations successives de pauvres paysans caussenards.

Caria, insensible à ce charme dont seuls les citadins revêtent ce qu'eux-mêmes considèrent comme vieilleries pouilleuses, s'affairait autour de lui, claquant des sabots sur la terre battue.

— Nous n'aurons jamais assez de meubles !... geignait-elle.

— J'en ferai venir, répondit M. Labarthe d'un air distrait.

— Et où on les mettra ? disait la vieille. Vous dites que vous avez laissé d'autres paquets en route ?

— Le double.

— *Ségné Diou !* Mais la maison sera trop petite ! Ces notaires, ils ne peuvent donc jamais dire les choses comme elles sont !

M. Labarthe, sans lui porter attention, les mains derrière le dos, allait et venait dans la pièce encombrée.

— Pour les repas, je veux un service à midi, l'autre à six heures et demie l'hiver, huit heures l'été. Je mange assez peu, surtout le soir. J'aime les soupes.

— Nous avons même goût, dit Caria.

Il y avait en elle une sorte de servilité curieusement agressive qui lui faisait courber la nuque et jeter en avant son menton de prognathe.

— Je ferai le ménage du bas, mais, pour le haut, vous chercherez quelqu'un. Je n'ai plus la force d'aller et venir dans l'escalier.

— C'est moi qui ferai ma chambre, trancha M. Labarthe, du même ton de voix qu'il avait eu pour préciser l'heure de ses repas.

Caria ne pouvait plus se contenir :

— Si les gens me demandent les occupations de Monsieur ?

— Maître Azouloux ne vous a rien dit ?

Elle branlait de la tête, cachant mal sa nervosité.

— Répondez ce qu'il vous plaira, trancha malicieusement Labarthe.

La déception fit descendre tout le bas de la figure de la vieille au point qu'il se sentit tenu d'en dire un peu plus, qu'il lâcha d'un trait de voix sans timbre, comme s'il se parlait à lui-même :

— Je n'ai pas assez de fortune pour me retirer en ville, mais ici ça devrait aller, si je peux me plaire avec le pays et avec les gens. Je vais avoir cinquante ans, je suis célibataire, j'ai travaillé dans l'imprimerie, j'ai cru être peintre, je veux la paix. (Il haussa le ton.) La paix !

Il se tourna brusquement vers elle.

— En savez-vous assez pour votre gazette ?

Caria acquiesça. Elle était à peu près satisfaite. L'imprimerie et la peinture ne lui disaient rien qui vaille, mais, sans être riche, le Parisien semblait avoir assez de biens pour vivre sans travailler. Elle approfondirait plus tard la nature de ses ressources.

M. Labarthe monta à l'étage en six enjambées. Sur le palier il passa un doigt sur un meuble, y laissant une marque dans la poussière.

— Il y a longtemps que la maison est abandonnée ? cria-t-il.

Caria montra sa tête au bas des marches.

— Deux bonnes années. Plutôt trois.

Il eut un sursaut de surprise.

— Ma tante n'est morte que l'an passé !

— Oui. Mais ça faisait des mois et des mois qu'elle traînait chez les uns et les autres. L'hôpital, les bonnes sœurs, tout ça… On vous amènera bien quelques notes à régler, allez !…

Elle s'interrompit. On venait de pousser la porte du bas.

Elle se retourna.

— *Déqué bouos, mo filho* (1) ?

Une voix de femme répondit.

— *Lou pitchou és jogut. Coumo obio proumi d'odjuda oï bogatchés, béné o so plaço.*

_____

(1) — Qu'est-ce que tu veux, ma fille ?

— *Fas plo* (1) *!* conclut la vieille dont il devenait évident qu'elle se comporterait ici en gouvernante, c'est-à-dire en gouvernement.

M. Labarthe descendit l'escalier, reconnut Maria et lui fit un petit signe de tête amical.

Les deux femmes s'étaient exprimées en patois.

— Vous seriez gentilles, lorsque je suis présent, de parler de façon que je puisse comprendre.

— Oui, Monsieur.

Maria avait répondu avec dans sa voix la soumission de ceux qui ont déjà servi des maîtres.

M. Labarthe en fut gêné.

— Ce n'est pas de la méfiance. C'est seulement que... c'est désagréable.

— Je comprends, dit Maria.

Fille des Causses, elle parlait bien le français. Avec un surcroît d'application qui ralentissait ses paroles. Quoi qu'il en soit, elle sentait l'impolitesse de parler sa langue à soi devant quelqu'un qui ne la comprenait pas.

Caria souffla à l'oreille de Maria.

— *Serco une fenno pel trubal dé l'oustal. Yo li foraï lo cuisino. S'ocouo t'enterresso* (2) *!*...

Ce conciliabule rembrunit encore M. Labarthe qui fixait les femmes.

Maria enchaîna d'une voix précipitée :

— Elle dit que vous cherchez une femme pour des travaux ici.

La phrase prit M. Labarthe au dépourvu.

— Je ne sais pas. Je dois réfléchir...

Puis il remonta visiter l'unique chambre de l'étage.

En bas, Caria et Maria chuchotaient à nouveau.

— Il n'a pas l'air content, s'inquiéta la jeune femme.

— *Pouh ! Lous houomès, countèns pas countèns, lous cal dounda, soncouo téfoou milo capricès* (3).

_____

(1) — Le petit est couché. Comme on avait promis d'aider aux bagages, je suis venue à sa place !
— Tu fais bien.
(2) — Il cherche une femme pour les travaux de la maison. Moi, je lui ferai la cuisine. Si ça t'intéresse !...
(3) — Pouh ! Les hommes, contents pas contents, il faut les dresser, sinon ils te font mille caprices.

La vieille Caria était de cette race de femmes qui se rencontre aussi dans les campagnes les plus reculées (où, pourtant, les épouses sont d'habitude soumises), dont le combat quotidien se mène contre l'homme. A commencer par le sien, qu'il fût le mari ou le maître. Rusée, revêche, elle savait s'adoucir mais, dans la courbette qui la contraignait, elle calculait déjà sa revanche.

Elle ôta le grand tablier de cretonne orné de dessins d'abeilles qu'elle avait revêtu pour la circonstance et l'accrocha au clou. L'ombre de Paulin Labarthe passant sur le mur de l'escalier, elle affecta de parler haut et français.

— Moi, je rentre, pour commencer !

Elle montra à Maria une marmite dans laquelle mitonnait une soupe, sur le coin d'un gros fourneau en fonte.

— Voilà sa soupe, comme nous l'aimons, ce monsieur et moi. J'ai porté du lard et du pain dans le buffet. Tu sais où sont les assiettes...

Elle se dirigea vers la porte, puis se ravisa, oubliant ses singeries.

— *Ah ! Li mouontos sos bolisos* (1)...

M. Labarthe avait inspecté sa chambre. Elle était propre. Le lit était fait, impeccable, immense. Sur une petite table, il y avait une cuvette de faïence et un grand broc assorti. Au-dessus, un miroir suspendu au mur, dont le tain manquait par endroits. A côté se trouvait une armoire sans glace et, bien sûr, un crucifix veillait au-dessus du lit.

La nuit était venue et le ciel purifié tardait à le dire, éclairé par la neige fraîche. Paulin alluma une lampe à pétrole posée sur une table de chevet, puis se dirigea vers la fenêtre. Il contempla en silence le paysage auquel il avait décidé de confronter sa propre solitude. Après un assez long temps d'examen, il tira une montre de son gousset, dont il souleva le couvercle d'un mouvement machinal du pouce. Exacte, l'horloge du

(1) — Ah ! Tu lui montes ses valises.

rez-de-chaussée sonna cinq heures. Il sourit de contentement, l'oreille aussitôt attirée par un bruit bizarre venant du palier. Il ouvrit la porte. Dans la pénombre, il aperçut Maria tirant derrière elle une grosse malle avec un halètement de forçat. Cette femme, qui avait parcouru des lieues et des lieues dans la neige et le froid, avait encore la force de tirer un tel fardeau ! Le visage de M. Labarthe, jusque-là sévère ou indifférent, laissa apparaître un rayon de douceur presque juvénile.

— Mais que faites-vous ?

Maria se retourna, le souffle court, le front luisant de sueur.

— C'est la malle, Monsieur. Elle est un peu large. Et un peu lourde.

— Il fallait me demander. Je vous aurais aidée.

— Je suis plus forte que j'ai l'air.

Pour la première fois, il montra un peu d'embarras.

— C'est que, de toute manière… cette malle reste en bas !

Maria poussa un gémissement de dépit. Il l'aida quand même à hisser la lourde charge sur le palier.

Elle resta un moment à frotter ses mains meurtries, tandis qu'il faisait jouer les verrous et soulevait le couvercle de la malle.

— Voyez ! Ce sont des livres qui lui donnent ce poids.

Maria était stupéfaite.

— Tout ça de livres ?!

— Non, le dessus seulement. Le reste est du linge. Nous n'aurions pu la soulever autrement.

Lui tirant, elle poussant, ils entrèrent dans la chambre.

Maria était tout essoufflée.

— Remettez-vous, lui dit M. Labarthe, lui montrant l'unique chaise.

Elle secoua la tête et resta debout près de la malle. Et ce fut la première fois qu'il la regarda vraiment. C'était une petite femme mince et robuste qui devait approcher la trentaine. Autant son fils était blond, autant elle avait l'air d'une Mauresque. Ses cheveux, noirs comme le jais de l'Aude, luisaient à la lueur de la lampe à pétrole. Le regard n'était pas en reste de noirceur mais la coupe des

32

yeux était belle, comme tout le visage aux pommettes marquées, au nez fin, à la bouche fortement dessinée. Elle avait une grâce animale et simple, sans coquetterie, qui lui faisait lever le menton et tenir droit son long cou dans le récent effort marquait d'un battement une veine saillante.

Si M. Labarthe découvrait Maria, elle aussi découvrait cet étranger qui aurait pu être son père et dont les traits, malgré une certaine froideur, lui semblaient être d'un « brave » homme. Cependant, le regard gris et doucement ironique l'impressionnait, autant que la voix dont la précision lui paraissait incomparable. Ni le curé ni le notaire d'Entraygues, chez lequel elle avait servi, ne disaient tant de choses en si peu de mots. Et propre !... Boutonné jusqu'au col de celluloïd auquel était agrafée une cravate « à ressort ». Il avait même eu le soin, malgré cette bouillasse de neige à demi fondue, de passer un chiffon sur ses bottes !

— Ça y est, Monsieur, j'y suis !

La malle trônait au milieu de la pièce.

M. Labarthe se pencha sur elle.

— Je garderai quelques volumes dans ma chambre...

En fait, il tirait de la malle ouverte des livres dont il s'essayait à lire le titre dans la quasi-obscurité qui avait envahi la chambre.

— Celui-là, oui. Celui-là aussi. Celui-là, non.

On y voyait de moins en moins, et il montra un quatrième livre à Maria.

— Quel titre lisez-vous ?

Maria prit une expression à la fois farouche et confuse, et secoua la tête.

— Vous ne pouvez pas lire ?

Elle ne répondit rien.

— La nuit tombe vite en cette saison, admit-il sans chercher à approfondir.

Le livre retourna dans la malle dont ils s'emparèrent à nouveau. Allégée, elle demeurait cependant d'un bon poids.

Ils redescendirent au rez-de-chaussée.

33

— Les livres sont plus lourds qu'on ne pense, dit M. Labarthe. Chacun d'entre eux ne pèse rien dans les mains. Mais dès qu'ils sont ensemble...

— Oui, répondit Maria.

C'était la première fois de sa vie qu'elle portait des livres. De lourds fagots de hêtre, oh oui, elle en avait transporté, depuis l'enfance ! Des pierres charriées pour construire des murets au milieu des pentes. Elle avait aussi aidé son mari, en lui passant de lourdes lauzes quand il couvrait les toits. Mais des livres, jamais. Et elle s'étonnait que ces petits paquets de papier couverts de signes qu'elle ne comprenait pas puissent être aussi pesants que les œufs de l'oie de Sidobre. C'était ainsi qu'on appelait, dans une région proche, les blocs de granit parsemant le plateau. Les anciens disaient qu'autrefois, les animaux étant encore doués de parole, un paysan du coin interdisait à son oie de sortir de nuit pour aller pondre Dieu sait où. Un matin, le soleil s'étant levé sans que l'oie eût reparu à la ferme, le maître la punit en pétrifiant le premier œuf qu'il découvrit sur le plateau. Sans la guérir de sa désobéissance ; si bien que, l'opération se répétant, le pays de Sidobre est aujourd'hui peuplé de roches granitiques ayant cette forme d'œuf.

— Ça va ? dit M. Labarthe.

Ce fut comme si Maria sortait d'un rêve.

— Oui, Monsieur.

— Ces petites poignées coupent les doigts.

Il y eut un silence pendant lequel Maria prit à pleins bras la malle et la déposa à l'endroit voulu. La force qu'elle avait déployée semblait l'avoir enhardie. Elle se redressa et, sans le regarder, lança d'une traite vers ce maître la plus longue phrase qu'elle eût jamais prononcée de sa vie :

— Monsieur, je suis très propre, j'ai été placée quatre ans à Rodez chez le docteur Tixier et presque deux ans à Montpellier chez un professeur de pharmacie ; je suis courageuse, je fais le linge, le jardin, même les fagots, comme un homme...

M. Labarthe l'interrompit, intrigué.

— Mais, madame...

Maria poursuivit son discours du même souffle.

— ... Je veux travailler chez vous, la cuisine aussi, je peux, mieux que la vieille Caria. Et vous n'aurez pas à payer d'argent.

M. Labarthe était dépassé par les événements. Quoi ? Cette fille de la campagne, qui était veuve et avait son fils à charge, lui offrait ses services gratuits ?

Il se borna à dire :

— Je ne comprends pas très bien.

— J'ai vu, Monsieur, dit Maria dont le visage irradiait une formidable résolution, j'ai vu que vous savez lire. Vous apprendrez à mon fils.

Maria, à présent, se sentait vide.

Ayant jeté au grand jour toutes les espérances qu'elle nourrissait depuis toujours pour son Louis, elle se taisait, anxieuse, le visage tendu. Elle venait de saisir au passage une chance qui pouvait retourner le mauvais sort de la matinée.

Les curés n'étaient pas seuls capables d'apprendre à lire. Ce M. Labarthe qui transportait des malles de bibles pouvait enseigner son fils aussi bien qu'un autre !

Ce serait le seul héritage qu'elle lui laisserait, mais au moins il deviendrait « quelqu'un », un autre que ceux d'ici, avec un beau costume, un col cassé et la voix nette et sans éclat de ceux qui n'ont pas à doubler de grands gestes les mots qu'ils disent, car ils en mesurent justement la force et le sens.

Face à face, ils se taisaient.

Paulin Labarthe était violemment ému par cette prière de la jeune femme. Étranger, sinon par sa mère, au hameau de Soulargues et à toute la région, voilà qu'on lui demandait sans exiger de lui un diplôme, sans entrer dans le labyrinthe des formalités administratives, de se lier à ces deux êtres par le bien le plus précieux qu'il puisse transmettre : l'éducation. Il avait dit à la vieille Caria qu'il espérait être bien accueilli des gens ; la volonté, mieux encore, l'ardent désir que venait de montrer Maria de lui confier son fils, lui paraissaient un moyen inespéré de se faire accepter, en même temps qu'il accomplirait une tâche exaltante.

Il accepta d'un bref mouvement de tête.

Maria était folle de joie. De retour chez elle, elle se précipita vers le lit où somnolait son fils, le réveilla et le serra contre elle, en poussant des cris de triomphe.

— Il a dit oui ! Il a dit oui ! *Té bo opréné, coumprénès ? Ouras ün mestré per tu tou soul* (1) *!* Tu vas être un monsieur : *moussu* Louis !

Elle s'arrêta soudain. L'enfant, les joues en feu, le regard fixe, avait l'air de ne pas comprendre ce que disait sa mère. Une brusque crainte envahit celle-ci.

— Louis ? *Déqué as ? As lo fiébré ? Sios molaouté* (2) *?*...

Louis lui fit signe que non de la tête, mais ce n'était que pour la rassurer.

— *Aï soulomén set* (3).

— Maria se précipita dans la cuisine pour aller lui chercher à boire.

Cette cuisine, aux meubles encore plus rares que ceux de chez M. Labarthe, était la salle unique où tout s'entassait, le lit de Maria, celui du fils, le fourneau, la table à manger, deux bancs, et une immense maie de laquelle elle sortit un broc et un gobelet pour faire boire son fils. Elle retourna dans la cuisine, sortit du buffet un linge blanc et un sac empli d'une poudre jaune qu'elle versa sur le linge étalé sur la table et humecta avec de l'eau chaude. C'était l'un des rares remèdes dont se servaient les gens du causse quand ils prenaient un mauvais froid : un sinapisme de mourtarde sauvage, longue tige et petites fleurs à quatre pétales, dont les graines broyées dégageaient un âcre parfum...

Il n'était pas étonnant que Louis ait pris mal après l'aventure de la matinée... Maintenant, il dormait, son maigre torse enveloppé du sac de moutarde, adossé à un immense oreiller qui le tenait presque assis. Maria lui tenait la main, sommeillant contre son lit. Le feu ronflait dans le fourneau, un feu d'enfer qui séchait ses jupes sur elle et qu'elle rechargea plusieurs fois dans la

(1) — Il va t'apprendre ! Tu comprends ? Tu auras un maître pour toi tout seul !
(2) — Qu'est-ce que tu as ? Tu as la fièvre ? Tu es malade ?
(3) — J'ai seulement soif.

nuit, les yeux mi-clos, la tête prise par un rêve de tourmente et d'effort.

Quinze jours plus tard, M. Labarthe, qui venait de faire sa toilette, achevait de s'habiller, nouant sa cravate devant l'unique miroir de la chambre. L'air était d'une pureté merveilleuse et depuis l'étroite fenêtre le regard portait loin sur les bois au-delà desquels les monts fermaient l'horizon. Bien qu'il ne vît guère que la vieille Caria occupée par « le ménage du bas », il se refusait au laisser-aller des campagnes. Chemise empesée à col dur, gilet, pantalon impeccable (il l'étendait soigneusement, chaque soir, sous son matelas de laine épaisse afin de lui garder le pli), bottines cirées continuaient de le dénoncer pour un homme des villes. Chaque samedi, il taillait sa moustache à l'aide de petits ciseaux d'argent tirés d'une trousse à ses initiales et pas un jour qu'il ne se rasât de frais. Et Dieu sait si l'expression était de circonstance en cette saison exceptionnellement rigoureuse !

Il venait d'enfiler son gilet lorsqu'il entendit frapper à la porte de la cuisine. Passant une veste de gros drap vert aux innombrables boutons de cuivre, il descendit ouvrir. Son visage s'éclaira en reconnaissant Maria et son fils.

— Entrez, je vous prie... Alors, il est sur pied ? demanda-t-il à la jeune femme.

Celle-ci approuva silencieusement, en se glissant dans la maison, l'enfant serré contre elle.

— Vous l'avez bien soigné.

— Il a maigri.

Louis regardait M. Labarthe, à la fois fasciné et craintif. Ses yeux paraissaient délavés dans la pâleur du visage amaigri.

— Deux semaines au lit... Tu peux remercier ta mère.

Sur un regard de celle-ci, le gamin ouvrit la bouche et, d'un ton curieusement appliqué, se borna à dire :

— Bon-jour, mon-sieur.

Comme Labarthe, intrigué, fronçait les sourcils, elle s'empressa d'expliquer :

— Je lui ai appris le français… mais il ne sait pas tout dire encore.

En fait, ce n'avait été que pendant la convalescence de Louis que Maria s'était obligée à s'adresser à lui en français.

M. Labarthe se fit rassurant.

— Ce n'est pas grave. S'il y met de la bonne volonté, ça ira très bien. Alors, poursuivit-il en se penchant vers Louis, tu veux apprendre à lire ? Et à écrire ? Et à compter ?

Le gamin interrogea sa mère du regard, avec cette expression particulière aux sourds que leur infirmité rejette de la communauté parlante.

— *Bo trouop bité,* murmura-t-il, effaré.

— *Parlo froncès !*

— *Sabo pas ou diré en froncès* (1) *!*

Elle rougissait de confusion et se tourna vers le maître.

— Il dit que vous parlez trop vite.

Labarthe souriait à l'enfant.

— Je comprends.

Il répéta, sans le quitter des yeux :

— Je com-prends !

Louis écarquillait les yeux.

Elle se mangeait les lèvres d'inquiétude et lui lança :

— *Bo commo li ! Commo moussu Labarthe* (2) *!*

Sa voix monta d'un ton :

— Je com-prends !

L'enfant se détendit et répéta à plusieurs reprises :

— Je com-prends. Je com-prends. Je com-prends.

Empourprée de honte, elle l'aurait changé pour un veau. Mais comme elle entendit rire doucement, elle osa lever les yeux et se détendit d'un coup.

— Vous n'avez pas changé d'avis ?

— Non, Monsieur.

— Et lui, le jeune homme… Il est d'accord ?

(1) — Il va trop vite.
— Parle français !
— Je sais pas le dire en français !
(2) — Dis comme lui ! Comme M. Labarthe !

38

Il se pencha vers Louis pour lequel il articula avec soin :

— Tu veux apprendre à lire ?

Louis répondit d'instinct, sa mère le pressant à l'épaule :

— Oui.

— Meussieu, siffla-t-elle à son oreille.

— Meussieu.

Et tout à coup, lancé, comprenant ce qu'elle attendait de lui, il lança, la gorge enrouée d'émotion :

— Meussieu, je veux apprendreu à lireu, à compter et à écrireu. Et quand je saurai je prierai pour vous chaqueu jour de ma vie.

Les mots avaient couru sur les lèvres de la mère en même temps que les disait l'enfant. Ils levèrent ensemble les yeux vers M. Labarthe.

Il avait repris son visage sévère et les yeux gris fixaient Maria.

— Ne lui enseignez pas la soumission ni même la reconnaissance. Il n'y a déjà que trop de moutons dans le monde.

Comme il vit à leurs regards qu'ils perdaient pied, il s'adoucit.

— Je vous expliquerai.

Et il enchaîna sur les problèmes domestiques.

— La vieille Caria voulait m'imposer sa nièce, j'ai refusé pour vous garder la place, du coup nous sommes fâchés. Vous aurez donc à me faire aussi la cuisine et tout le ménage ; et, si cela vous est possible, le linge. Selon nos conventions, l'enseignement de votre gamin compensera les travaux de ménage.

Elle acquiesça, tout le visage serré par l'effort, consciente qu'il s'agissait d'un contrat et n'en voulant pas perdre un mot.

Labarthe avait repris :

— Mais je vous paierai pour la cuisine et pour le blanchissage. Est-ce que dix-huit francs par semaine conviendraient ?

Comme elle restait muette, sans un tressaillement ni un souffle, il précisa, avec une vague inquiétude :

— Trois francs par jour ?...

Le regard de la femme s'éclaira d'un coup. Les yeux noirs dansèrent de bonheur au-dessus des yeux clairs de l'enfant, levés vers elle. Une fête silencieuse leur bouleversait l'âme et le cœur, et Maria n'eut pas un mot. Simplement, elle hocha plusieurs fois la tête.

— C'est donc convenu, dit Labarthe qui enchaîna. Le linge est dans la malle. J'ai lavé comme j'ai pu, je ne l'ai pas repassé. J'aime qu'on soit exact. Je me lève tôt mais vous ne viendrez qu'à huit heures. Je mangerai à midi. La soupe à six heures et demie le soir. Pas trop de lard et surtout pas rance. Celui de Caria était jaune, je l'ai jeté. Je n'aime pas jeter.

Il s'adressait maintenant au garçon, laissant la mère étourdie de toutes ces consignes ; s'appliquant, il cherchait des mots simples qu'il enchaînait sans hâte.

— Première leçon, aujourd'hui. Nous allons marcher.

Il eut un regard pour Maria qu'il vit réticente.

— Juste quelques pas mais... seuls.

Elle acquiesça.

Une fois dehors, l'homme et l'enfant se mirent à marcher dans l'unique rue du hameau. Il ne neigeait plus, mais le froid pinçait encore les oreilles. Les arbres dépouillés se découpaient sur le ciel d'un bleu intense de lavande. Louis suivait M. Labarthe. Ils restèrent un moment silencieux, puis l'homme s'arrêta, attendit Louis et lui parla avec lenteur et patience.

— Ta mère dit qu'elle t'a appris le français. Tu parles français ?

Louis approuva de la tête, gravement.

— Alors parle-moi. Sans dire un seul mot de patois...

— Bon-jour, meu-ssieu.

M. Labarthe eut un petit sourire.

— Oui, mais... autre chose. Dis-moi tout ce que tu sais...

Le garçon comprit d'instinct ce qu'on attendait de lui plus qu'il ne déchiffra les paroles, dont certaines cependant l'aidaient par leur ressemblance au patois. Il recueillit et récita :

— Bonjour, monsieur... Au revoir, monsieur... Bon appétit, monsieur... (Il se tut, cherchant d'autres trésors linguistiques à tirer de sa courte expérience.) Voilà de la tisane... Je n'ai plus de fièvre... Je veux apprendre à lire, à compter et à écrire et quand je saurai...

M. Labarthe, un peu agacé par la suite qu'il sentait venir irrémédiablement, l'interrompit.

— Oui, oui. Bien ! C'est tout ?

Louis reprit sa litanie au petit bonheur la chance.

— Euh... lundi, mardi, ventredi (*sic*). Dimanche. Le pain. La maison. Un homme. Une femme. Le chien... Le feu. L'eau. Le lait... euh...

Il était arrivé au bout du rouleau. D'autres mots se pressaient dans sa tête, mélange confus de syllabes entendues de la bouche de sa mère et qui le fuyaient aussitôt qu'apparues par manque de support concret.

M. Labarthe lui montra le ciel.

— Et ça ?

Louis ne savait pas. Il murmura :

— *Lou cêl.*

— Non, en français.

Le gamin haussa les épaules, désolé.

— Le ciel, dit M. Labarthe. Répète : le ciel.

Le mot sortit à peine déformé, mais toujours du même ton appliqué.

— Le ci-el...

Et la leçon se poursuivit autour de la maison. Ils allaient à pas lents. De temps à autre, leur poids pesait sur une petite plaque saisie par le gel et qui claquait sous la semelle avec un bruit de vitre brisée. Tout en marchant, le maître montrait à l'élève les objets de leur rencontre. Et les nommait. Louis suivait, mais il faisait toujours beaucoup d'efforts pour prononcer les mots. « L'arbreu. La maison. Fumée. La fumée. » A la fin, M. Labarthe lui ébouriffa les cheveux dans un sourire et, le prenant par la main, le ramena chez lui. Maria les attendait, tout affairée, impatiente de savoir comment cela s'était passé.

— Je ne sais si cela tient à l'élève ou au maître, mais pour une première leçon de l'un et de l'autre, c'est bien ! Je pense que c'est très bien !

Elle sourit à son tour et un long soupir lui dénoua le ventre.

Le soir, rentrés chez eux, la mère et le fils se mirent à table devant une soupière fumante. Maria emplit l'assiette de Louis. Ce dernier montra du doigt sa mère, puis lui-même et enfin, tous les deux à la fois.

— Toi... Moi... Nous.

Maria posa l'assiette devant son fils.

— *Mongeo to soupo tant qu'ès caldo* (1), dit-elle, pour se reprendre aussitôt : Mange pendant que c'est chaud.

Ça lui serait difficile, mais elle prit la résolution de ne jamais plus parler le patois avec son fils. Il fallait que M. Labarthe soit content de lui. Et d'elle.

De son côté, la nuit, Labarthe tirait de sa malle, ou d'un rayon qu'il avait fait poser, tel ou tel livre dans lequel il ravivait ses connaissances. Tout y passait, les astres, les plantes, les dieux. Et le lendemain, le visage frais mais rasé jusqu'à rosir la peau, il souriait à la pensée de ces heures d'étude qu'il n'avouerait pas. Il était le « Maître ».

Un matin, dans la cuisine, il posa une lourde caissette sur la grande table. Assise sur un banc, un panier entre les pieds, Maria plumait une volaille. M. Labarthe chaussa ses lunettes, ouvrit la caissette et en sortit des caractères d'imprimerie qu'il examina en silence. Du coin de l'œil, elle le surveillait avec curiosité. Lui hésitait, prenait, reposait, opinait sans enthousiasme et revenait sur son choix. Il alla fouiller dans une autre caissette, puis une autre et, enfin, reparut avec une poignée de gros caractères majuscules. Cette fois il paraissait satisfait. Il prit une sorte de rouleau qu'il enduisit d'une encre pâteuse et noire, le passa sur les caractères d'imprimerie, posa une feuille sur la plaque d'une petite presse à vis posée à côté de lui, y cala les caractères encrés, changeant de feuille pour chacun d'eux. A la fin de l'opération, il y avait vingt-six feuilles

_____

(1) — Mange ta soupe pendant qu'elle est chaude.

marquées chacune d'une même lettre bien noire et lisible, en plusieurs exemplaires, qu'il découpa avec soin. Avec les moyens du bord, M. Labarthe venait de constituer le premier abécédaire du petit Louis. Le moment d'apprendre à lire et à écrire était venu pour le gamin.

Les jours s'écoulaient dans une douce monotonie ponctuée par les progrès que faisait Louis, tandis que Maria s'activait à la cuisine, ne l'abandonnant que pour les soins du blanchissage et du ménage. Selon leur « convention », comme avait dit M. Labarthe, le ménage payait les frais d'éducation de Louis. Aussi, tandis que Louis assis à côté de son « maître » découvrait les merveilles de l'écriture, astiquait-elle les meubles avec une vigueur inutile mais dont elle pensait sincèrement qu'elle devait aider son fils à apprendre plus vite. Et elle était fière d'elle comme de lui.

Ses classes n'empêchaient point Louis de participer aux travaux quotidiens. C'était à lui que revenait la corvée de bois. Il en faisait un temps de répétition, repassant à mi-voix ses leçons, le dos ployé sous un énorme fagot que retenait une hotte, ou chantant à mi-voix la chanson que lui avait apprise Paulin :

> *La Républiqueu nous appelleu*
> *Chachon vincreu ou chachons péri*
> *Un Franché doua vivreu pour elleu*
> *Pour elle un Franché doit mouri*
> *Un Franché doua vivreu pour elleu*
> *Pour elle un Franché doit mouri...*

La vieille Caria, embusquée sur son seuil, l'oreille tendue, le regardait passer et maugréait pour elle-même :

— *Dé qué li prèn dé canta, onoquel drouollé* (1) ?

Depuis sa brouille avec M. Labarthe, la vieille avait pris en grippe Maria et son fils. C'était une belle intrigante que la veuve Meissonnier ! Et ce gosse, que faisait-il à longueur de journée avec le Parisien ? Voilà

(1) — Qu'est-ce qu'il lui prend de chanter, ce drôle ?

que maintenant il chantait la République ! Caria, elle, avait encore le portrait de l'Empereur dans sa cuisine, juste à côté d'une gravure de sainte Cécile, patronne de la cathédrale d'Albi. Ça faisait maintenant quinze ans qu'ils la tenaient, leur République, mais ce n'était pas demain la veille que Caria chanterait en son honneur !

Une fois rentré avec son fagot à la maison de M. Labarthe et après être allé chercher au puits deux seaux d'eau à la citerne, Louis s'asseyait auprès de son maître. Celui-ci assemblait sur la table des lettres de l'alphabet selon un certain ordre et l'élève, en ponctuant chaque syllabe d'un mouvement de menton, disait :

— A. B. BA. C. BO. BABA. BOBO...

Pendant ce temps, Maria faisait du rangement dans la chambre de M. Labarthe. Un jour qu'elle s'occupait ainsi à l'étage, elle retrouva sur l'armoire le carton à chapeau qui avait intrigué son fils dans le char de Turlan. Elle l'ouvrit. C'était un haut-de-forme aux reflets luisants. Enlevant sa *coueffo,* elle le posa sur sa tête où la masse des cheveux le retint et s'en fut se contempler dans le miroir. Elle se plaisait ainsi. Et il était vrai qu'avec ce haut chapeau légèrement penché sur le côté, elle ressemblait à ces cavalières des gravures accrochées aux murs de l'appartement du docteur Tixier, à Rodez. Soudain, venant du rez-de-chaussée, elle entendit la voix de son fils qui la fit frémir.

— *Môma ! Môma ! Béni beïré !...* Euh, venez voir, maman !

Elle remit d'un geste vif le chapeau dans son carton et descendit. M. Labarthe était en train de montrer des plaques photographiques à Louis. Il en était l'auteur et commentait chacune d'elles d'un mot.

— Le portrait de ma mère.

Louis scruta le visage de Mme Labarthe, jolie femme aux joues rondes, au sourire énigmatique.

— C'est beau.

— Ne mets pas tes doigts dessus, c'est très fragile ! s'inquiétait M. Labarthe.

Louis attira sa mère.

— Viens voir. On dirait la femme qui vend les couteaux à Laguiole.

Il devait y avoir plusieurs de ces marchandes à Laguiole, petite ville de l'Aubrac renommée pour son industrie, mais l'une d'elles avait frappé le petit qui la retrouvait dans ce portrait venu d'ailleurs.

Maria se pencha sur la plaque. Elle aussi était admirative.

— C'est vrai que c'est beau. On dirait un tableau.

— C'est différent, répliqua M. Labarthe.

Certains craignaient encore que les daguerréotypes ne provoquent la disparition de la peinture. Paulin Labarthe n'était pas de ceux-là. Pour lui la photographie était un art, la peinture en était un autre. Il connaissait de bons photographes et de bons peintres, il voulait être l'un des premiers depuis qu'il estimait ne pouvoir être des seconds.

— Voici mes deux frères, dit-il en montrant une autre plaque. Lorsque mon père est mort, nous avons repris la maison à nous trois. Une imprimerie.

Ce fut ensuite une rue de Paris, grouillante de silhouettes figées.

— La rue Vieille-du-Temple, où nous étions établis.

— *Boudi !* Tout ce monde ! s'écria Louis. C'est pire que Rodez !

Maria continuait de regarder la plaque précédente.

— Ils ne vous ressemblent pas tellement, vos frères.

— Peut-être... Voilà d'autres vues que j'ai prises moi-même.

— C'est vous qui les avez fait ? s'exclama Louis.

— Il faut dire *faites*..., reprit Paulin que l'esprit pédagogique ne quittait plus. Oui, c'est moi. Je voulais être peintre, mais je n'avais pas assez de talent... J'ai rencontré des amis photographes et je m'y suis mis. C'est passionnant !

La plaque suivante représentait, juchés sur un amoncellement de pavés, des hommes qui brandissaient des fusils dans un accoutrement mêlant le civil au militaire.

— Et ceux-là ? demanda Louis.

M. Labarthe lui retira la plaque des doigts, d'un geste un peu sec.

— Rien... Enfin, je t'expliquerai plus tard. C'est une barricade...

Maria ouvrit de grands yeux.

— Quand les bandits ont pris Paris ? Ceux de la Commune ?

M. Labarthe fronça les sourcils. La phrase de Maria l'avait touché à l'endroit sensible. Il rectifia d'une voix sourde :

— Ne parlez pas ainsi. C'est le contraire qui est arrivé. Paris était chez lui, dans ses pavés comme dans ses meubles... Les *bandits* sont venus de Versailles !

Maria ne comprenait pas très bien ce que voulait dire M. Labarthe. A Rodez, à Montpellier, elle avait entendu parler autour d'elle des communards, dont on ne pensait guère de bien. Le docteur Tixier les traitait même d' « incendiaires », de « rebelles » et d' « assassins ». Elle était trop jeune quand la Commune avait éclaté. La nouvelle, d'ailleurs, n'en était parvenue que fort tard dans le causse. Tout était alors terminé. Maria se bornait à répéter ce qu'elle avait entendu dire. Mais, tout de même, enlever les pavés d'une belle ville comme Paris, est-ce une chose que feraient des gens raisonnables ? Quant à ces Versaillais, ils lui étaient une énigme. Elle n'ignorait pas l'existence d'un palais dans cette ville, propriété des rois qui portaient le prénom de son fils, mais cela faisait si longtemps qu'il n'y avait plus de rois en France...

M. Labarthe continuait d'étaler ses trésors.

— Je vais vous montrer d'autres pays du monde, d'autres villes. Tenez : Londres ! J'y ai vécu cinq ans.

Maria s'interrogea sur les raisons qui avaient bien pu pousser un homme comme M. Labarthe à s'en aller vivre dans un pays étranger, qu'elle imaginait lointain et savait peuplé d'ennemis, puisqu'ils avaient emprisonné l'Empereur. Cependant elle n'osa poser aucune question.

Le soir, Louis s'en fut se coucher la soupe avalée mais, glissé sous la couette de plumes, il demeurait songeur. Il revoyait toutes ces images que lui avait montrées M. Labarthe. Il appela sa mère qui vint s'asseoir au bord du lit, peignant soigneusement ses cheveux qui lui tombaient à mi-corps.

— Qu'est-ce que tu veux ?

— Quand tu étais à Montpellier, c'était aussi grand que Paris ?

— Comment veux-tu que je sache ? Je n'ai jamais été à Paris.

— Tu as vu les images de M. Labarthe !...

— C'est plus grand, peut-être.

— Montpellier ?

— Montpellier, oui. Ce qui était fatigant, c'était le bruit dans les rues. Tant de voitures et tant de chevaux, des fois, qu'on ne s'entendait pas parler l'un à côté de l'autre.

— Mon père aussi y était ?

— Non. C'est après, lorsque nous sommes allés vivre chez la tante Vayssière...

L'enfant rêva un instant d'un Montpellier gigantesque sillonné de voitures grinçantes.

— Alors, si mon père n'y était pas, avec qui tu parlais dans la rue ?

Maria rougit au souvenir des jeunes hommes qui l'avaient accompagnée quelquefois. Sans répondre à la question, troublée, elle s'oublia jusqu'à parler patois.

— *Couto ! É douort té* (1) !

Tout à ses songeries, Louis ne la reprit pas.

Elle éteignit, se glissa dans son lit réchauffé d'un passage de braises promenées entre les draps dans le cuivre d'une chaufferette à long manche. Elle réfléchissait, ce qui creusait de profondes rides sur son front à la peau mate et douce. Comme se parlant à elle-même, elle dit à la fin :

— C'est un homme qui fait peur un peu, M. Labarthe.

Louis resta un moment silencieux, puis il convint :

— Oui. Un peu... Mais il a dit que je saurai lire dans deux mois. Alors, il écrira à l'école pour me présenter et on me prendra à la rentrée. Tu crois que je saurai ?

— Quoi ?...

L'idée de la séparation la retenait de comprendre.

— Lire ? Dans deux mois ?...

(1) — Écoute ! C'est l'heure de dormir !

— Si tu dors quand il faut, oui, répondit sa mère qui enchaîna pour en finir avec la journée. Maintenant ferme les yeux et dors.

Il était cependant très gentil avec eux, ce M. Labarthe. De temps en temps, il reprenait bien un air sévère et parlait d'un ton sans réplique, mais n'était-il pas leur maître ? Au reste, jamais il n'élevait la voix ni ne faisait de reproches à Maria et il se montrait toujours aussi attentif à l'égard de Louis. Alors pourquoi leur faisait-il « un peu peur » à tous les deux ? Parce qu'il avait dit des communards que ce n'étaient pas des bandits ? Qu'il avait vécu ailleurs qu'en France ? Qu'il était venu à Soulargues comme un qui se cacherait ? En fait, Maria était incapable de répondre. « Mais c'est vrai, pensait-elle alors que le sommeil l'engourdissait, il a quelque chose d'un peu bizarre... »

Le printemps était venu et Louis commençait à lire. M. Labarthe avait trouvé dans le *sécadour* (le local où l'on faisait sécher les châtaignes) en panneau de bois qu'il avait peint et dont il avait fait un tableau noir, comme à l'école. Ce jour-là, il y avait écrit deux phrases qu'il avait demandé à Louis de lire à haute voix, ce à quoi le gamin s'appliquait en ânonnant.

— Les-oiseaux-picorent-le-grain. Aujourd'hui-commence-la-nouvelle-saisson.

— Zon. Sai*zon*. Comme s'il y avait un z, rectifia M. Labarthe.

— La nouvelle saison, répéta Louis.

Il allait continuer sa lecture, quand on frappa timidement à la porte. M. Labarthe alla ouvrir.

C'était une petite fille, coiffée d'un chapeau de paille à bord plat, vêtue d'une longue robe rose de coton imprimé, avec des bas blancs et d'élégantes bottines. Elle devait avoir une dizaine d'années et demeurait sur le seuil, intimidée. M. Labarthe lui souhaita gentiment le bonjour et ajouta :

— Qu'est-ce que tu veux ?

— C'est ma mère qui m'envoie. On lui a dit que vous faites l'école. Je sais déjà un peu lire. Elle

48

voudrait que je continue pendant les vacances. Je m'appelle Antoinette.

Louis s'empourpra d'un coup et, sans laisser à Paulin le temps de formuler une réponse, s'adressa à la petite fille avec une véhémence déconcertante.

— Ça n'est pas un maître d'école. C'est M. Labarthe, c'est mon maître à moi !

Celui-ci intervint, au bord de la colère.

— S'il te plaît, je suis assez grand pour...

Il s'arrêta et se tourna vers la petite fille.

— Tu peux me lire ce qu'il y a d'écrit sur le tableau ?

La petite lut d'une traite, sans faire une faute. Piqué au vif, Louis lui lança un regard noir. Qu'est-ce qu'elle faisait ici, cette Antoinette de malheur ? Elle ne pouvait pas rester chez elle au lieu de venir lui voler son maître ? Et puis voilà qu'elle lisait mieux que lui ce qui était sur le tableau ! Il décida soudain de faire mieux qu'elle et, sans y être invité par M. Labarthe, très sûr de lui, il relut à son tour, d'une traite :

— Les-oiseaux-picorent-le-grain-Aujourd'hui-com-mence-la-nouvelle-saisson...

Il eut un haut-le-corps et reprit très vite, en cherchant une approbation sur le visage de M. Labarthe :

— Saizon.

Son maître ne le regarda même pas, mais se détourna pour masquer un sourire où l'on sentait à la fois une bonne mesure d'ironie et toute la tendresse du monde !

L'incident, cependant, ne devait pas rester sans suite.

Un matin de la semaine suivante, Maria, l'air maussade, étendait le linge dans la cour, un baquet de bois à ses pieds. A quelques pas d'elle, M. Labarthe réglait un appareil photographique imposant, avec un énorme soufflet, qu'il avait fixé sur un trépied. Quelques poules couraient de-ci de-là. Il faisait soleil. M. Labarthe fredonnait, inspiré par cette belle lumière. Maria, elle, faisait toujours la moue. Elle ruminait. D'un coup, elle n'y tint plus.

— Je la connais, cette fille ! Elle a au moins deux ans de plus que lui ! Ce sont des personnes de Limoges. Ils viennent tout l'été chez la grand-mère. La maison

Vibrac, comme on appelle. Une grande carcasse qu'on dirait un château...

Elle se tut, mais sa fureur n'était pas éteinte. Elle lâcha d'une voix sifflante :

— Je veux bien travailler pour mon fils, mais je ne veux pas le faire pour ces riches.

M. Labarthe sourit. Il n'était pas question de prendre ombrage de la colère de Maria. Il comprenait sa réaction. Il expliqua :

— A cause de cette petite, en une semaine Louis a fait plus de progrès que dans tout le mois précédent. Il est très doué, presque trop. Elle provoque sa fierté et il met les bouchées doubles. C'est pourquoi j'ai accepté de la garder avec lui. Si vous ne voulez plus travailler pour moi, je chercherai ailleurs.

Il était évident qu'il ne pensait pas un traître mot de sa dernière phrase, mais Maria en fut effrayée. Embarrassée, elle lui dit précipitamment :

— Non, non... Puisque vous m'expliquez que c'est mieux, je veux bien continuer.

M. Labarthe changea aussitôt de sujet pour leur éviter la gêne des excuses réciproques.

— Allez, mettez-vous comme je vous l'avais demandé, s'il vous plaît... mais un peu plus sur la droite. Le soleil a tourné. (Il la dirigeait de la main, la tête sous le drap noir.) Voilà ! C'est bien. Quand je vous le dirai, vous ferez semblant de décrocher ce drap. Non, pas maintenant ! Quand je vous le dirai...

Maria suivait docilement les instructions de M. Labarthe. Ce n'était pas leur première séance. Après un dernier temps de réglage, il y eut un déclic. Elle continua de sourire, immobile, longtemps après que la photo eut été prise.

Avec les beaux jours, M. Labarthe s'en donnait à cœur joie. Il photographiait Maria dans ses travaux domestiques, ou bien Louis portant du bois, ou encore Antoinette dans ses jolies robes de « riche »... Ce jour-là, il rassemblait sa moisson des jours passés et la glissait dans une grande enveloppe avec une lettre qu'il venait d'écrire. Louis, à l'autre bout de la table, s'était arrêté, une grande feuille de papier devant lui à moitié couverte d'une écriture appliquée. Il l'observait avec intérêt. M. Labarthe lui jeta un coup d'œil. Louis se remit aussitôt au travail. Le grattement de sa plume sur le papier accompagnait celui de M. Labarthe, qui maintenant inscrivait une adresse sur l'enveloppe, expliquant pour l'enfant :

— J'envoie ces photos à mes frères. Si elles les intéressent, ils en feront des cartes postales et nous partagerons l'argent. Allez, travaille ! Tu es trop distrait.

— J'ai du mal avec les *f*, dit Louis. C'est très difficile, les *f* !

Il avait grommelé comme s'il s'agissait d'accomplir une tâche particulièrement délicate, exigeant beaucoup d'adresse et de patience.

— Alors, écris-moi deux lignes de *f*, répondit M. Labarthe. Et après, tu écriras le mot « fifre ». C'est une sorte de petite flûte. Tiens, tu m'écriras aussi « flûte ». Cinq fois. Avec un accent circonflexe.

Louis étouffa un soupir. Ces *fifres* et ces *flûtes*, à écrire cinq fois, lui semblaient le comble de la difficulté.

Il arrivait à M. Labarthe de donner ses leçons en plein air. Ils partaient le matin pour une promenade dans le causse. Tous deux, Louis portant la besace et son maître la canne à la main, ils parcouraient ces étendues désertes à l'herbe courte où se dressaient parfois des touffes de gentiane. Le sol maigre et comme semé de rocaille acceptait peu d'arbres. De temps à autre ils escaladaient un roc et se montraient du doigt les bosses de l'Aubrac, sombres et bleues au fond du ciel. Ils traversaient des troupeaux de moutons ou de vaches à belles cornes en lyre (de la « race d'Aubrac ») et dans la chaleur de l'été naissant croissaient d'immobiles silhouettes qui étaient celles des bergers. Lorsque la chaleur devenait trop lourde et que l'heure s'avançait, ils s'asseyaient pour manger ce que Maria avait fourré dans la besace et qu'ils découvraient avec bonheur : un reste d'*aligot*, fait de tome fraîche et de purée de pommes de terre parfumée à l'aïl, des *bougnettes* de porc froides emmaillotées de crépine, et un *pélardon*, un fromage de chèvre, qui, avec l'âge, prenait un goût très fort et la consistance du savon de Marseille. Ils emportaient aussi avec eux un flacon de vin venant de l'Hérault, qu'ils mettaient à rafraîchir dans quelque source. Ces excursions n'empêchaient pas M. Labarthe de poursuivre sa tâche. Ils en étaient maintenant au calcul et l'on pouvait entendre résonner dans ces solitudes la voix de Louis, récitant d'une voix claire :

— Deux fois quatre, huit. Trois fois quatre, douze. Quatre fois quatre... seize. Cinq fois quatre, vingt...

On aurait dit qu'il comptait les têtes du bétail de rencontre. L'heure filait sans qu'ils y prissent garde. Lorsqu'ils s'arrêtaient pour s'abriter à l'ombre d'un *buron,* petit bâtiment fait de pierres rondes et qui servait d'abri au *cantalès* (berger-fromager qui vivait là toute l'*estive*), Louis disait :

— On mange ?

Et M. Labarthe :

— Tu as encore faim ?...

— Un peu, disait Louis.

Et, de nouveau, M. Labarthe :

— Moi, j'ai soif.

— Alors, boivez, disait Louis.

Et M. Labarthe, fidèle à son devoir d'État, reprenait l'élève :

— Non ! *Bu*vez !

Et il tendait la bouteille largement coupée d'eau.

— Toi, d'abord, répondait Louis qui se reprenait aussitôt. Euh, non ! pas *toi* ! Pardon !... Vous d'abord, *moussu* Labarthe.

M. Labarthe souriait à ce trouble qui renvoyait l'enfant à la formule ancienne.

— Ce n'est pas grave !

Il s'était établi entre eux des relations qui n'étaient plus celles d'un maître à son élève. Le tutoiement du petit Louis, tout instinctif, était l'aveu innocent de ces rapports qui allaient bien au-delà de ce qu'imposent la politesse et le respect. Le jeune garçon avait, au fil des semaines, appris tout autre chose que « compter, parler et écrire le français ». Il avait appris cette complicité profonde qui lie un fils à son père. Un sentiment nouveau, si l'on excepte ce qu'il éprouvait pour sa mère, le liait à cet étranger plus qu'à tout autre être au monde. Il y avait elle : « Maman » ; et lui : « M. Labarthe ». Ses parents.

Parfois un orage interrompait leur promenade. Ils se mettaient alors à l'abri de quelque grange abandonnée, mais Louis, entre deux coups de tonnerre, continuait de réciter sa leçon :

— J'aimai, tu aimas, il aima, nous aimâmes, vous aimâtes, ils aimarent.

Et M. Labarthe rectifiait, intraitable et patient :

— Ils *aimèrent*.

Alors, furieux de s'être trompé, Louis s'écriait :

— Eh oui ! couillon ! *Puta !*

M. Labarthe faisait semblant de se fâcher.

— Parle bien, Louis. Ceux qui parlent mal pensent mal. Et vivent mal.

Louis baissait le nez et reprenait d'un air résolu :

— *Aimèrent !* Je m'y trompe toujours.

Puis, s'érigeant lui-même en censeur inflexible, il lançait à pleine voix :

— Je vais me le copier cent fois !... Non, vingt fois...

Petit à petit, devant l'ampleur de la menace (car M. Labarthe ne le démentait jamais sur ce point), la voix en rabattait et finissait par transiger dans un murmure :

— Enfin, trois fois !

M. Labarthe se mordait la moustache, ce qui était pour lui manière de cacher un sourire, et pensait sans le dire : « Crapule, va ! »

Maître et élève n'allaient pas seulement se promener dans les Causses. Ils avaient fait la découverte dans les environs d'une petite église pourvue d'un harmonium et ouverte à tous en ces temps d'honnêteté quasi patriarcale. C'était une fête pour M. Labarthe d'y conduire « Petit Louis ». Il s'asseyait devant l'instrument et lui montait des gammes. Même une fois, il se mit à jouer, d'une main plutôt pesante. Louis écoutait, émerveillé.

— Il est joli, ce cantique.

— Ce n'est pas un cantique, murmura M. Labarthe.

— C'est quand même joli !

Qu'aurait bien pu répondre M. Labarthe que ces échos bouleversaient. Il se contenta d'enchaîner :

— C'est la chanson... qu'un ami a écrite... Je l'ai connu à Londres. Cette ville dont je t'ai montré la photographie.

— Une chanson des Anglais ? demanda Louis.

— Non. Une chanson française. Mon ami s'appelle Clément. Jean-Baptiste Clément. Il n'avait pas le droit d'être en France... et moi non plus ! Je te raconterai plus tard... Mais je suis content qu'elle te plaise.

En reprenant le chemin de Soulargues, alors que la nuit tombait et qu'ils traversaient un champ dont le seigle se montrait comme une herbe tendre, M. Labarthe se mit à chanter. Il passait dans sa voix toute une mélancolie, le regret d'un temps qui ne reviendrait plus. Ce n'était pas un chant guerrier, comme *la Marseillaise* ou *le Chant du départ*, que Louis clamait désormais à toute occasion. C'était une romance qui charriait avec elle les espérances perdues des jeunes communards à barbe blonde, déguisés en soldats, ouvriers en casquette et velours, morts pour que Paris soit sauvé tout ensemble des Prussiens et de M. Thiers, et que le bonheur soit de nouveau le projet de leurs vies simples.

> *... les belles auront*
> *La folie en tête*
> *Et les amoureux*
> *Du soleil au cœur.*
> *Quand il reviendra*
> *Le temps des cerises*
> *Sifflera bien mieux*
> *Le merle moqueur...*

Sans comprendre, la main serrée dans celle de Paulin, l'enfant chantait la tête levée vers cet homme qui lui apprenait le secret des choses.

Certain matin, sur la place du hameau, quelques femmes (dont la vieille Caria) cardaient de la laine qu'on venait de tondre sur des moutons qui palabraient aux frontières du hameau, tels des passants dépouillés de leur houppelande. Vêtues de leur *coutillon,* la *coueffo* sur la tête, vieilles et jeunes étaient là, travaillant, chacune à sa façon, au délainage. Maria, présente, s'amusait des nouvelles que les unes et les autres communiquaient à l'assemblée.

Antoinette regardait sans participer, attentive à ce que lui disait la Caria.

— Pour vous encore, une demoiselle, je ne dis pas ! Le temps vous durerait de ne rien faire plus tard... Alors lire, écrire à ses familles, ça se peut que ce soit une bonne chose... Mais pour des petits paysans, voyons, demoiselle, est-ce raisonnable ?

Les autres approuvèrent du bonnet. Maria seule demeurait muette, l'œil sur la vieille.

— Le bon Dieu voit clair pour chacun de nous. Le pauvre vit mieux de ne rien savoir : ça ne fait qu'enrager les gens de connaître leur misère !

Une forte femme approuva :

— *L'asé sé plouro quond beï sos oourélhos.*

Elles rirent toutes, même Maria. Voyant qu'Antoinette gardait un air sérieux, elle expliqua pour elle, qui venait de Limoges et n'avait pas dû comprendre :

— L'âne pleure quand il voit ses oreilles !

Les rires redoublèrent, aigus. Rires de volailles.

Antoinette demeurait impassible.

— Mon père a fait construire deux écoles pour les enfants de ses ouvriers, dit-elle d'une voix à la gravité apprise. Il dit qu'ils travailleront mieux plus tard.

Caria approuva, servile, sachant de quel côté hocher la tête mais clignant de l'œil pour ses commères.

— Oui, mais dites... à Limoges ! Des gens de la ville ! Là, vous avez des maîtres qui sont de vrais maîtres ! Qui savent tout ! Qui...

— Les frères des écoles chrétiennes, confirma Antoinette. Et pour les filles nous avons les sœurs de la Sainte Famille.

— Vous vous rendez compte ! dit Caria, s'adressant à l'assemblée. Nous, oh pauvre ! quand il nous arrive une personne un peu capable, on ne sait ni d'où ça vient ni ce que ça pense.

Maria voyait bien à qui était destinée la flèche.

— *Lengo de bipèrè,* grinça-t-elle entre ses dents, *un jour, té goffuras* (1) *!*

La vieille ricanait dans sa barbe de mandarin chinois.

Maria se leva d'un bond. De colère, elle quitta précipitamment le groupe des femmes qui la regardèrent partir, l'œil sournoisement ironique. On ne l'appréciait guère dans le hameau. Au début, passé la mort de son mari, on l'avait un peu plainte mais, depuis l'arrivée de ce M. Labarthe, depuis qu'elle s'avouait à son service, elle leur était devenue louche. Pécheresse. Non qu'elle eût vraiment péché (elles lui eussent jeté des pierres), mais elle avait accepté les conditions qui permettaient la faute. Seule, elle servait cet homme qui vivait seul.

Caria, hypocritement, formula l'opinion générale.

— C'est une gentille petite cette Maria, mais, depuis qu'elle n'a plus de mari, la tête lui tourne pour son fils. Elle en voudrait faire un monsieur. Pourquoi pas un monseigneur aussi ?

Maria, s'éloignant, haussa les épaules et continua son chemin. Elle était encore à quelque distance de la maison Labarthe lorsqu'elle aperçut les chevaux. Deux grands chevaux de même robe et de même taille qui se partageaient une même touffe d'herbe et tournèrent la tête ensemble vers elle. Alors qu'elle atteignait le seuil, deux gendarmes sortirent et dans un grand mouvement de bottes et de bicornes sautèrent sur leur monture.

Elle entra.

Les pandores s'éloignaient, suivis des yeux par M. Labarthe préoccupé, le garçon et sa mère qui se donnaient la main. Lorsqu'ils eurent échappé à leur vue, Maria n'y tint plus. Intriguée et inquiète, elle se tourna vers Paulin.

— Qu'est-ce qu'ils voulaient, ces grands feignants ?

Louis devança la réponse :

— Ils veulent plus qu'on m'apprenne !

— Comment ça ? demanda Maria, stupéfaite.

_____

(1) — Langue de vipère ! Un jour, tu te mordras toi-même !

— Hé, oui, dit Louis.

M. Labarthe prit calmement la parole.

— Ils ont reçu une lettre de dénonciation. J'ai, paraît-il, ouvert une « classe clandestine ».

Il accompagnait d'un mouvement d'épaule son propos où perçait une réelle lassitude, et l'ironie dont il modérait son amertume n'était que feinte.

— Mais vous leur avez dit que non ! s'écria Maria. Que c'est seulement par amitié pour Louis ! Que l'autre gamine est venue s'y ajouter sans qu'on le lui demande...

M. Labarthe l'interrompit.

— J'ai été imprudent. N'oubliez pas que le jeune frère d'Antoinette l'a accompagnée plusieurs fois. Et que j'ai accepté les enfants Vigouroux en deux occasions. Il est donc arrivé que mes « élèves » fussent six, ce qui est le nombre dont la loi dit qu'il y a « classe ». L'informateur de la maréchaussée n'a eu qu'à fournir le chiffre. Je n'avais plus rien à dire ! Pour continuer, il me faudrait aller faire certaines démarches à la préfecture... Et je n'irai pas !

Toutes ces explications troublaient Maria sans la convaincre. Elle comprenait seulement que quelqu'un avait voulu nuire à M. Labarthe et que Louis subissait le contrecoup de cette manœuvre.

— Cette pouillerie de lettre, qui l'a écrite ? grinça-t-elle.

Il eut un geste d'impuissance. Maria était abasourdie par la nouvelle. On avait envoyé les gendarmes chez M. Labarthe parce qu'il apprenait à Louis à lire et écrire ? Où était le péché ? N'était-ce pas plutôt un bien, une action louable et méritoire, que d'enseigner aux enfants ? Le savoir mérite respect et ceux qui le partagent ont droit à la reconnaissance générale. A quoi rime de leur envoyer des gendarmes qui interdisent ? Son esprit, qui travaillait à comprendre les raisons de cette action, obliqua tout naturellement vers la recherche de l'informateur, le mauvais bougre qui avait envoyé ces deux grandes bécasses leur apporter le malheur. Elle ne chercha guère. Parmi ceux de Soulargues, rares étaient-ils à pouvoir rédiger toute une lettre et plus rares encore à posséder l'âme noire des dénonciateurs. Le bougre était une bougresse. Elle en eut un hoquet et, dans l'instant de sa découverte, relevant sa jupe pour marcher d'un meilleur pas, elle retourna à l'endroit où les femmes du hameau se livraient au délainage.

Dès qu'elle l'aperçut, la vieille Caria se mit à japper son innocence, se protégeant comme elle le pouvait de la furieuse qui lui courait dessus.

Mélangeant français et patois, Maria ne lui laissait aucun répit.

— *Bielho cabro ! Puto dé foumérié ! Sorcière ! Saloperie de chiennasse ! Missontasso, sos jolouso qué nè pudès* (1) *!*

Caria glapissait, trottinant d'une commère à l'autre, les prenant toutes à témoin et n'en trouvant aucune qui la protégeât sincèrement.

— *Mé, dé qué couonto ? Dé qué mé bouol aquèlo fado enrotjado* (2)

— Ce que je veux, criait Maria, c'est t'arracher la figure, orduresse !

Les autres femmes riaient sous cape et contenaient mollement les efforts de Maria. Il était rare, à Soulargues, que de tels spectacles fussent offerts à leur curiosité et chacune d'entre elles avait quelque motif de secrète rancune contre la Caria. Il ne restait plus à celle-ci que la fuite, et elle courut se réfugier dans une bergerie proche.

— *As dénouçat Moussu Lobarto, corouogne !* Tu veux que mon fils reste un malheureux ? Je vais te la couper, ta langue de vipère ! *Enlébas lo mé dé per los mos qué li baouescourga lou mourré* (3) *!*

Souffle court, la vieille maintenant refermait sur elle le vantail de la bergerie, mais on voyait sa tête pointue apparaître au-dessus de la barrière. Maria, déchaînée, continuait d'être la proie d'une fureur sacrée.

_____

(1) — Vieille bique ! Fumier de pute ! Sorcière ! Saloperie de vieille chienne ! Mauvaise, tu es tellement jalouse que tu en pues !
(2) — Mais, qu'est-ce qu'elle raconte ? Qu'est-ce qu'elle me veut cette folle furieuse ?
(3) — Tu as dénoncé M. Labarthe, charogne !... Enlevez-la-moi des mains, que je vais lui écraser la figure !

— *Gousso! Mentusso! Durbis-mé ou té fouté lou fuoc* (1)*!*

Soudain, une voix domina toute cette criaillerie et fit se retourner d'un seul mouvement le bloc des têtes.

— Cessez cette comédie !

C'était M. Labarthe qui, ayant suivi Maria, venait d'assister à la scène. Il se fit aussitôt un grand silence.

— Retournez à la maison, s'il vous plaît, ordonna M. Labarthe à Maria.

Elle hésita un instant puis céda, penaude, mais toujours frémissante de colère, tandis que la vieille, comprenant qu'elle en serait quitte pour la peur et désireuse de sauver la face, s'écriait :

— Mon Dieu ! Cette folle m'a rompu la tête ! Si je ne me retenais pas !...

Son geste de menace n'en imposa pas à M. Labarthe qui lui intima d'une voix calme de se retenir, justement, et lui tourna le dos sans autre forme d'adieu.

Subjuguées, les femmes se regardaient, muettes. On ne savait peut-être pas d'où il venait, cet homme, mais pour en imposer, *Diou dé Diou* !...

Une fois retournée dans la maison de M. Labarthe, Maria se sentit un peu ridicule et repentante d'avoir provoqué cette scène et, pour se donner une contenance, s'affaira aux tâches ménagères. Elle touillait la soupe, rangeait, dérangeait, essuyait un meuble, allumait la lampe à pétrole et revenait à la soupe. Louis, assis au bout de la table, s'efforçait de reprendre son travail, déchiffrant en fronçant les sourcils une page d'écriture, suivant de l'oreille plus que du regard ce grand mouvement qu'elle mettait dans la pièce. Le calme revint au milieu du repas.

Le lendemain, tout semblait oublié et la vie avait repris son cours le plus tranquille. M. Labarthe descendit de sa chambre, un morceau de papier imprimé à la main, qu'il défroissait et que le temps avait jauni par places. Il s'adressa à la mère et à l'enfant.

(1) — Garce ! Menteuse ! Ouvre-moi ou je te fous le feu !

— Je voudrais vous lire quelques lignes que je viens de redécouvrir sur cette feuille qui a presque vingt ans et qui provient d'un livre que nous avons imprimé chez nous, à l'époque.

Mais, avant de commencer, il contempla Louis assis devant son encrier, suçant le bout de son porte-plume.

— Nous ne pouvons pas continuer les leçons, Louis...

Maria le regarda, pétrifiée d'angoisse.

— ... Les gendarmes d'hier m'ont prévenu : si je recommence, ils dresseront un procès-verbal et nous irons au tribunal. C'est une chose que je ne peux pas me permettre. D'ailleurs, tôt ou tard, tu en subirais les conséquences. J'aurais voulu attendre la rentrée d'octobre. Nous n'avons plus le temps. Demain j'irai te présenter au recteur de Conques. S'il te refuse, nous irons ailleurs...

— Demain ? s'écria Maria. Mais il a déjà refusé, ce curé.

— Les nouvelles lois sont pour nous : ils prendront Louis.

Ce dernier entra dans une véritable fureur.

— J'y vais pas ! Je m'en fous, j'y vais pas ! J'apprendrai rien là-bas. Ils me parleront que du Jésus !

— Écoute-moi, Louis ! dit M. Labarthe, essayant de le calmer.

L'enfant secouait la tête.

— Non. C'est toi qui sais m'apprendre ! On se cachera ! On ne parlera plus à personne.

— Ne dis pas de bêtises.

— Les gendarmes, ils me prendront jamais si je veux. Et d'ailleurs de lire et d'écrire, j'en sais assez. Je peux continuer tout seul si tu veux plus m'aider.

Maria était scandalisée de ce que venait de dire son fils.

— Louis ! Tu dis « tu » à M. Labarthe ? Qu'est-ce que c'est, cette nouvelle manière ?

Que l'intéressé n'eût pas repris son fils la déconcertait tout autant que le fait lui-même.

Indifférent, Labarthe eut un mouvement d'épaules et, passant outre, chaussa ses lunettes et s'assit à la table où était le garçon, son papier toujours à la main.

— Je vais te lire ces douze lignes, je les ai comptées. Si tu fais moins de quinze fautes (c'est beaucoup quinze fautes : plus d'une faute par ligne !), tu restes. Sinon… c'est que tu as besoin de l'école et je te jure que tu iras !

Mère et enfant se regardèrent.

— Je lis d'abord une fois.

Il prit un temps et commença de lire posément, d'une voix qui les impressionnait car quelque chose, à cause d'elle, allait se décider dont il sentait bien que tout l'avenir de l'enfant, et donc de sa mère aussi, serait marqué.

— « Le progrès de l'homme par l'avancement des esprits, point de salut hors de là. Enseignez ! Apprenez ! Toutes les révolutions de l'avenir sont incluses, amorties, dans ces mots : *Instruction gratuite et obligatoire*. Mangez le livre. Partout où il y a agglomération d'hommes, il doit y avoir, dans un lieu spécial, un explicateur public des grands penseurs. Nul ne peut savoir la quantité de lumière qui se dégagera de la mise en communication du peuple avec des génies. L'ignorance est un appétit. Le voisinage de la nature rend l'homme du peuple propre à l'émotion sainte du vrai. Tous les enseignements sont dus au peuple. » Voilà !

M. Labarthe se tut, ôta ses lunettes, les tint quelques instants devant lui. Ils attendaient.

— Tu connais Victor Hugo ?

Louis secoua la tête. Maria, pendant la lecture de M. Labarthe, était demeurée aussi attentive qu'à l'écoute des sermons du curé Vergne et, à vrai dire, ne la comprenait pas davantage. Trop d'émotions contradictoires l'avaient empêchée de s'appliquer à débrouiller le sens des mots. Prise par la gravité du lecteur plus que par la chose lue, quelques formules flottaient dans sa mémoire : « l'avancement des esprits », « explicateur public des grands penseurs », « émotion sainte du vrai »… Elle sentait bien là un rapport direct avec Louis, et que l'instruction est due à tous, et donc à son fils, et qu'il ne faudrait même pas payer pour la recevoir. Mais quoi ? Des livres… ça se « mangeait » ?! M. Labarthe reprit plus lentement encore, doublant les consonnes qu'il fallait, insistant sur chaque difficulté ; et

Louis, les sourcils froncés, disait sa pauvre science dans une crispation du visage et de la main qui faisait grincer la plume sur le papier.

Le fils Meissonnier fit plus d'une faute par ligne.

Le lendemain matin, il se retrouvait dans la cour du cloître de Conques, endimanché d'un large béret, d'un costume bien repassé et même d'un bout de cravate. Maria se tenait à son côté. Elle aussi avait mis la belle robe qu'elle n'avait plus portée depuis la mort de Jeannou. Ils attendaient, main dans la main, immobiles, les yeux sur M. Labarthe qui, au fond de la cour, parlait au recteur. Au bout d'un long moment, il revint vers eux.

— Il accepte, dit-il à Maria.

Elle hocha la tête, doucement. Elle pleurait de relâchement, détendue, ne sachant si elle éprouvait du bonheur qu'il en fût ainsi mais soulagée que la décision fût prise. Elle vit M. Labarthe entraîner Louis à l'écart mais n'entendit pas ce qu'il disait à l'enfant.

Paulin s'était penché vers le clair regard de Louis.

— Tu seras peut-être le plus pauvre, alors tu dois être le meilleur. C'est mieux ainsi, Louis. Moi, je ne pouvais plus rien pour toi. Je suis au bout de mon rouleau. Je veux que ta mère soit fière de toi. Tu dois être le meilleur, le premier. Je veux que, plus tard, tu apprennes aux autres, aux enfants des autres... C'est comme si tu étais mon fils, tu comprends. Et je veux que mon fils soit... libre. *Libre!*

Jusque-là M. Labarthe avait contenu son émotion. Brusquement, il serra Louis contre lui et l'embrassa, puis il revint à Maria et lui murmura :

— Emmenez-le.

Maria prit sous un bras le petit bagage de l'enfant et, droite comme un I, tenant Louis par le cou, s'avança vers le recteur qui les attendait là-bas, les mains croisées sur sa soutane, les paupières mi-closes.

Le soir, M. Labarthe dit à Maria qu'il souperait chez elle ; ainsi pensait-il sincèrement lui épargner une trop grande solitude pour ce premier soir. Et il se retrouvait assis devant une assiette refroidie où le bouillon figeait, le regard perdu. Maria, comme toujours, recourait aux tâches ménagères, observant à la dérobée cet homme qui lui semblait aussi mal en point qu'elle. Elle restait droite en bout de table, prête à souper comme une métayère que le maître visite, debout, respectueuse de son silence.

Elle posa devant Paulin un plat d'omelette hâtivement préparée sur des rondelles de pommes de terre mélangées de lard et d'oignons.

— Si j'avais su vous avoir à souper, j'aurais tué le lapin, murmura-t-elle sur un ton d'excuse pour emplir le vide pesant qui s'était établi dans la pièce.

M. Labarthe, de toute façon, n'avait pas faim. Il repoussa son assiette.

— Je vous ai obéi, mais nous ne le laisserons pas chez les prêtres.

Maria ne s'attendait pas à cette brusquerie qui lui paraissait être aussi un reniement.

— Pourtant, ils apprennent bien !

— Je sais, convint M. Labarthe. Je sors de chez eux.

— Alors ? dit Maria.

— Ils m'ont appris tout ce que j'ai dans la tête, rien de ce que j'ai dans le cœur. (Il parlait sans agressivité ni passion, du même ton de voix qu'il avait eu souvent pour enseigner le fils.) Il y a dix ans, à cause d'eux, j'étais dans le mauvais camp. Nous avons parlé de la Commune, un jour, et vous avez traité les insurgés de bandits...

— Mais oui, ceux qui mettent le feu...

M. Labarthe la coupa.

— J'ai d'abord pensé comme vous, par éducation. J'ai même été sergent de l'armée de Versailles. Nous avons combattu. Et puis, on nous a demandé de fusiller des vieillards, des femmes, des enfants. Alors j'ai changé de camp. C'est pourquoi j'ai dû fuir, vivre à Londres, à Bruxelles, jusqu'à l'an dernier, c'est-à-dire l'amnistie. Je suis absous, bien sûr, mais on me surveille. Raison pour laquelle je ne puis m'opposer aux gendarmes.

Il s'était levé, observait la nuit au travers du vitrage.

Jamais Maria ne l'avait encore senti pareil aux autres hommes, vulnérable. Elle en fut toute remuée, n'osant interrompre la confidence. Il revint s'asseoir.

— J'étais venu m'enterrer dans l'oubli... la solitude, mais il y a eu Louis... (Comme leurs regards se croisaient, sa voix s'assourdit.) Louis et vous ! (Il détourna la tête et reprit :) Je ne veux pas qu'il se trompe de camp.

Maria attendit un instant, ne sachant si d'autres mots devaient suivre.

— Nous ferons ce que vous voudrez.

Il goûta de l'omelette, la repoussa et décida brusquement :

— Il faudra le présenter à l'École normale ! Dans trois ans.

Maria eut un sursaut.

— Trois ans ?... Mais le temps me dure déjà !

— A moi aussi, avoua-t-il sans chercher à dissimuler son désarroi.

Dehors, les chouettes se parlaient dans la nuit claire et glissaient sans un battement d'aile d'un arbre à l'autre. Du bois vert éclata dans le fourneau, crachant sa sève. Ils n'entendaient rien. Quelque chose prenait leur vie, abolissant leurs passés et leurs différences, les amenant à se deviner dans la pénombre, à respirer d'un même battement de poitrine que l'émotion précipitait.

D'un mouvement naturel qui lui restitua sa grâce oubliée de jeune amante, elle se laissa couler aux pieds de Paulin. Agenouillée, elle le regardait sans honte ni effronterie. La vie était redevenue toute simple. Elle prit la main qu'il avait posée près de lui sur le banc et la frôla des lèvres. Il eut un soupir.

— Je suis un vieil homme, Maria. J'ai été marié...

— Moi aussi.

Elle défit son chignon et ses cheveux lui couvrirent les épaules.

— Nous ne dirons rien à Louis, murmura Paulin. A cet âge, ils sont fragiles.

A son tour, il prit la main de Maria et la porta à ses lèvres.

2

L'APPRENTISSAGE

Contrairement à ce que le sectarisme de Paulin Labarthe lui avait fait redouter, les prêtres de Conques surent ouvrir l'esprit de l'enfant et lui assignèrent une morale qui, tout compte fait, était celle d'une époque plus que d'une faction. Certes la religion prit une part importante de l'emploi du temps de l'élève, mais Louis apprenait vite et voyait là des contes et des règles qu'il assimilait avec les autres et sans plus ni moins d'intérêt. Le mètre est l'unité de mesure qui correspond au quart du dix-millionième de la longueur du méridien terrestre et Dieu fabriqua l'univers en six jours. L'étalon de l'un réside à Sèvres et le représentant de l'autre à Rome. Il en était à l'âge où toute la force de l'esprit doit tendre à l'acquisition, et sa nature appliquée, tenace, l'éloignement des siens, le peu de goût qu'il avait pour les jeux sans profit l'amenèrent à engranger plus de connaissances que la plupart de ses condisciples. Le jeune pauvre toléré (mais Labarthe payait toute dépense, rubis sur l'ongle) devint un objet d'exposition pour l'école Sainte-Foy ; on le citait en exemple, on l'appelait au bureau directorial lors des visites de bienfaiteurs auxquels il récitait avec sensibilité les fables de l'abbé Courvoirac, ancien recteur ; on le sollicita même pour la suite logique que serait le séminaire mais, là, Paulin dit sa volonté, qui allait ailleurs. Comme annoncé trois ans plus tôt, le temps était venu de passer le concours d'entrée à l'École

65

normale. Le recteur céda sans trop d'objections. Il éprouvait une affection réelle pour l'enfant, ne trouvait rien en lui qui annonçât une vocation religieuse sincère, en convint en son for intérieur et le laissa partir, l'ayant même préparé au concours par des heures de perfectionnement dont il n'exigea ni salaire ni reconnaissance. C'était cependant ce même homme dur et cabré qui naguère avait refusé Louis.

— Ce père Mazeyrat, je ne lui aurais pas cru deux sous de bonté, disait Maria, conquise, et voyez comme il est devenu !

A Noël, elle lui apportait le foie d'une oie qu'elle gavait spécialement et une bouteille de prune dont il se frictionnait la poitrine les jours de grand froid.

Le premier lundi d'octobre 1885, M. Ribot, gros homme chauve qui assurait l'économat de l'École normale de Rodez, venait de refermer les grilles de l'établissement dont le titre s'affichait fièrement en lettres d'or au-dessus de sa tête. Un homme traversait la place et courait vers lui, le hélant d'aussi loin qu'il l'avait aperçu :

— S'il vous plaît ! Un instant, monsieur, un instant !...

La cloche de l'établissement et un attelage qui passait couvrirent sa voix, si bien que, lorsqu'il atteignit la grille, Paulin — car c'était lui — se heurta au refus poli de M. Ribot qui venait de « boucler ».

Il haletait, montrant un gros paquet rond qu'il apportait.

— J'ai un paquet à remettre à un élève.

— Trop tard, mon bon monsieur.

Ribot était de ces subalternes qui prennent très au sérieux leurs fonctions. Chargé donc de l'économat, il posait au ministre des Finances de l'établissement, dont il se croyait un peu l'âme. Le jour de la « rentrée » était pour lui la grande fête obligatoire et carillonnée du calendrier républicain. Une génération de normaliens avait quitté ces lieux au début de l'été, une nouvelle venait d'y entrer, ceux qui étaient partis rejoindre leur poste dans un coin du Rouergue ou des régions voisines

66

enseignaient déjà ce qu'ils avaient appris « chez lui » à des adolescents dont certains deviendraient, à leur tour, *ses* élèves. Le père Ribot, qui n'enseignait pas, se sentait le moyeu de cette noria, animait le courant, filtrait, alimentait, répartissait, et faisait obstacle à tout ce qui pourrait altérer l'ordre des choses. Venu de l'armée coloniale, il s'en tenait aux principes que l'heure c'est l'heure, un règlement est un règlement, un citoyen un citoyen et, par déduction, le règlement fixant l'heure de fermeture au nez de tout citoyen, il accomplissait son devoir en refusant d'entrouvrir la grille aux retardataires. Mais, comme il avait un fond de bonhomie naturelle, il n'y perdait ni son sourire ni ses manières aimables.

M. Labarthe insistait.

— J'en aurai pour une minute.

— Il fallait venir il y a une minute !

M. Labarthe, tenant son paquet d'une main, sortait un objet de sa poche.

— Et ceci est une montre qui devait être réparée. Je cours depuis la boutique de l'horloger.

— Nos jeunes gens n'ont pas besoin de montre. Vous entendez la cloche ? Elle dirige l'emploi de leur temps. N'ayez crainte pour votre fiston !

— C'est un souvenir, insistait M. Labarthe. Je la tiens de mon père et je la lui ai promise pour son entrée ici...

Le père Ribot céda à l'argument. Ce citoyen tout essoufflé devait être un père, fier que son fils ait été reçu dans cette noble institution et qui voulait le récompenser de sa réussite.

— Bon, laissez-la-moi, dit-il, en tendant la main à travers la grille. Je la lui remettrai à la première pause.

— Vous êtes gentil. Attendez ! Il y a aussi ce chapeau. (Il lui tendit le carton qu'il avait sous le bras et qui ne passait pas entre les barreaux.) Le galon était défraîchi, j'en ai fait poser un neuf... Je pourrais, peut-être, vous laisser un petit billet pour lui... Quelques lignes ?

Une montre, un chapeau, un billet, il en demandait beaucoup, ce visiteur de la dernière minute !

— Là, il vaut mieux que vous reveniez dans une bonne heure, cher monsieur. Nous aurons une récréation. Je verrai à vous envoyer l'élève.

Paulin changea de visage.

— Dans une heure ? C'est trop tard ! J'ai de longue date pris rendez-vous chez le notaire...

Le père Ribot se laissa attendrir par cette mine tout à coup défaite.

— Allez ! Donnez-moi tout ça !... Au fait, comment s'appelle le jeune homme ?

— Meissonnier, s'empressa de répondre M. Labarthe. Louis Meissonnier.

Louis avait pris place à son banc. Ce n'était plus le frêle sauvageon à la tignasse hirsute, aux culottes courtes, aux galoches sonores et qui avait tant de mal à aligner des *f* sur la page. Il était devenu un adolescent aux cheveux peignés, vêtu d'un vrai costume, hérité de son père et retouché par Maria. Il portait un col en celluloïd et une cravate « à système ». Comme ses autres camarades, il avait les bras croisés et se tenait très droit, au-dessus de la table qu'il occupait seul. La classe des élèves de première année était assez vaste, emplie d'une vingtaine de tables réparties en quatre rangs et dominées par l'estrade du maître. Aux murs étaient accrochées des cartes de géographie de grand format : l'une représentant la France *muette* (on ne lisait sur elle aucun nom de ville, de fleuve ou de montagne, ceci aux fins de mieux vérifier les connaissances des élèves), une deuxième l'Afrique, une troisième l'Asie. L'Alsace et la Lorraine faisaient une grande plaque rose et vide à droite sur la carte de France : un désert. Il y avait aussi un tableau des mesures du système métrique, une planche de botanique, une autre d'anatomie, un portrait de Victor Hugo barré d'un crêpe et un crucifix. Accrochées au plafond pendaient des lampes à pétrole à suspension réglable. Une armoire occupait le fond de la pièce, et servait au rangement des fournitures : cahiers, bouteilles d'encre, boîtes de plumes, liasses de papier buvard, crayons, gommes, caissettes de bâtons de craie, équerres, compas, etc. ; rien ne devait manquer et le gros Ribot veillait à ce qu'il en fût ainsi. A cette armoire était accolé un placard pour les ustensiles du ménage et du chauffage : balais-brosses, serpillières, pelles et seaux à charbon.

Un homme d'une quarantaine d'années, brun, revêtu d'une longue blouse de toile noire que d'innombrables repassages lustraient comme de la soie, se tenait debout près de la porte vitrée donnant sur le couloir. Il laissait planer un regard résolument indifférent sur la classe, jetant, de temps à autre, un coup d'œil à sa montre.

Soudain, il y eut un mouvement dans le couloir, la porte s'ouvrit, un autre homme plus imposant mais pareillement vêtu s'effaça pour laisser entrer un personnage de petite taille, sanglé dans un veston qui évoquait une vareuse d'officier. Il avait le teint pâle, la moustache hargneuse comme une paire de crocs, et fixait plus qu'il ne regardait son jeune auditoire, l'œil sévère et méprisant. Quatre hommes suivaient, le premier aussi rondouillard que le deuxième pouvait être ascétique, le troisième rose, timide, effaré, craignait qu'on ne le vît, au contraire du quatrième qui redoutait de passer inaperçu. Mais cette diversité était anéantie par le fait qu'ils portaient tous la même longue blouse et le même col blanc. Seul, l'homme à l'œil fixe dérogeait à cette règle vestimentaire.

Tous les élèves s'étaient levés dans un grand bruit de chaussures et se tenaient raides, dans une position proche du garde-à-vous. Il s'établit dans la classe un silence de mort.

Le petit homme à la moustache en crocs jeta un coup d'œil au tableau noir sur lequel on lisait : « *Le talent d'instruire est que le disciple se plaise à l'instruction. J.-J. Rousseau.* » Il eut un rictus de désapprobation et se hissa sur l'estrade. A l'évidence, il ne partageait pas l'optimisme de l'auteur d'*Émile*. Debout au centre de l'estrade, encadré des porteurs de blouse, il paraissait être le chef d'un tribunal ou d'un chapitre d'ecclésiastiques. En fait, maître incontesté des lieux et des hommes qui l'accompagnaient, il eut tôt fait d'expédier les présentations d'une voix précipitée qui allait avec le reste de sa personne.

— Je suis votre directeur. Ces messieurs seront vos maîtres.

Il les situait de la main, sans même regarder ceux qu'il nommait, toute son attention braquée sur les visages qui lui faisaient face, y cherchant le moindre signe de distraction ou d'insolence.

— Ici, M. Blanc, professeur principal ; M. Lebedour, professeur de sciences naturelles, de botanique et de musique ; M. Trève, professeur d'arithmétique, de géométrie et de sciences physiques appliquées ; ici (il venait de changer de main), M. Duménil, professeur de dessin linéaire et de dessin d'art ; il vous enseignera aussi les rudiments de la langue anglaise ; enfin, M. Mayer, professeur d'histoire, d'allemand et de gymnastique.

Au fur et à mesure qu'ils étaient cités, les maîtres se signalaient par un mouvement discret, un tressaillement, une montée soudaine du menton.

— Asseyez-vous, messieurs.

Ce n'était pas une invitation, c'était un ordre. Il laissa son regard noir errer sur l'assemblée, avec l'aménité d'un gendarme abordant une tribu de nomades. Un soupir lui vint du fond des entrailles et il fit l'effort de parler de nouveau.

— Avant toute chose, quels sont parmi vous les fils d'instituteur ou d'institutrice ?

On sentait au ton de sa voix que l'enseignement était pour lui plus qu'un métier, plus même qu'une vocation, voire un apostolat : c'était une *caste* dont les privilèges se devaient transmettre de génération en génération.

Quelques élèves levèrent le doigt, dont le plus proche voisin de Louis qui s'était présenté à lui sous le nom d'Anselme Peyrat.

Le directeur, M. Renaudart, compta les doigts levés. Le front d'ivoire se plissa.

— Sept ?... J'en avais relevé huit sur la liste !

— J'ai fait l'appel, dit M. Blanc. Il y a deux manquants.

Pour Renaudart « manquer » était *a priori* une faute.

— Manquants ?... Manquants sans motif ?

— La fièvre pour l'un, un deuil pour l'autre, répondit paisiblement M. Blanc.

70

— La fièvre n'est pas un motif recevable en soi. J'ai enseigné avec trente-neuf huit. Mon épouse bat la lessive avec des températures coloniales. Coloniales ! Quant au deuil... (Il eut une moue de scepticisme.) Attention ! Il doit concerner des proches au premier degré... sinon tous les abus...

La phrase flotta, inachevée, mais il était entendu que des générations d'élèves étaient venues à bout de sa mansuétude sur le chapitre des « excuses acceptées pour deuil ». Désormais, il ne faudrait pas moins que la mort d'un père ou d'une mère pour laver le manquant du soupçon d'imposture.

— Nous aviserons. (Il se tourna vers M. Blanc.) Vous avez le nom du *fiévreux* ?

— Durtal.

Les plis s'effacèrent. M. Renaudart ne souriait pas, bien sûr, mais il se montrait rasséréné.

— Eh bien, je l'ai, mon huitième ! Le père est instituteur à Entraygues. Je suis tranquille, c'est une vraie fièvre !

Le fils Durtal aux portes de la mort, M. Renaudart n'en eût été que plus tranquille, mais une « vraie fièvre », c'était déjà convenable. Il reprit son air rogue pour s'adresser à ses ouailles d'une voix où le désenchantement le disputait au mépris.

— Jeunes gens, j'ai pris connaissance de vos dossiers et j'ai pu examiner vos copies, du moins celles des matières principales. (Il durcit le ton.) Je crois pouvoir affirmer qu'il y a seulement cinq ans, *aucun* d'entre vous n'aurait été admis ! *Aucun !*

Les vingt-deux adolescents assis devant lui frémirent ensemble, assommés par la dureté de cet accueil. Ceux que l'étonnement n'anesthésiait pas piquaient du nez, tels des coupables. Ils avaient travaillé dur pour être admis dans cette institution, ils étaient fiers de lui appartenir et sentaient encore sur leur jeune front le poids léger des lauriers enlevés de haute lutte. Ils n'avaient pas seulement passé un examen : ils avaient réussi un *concours* ! Ils étaient les survivants d'un combat mené à coups de dates, de règles, d'accords de participes, d'extractions de racines ! Des dizaines, des centaines d'autres concurrents avaient mordu la poussière ; eux étaient au centre du cercle, les nerfs tombés, vainqueurs un peu ivres que les familles avaient légitimement honorés de leurs larmes et de leurs rires. Et cet homme, de qui dépendait leur proche avenir, détruisait en quelques mots le bonheur et déclarait solennellement qu'il mettait fin à la courte fête à laquelle, selon lui, le relâchement des notateurs seul leur avait donné accès. L'humiliation était sur tous les visages.

M. Blanc et M. Trève désapprouvaient ce discours déjà maintes fois entendu car il inaugurait chaque session. Résignés, connaissant leur faiblesse devant un directeur qui eût pris de haut toute marque de désaveu et l'eût fait retentir sur la carrière du « coupable », ils fermaient les yeux plutôt que d'y laisser paraître leurs sentiments. En revanche, M. Lebedour, dont la rondeur n'avait d'égale que la servilité, acquiesçait d'un mouvement de tête mécanique, tel un cheval qui encense. Le grand et gros Mayer avait plus d'excuse : Alsacien, colérique, boiteux depuis Sedan, il tenait la rigueur et la discipline pour les vertus nécessaires à la reconquête. Duménil, lui, avait l'air absent, ce qui n'était pas un calcul : il dirigeait au même instant la chorale de l'École normale des filles, et sa tête était trop pleine de leurs voix pour qu'il entendît celle de M. Renaudart, poursuivant son travail de démolisseur.

— Les meilleurs d'entre vous sont médiocres, messieurs. Médiocres ! Beaucoup côtoient la nullité. Nullité !

C'était chez lui un tic que de reprendre les mots les plus significatifs pour en accroître la cruauté. Satisfait de la déconfiture générale, il parut en rester là et s'adoucir pour questionner :

— Lequel d'entre vous a été reçu premier ?

Un peu gêné, se croyant exclu de l'opprobre collectif, Louis se souleva sur son siège.

— Assis ou debout, s'il vous plaît. Ayez toujours une attitude *franche*.

Louis se dressa tandis que Renaudart vérifiait sur une liste posée devant lui.

— Meissonnier ? C'est ça ? Meissonnier Louis ?...

Les yeux noirs fouillaient les yeux clairs.

Louis ne cilla pas.

— Vous êtes parent avec le peintre ?

Louis eut une mimique d'ignorance.

— Vous ne savez peut-être même pas qu'un homonyme brille au firmament de la peinture parisienne ?

Louis ne broncha pas, confirmant sa méconnaissance.

M. Renaudart, aux anges, retrouva ses airs dominateurs.

— Il faudra donc tout vous apprendre, l'art et le reste ! Asseyez-vous !

Peu disposé à lâcher sa victime, il consultait ses notes.

— Écriture maladroite, la main est lourde. Votre style de français... il y aurait beaucoup à en dire ! Les expressions sont molles ; par contre, les idées... Je n'aime pas beaucoup vos idées, jeune homme ! Nous vous les changerons ! (Il poursuivit sur le même ton d'hostilité méprisante :) L'arithmétique était facile... Je ne vous aurais certes pas mis dix-huit : trop mal écrit ! Enfin... bon ! Et vous êtes *premier* ? (Il feuilleta rapidement ses papiers.) Je ne parlerai donc pas des autres. Il a fallu relever tout ça... tous les résultats... presque tous les résultats... Navrant !

L'un de ceux que la philippique avait le plus touchés était Anselme Peyrat, le voisin de Louis. Il était au bord des larmes. Louis, lui, regardait fixement le directeur. Il sentait que cet homme travestissait la vérité. Ses camarades ni lui-même n'étaient certes pas des génies, mais l'autre était injuste, volontairement injuste.

M. Renaudart changea de registre. Conscient d'avoir assuré son empire sur le jeune public dont il redoutait secrètement l'acuité de jugement, il laisa libre cours à l'autre aspect de son personnage qui était d'un cabotin.

— Messieurs, la République, la *Patrie,* fait pour vous et vos semblables d'immenses sacrifices. Vous lui devez tous vos instants, tous vos efforts. Je serai sans pitié pour les traînards, les zigotos. L'an dernier, trois exclusions ; l'année précédente, deux. Attention ! Je suis juste, mais im-pi-toy-a-ble. Modestement, en tant que directeur, à la tête de la très talentueuse équipe pédagogique qui m'entoure... (Il eut un geste condescendant pour les maîtres qui l'encadraient et reprit :) A leur tête, donc, je tâcherai à faire de vous ce que, je puis le prétendre, vous n'êtes pas aujourd'hui : des intelligences claires et nourries. M. Blanc, qui sera votre professeur principal de première année, va vous lire le règlement intérieur. Il vous dictera ensuite l'emploi du temps « automne-hiver »... Ah ! (C'était la flèche du Parthe !) Notre économe, M. Ribot, m'a signalé quelques retards dans le règlement du trousseau. C'est inadmissible ! Vous avez été informés, le jour même de la proclamation des résultats du concours, que vous auriez à payer 265 francs à la rentrée. Nous sommes au jour dit et, attention ! j'apprends que certains parents ont même *discuté* !?... ont essayé d'arrondir à 250 ?! (Il eut un sourire qui découvrit des dents jaunes de renard dans la brièveté d'un déclic.) Vous avez quarante-huit heures pour les convaincre. Sinon... *Exit !*

Il se leva brusquement, et toute la classe avec lui.

— Messieurs !

Il allait passer la porte, au soulagement de tous, lorsqu'il se ravisa et s'adressa à l'élève le plus proche.

— Les cinq premiers directeurs, Constitution de l'an II ? Allez, vite !...

L'interrogé restait coi, anéanti par le regard vipérin du sadique. Une heure plus tôt, il eût probablement fourni la réponse mais, là, il se sentait pris au piège. Il était le fusillé pour l'exemple et son esprit se figeait d'angoisse.

— Barras, Carnot, Letourneur, La Révellière-Lépeaux, et... ?

Les mains derrière le dos, M. Renaudart l'« aidait » d'une voix sucrée, se soulevant, cambré, sur la pointe des pieds. Les autres élèves s'observaient, craignant un rebondissement qui les impliquât.

Triomphant, Renaudart lança :

— Rewbell ! (Il était fier de sa science et se tourna vers les maîtres demeurés muets.) Énorme travail, messieurs, énorme ! (Puis, s'adressant à l'élève qu'il venait de torturer :) Cent fois... Cursive anglaise. Attention : pleins et déliés ! Les cinq directeurs ! Cent fois !

74

Le garçon, médusé, entendit à peine la porte se refermer sur le groupe des maîtres.

Comme ses collègues, M. Blanc ressemblait plus à un juge qu'à un maître ; son visage reflétait une autorité certaine, tempérée de la sagesse que lui apportait l'âge : il était le doyen de l'école. Il attendit que les esprits se fussent remis de la fâcheuse impression que ne manquait jamais de laisser le passage de M. Renaudart. D'une voix paisible et forte qui contrastait avec les perfidies nasillardes du directeur, il commença d'évoquer les problèmes administratifs. De temps à autre perçait une pointe d'accent méridional, légèrement corrigé, comme se le devait un maître d'École normale. Conserver son accent d'origine aurait passé pour une faute contre le bien-parler qu'il convenait de corriger à l'égal d'une faute d'orthographe. De même les enseignants bannissaient-ils le patois de leur langage puisqu'ils l'interdisaient à leurs élèves. M. Blanc s'appliquait donc à ne point prononcer les muettes, à distinguer les *o* des *a* quand ils étaient suivis d'un *n*, à ne pas introduire d'intempestives diérèses dans les diphtongues, labeur qui ralentissait sa volubilité naturelle.

— Nous commencerons pas l'attribution des numéros matricules. Chacun d'entre vous devra retenir son numéro qu'il conservera tout au long des trois années (il prononçait : *an-nées*) d'études. Personnellement, je préfère apprendre vos noms, mais certains maîtres vous appelleront par votre numéro... Donc, sachez-le ! Il est d'ailleurs simple à former. Nous sommes en 1886. Pour tous, le premier chiffre sera le 6. Votre rang de classement au concours d'entrée fournira les deux autres. Vous, Meissonnier, vous êtes ainsi le 601. (Il se mit à lire la liste qu'il tenait à la main.) Argonniez, le 602 ; Lucas, le 603 ; Teyssèdre, le 604 ; et ainsi de suite, jusqu'au 624. Qui est le 624 ?

Personne ne répondit.

M. Blanc jeta un nouveau regard sur le bas de sa liste.

— Régis Poulet.

Le nom provoqua quelques rires.

L'élève s'était levé. C'était le grand garçon que Renaudart avait interrogé, brun, costaud, mais d'une timidité éclatante. Rouge comme un coq, il s'attendait au pire.

— Vous ne savez pas que vous avez été reçu en vingt-quatrième rang? N'en ayez pas honte, le rassura M. Blanc. Il y a plus de cinquante recalés. Et encore tous ces jeunes gens ont-ils été *présentés,* alors qu'une centaine d'autres avaient préparé le concours et n'en ont pas été jugés dignes. Vous n'êtes donc pas le dernier sur une liste de vingt-quatre élus, vous êtes le vingt-quatrième sur cent cinquante. Et puis, n'ayez pas honte non plus de votre nom, vous auriez honte de votre père. Asseyez-vous.

Régis sourit, ragaillardi, et remercia M. Blanc d'un mouvement de tête discret.

Le maître continua :

— Maintenant, passons au règlement. Il prévoit vingt et un cas d'exclusion. Le refus d'obéissance est le premier cas. Le deuxième...

Tandis que M. Blanc énumérait pour ses novices la liste des péchés mortels auxquels ils pouvaient succomber, un élève de troisième année ratissait une allée du jardin de l'école, sous les fenêtres du directeur qui occupait les trois quarts de l'étage. L'œil clair, le visage fin, il atteignait sa vingtième année et le montrait par une moustache naissante soigneusement entretenue.

A l'une des fenêtres de l'appartement directorial, une jeune fille aux longs cheveux roux, vêtue d'une robe à carreaux blancs et bleus, observait l'approche du garçon. Derrière elle, une autre adolescente, plus jeune de quelque deux ou trois ans, jouait du piano, jetant à la dérobée des regards sur l'aînée. Le normalien ratisseur parvint enfin au pied du mur, toujours surveillant la fenêtre entrebâillée. La jeune rousse mit alors la main dans son corsage, en sortit un billet soigneusement plié qu'elle laissa tomber et dont l'élève s'empara avec une vivacité de prestidigitateur.

Le piano s'était tu. La plus jeune des filles avait bondi vers l'autre.

— Augusta ! je t'ai vue. Alors, ça, je t'ai vue !

Elle cherchait à atteindre la fenêtre depuis laquelle

elle eût à coup sûr identifié le destinataire du message, mais la grande Augusta la saisit aux poignets. Elle était furieuse.

— Tu vas te taire, sale chameau !

— Lâche-moi ! Aïe ! Maman ! Augusta a encore envoyé un billet.

L'aînée lui tordit les bras. Elle hurlait. Des gifles claquèrent, des cris jetèrent un drame dérisoire dans l'air serein et passèrent tout naturellement dans la classe du dessous qui était celle de première année. Affaiblis, ils n'étaient guère perçus que par Louis, proche des fenêtres.

M. Blanc vint fermer la fenêtre, ignorant le sourire de complicité de Louis. Quelle que fût son antipathie pour le clan Renaudart dont il désapprouvait le comportement, M. Blanc ne se laissait jamais aller à la critique ouverte.

Il continua à dicter.

— ... 17 à 19 heures, étude. 19 à 20 heures, dîner et récréation... 20 à 21 heures, étude... Enfin, coucher à 21 heures.

Il semblait soulagé d'en avoir fini sur ce chapitre.

— Vous aurez remarqué, je pense, qu'entre la cloche du réveil, à 5 h 30 le matin, et celle du coucher, 21 heures, vos journées seront bien remplies.

Il y eut des murmures d'excitation dans la salle. Une heure en tout pour le dîner et la récréation ! Cela ne laissait guère de temps ni pour l'un ni pour l'autre !

M. Blanc, conscient comme chaque année de l'effet que produisait sur les élèves cet horaire implacable, continua.

— Rassurez-vous. Aucun de vos prédécesseurs n'est mort à la tâche. D'ailleurs... je n'ai pas terminé. Chacun d'entre vous sera chargé, pour l'année, d'un travail particulier à accomplir en dehors des heures d'étude. Il est de tradition que le major de la promotion soit chargé de la bibliothèque. (Il s'adressa à Louis :) Meissonnier ? Cela vous convient-il ?

Louis accepta d'enthousiasme. M. Labarthe lui avait ouvert le monde fascinant des livres et, s'il n'avait pas lu tous ceux qui se trouvaient à Soulargues, il en avait dévoré la plupart, sans toujours les assimiler. Au reste, il n'aimait pas seulement la lecture : il aimait les livres, même les plus modestement présentés, et les traitait comme des objets précieux qu'il manipulait avec respect.

M. Blanc avait saisi cette affection particulière de Louis pour la chose imprimée dans la spontanéité même de son accord.

— Si, comme il me paraît, vous aimez lire, vous serez aux avant-postes.

Il se rembrunit en passant à l'affectation suivante.

— Moins agréable, mais pour les seuls mois d'hiver : le service des poêles. Celui-ci (il montrait un grand poêle cylindrique dont le tuyau, par un parcours compliqué, longeait toute la salle avant de s'enfoncer dans un conduit), celui-ci doit déjà chauffer quand nous entrons dans l'étude à 7 heures et demie et celui du dortoir, à 21 heures, lorsque vous y monterez. Un volontaire ?

Tous les élèves demeuraient muets, rivés sur leurs bancs. Haussant machinalement les sourcils, Louis jeta un regard vers Anselme Peyrat. Celui-ci, croyant saisir un encouragement dans l'expression de Louis, hésita un moment, puis leva la main.

M. Blanc ne put cacher sa surprise.

— Vous êtes volontaire ?

Anselme confirma d'un mouvement de tête.

Le maître chercha sur sa liste, puis dit :

— Anselme Peyrat ? C'est bien ça ? (Il cocha son nom, et ajouta dans un demi-sourire :) Vous êtes à ma connaissance le premier volontaire pour le service des poêles. Jusqu'à ce jour, nous avons toujours recouru au tirage au sort.

Tandis qu'il offrait le balayage des couloirs à l'avidité des postulants, Anselme se demandait s'il ne s'était pas fourré dans un guêpier. Il lança un coup d'œil à Louis. Sérieux comme un pape, le jeune Meissonnier regardait droit devant lui.

Après cette séance d'initiation aux usages de l'école vint la récréation. Les élèves des trois années partageaient ensemble la cour, piétinant les feuilles, conversant librement, amorçant les jeux qui rempliraient leur saison. Les anciens portaient une blouse noire assez semblable à celle de leurs maîtres. M. Lebedour faisait les cent pas, son violon sous le bras.

Régis Poulet s'approcha d'Anselme Peyrat. Comme les autres, il avait écopé d'une corvée.

— Je ne vais tout de même pas *laver* les blouses ?

— Ce n'est pas ce qu'il a dit. Tu es chargé de *ramasser* les blouses sales, de les *porter* au nettoyage, et de *vérifier* au retour qu'elles sont propres, avec tous leurs boutons, avant de nous les *rendre*, expliqua Anselme.

— Et comment je les reconnaîtrai ?

— Eh bé, à cause du numéro matricule qui est cousu dessus.

— Quel numéro matricule ? s'affolait Régis.

De son côté, Louis avait été appelé par l'économe à l'intérieur du bâtiment. M. Ribot lui remit ce que lui avait confié Paulin. Louis regarda la montre avec émotion. Elle symbolisait tant de choses, tant d'efforts, de promesses tenues. Il la glissa dans une poche de son gilet, puis alla porter le carton à chapeau dans son casier de vestiaire où il le reprendrait plus tard.

Il commença de lire le billet qui accompagnait le tout, écrit de la main de l'homme qu'il admirait le plus au monde.

« C'est mon plus cher souvenir, tu le sais. (M. Labarthe parlait de la montre.) Parce que mon père était un homme dont je n'ai pas retrouvé l'équivalent au long de ma vie... »

Le père Ribot l'interrompit dans sa lecture.

— Ne restez pas dans le couloir pendant les récréations. C'est interdit. Allez vous amuser avec les autres !

Louis sortit dans la cour et reprit sa lecture, les yeux brouillés de larmes retenues.

« ... Je pense que, toi non plus, tu n'auras pas d'équivalent, et je suis aussi fier de toi que si j'avais eu le bonheur d'être ton père... »

Louis n'avait pas vu venir quelques *anciens* qui s'approchaient.

Le premier, d'un geste prompt, lui arracha la lettre des mains.

— Il paraît, espèce de *sauvage,* que tu es le 601 ?

La rage blanchit la voix de Louis, indigné par le geste sacrilège.

— Rends-moi ma lettre !

L'ancien le prit de haut.

— Il m'a tutoyé ?! Ce Patagon, cette limace immonde, ce cul de singe ?...

Cette agression brutale pouvait scandaliser quiconque ignorait ces traditions d'école généralement couvertes par le terme de « bizutage ». A l'École normale, c'était la « brimade ». Une sorte de droit que s'attribuaient les anciens sur les nouveaux, droit régalien en quelque sorte, cyniquement établi — comme tant de lois — par le fort pour asservir le faible. Il est difficile de justifier ces coutumes parfois prétextes aux pires excès. Fête des fous ? Initiation ? Défoulement ?

En fait, les vieux se payaient sur les « jeunes » des humiliations endurées les années précédentes. Ce qui rendait la chose plus dure, plus incompréhensible aux nouveaux, c'est que le secret était généralement si bien tenu que la plupart d'entre eux (pour ne pas dire tous) méconnaissaient ces pratiques — que d'ailleurs ils infligeraient sans vergogne à leurs cadets dès que l'occasion leur en serait offerte.

— Je t'ai dit de me rendre ma lettre ! gronda Louis, blême.

Goguenard, inconscient, l'autre insistait.

— Nous allons d'abord lire.

Les « troisième année » qui l'entouraient approuvèrent avec chaleur.

— Oui. Lis-nous ça, Arnaud ! A voix haute, qu'on en profite !

Arnaud Billarat, le tourmenteur, haussa la voix et lut :

— « Bien cher Louis... (Le sauvage aurait une sauvagesse.) Je t'avais promis cette montre si tu réussissais le concours de Normale... »

— Une montre ? interrompit le chœur. On veut la voir !

Les maîtres de service dans la cour bavardaient à l'écart. Une main plongea par surprise dans le gousset de Louis, en sortit la montre et l'exhiba. On applaudit.

Billarat continuait sa lecture :

— « ... C'est mon plus cher souvenir, tu le sais... »

En un éclair, Louis redevint le sauvageon de Soulargues, le petit fauve du causse que la colère pouvait jeter dans toutes les violences.

Un couteau jaillit de sa poche, vieux Laguiole dont il avait souvent aiguisé la lame sur la margelle du puits de Soulargues :

— *Sé mé tournas pas lo lettro é lo moustro, bous traouquè commo ün mélone* (1) !

La plupart des assistants avaient compris les mots et vu scintiller la longue lame.

Arnaud Billarat décida de sauver la face.

— Tu dois accepter la brimade, sauvage ! Je suis le 401. Il y a deux ans, je l'ai subie de mes aînés. C'est la règle.

Louis grognait toujours, l'air d'un furieux.

— Je t'ai dit de me rendre mon bien.

Un mouvement se fit dans l'angle de la cour, du côté de l'escalier qui desservait les étages, et le directeur sortit du bâtiment de l'école. Sûr de lui, il marchait d'un pas rapide et victorieux, vers le groupe d'Arnaud Billarat.

Le flagrant délit eût été assuré si l'un des anciens, Samuel Eskène, celui-là même qui traînait une heure plus tôt sous la fenêtre d'Augusta, n'eût averti ses condisciples d'un signal convenu.

— Pé pé pé pé pé pé pé !...

Tout le groupe se défit. Samuel arracha la montre à celui qui l'avait prise, la remit dans le gousset de Louis et, dans une affectueuse bourrade, lui glissa à l'oreille :

— Ton couteau ! Par terre, vite !

Louis s'exécuta à l'instant. Samuel écarta du pied le

_____

(1) — Si vous ne me rendez pas la lettre et la montre, je vous troue comme un melon !

Laguiole qui glissa sous un petit tas de feuilles mortes. Dans le même temps, Arnaud avait enfoui la lettre de Paulin dans la blouse de Louis et Renaudart fondait sur le groupe.

Moustaches relevées sur les dents, l'œil soupçonneux, il s'en prit d'instinct à sa bête noire.

— Monsieur Eskène, bien sûr !...

Bien qu'il ignorât le manège de Samuel autour de son aînée (manège qui lui valait d'être flatteusement surnommé « le Gendre » par toute la troisième année), Renaudart détestait le jeune homme. Il l'oublia un instant.

— En revanche, monsieur Billarat, je suis fâcheusement surpris de vous trouver mêlé à cet acte antiréglementaire.

Samuel, sachant que, de toute manière, il finirait dans l'axe de la vindicte directoriale, détourna sur lui l'agressivité de Renaudart. Il était aimé de ses condisciples pour cette propension désinvolte à jouer les paratonnerres.

— Antiréglementaire ?... Mais quel acte, monsieur le directeur ? susurra-t-il.

Renaudart frémit. Il était le chef dans cette maison, et ne manquait aucune occasion de faire sentir le poids de son autorité.

— Il suffit, monsieur l'insolent ! Je sais ce que signifient ces rassemblements d'anciens autour d'un première année.

Lebedour s'approcha. Ne disant mot, n'agissant pas, étranger à tout ce qui l'entourait, il tirait de cette neutralité de légume d'être toléré de tous.

Renaudart poursuivait sur sa lancée.

— La brimade est interdite, messieurs ! Vous avez bravé l'interdiction, je dois sévir.

Il se tourna vers Lebedour.

— Évidemment, vous n'avez rien vu ?

Lebedour haussa les épaules.

Renaudart souffla :

— Il n'y a qu'un œil, ici, le mien !

A l'instant, une autre piste lui parut s'offrir qui assurerait son succès.

82

Il vint à Louis.

— Ne craignez rien, je vous protège. Lequel de vos anciens dirigeait la brimade ?

Louis ignorait le sens du terme.

— La brimade ?

— Oui, je vous observais depuis mon...

— ... observatoire, persifla Samuel à voix basse.

Renaudart avait l'oreille fine.

— Oui... Mon observatoire !... Et j'ai très bien vu le manège des troisième année. (Il revint à Louis.) Que vous a-t-on pris ?

Devant le silence du fils Meissonnier, Renaudart insista.

— Je vous ai posé une question.

— Oui, monsieur.

— Monsieur le Directeur.

— Oui, monsieur le Directeur.

— Je vous ai même posé deux questions. Je les reprends : qui dirigeait la brimade que vous avez subie ? Première question.

Tous les regards convergeaient vers Louis. Il simula l'embarras.

Au lieu de pousser son avantage, Renaudart s'impatienta.

— La seconde question est : que vous a-t-on dérobé ?

En quelques instants, il s'était curieusement établi entre Louis et ses anciens un lien de solidarité morale. S'ils s'étaient mal conduits avec lui, ils avaient rendu la lettre et la montre et le grand Eskène avait recouvert de feuilles le couteau tombé à terre. Autre chose éclatait, qui l'emportait sur tout le reste, y compris sur l'instinct de persécution des anciens à l'égard des nouveaux : ils avaient Renaudart pour ennemi commun.

— J'ai entendu le mot « montre », insistait celui-ci. On vous a pris une montre ?

— C'était une plaisanterie, monsieur le Directeur.

— Je dirais plutôt un vol.

— Mais non, monsieur le Directeur.

Louis avait sorti la montre de son gilet et l'exhibait

au bout de sa chaîne. Renaudart se mordit les lèvres. Il sentait qu'il avait perdu la partie et que ce Meissonnier ne parlerait pas.

Il grinça :

— Je vous prenais pour une victime, mais quelque chose me dit que vous êtes de ceux qui mènent les danses ! Attention ! Je n'oublie jamais !

Ulcéré de dépit, le directeur tourna les talons et s'en fut comme on s'enfuit. De vivre isolé, dans la situation d'autorité qu'il défendait farouchement, avait asséché le cœur et l'esprit de cet homme qui avait été un éducateur brillant et tout à fait estimé. A vrai dire, son ambition avait pris naissance dans le mariage, et Mme Renaudart, petite femme que la mesquinerie provinciale avait formée à toutes les hypocrisies, n'était pas pour rien dans la transformation de son mari qu'elle persécutait de reproches sur la maison, le salaire, l'avancement, leur place à l'église et les invitations à la préfecture. L'homme s'était aigri et vivait moins qu'il ne se vengeait, en permanence, de tout et de tous. Aussi souffrait-il. De tout et de tous. Louis était le dernier en date de ses ennemis, et il n'avait pas atteint l'escalier qu'il ruminait déjà des projets de vengeance.

En revanche, les anciens avaient fort bien accueilli l'attitude du 601. Ses bourreaux d'un instant vinrent lui serrer la main, gravement, comme un inculpé acquitté par le tribunal le fait à son avocat — ou un brigand à un complice qui ne la pas *donné* !

La fin de la récréation sonnait, ils se séparèrent satisfaits les uns des autres.

Cependant, Louis aurait bien voulu récupérer son couteau et traînait à sa recherche, éparpillant du pied les amas de feuilles mortes. Alors que les autres regagnaient leurs salles d'étude, il revint même sur ses pas pour se heurter à M. Blanc, debout comme la statue du commandeur à l'emplacement de l'algarade.

— Eh bien, Meissonnier ? Vous n'entendez pas la cloche ?

— Si, monsieur, mais...

— Mais quoi ?

Louis scrutait le sol à la recherche de son Laguiole.

— Vous auriez perdu... un mouchoir ? de la monnaie ? Non ? Alors, à votre place, vite.

Louis, subjugué, regagna l'entrée de la classe où M. Trève s'apprêtait à remplacer M. Blanc.

Ce dernier l'accompagna sur quelques mètres.

— J'aurai à vous parler, Meissonnier... Pas maintenant, ce soir ! Pendant la récréation d'après dîner. Vous me trouverez à cette même place... Allez !

M. Blanc avait parlé sur un ton qui n'avait rien de menaçant. Il avait simplement demandé à le voir pendant une récréation. Comme s'il avait à lui dire quelque chose qui ne concernait pas la discipline de l'école. Une sorte de rendez-vous, autoritairement fixé, certes, mais plus propre à exciter la curiosité qu'à provoquer l'inquiétude. Que pouvait-il avoir à lui dire ? Il n'était pas d'usage qu'un maître s'adresse ainsi à l'un de ses élèves. En fait il y avait, dans ce que venait de lui dire M. Blanc, quelque chose de *personnel.*

Louis prit place dans le rang, songeur. La journée s'annonçait longue jusqu'à la récréation du soir.

M. Trève donna le signal. Ils s'assirent d'un même mouvement pour recevoir leur premier cours d'arithmétique.

— Je vous ai inscrit au tableau, comme je le fais toujours avec les nouvelles promotions, une série d'exercices dont vous noterez la facilité, commença M. Trève. Aux chiffres près, ces exercices sont tous les ans identiques, ce qui me permet de me faire rapidement une idée sur le niveau général d'une part, et le niveau de chacun d'autre part. Cela ne comptera pas dans le calcul de la moyenne, c'est une simple prise de contact. Vous avez trente minutes...

Louis sortit la montre récupérée, dont il se servait ainsi pour la première fois. Les élèves déchiffraient les notations inscrites sur le tableau. Certains se précipitèrent presque aussitôt sur leur cahier. D'autres, plus méthodiques, relisaient avec réflexion. C'était le cas de Louis. Régis Poulet, lui, semblait désorienté et commençait de jeter des coups d'œil affolés sur les cahiers alentour.

M. Trève se promenait parmi les tables, s'arrêtant parfois derrière un élève pour apprécier par-dessus son épaule. Il n'y avait en lui rien d'un cerbère, mais, comme son collègue M. Blanc, il apportait à sa tâche le plus grand sérieux. L'enseignement était pour ces deux hommes une manière de sacerdoce, et « l'émotion sainte du vrai » dont parlait Victor Hugo dans la dictée de Paulin était un sentiment qu'ils partageaient quotidiennement.

Le silence régnait dans la classe, à peine troublé par le grincement des plumes. Si bien qu'on entendit tout à coup l'écho lointain d'une voix courroucée.

M. Renaudart, du haut de son « observatoire », apostrophait deux ramasseurs de feuilles mortes qui languissaient dans la cour.

— Alors, vous deux ! Vous voulez que je descende vous aider, paresseux ! Si, dans la demi-heure, la cour n'est pas im-pec-cable, je dis bien im-pec-cable, vous serez collés dimanche !

Les deux élèves se regardèrent, indignés.

M. Renaudart rentra dans son appartement, telle une marionnette avalée par une trappe, et fit face à son épouse. Celle-ci, répondant au prénom d'Edmée, était une petite femme maigre, au nez et au menton pointus comme tout le reste de sa personne. Elle avait quelque chose d'un roquet.

— Il n'y en a pas un pour racheter les autres, grogna son mari.

Mme Renaudart partageait son douloureux pessimisme.

— Mon pauvre Émile ! (Elle se dirigea à son tour vers la fenêtre.) Le grand dadais est bien Rémi Bosc, non ? Qui est l'autre ?

— Figeac, éclata son époux. Qui veux-tu que ce soit ? Là où flemmarde Bosc, Figeac traînasse.

La bonne venait de servir le thé, boisson que personne n'aimait chez les Renaudart, mais qui faisait anglais et donc « chic ». Edmée grignota un biscuit.

Son mari continuait de ronchonner.

— Au premier motif, c'est l'exclusion !

Son épouse feignait la bienveillance, le pardon des injures.

— Figeac ? Le pauvre !...

— Que m'agaces-tu avec celui-là ! répondait M. Renaudart. Je le consigne dimanche, et ça ira bien !... Mais Eskène, môssieur Eskène, qui s'est payé ma bobine !...

Il grondait de rage. Les filles de la maison, Augusta et Babette, entraient dans le salon, l'une apportant le miel, l'autre le lait. Leur mère marqua d'emblée son emprise sur elles.

— Posez sur le napperon ! Et n'allez pas me tacher le bois de la table !

Renaudart continuait de *renauder*.

— Il s'est payé ma tête ! L' « observatoire ! » Je vais t'en coller, moi, de l' « observatoire » ! A la première faute, dehors, M. Eskène !

Augusta eut un frisson. Babette gloussait. Edmée eut pour son aînée un regard rassurant. Bien sûr, Samuel avait contre lui d'être juif et détesté de son époux, mais il appartenait à une famille riche, ce qui, à ses yeux, effaçait tout. Elle considérait cette école comme un vivier de partis possibles pour ses filles, ce qui n'était pas éloigné du point de vue des intéressées. Session après session elles se choisissaient un amoureux, et Samuel Eskène était le premier en date qui eût tenu deux ans avec l'aînée.

— Vous vous faites de fausses idées sur ce garçon, Émile.

— Du tout ! rétorqua Renaudart. Il s'est proprement payé ma bobine ! Mais je l'attends au tournant, n'aie crainte ! Lui et ce Meissonnier !

Edmée et ses filles marquèrent leur surprise. Le nom ne leur disait rien.

— Meissonnier ?

— Oui. Un nouveau. 15,80 de moyenne au concours d'entrée ! Comment peut-on avoir *honnêtement* 15,80 de moyenne ?

Et il retourna prendre sa faction à la fenêtre de son « observatoire ».

— Si je suis consigné dimanche, calculait mélancoliquement le grand Bosc, je rate ma cousine et je rate cent sous de mon oncle.

— Cent sous ? s'écria Figeac.

— Pour mon anniversaire, précisa Bosc. Toute la famille vient au café Moderne avec la boustifaille.

Bien des familles venaient ainsi le dimanche régaler leur pensionnaire, apportant avec elles le *manger,* ainsi que le toléraient les patrons du café Moderne.

— Tu sais bien, continua Bosc, poussant une râtelée de feuilles. L'an dernier, je t'ai fait inviter.

— Oui, mais, cette année, tu ne m'as rien dit !

— Eh bé, je te le dis !

Renaudart, thé à la main, les surprit depuis la fenêtre entrouverte.

— Il vous reste huit minutes ! Et je vois encore des immondices partout !

Les « immondices » n'étaient que ces feuilles de platane dont la valse lente dans les tourbillons de l'air compliquait indéfiniment leur tâche.

Ils eurent un frisson d'angoisse et redoublèrent d'activité.

— J'ai l'impression, dit Figeac, que, de toute façon, ça se fera sans nous, le gueuleton du café Moderne !...

Ayant consulté sa montre, M. Trève, ramassant les dernières copies, regagnait son estrade.

Il feuilleta les copies pleines de chiffres et de courts commentaires.

— A première vue, commença-t-il, il semble que tout le monde se soit assez bien sorti d'affaire. Hormis en ce qui concerne le troisième problème. Pour cette fois, je corrigerai seul vos copies. A l'avenir, elles seront redistribuées, chacun de vous corrigeant le devoir d'un condisciple. Cela vous apprendra plusieurs choses qui vous seront, plus tard, nécessaires. Comment corriger, d'abord ! Aussi proprement que possible. Comment être juste surtout, sans préjugés ni préférences : toute sévérité excessive risquerait de se retourner contre son auteur en une autre occasion. Je ne parle pas d'une hypothétique indulgence coupable.

Toutes les notes entrant dans le calcul des moyennes trimestrielles, lequel d'entre vous avantagerait un concurrent ?...

Il se tut un instant, laissant aux intéressés le temps de s'imprégner de son petit discours qui était un chef-d'œuvre de pédagogie ! Les élèves, comprenant qu'ils auraient à se corriger mutuellement, érigés en censeurs de leurs propres condisciples, ne pouvaient plus ni tricher à la vue de leurs pairs, ni montrer leur complaisance à l'égard d'un ami qui restait un rival, ni témoigner d'une sévérité abusive à l'égard de ce même rival puisqu'ils risqueraient un même traitement à la première occasion. Ce que demandait M. Trève à ses élèves était rien de moins qu'une sérénité parfaite à l'égard du vrai et du faux, une conscience pure, à l'image de la sienne.

Après ce temps de réflexion, il enchaîna :

— Quelqu'un pour le tableau ?...

Comme personne n'obtempérait, il ajouta, pour appâter les bonnes volontés :

— Je donne un demi-point de majoration aux élèves qui sont volontaires pour les corrections d'exercices au tableau. Car cela aussi vous devez l'apprendre : oser !

La classe restait impassible.

— Je renouvelle ma question : qui est volontaire pour le premier exercice au tableau ?

Quelques doigts s'étaient levés, dont celui de Régis Poulet que l'évocation du demi-point de bonification rendait téméraire.

M. Trève, le voyant plus décidé que les autres, le désigna.

— Vous !

Et, tandis que Poulet, front bas et mâchoires serrées, s'avançait, M. Trève lui posa la question qui deviendrait rituelle :

— Quel est votre matricule ?

Décidément, le pauvre ne pouvait ou ne voulait pas se résoudre à porter un numéro. Il restait le bec ouvert ; des voix lui apportèrent le secours espéré.

— Six cent vingt-quatre.

M. Trève jeta un rapide coup d'œil sur sa liste d'élèves. Il s'agissait bien du dernier de la promotion.

Il resta impassible.

— Monsieur Poulet, nous vous écoutons.

Régis, maintenant juché sur l'estrade, avait le sentiment d'une imprudence et s'en voulait de s'être ainsi jeté dans la gueule du loup. Sous son nez, les fractions s'alignaient, inscrites par le maître, lequel, le regard amical au-dessus des fines lunettes, l'observait sans impatience.

— Nous vous écoutons, répéta-t-il.

Régis tripotait la craie.

Il commença d'une voix confidentielle :

— Nous allons chercher d'abord s'il y a des réductions possibles...

— Plus fort, s'il vous plaît.

M. Trève s'adressait à toute la classe en même temps qu'au balourd dont l'angoisse croissait.

— Faites-vous une voix qui affirme. Dans deux ans, vous aurez à votre tour devant vous un jeune auditoire auquel vous apporterez la vérité. Soyez fiers de cette mission. (Il revint à Poulet.) Reprenez.

— Donc, si ce que je vois..., commença Régis, d'une voix un peu plus forte mais à la limite du bredouillement.

— Soyez fier de ce que vous dites et, dans la mesure du possible, soyez élégant, sourit M. Trève, que l'embarras de l'élève amusait secrètement.

— 8 sur 24 peut se réduire à $\frac{1}{4}$, énonça Régis.

C'était mal parti ! Louis fit une grimace que Régis saisit du regard. Il demeura pétrifié, la craie en l'air, que M. Trève lui sortit des doigts pour commencer à opérer correctement la réduction si mal amorcée.

Dans la cour, un petit escadron d'élèves de seconde année, vêtus d'un uniforme de fantassin, vareuse bleue et pantalon garance, manœuvrait sous la conduite du gigantesque M. Mayer. Ayant tiré de sa housse de drap au fort parfum de naphtaline la tenue de capitaine de l'armée française qu'il endossait une fois la semaine, le belliqueux Alsacien commandait l'exercice, un fusil désarmé sur l'épaule. Le cours d' « instruction militaire » était l'orgueil du vieux Mars boiteux que la troupe cruelle singeait dans son dos, contrefaisant la démarche bancale qu'il rythmait d'une voix à faire trembler les vitres.

— Hin — deux, hin — deux, hin — deux, hin — deux...

Les va-t-en-guerre prirent la direction du Foirail où ils feraient l'admiration de quelques demoiselles de l'institut Fénelon. Le calme revint dans la cour et dans la classe de M. Trève, lequel en venait au terme de sa démonstration et put reprendre un ton de voix normal.

— Nous avons donc...

Sa craie tapotait avec un bruit sec le tableau sur lequel on pouvait lire : $\frac{3}{7} \times \frac{4}{2} \times \frac{7}{6}$

— ... Ce qui nous donne, si nous effectuons le produit des numérateurs, 3 que multiplie 4 égale... ?

— 12.

— ... Que multiplie 7... ?

C'était trop pour Régis. Anselme souffla de son banc :

— 84 !

M. Trève approuva sans se retourner et inscrivit les chiffres au tableau.

— Maintenant, produit des dénominateurs... 7 multiplié par 2... 14 que multiplie 6... ce qui nous fait ? .

— 84, s'écria précipitamment Régis, peu soucieux d'être devancé par un camarade.

M. Trève, que cette évidence arithmétique semblait emplir d'un plaisir extrême, ajouta avec une sorte de délectation :

— Ce qui, vous l'avez tous vu... (Son regard excluait Régis de l'affirmation.) Enfin, presque tous, ce qui donne : 84 sur 84 ; soit ?

Régis triompha :

— 1 !

— Très bien, dit M. Trève, l'ombre d'un sourire sur ses lèvres minces. C'est du reste, monsieur Poulet, en tenant compte du demi-point promis, la note que vous méritez pour ce premier exercice.

L'heure du dîner était venue. Dans le grand réfectoire de l'école, deux femmes de service en blouse grise mettaient le couvert. L'une poussait un chariot sur lequel étaient empilés des assiettes, des gobelets et des couverts que l'autre alignait sur les longues tables étroites flanquées de bancs.

Dans la cour, M. Renaudart consultait sa montre. Il allait être sept heures du soir. Il leva le bras, comme pour donner le départ d'une course. M. Pinde-Grandet, le sous-directeur faisant office de préfet des études (les élèves l'appelaient, non sans une certaine affection, « Alfred », ce qui ne correspondait en rien à son véritable prénom qui était Frédéric), le sous-directeur, donc, se dirigea vers la chaîne de la cloche et, lorsque M. Renaudart baissa brusquement le bras, se mit à sonner à toute volée. A l'étage, les ombres des femmes Renaudart parurent un instant derrière les voilages. Samuel Eskène leva les yeux, M. Lebedour tâta sa blague à tabac au fond de sa poche. Les lampes à gaz s'allumèrent dans la cour au fur et à mesure du passage du père Ribot qui promenait sa perche d'allumeur de bec en bec. Les élèves, en rangs, s'ébranlèrent vers le réfectoire. Au passage, Samuel Eskène affronta sereinement le regard du directeur, qui en eut un léger frémissement. Bon élève, esprit subtil, cette année était la dernière qu'il passerait sous la férule de Renaudart. L'enseignement était pour lui le choix d'un dilettante. Grands bourgeois, ses parents lui rêvaient un autre sort, mais il avait su les convaincre qu'il s'agissait d'un palier, que l'expérience l'amusait et que plus tard... Il avait donc peu à craindre de M. Renaudart qui le savait et connaissait ses appuis, dont un oncle au ministère de l'Instruction publique, ce qui ne faisait que renforcer son ressentiment à l'égard du jeune homme. Le directeur, impitoyable à l'égard des « mauvais » élèves, n'aimait guère non plus les trop bons qui faisaient ombre au sentiment qu'il avait de sa domination intellectuelle. Directeur d'une École normale, il ne pouvait accepter l'idée d'un cerveau mieux fait que le sien, fût-il d'un maître, *a fortiori* d'un élève.

Assis en silence à leur table, les élèves attendaient, avec au ventre la fringale de leur âge. L'usage était qu'un lecteur, distingué pour son habileté et la qualité de sa voix, lût au cours des repas un ouvrage choisi par le directeur. En fait, Edmée Renaudart gouvernait ce choix comme toute la « politique » de l'établissement, et les élèves lui devaient le mortel ennui de romans moralisateurs dont elle avait le secret. Toutefois, de temps à autre, un fléchissement de son attention ou de son pouvoir, une erreur de titre, une audace de son mari apportaient sur le pupitre de lecture un ouvrage digne d'intérêt. Alors les bruits se faisaient plus discrets, les pieds ne traînaient plus sous les tables, les fronts se levaient. Tout refroidissait dans les assiettes mais « Atala », « Consuelo » ou « Charles XII expirant à Fredrikshald » leur tirait des larmes, le soir, dans le froid du dortoir où somnolait la lumière tremblotante des veilleuses dont le verre était passé au bleu.

Pour l'heure, on apportait les soupières. Il y fumait un liquide incertain qu'on pouvait heureusement épaissir de pain trempé qui le faisait mieux *tenir au ventre*. Il y avait aussi des légumes en saison, de l'omelette ou du fromage, le tout en assez maigre quantité. L'école de la République était pauvre. On y mangeait rarement de la viande, et — du moins à Rodez — presque uniquement du mouton des Causses bouilli, flottant dans les marmites de haricots rouges. Mais on buvait à son aise. De l'eau.

C'était aussi, pour Maria et Paulin Labarthe, l'heure du souper. Ils étaient assis dans la grande cuisine. Maria, maussade, observait Paulin qui assurait le service. Elle gardait une jambe allongée, dont la cheville serrée entre deux éclisses reposait sur un petit tabouret, ce qui expliquait son absence à Rodez : cette cheville avait cédé trois jours avant l'entrée de Louis à l'École normale. Paulin était revenu tard de la ville et elle l'avait aussitôt accablé de mille questions ; auxquelles il répondait avec patience.

— Ça vous a paru propre, au moins ?

— C'est tout de même autre chose qu'une caserne !

— Pourtant, c'est propre, les casernes ! J'avais été voir le pauvre Jeannou à celle de Rodez, au fond du foiral. C'était à manger par terre !

— On vous avait laissée entrer ?

— Il était pris de fièvre. Une insolation. J'y suis allée avec sa mère, la vieille Adèle Meissonnier, mais il était déjà guéri. Les choses de la tête, ça va vite dans un sens ou dans l'autre ! (Elle soupira.) C'est pas comme la cheville, *moun Diou ! Qué misère !*

— Ce sera bientôt fini, la rassura Paulin. Une semaine ou deux. Mettons trois. (Il goûta le potage qu'il venait de poser sur la table.) J'aurais dû y mettre plus de poireaux. C'est fade !

Maria se fit moqueuse.

— C'est plutôt le sel qui manque.

M. Labarthe se leva et alla chercher un pot de grès plein de sel gris dont il saupoudra les assiettes et la soupière. Il était pensif.

— Je regrette pour cette montre. Je la lui ai donnée trop tôt. Mon père ne me l'avait remise qu'à la *fin* de mon apprentissage de typographe. J'aurais dû attendre la fin du sien.

Maria prit assez mal l'observation de Paulin.

— Si vous regrettez...

Paulin haussa les épaules.

— Allons ! Tout ce que j'ai sera pour lui, tu le sais bien. (Il la tutoyait de temps à autre mais Maria s'en tenait au voussoiement de peur de se trahir en public.) C'est le moment qui ne me convient plus. Je n'ai pas trouvé le bon. Il faut marquer les grands événements. Quand il sera nommé, je ne saurai plus quoi lui offrir de plus précieux.

— Oh si ! laissa-t-elle échapper.

Paulin s'étonna d'autant qu'il lui voyait une expression de malice sournoise.

— Quelque chose de plus important que cette montre ? Quoi donc ?

Maria l'intriguait par sa mimique. Il la fixait sans mot dire. Dans un état normal elle s'en fut tirée par quelque pirouette, une casserole à déplacer, une mouche sur la fenêtre. Mais là, clouée au banc, elle céda.

— Une boîte à photos.

Il feignit le soupçon.

— Maligne ! Je me demande si tu ne m'as pas doucement poussé à lui donner la montre aujourd'hui pour que, plus tard, je sois amené à...

Ils rirent ensemble, ce qui était un aveu de la rouerie de l'une et de la tendresse de l'autre.

— Vous êtes une bonne mère, Maria. Et vous êtes une bonne femme aussi...

Il y eut un silence. Maria fronçait les sourcils. On sentait en elle un tourment de mauvaise conscience.

— Il ne vous a encore rien dit là-dessus ?

Tandis que Louis était pensionnaire au collège de Conques et ne montait à Soulargues que pour y passer les vacances, ni elle ni lui n'avaient rien laissé transparaître de leur liaison. Cependant, elle restait craintive sur le chapitre. Et honteuse.

— Rien dit ? demanda Paulin.

— Pour nous deux.

— La vérité est qu'il n'a même rien vu.

Maria éclata :

— Dieu veuille ! Seigneur Jésus, Dieu veuille ! Quelle honte ! *En sei malaüte* (1) !

Elle prit la main de Paulin. C'était l'homme le plus distingué, le plus instruit, le plus généreux qu'elle ait rencontré de sa vie ; cela faisait des années et des années que le Jeannou avait glissé du toit, jamais de son vivant elle ne l'avait trompé, ne fût-ce que d'une pensée ; après sa mort même, elle n'avait plus connu d'hommes, sinon un petit soldat de Montpellier dont elle pensait bien qu'en une seule nuit il lui avait fait passer à jamais la tentation des caresses. Et puis il y avait eu Paulin. Il ne l'avait pas forcée. Il ne lui avait même rien demandé. Tout cela s'était passé en silence, pudiquement, au retour de Conques, dans le désarroi causé par l'absence de l'enfant et le trouble où les jetait leur solitude. Elle avait dit son abandon d'un seul geste en dénouant son chignon sous la lampe. Depuis, ils vivaient en prenant

_____

(1) J'en suis malade !

mille précautions, Maria continuant d'aller chez elle ostensiblement, à cause des autres, puis revenant à la nuit dans la maison de Paulin. Parfois c'était l'inverse. Une vie d'amoureux qui la rendait heureuse. Elle aimait cet homme, comme lui-même l'aimait. L'existence de Louis, plutôt que d'entraver leur bonheur, les rapprochait l'un de l'autre. Paulin était un père pour l'adolescent. Et Louis se sentait comme son fils. Mais le remords tenaillait Maria dont l'âme était simple et donc pure. Ils n'étaient passés ni devant M. le Maire ni devant M. le Curé. Maria avait honte et, comme il y avait péché, il y avait peur.

Assis sur la table, au-dessus d'elle, énigmatique, Paulin lui souriait comme s'il eût percé tous les secrets de sa pensée. Il posa sur sa main un baiser d'adolescent et s'en fut chercher sa petite caisse. Depuis quelques semaines il avait entrepris sur la mère un travail expérimenté sur le fils et apprenait à lire à Maria. Elle s'en réveillait certaines nuits dans une bouffée d'angoisse : elle ne reconnaissait plus ses lettres ! Il lui fallait une longue minute, assise au milieu du lit, pour retrouver la double panse d'un B ou la haute barre d'un T (elle n'en était qu'aux majuscules). Le sommeil ne lui revenait que lorsque tout était en ordre dans sa tête. Son meilleur rêve la faisait promener sous le nez de la Caria et des autres, un journal dans les mains, qu'elle leur lisait à voix haute. La vieille en était morte à plusieurs reprises, d'une secousse qui la jetait sur le dos, bouche ouverte.

A Rodez, le dîner était achevé. Les élèves ne s'éternisaient pas à table ; ils sortirent dans la cour. Louis aperçut M. Blanc qui l'attendait à l'endroit convenu, là où avait eu lieu l'algarade avec les anciens.

— Ah ! Meissonnier ! C'est bien d'être venu. Nous allons faire quelques pas.

Ils s'isolèrent dans un coin de la cour, pendant que les autres élèves s'amusaient ou discutaient avec fougue.

M. Blanc regarda Louis dans le fond des yeux.

— Cet après-midi, les anciens ont tenté de vous imposer une brimade. C'est la tradition. M. le Directeur est intervenu et je crois que vous lui avez menti. Avez-vous menti à M. le Directeur ?

Louis hésita un moment, baissa le nez, puis releva son beau visage résolu :

— Oui, monsieur.

Sans le savoir, Louis venait, par cet accent de droiture, de conquérir l'estime et l'affection de M. Blanc.

— Vous avez eu raison. Doublement raison. (Il s'expliqua.) Raison de mentir à M. Renaudart qui aurait fait exclure deux bons élèves. Raison aussi de ne pas me mentir à moi. Car je vous aurais fait renvoyer.

Louis se sentit une sueur froide à la pensée du risque encouru. M. Blanc fouilla dans sa poche et tendit à Louis le couteau que Samuel, sagement, avait glissé sous les feuilles mortes. Louis, abasourdi de surprise, prit le couteau et le cacha sous sa blouse.

— Merci, monsieur.

— Ne me remerciez pas, dit M. Blanc pour qui tout risque d'émotion s'identifiait à une faiblesse. J'ai peut-être eu tort de vous sortir de ce guêpier.

— Non, monsieur.

— Nous verrons. Vous avez manqué de contrôle de vous-même et réagi avec une rare violence. Comme un paysan.

— J'en suis un, monsieur.

Il y avait dans les réponses de Louis un ton de respect, mais aussi une dignité très étonnante pour cet âge, qu'il tenait de ses origines et du soin qu'avait pris M. Labarthe de le garder de toute bassesse.

— Non ! vous n'êtes plus un paysan ! s'emportait M. Blanc. Vous ne serez plus *jamais* un paysan. Vous êtes un élève-maître et, dès aujourd'hui, un *éducateur*. Aucun de vos futurs élèves ne vous respectera s'il sait que vous avez sorti un couteau, un jour, pour une simple brimade. Ils attendent de vous des réactions *différentes* des leurs. Vous comprenez cela, Meissonnier : *différentes !*

Louis était bouleversé. Il murmura :

— Oui, monsieur.

M. Blanc s'était repris.

La dictée.

— Cette lettre, c'était si important ?

Louis, d'un geste, sortit la lettre froissée de sa poche et la tendit à M. Blanc, qui la repoussa avec délicatesse. Ce qu'il y avait eu de téâtral dans l'attitude de l'enfant avait la force d'un engagement qui n'échappait pas au maître.

— Non, mon petit. J'ai confiance en vous. Plus jamais de couteau. Ni les poings. Ni la force. La raison seulement : c'est votre arme. (Le ton changea brusquement.) Pour en finir, vous me conjuguerez l'expression verbale « manquer de contrôle de soi » à tous les temps de l'indicatif. Bonsoir, Messonnier.

— Bonsoir, monsieur.

Il regardait s'éloigner l'homme sévère et bon qui disparut dans l'ombre de la cour. Autour de lui, les dernières activités se développaient dans le jour finissant. Les uns jouaient, les autres conversaient gravement. Il demeurait immobile, bouleversé par la somme d'événements qu'il avait eu à vivre en ces quelques heures.

La cloche avait sonné neuf heures. Les élèves étaient couchés dans leur lit. Hormis la veilleuse, au centre du dortoir, toute lumière était éteinte. Cependant, dans l'angle de l'immense salle, une vague lueur venait de l'alcôve où couchait le maître-surveillant, séparé du reste de la salle par un rideau de toile. Certains élèves dormaient déjà. D'autres bavardaient à voix basse. Comme en classe, Louis occupait le lit voisin de celui d'Anselme. De l'autre côté se trouvait Kléber Woratsky, fils d'un mineur polonais émigré de Decazeville, qui présentait la particularité d'être redoublant de première année. Il en tirait un prestige dont il ne manquait pas d'abuser.

Anselme avait vu M. Blanc parler, en tête à tête, à Louis.

— Il t'a engueulé ?

— Pas tellement, répondit Louis.

— Qu'est-ce qu'il t'a dit ?

— Il m'a collé un verbe, tout l'indicatif.

Kléber prit la parole avec l'autorité sentencieuse des initiés.

— Blanc, c'est une vraie vache. Il a l'air comme ça, mais il colle toujours des verbes. C'est parce qu'il a été cocu. Il peut pas divorcer, alors il s'en prend à nous.

— Qu'est-ce que tu en sais ? demanda Louis.

— Je le sais. L'an dernier sa femme est venue. Des types les ont vus au café Riche, qui se disputaient.

Quelques têtes se soulevèrent dans l'obscurité.

Louis était troublé que M. Blanc pût être soumis aux vicissitudes de la vie ordinaire. Il se tut, laissant Anselme engager le dialogue dans une autre direction.

— Pourquoi redoubles-tu ? A cause des notes ?

Kléber expliqua :

— Non. J'ai eu le croup juste avant Noël et, tout de suite après, la scarlatine... trois mois de plumard ! jubila-t-il.

De toute évidence, Woratsky n'avait pas la fibre du labeur.

Quelqu'un revint sur les problèmes conjugaux de M. Blanc.

— Pourquoi il peut pas divorcer ?

— C'est un calotin, répondit Kléber. Il paraît même qu'il voulait se faire curé.

Tout était dit. Sans approfondir davantage, la moitié de ceux qui entendirent ces quelques mots se firent sur M. Blanc une opinion définitive, généralement peu favorable. Et cependant aucun d'entre eux, jamais, ne devait avoir la moindre confirmation ou infirmation de ce qu'ils venaient d'entendre. Kléber sentit que le moment était venu pour lui de montrer à ces nouveaux la connaissance qu'il avait de la faune des maîtres et des autres. Il poussa son avantage.

— Le plus vache de tous, c'est Duménil. Après, c'est Bismarck.

— Bismarck ? demanda Anselme.

— Oui, Mayer, l'Alsacien. Vous faites jamais coincer à l'appeler Bismarck, il vous casserait la gueule.

— Et après ? dit Louis, appuyé sur un coude, curieux de cette hiérarchie de ruminants qui les dominaient.

— Après, c'est Trève. Après, Lebedour. Et, après, c'est Blanc.

— Ben alors, il est pas très vache.

— Si, répondit Kléber que rien ne démontait. Mais les autres sont pires que lui.

Il s'enroula dans son drap.

— Maintenant, la ferme ! Demain matin, cinq heures et demie, debout !

Il y eut un silence, puis la voix de Régis s'éleva.

— Et le directeur ?

— Si tu te mets bien avec ses bonnes femmes, tu risqueras rien avec lui.

— Et comment on se met bien avec ? demanda Régis qui, depuis le matin, commençait à comprendre qu'il aurait des problèmes dans cette école.

Kléber n'était pas de ceux qui dénouent les mystères.

— Ça, c'est un secret !

De nouveau, il y eut un silence, puis Anselme gratta le drap de Louis.

— Meissonnier, tu dors ?

Louis grogna doucement.

— Pourquoi tu m'as fait prendre la corvée des poêles ?

Louis se retourna, étonné, vers son nouvel ami.

— Je ne t'ai rien fait prendre du tout.

— Si, tu m'as fait un signe, insista Anselme.

— Mais non ! Tu es fou !...

— Alors ça ! Tu m'as regardé et j'ai cru !... Quelle andouille je suis !

Les deux garçons étouffaient de rire sous leur traversin.

— Je t'aiderai, dit Louis lorsqu'il sortit de cette crise d'hilarité.

Kléber, qui avait entendu, lâcha :

— De toute façon, les poêles, c'est le meilleur truc pour se mettre bien avec la mère Renaudart.

Ils eussent aimé en savoir davantage, Anselme surtout qui se demandait ce que la mère Renaudart avait à voir avec les poêles, lorsque M. Trève sortit de derrière son rideau. En chemise de nuit, il paraissait encore plus grand et plus maigre.

— Faudra-t-il que je sévisse pour obtenir le silence ?

Il n'eut pas à sévir. Les garçons fatigués par les émotions de cette première journée s'endormirent aussitôt qu'il souffla sur sa lampe.

Maria aussi s'apprêtait à aller dormir. Elle s'avança, aidée d'une béquille, vers la glace de l'armoire et, dans le mouvement qu'elle fit, laissa tomber sa béquille. Paulin jaillit de la pièce voisine, se frottant les mains tachées d'hyposulfite, les ongles noircis de chlorure d'argent. Il était en train de développer ses dernières prises photographiques.

— Ce n'est rien, dit Maria. Mais vous, vous n'avez donc pas d'heure pour dormir ?

— Je voulais que les épreuves soient sèches et vous montrer son école.

Le matin même, après avoir remis au père Ribot la montre, le chapeau et la lettre, il avait posé son appareil sur un trépied et pris des vues de l'École normale. C'était une grande bâtisse, relativement récente, à la façade percée de fenêtres. Nombreuses. Les temples de l'enseignement public n'avaient rien d'avenant pour les fidèles et l'École normale de Rodez n'échappait pas à la règle.

— Voilà ce qu'on peut voir du dehors, dit Paulin à Maria en lui présentant l'un des clichés. J'ai cru comprendre, d'après un geste de l'économe qui m'a reçu, que la classe de Louis serait là. (Il désignait une porte pareille à toutes les autres et donnant sur la cour.)

Maria était subjuguée par cette imposante maison en pierres de taille comme on n'en voyait que dans les grandes villes.

— Là-haut, continua Paulin, sont probablement les dortoirs.

— J'espère qu'on leur fait dire les prières au coucher.

— Pourquoi ? On dort mieux ?

Maria n'avait pas d'humour sur le chapitre de la religion.

— Oui. On dort plus propre.

A cinq heures et demie, M. Trève fit promptement sauter les élèves de leur lit et les contraignit à se rendre aux lavabos. Il s'agissait d'une large gouttière qui s'étendait sur toute la longueur du dortoir, entre les rangées de lits, au-dessus de laquelle courait un tuyau percé de trous par où coulait un filet d'eau glacée. Les plus courageux se passèrent un peu d'eau sur le visage, les autres se frottèrent les mains et ce fut à peu près tout. Si l'opération ne les remettait pas à neuf du point de vue de la propreté corporelle, elle suffisait à les réveiller.

Au sortir de la pièce, ayant enfilé le reste de leurs vêtements déposés chaque soir sur une planche qui courait à la tête des lits, ils étaient prêts à affronter la journée nouvelle.

Le grand escalier gronda du galop des trois années dévalant les marches vers le rez-de-chaussée, dans un tonnerre de galoches et de souliers cloutés. C'était une convention tacite, vite enregistrée par les nouveaux, que les femmes Renaudart méritaient ce régime. De fait, chaque matin, Edmée en avait une secousse qui la retournait sous la couette et ravivait son aigreur. Les filles se levaient aussitôt et se préparaient à courir vers leur propre classe, située à l'autre bout de la ville, et qu'une dispense particulière les autorisait à ne rejoindre qu'à la cloche de sept heures. Sur le parcours, Augusta en profitait pour se laisser toucher la main par Isidore Régnier, commis de la pâtisserie Magne, deux croissants dérobés et brûlants assurant le silence de la cadette.

La charge matinale conduisait la troupe des poulains vers le réfectoire où ils avalaient la même soupe que la veille au soir, parfois augmentée d'une compote de fruits de saison. On ne perdait rien du jardin et Renaudart facturait à M. Ribot les poires tombées qu'il faisait ramasser par des élèves punis. Le jeudi et le dimanche, on servait de grandes assiettes de café au lait, sucré au miel et largement mélangé de chicorée « moins chère et tellement plus digeste ».

La classe venait ensuite, commencée de la manière la plus propre à satisfaire Maria : une rapide prière lancée par le maître de jour. C'est que, malgré la lutte constante opposant le courant rationaliste à la tradition religieuse de tout l'enseignement du passé, malgré de récentes circulaires préfectorales allant jusqu'à l'interdiction, les familles (et souvent les maîtres eux-mêmes) conservaient une aveugle confiance au Souverain Maître du monde et s'en remettaient à lui du gouvernement des heures à venir. De surcroît, Edmée Renaudart, que l'esprit évangélique n'obsédait pas, était cependant bigote. Le ronronnement diffus des trois Ave montant du rez-de-chaussée au travers des hourdis du plancher la rassurait sur l'état général des âmes et lui permettait de se rendormir dans l'apaisement. Elle « maintenait » !

De son côté, M. le Directeur filait par les couloirs, inspectant les toilettes, les dortoirs et fouillant sous les traversins en quête du moindre objet interdit qui s'y trouverait dissimulé.

Quelque part, au rez-de-chaussée, M. Lebedour accordait son violon. Au tableau noir des seconde année, il avait inscrit quelques mesures dont il entama la première d'un archet martial.

Les élèves entonnèrent d'une seule voix :

Allons enfants de la Patrie-i-e,
Le jour de gloire est arrivé...

L'œil humide, M. Mayer, dans la classe voisine, suspendit son cours d'histoire et les première année, par contagion, firent chorus sans ironie et sans effort. La Revanche était un projet commun à tous les cœurs et, lorsque le chant s'éteignit, Mayer put reprendre la leçon dans un climat d'attention religieuse : elle portait sur les campagnes napoléoniennes et le soleil d'Austerlitz illuminait tous les regards.

Alfred sonna la « récré ».

La cour s'emplit de blouses lustrées. Une balle vola de main en main. Du côté du jardin, Eskène, pour une poignée de condisciples, mimait et fredonnait une chanson leste apprise au concert lors des dernières vacances.

Louis avait une autre tâche à accomplir. M. Blanc, lui ayant fait signe de le rejoindre, lui tendit une clef, un petit registre noir, et lui fit signe de rentrer dans le bâtiment. L'élève Meissonnier allait prendre sa fonction de bibliothécaire. Il fut accueilli par le père Ribot qui l'accompagna jusqu'à la porte du saint lieu. C'était une petite pièce, à l'étage, proche du logement des Renaudart. Assez exiguë, elle contenait notamment deux armoires bancales où s'entassaient les livres, mélange disparate de volumes à reliure dorée et de bouquins modestement brochés, roussis de moisissure et parfois disloqués par les manipulations de cette jeunesse énergique. Nombreuses aussi étaient les revues dépareillées. Chaque ouvrage portait sur le dos une étiquette marquée d'une lettre et d'un numéro. Le père Ribot, l'économe, ne disposait au titre des achats que d'un maigre budget dont Renaudart tirait une part non négligeable pour l'approvisionnement de sa propre documentation. Les municipalités finançaient encore les établissements scolaires, et la ville de Rodez se montrait des plus chiches sur le chapitre éducatif. La notion de « bibliothèque » restait d'ailleurs l'apanage de la classe bourgeoise. Magistrats, notaires, avocats, quelques gros négociants, possédaient la leur, dont l'essentiel pouvait être composé des ouvrages techniques nécessaires à l'exercice de leur profession. C'était le plus souvent un meuble ou une pièce aux dimensions variables, sorte de musée privé, où l'on confisquait le savoir au seul usage de quelques privilégiés. Les écoles devaient se débrouiller comme elles le pouvaient et s'en remettre à la bonne volonté de rares donateurs, lettrés sans descendance qui leur faisaient un legs. Ainsi se constituait le fonds. Le renouvellement en ouvrages contemporains exigeait toute une gymnastique comptable dont les élèves eux-mêmes couvraient le plus gros par le paiement d'une cotisation, à vrai dire modeste. Encore pouvait-on s'épargner la dépense par la fourniture de quelques vieux livres « agréés ». Louis s'était installé sur une chaise branlante, devant une petite table. Il avait ouvert devant lui le registre que lui avait confié M. Blanc, auquel était relié par une ficelle un crayon usé aux deux tiers.

Lionel Martin (l'un de ceux qui l'avaient agressé dans la cour) et Adrien Figeac, petit gros à pilosité précoce, entrèrent, des livres sous le bras.

Louis leva la tête.

— Vous venez rendre des livres ?

— Non, dit Figeac, moi, j'en apporte pour avoir l'inscription gratuite.

Louis se tourna vers Martin.

— Toi aussi ?

— Doucement, sauvage ! répondit l'ancien. N'oublie pas que tu me dois le respect. Au prochain tutoiement, la gifle.

C'était la brimade qui continuait sur un mode moins spectaculaire.

Adrien, seconde année, se tourna vers Louis.

— Dis-lui merde ! La République est égalitaire : elle tutoie.

Lionel Martin, auquel le caractère belliqueux et égalitariste d'Adrien Figeac était connu, peu désireux d'entamer une querelle sur la légitimité de ses droits, s'en tint à l'objet de sa visite.

— Voilà cinq bouquins en bon état. Tu les enregistres et tu m'inscris à l'œil. Un point, c'est tout. Je suis le 414, Lionel Martin.

Et, sans autre formalité, il tourna le dos et sortit de la pièce.

Adrien avertit Louis :

— Méfie-toi ! Les livres doivent être visés par M. Blanc.

Louis courut après Martin, qui s'apprêtait à descendre l'escalier.

— Hé ! Je dois d'abord les montrer à M. Blanc.

Martin s'en fut en bougonnant alors qu'une porte de l'appartement des Renaudart s'ouvrait derrière Louis. Une jeune fille était apparue, plutôt jolie ; elle dit aussitôt d'une voix agressive qui effaçait tout son charme :

— Parlez moins fort, ma mère a sa migraine.

— Oui, mademoiselle, acquiesça Louis.

Il rentra dans la bibliothèque et s'enquit de l'identité de la demoiselle.

— Il y avait une fille dans le couloir.

— J'ai entendu, dit Adrien à voix basse. Elles sont trois. Trois pestes : la mère, Edmée, et ses deux filles, Augusta et Babette. Celle que tu as vue est Babette. Elles mouchardent tout. Ici, tu dois te méfier : elles écoutent derrière les cloisons.

Louis était pour le moins perplexe à la découverte de ce nouveau danger.

— En tout cas, merci, soupira-t-il.

— Merci de quoi ?

— Pour les bouquins de l'autre.

— Ah ! Lionel Martin ! Un boulangiste, comme son épicier de père ! Moi, les boulangistes, je ne les rate jamais.

Le général Boulanger, tout récent ministre de la Guerre, s'était révélé un farouche nationaliste. On lui prêtait des intentions dictatoriales qui en faisaient un ennemi dangereux des institutions. En fait, l'homme s'avéra plus tard de peu d'intelligence, faible de caractère et manipulé par l'extrême droite, qui voyait en lui l'homme providentiel capable de séduire le populaire tout en restaurant l'autorité, compromise par la « canaille démocratique ». Sur sa personne s'était fixée l'opinion de chacun. On était pour ou contre le « brave général », ce qui n'était pas loin de signifier qu'on était pour ou contre la République.

Adrien Figeac, lecteur assidu de la presse radicale, était intraitable sur le chapitre. Il montra à Louis les livres qu'il venait d'apporter.

— Tiens, regarde celui-là ! Tu vois l'estampille : signé *Charles Blanc* !

Effectivement, la page de garde de chaque ouvrage était ornementée d'un paraphe compliqué aux initiales C. B.

Adrien poursuivait, en mal de collaboration :

— Je vais te dicter les titres. Tu les inscris sur ton registre. En *ronde* ! (Il singeait la voix de Renaudart :) « Attention, monsieur Meissonnier : j'ai dit *ronde* ! »

106

Louis rit en cherchant dans le tiroir de la table une plume convenable.

— Vas-y, dit-il après l'avoir trouvée et ajustée à son porte-plume.

— « Les... Aventures... de... Télémaque », commença de dicter Adrien, prenant les temps nécessaires.

Il épela :

— T-é-l-é-m-a-q-u-e.

— L'auteur ? demanda Louis.

— Fénelon.

— C'est bien ?

— Ouais. Bon style. Mais mythologique, épouvantablement mythologique !

Dans les lycées, les mythologies grecque et romaine étaient la base des humanités. Catéchisme des classes cultivées, les collèges religieux en rejetaient la concurrence païenne. A l'École normale, elles passaient plutôt pour barbantes et inutiles. Le sort du fruit des amours d'Ulysse et de Pénélope importait peu au robuste Adrien Figeac, dont l'esprit était tourné vers des réalités plus concrètes, ainsi qu'en témoignait un autre livre donné à la bibliothèque et dont il dictait déjà le titre à Louis :

— « Atlas méthodique... des verbes... français... », par Fé-li-cien Bon-ne-vie.

Louis leva la tête d'un air interrogateur.

— Oui. Bonnevie, comme bonne-vie. Là, rien à dire ! Ultra-rasoir mais ultra-utile.

Le soir même Louis écrivait à Soulargues une lettre qui leur livrait par le menu son emploi du temps et accordait une place privilégiée à ses tâches de bibliothécaire.

— « Nous avons quatre cent quarante-neuf livres, dont cent huit bien reliés et je dois m'en occuper en dehors des heures de cours... », lisait Paulin, lunettes à bout de nez.

— *Moun Diou!* dit Maria, impressionnée.

— « C'est assez prenant, mais je ne me plains pas car cela me donne une position privilégiée pour le choix de mes lectures... »

Le mot fit rêver Maria.

— Privilégiée ! murmurait-elle.

Et Paulin, tout à sa lecture :

— « Je me suis fait deux camarades, Anselme Peyrat... »

Il s'était interrompu.

— Important, les camarades ! (Il continua.) « ... qui est fils d'instituteur du Lot... » Bon aussi, fils d'instituteur, très bon.

— Oui, dit Maria. Mais ceux du Lot, ils valent moins que les nôtres de l'Aveyron.

Paulin sourit et continua de lire.

— « C'est à cause de l'ordre alphabétique. Il vient juste après moi. Depuis, nous avons fait grande connaissance et je l'aime vraiment beaucoup. L'autre est en deuxième année et se nomme Adrien Figeac. Il a tout lu et fait beaucoup de politique, mais il est très intelligent. J'ai aussi des amis en troisième année... »

Au mot « politique », Maria avait dressé l'oreille.

— La politique ? Mais il est fou ! Qu'est-ce qu'il se croit d'aller faire de la politique ? Il y a trois ans à peine qu'il sait lire !...

— Maria, ce n'est pas lui ! l'apaisa Paulin. C'est son ami. Et même si c'était lui ?... On ne peut pas laisser toute la place aux charlatans.

Dans les campagnes, la « politique » avait mauvaise réputation. Certes, on se précipitait bien aux urnes pour élire « son » député, mais, sitôt élus, les représentants du peuple se voyaient tournés en dérision par leur propre électorat. Il est vrai que le scandale de Panama et l'affaire Wilson (ce gendre de Jules Grévy, président de la République, qui vendait la Légion d'honneur aux plus offrants) faisaient peu pour la bonne réputation des mœurs parlementaires.

Paulin, pur démocrate, en tirait argument :

— C'est pour purifier la République de ceux qui la déshonorent qu'il faut participer à la lutte politique.

Il reprit sa lecture là où Maria l'avait interrompue :

— « ... des amis en troisième année qui auraient pu être le contraire, je veux dire des ennemis, mais ça s'est bien arrangé... »

— Qu'est-ce qu'il veut dire ? l'interrompit Maria.

Évidemment, Louis s'était bien gardé de raconter l'histoire de la brimade.

— Il veut dire, il veut dire... il veut dire qu'il a des amis partout ! conclut lapidairement Paulin Labarthe.

Le normalien parlait maintenant des sorties du dimanche. Ce jour-là, les élèves vêtus de leur uniforme bleu marine à boutons dorés dont les revers de veste étaient ornés de palmes, coiffés d'une casquette à visière de cuir et chaussés de souliers noirs cirés au point qu'on les aurait crus vernis, allaient, en rang par deux, à la promenade, escortés par le maître de service, lui-même sanglé dans sa redingote, coiffé d'un haut-de-forme en feutre taupé, en gants et guêtres gris souris. L'élégance même !

Certains allaient au café Riche jouer au billard, mais ils n'avaient le droit de boire ni alcool ni absinthe — ce qui ne les empêchait pas de rentrer parfois « brindesingues », comme l'écrivait Louis.

Paulin remonta quelques lignes plus haut pour revenir sur une rature qui l'avait intrigué au début de cet alinéa sur les sorties dominicales.

« C'est assez ridicule car l'itinéraire est immuable et, pour ceux qui n'ont pas... », là était la rature que suivait la fin de la phrase : « ... envie d'aller au café comme moi. »

Il s'efforça à déchiffrer le mot sous les griffures de plume et tout à coup comprit.

— Je sais ce qu'il a rayé ! Il avait dû écrire : « ceux qui n'ont pas *d'argent* ».

Il était tout remué par sa découverte.

— Il faudra que je lui envoie un mandat dès demain !

Maria se récriait :

— Pensez-vous ! C'est à moi de le faire ! Vous n'avez que trop payé déjà !

— Et où trouveras-tu l'argent ? demanda Paulin. Dites-moi *où* ? !

Maria, prise de court, haussa les épaules et affirma :

— Je vendrai une bique !

C'était tellement improbable que Paulin n'entama

109

pas le débat et reprit d'une voix basse mais distincte qui cachait mal son émotion :

— « Ce qui m'est arrivé de drôle, c'est qu'une famille dont l'élève est souvent consigné nous a invités à déjeuner, Anselme Peyrat et moi, à la place de leur fils puni. Et, dame, on en a bien profité. Il s'appelle Bosc. Ses parents ont une scierie, où je suis invité si je veux y travailler aux vacances... »

— Les vacances ! Il me semble qu'on ne les verra jamais et lui est déjà en train de les passer chez les autres !

Bouleversée, elle se pencha vers Paulin et appuya tendrement sa joue sur son épaule.

— Que le temps me dure, *moun Diou,* que le temps me dure !

— Ça passera vite, Maria ! Ça ne passera que trop vite ! Comme la vie : psitt !...

On était maintenant en décembre et le grand froid était revenu sur le Rouergue. Anselme, noir comme un *ramounaïro,* un seau à charbon au bout de chaque bras, montait silencieusement l'escalier. A hauteur du palier qui desservait l'appartement des Renaudart, Mme la Directrice apparut avec une soudaineté qui trahissait l'attente. Malgré l'heure matinale, elle était élégamment vêtue d'un ensemble fait d'un vague pourpoint, étroitement serré à la taille (et dont col et poignets étaient ornés de dentelles du Puy), et d'une jupe accusant la cambrure de ses reins sous l'effet d'une sorte de vertugadin — ce bourrelet que l'on appelait plus familièrement « faux cul ».

Par extraordinaire, elle souriait.

— Mais c'est mon petit Peyrat ! C'est mon gentil petit Anselme qui m'a monté mon charbon...

Anselme sentit le danger.

— C'est-à-dire, madame, c'est pour le dortoir...

Le ton changea en un éclair.

— Il faut dire *madame la Directrice,* Anselme Peyrat ! Je vous l'ai répété vingt fois !

Elle barrait le passage de ses bras écartés.

— Dans la salle à manger ! Dépêchez-vous ! Et vous aurez un nougat.

Edmée traitait d'une même voix ses domestiques et les élèves de l'École. Et elle leur appliquait le même traitement despotique et paternaliste. Dans la foulée, sûre d'être obéie, elle oublia Anselme et se dirigea vers la bibliothèque dont elle ouvrit la porte sans frapper.

Louis était debout, les bras remplis de livres.

— Eh bien, monsieur Meissonnier, où en est-on ?

— J'ai presque fini, madame.

— Avoir « presque fini » est une expression qui n'a guère de sens !

Louis posa la pile sur la table.

— La liste n'était pas si longue !

— Trente-deux livres, madame.

La fermeté de ton de Louis exaspéra « madame la Directrice ». Elle calquait son attitude sur celle de son mari et y mettait même une hargne sans retenue. Renaudart était une sorte de rhéteur méprisant et bouffi ; sa femme, qui dans le secret de son cœur se croyait au-dessus de lui, renchérissait dans le genre. Elle se croyait victime d'un complot fomenté par les adversaires de son mari et dirigé contre elle pour mieux l'abattre, lui. Ainsi, la bourgeoisie ruthénoise recevant peu les membres de l'enseignement public, Mme Renaudart en ressentait une amertume dont elle se vengeait sur les élèves et les maîtres de la petite société qu'elle accablait de son pouvoir.

— Si les tâches de bibliothécaire ne vous conviennent pas, mon petit monsieur, vous n'avez qu'à les remettre à disposition..., siffla-t-elle.

— Mais, madame...

— Et ne discutez pas, s'il vous plaît ! Nous avons un arrangement avec l'École normale des filles. Nous leur accordons un prêt gratuit d'ouvrages. Nous faisons les choses de bon gré, c'est le moins ! Mme Moulin-Garnier sera ici dans un quart d'heure et je vois que rien n'est prêt. Vous préférez la récréation au travail, c'est clair !

— Je n'ai pris aucune récréation de la journée, madame. (Louis la fixait sans ciller.) Et, normalement, les travaux supplémentaires sont suspendus en périodes de composition. En fait, il ne me reste que trois étiquettes à coller...

— Mais... ces piles ? bredouilla-t-elle, interloquée par le ton ferme et l'argumentation de ce blanc-bec.

— Il s'agit d'autre chose, madame. Dans cinq minutes, je pourrai servir l'École normale des filles.

Edmée perdit le contrôle d'elle-même.

— Un jour ou l'autre, je te ferai fermer ton caquet, mon petit bonhomme !... Insolent ! Petit Auvergnat prétentieux !

Pommettes carminées, elle claqua la porte sur elle en sortant, libérant du même coup Adrien Figeac, plaqué au mur et dissimulé par le vantail tout au long de la scène.

Il cracha entre ses dents :

— Salope ! (Puis, s'adressant à Louis :) Tu n'as qu'un moyen de les avoir (Il faisait évidemment allusion aux autres membres de la famille, mais le pluriel semblait englober tous les Renaudart de la création.) : premier partout ! Les maîtres te soutiendront. Sinon, gare !... Note bien que ton exclusion de cette turne t'ouvrirait d'autres portes...

A quelles autres portes faisait-il allusion ? C'est la question que Louis ne posa pas. Pour lui, aucune ne vaudrait jamais celle de l'École normale d'instituteurs. Les explications de Figeac n'y changeraient rien.

— ... Nous pourrions fonder un journal ! Une section socialiste ! Mieux : un parti clandestin !

Un parti « clandestin » ? N'y avait-il pas déjà suffisamment de ces partis qui divisaient la France ? Pourquoi clandestin ? Chacun avait le droit de s'exprimer, de s'associer. Le romantisme du jeune Figeac n'ébranlait pas Louis dans sa certitude.

— Je veux être enseignant. Je veux être breveté. Je veux devenir maître quand eux seront chassés. Parce qu'ils seront chassés !

L'irrésistible vocation pédagogique de Louis apparut à Figeac qui se contenta de répéter avec conviction :

— Alors, c'est simple : premier partout !

Louis ne se rendait pas clairement compte qu'il était en présence d'un révolutionnaire, plus ou moins anarchiste dans l'âme. Depuis que M. Labarthe lui avait montré une photographie de barricade pendant la Commune, il avait enrichi son vocabulaire des termes les plus usuels : *républicains* et *réactionnaires, bleus* et *blancs, parti du mouvement* et *parti de l'Ordre établi.* Parmi les *républicains,* il savait distinguer les *libéraux* des *modérés* et les *radicaux* des *socialistes,* qu'on appelait parfois aussi les « partageux ». Tous lui paraissaient excessifs par quelque aspect de leur doctrine. Il se voulait être utile et avait choisi l'enseignement pour cette seule raison qu'il serait utile. Ses seuls doutes concernaient une certaine hostilité populaire que leur avait révélée un journal de rencontre dans un café de Rodez. On y lisait un article indiquant que, dans un village de la Drôme dont il avait oublié le nom, une jeune institutrice avait été lapidée par les familles des gosses qu'elle venait enseigner ! Là s'arrêtaient ses craintes. Pour le reste, Figeac avait raison : si on était « premier partout », on avait une chance d'invulnérabilité.

La vie s'écoulait dans l'alternance des bons et des mauvais jours. Le rythme des travaux était pris et adoucissait leur difficulté comme la chanson de marche adoucit les longs parcours. Du matin au soir, ils « bûchaient », ne connaissant que de rares intermèdes de repos, les sorties obligatoires du dimanche, et la fête puérile de quelque pâtisserie achetée en commun par les moins fortunés (dont Louis). Ils l'avalaient en riant, les mains gourdes de froid, derrière un banc du jardin public.

Puis le printemps avait éclaté dans la campagne. Avril chantait qu'un semestre avait passé. Le moment était venu pour M. Renaudart de se livrer à son exercice favori : la lecture des résultats, qu'il agrémentait de ses sarcasmes.

Comme d'habitude, il s'était assis au bureau placé sur l'estrade, les maîtres l'entourant. Son visage n'avait pas changé d'expression depuis la rentrée d'octobre, sinon que le jaunissement s'en était accru : un masque d'ambre.

— Je vais donc procéder à la lecture des résultats des compositions du second trimestre.

Il tenait la liste du bout des doigts, comme avec des pincettes.

— Moyenne générale du premier (la voix s'enroua) : 14,90 !

L'ironie sceptique du lecteur en disait long sur l'opinion en laquelle le digne personnage tenait maîtres et élèves.

Il répéta :

— 14,90 ! Donc... croix d'honneur. Ah oui ! le nom ?...

Il feignit de chercher un instant.

— Louis Meissonnier. Je vous en prie, messieurs.

Il pressait le mouvement. Les remises de récompenses (de toute façon imméritées) l'agaçaient. C'était le « sale moment » de sa matinée.

Louis se leva pour recevoir des mains de M. Blanc la croix d'honneur que ce dernier épingla sur sa blouse avec une imperceptible complicité du regard.

M. Renaudart continuait de s'adresser à Louis avec la neutralité de ton qu'il aurait eu pour la lecture du calendrier des postes.

— Vous avez obtenu les notes suivantes : arithmétique, 1er, avec 17,5. Géométrie plane, 1er avec 16. Dissertation, 1er avec 18,25. Orthographe et analyse, 1er avec 16,5. Écriture...

Enfin, il relevait une faiblesse. Les crocs de la moustache se pointèrent vers les tempes en un rictus dont il n'avait probablement pas conscience.

— 9e avec seulement 11 ! J'avoue que je ne suis pas un notateur indulgent, moi !

« A bon entendeur, salut ! » se dirent les maîtres.

Malheureusement, on ne pouvait indéfiniment s'étendre sur cette matière. Il reprit donc avec une exaspération renouvelée :

— Gymnastique, 1er avec 13. Récitation, 2e avec 12,5...

Le même rite se répéta à la fin de l'année scolaire, en juillet 1886, identique à quelques chiffres près. Louis se confirmait en qualité de premier de la classe avec une moyenne de 15,70. Partout premier, sauf en écriture où bien sûr il occupait une place médiocre assortie d'une note qui ne l'était pas moins. Pourquoi M. Renaudart, qui aurait dû avoir d'autres chats à fouetter, se montrait-il à ce point sévère sur le chapitre de l'écriture, matière d'un intérêt somme toute secondaire ? De mauvaises langues auraient pu avancer qu'étant assez ignorant en d'autres disciplines, il ne lui restait que celle-là pour manifester ses talents. Ce n'était pas tout à fait exact. Les raisons de cette passion étaient obscures, mais, pour Émile Renaudart, bien écrire (entendons : « calligraphier ») correspondait au bien marcher (marcher au pas) de M. Mayer. D'une certaine manière, cela revenait à marcher au pas avec la main. Et puis, la moindre ineptie tracée avec application sur une page vierge prenait allure de vérité incontestable ; comme un texte génial perdait toute valeur d'être gribouillé. L'écriture, pour M. Renaudart, constituait un signe extérieur de respectabilité. Aussi évidemment que sa moustache, qu'il peignait et cirait chaque matin, était le signe extérieur de sa virilité. Le *paraître* l'emportait chez lui sur l'*être*. Peut-être pour dissimuler son peu d'*avoir* car, malgré sa rapacité, l'homme était pauvre, les trois femmes épuisant par leurs toilettes les ressources familiales. Il y avait donc là une confuse stratégie sociale. Peu importait que l'on connaisse ou que l'on ignore ! Pour *réussir,* en cette avant-dernière décennie du XIXᵉ siècle, il fallait avant toute chose *montrer* et la belle écriture montrait le savant travail des maîtres, dont il sentait qu'il lui en revenait les miettes.

Louis avait mérité les vacances qu'il allait prendre. On était à la mi-juillet, et il se trouvait assis à l'arrière d'une charrette qui l'emmenait vers Soulargues, avec sa cantine, un balluchon de linge sale et le chapeau de M. Labarthe. Il avait gardé son uniforme de normalien piqueté de brindilles de foin que le vent apportait des champs voisins, récemment fauchés. La charrette traversait le causse où il avait grandi.

Il cria soudain :

— Laissez-moi là, Pierrou ! Ce sera bien.

Et il sauta de la carriole, déposant à la hâte ses bagages sur le sol à l'exception de la cantine.

— J'irai vous la prendre demain avec une brouette.

Pierrou plissa sa vieille face tannée au soleil, la carriole s'éloignait. Louis était seul, chez lui, sous un soleil de plomb qui était *son* soleil.

Il saisit l'énorme balluchon, prit le carton à chapeau sous son bras et s'engouffra dans l'ombre du sentier qui menait à Soulargues.

Tout à coup, son cœur s'arrêta. A cent mètres devant lui, immobiles, ils attendaient. Ils l'attendaient, lui. Depuis des heures peut-être. Il reprit sa marche, pressant le pas. Eux souriaient, Paulin en retrait de Maria.

A dix mètres, il jeta ses charges et courut se jeter dans les bras de sa mère. Ils ne pouvaient articuler le moindre mot. Elle lui caressait les cheveux tandis que Paulin ramassait la casquette tombée dans l'embrassade.

Lorsqu'il se détacha, Louis vint se planter devant Paulin. Il avait rêvé d'un immense discours qui le montrerait dans l'éclat et le brio de sa nouvelle science, et ne put laisser passer que quelques mots, mais dont ils connaissaient l'un et l'autre la signification profonde :

— Je suis premier partout.

Labarthe hocha doucement la tête et prit le bras de l'enfant pour marcher vers le village. C'était un jour comme il est peu dans le cours d'une vie et ils le partageaient, ce qui décuplait leur bonheur.

Maria, cheville guérie, avait préparé le repas des retrouvailles. Elle avait posé sur la table une cocotte de fonte noire dans laquelle mitonnait depuis l'aube un jeune lapin, farci d'herbes, de lard et de mie. A côté attendaient un plat de pommes de terre, cuites dans de la graisse d'oie, et l'inévitable *pastis*, grande tarte aux prunes où la pâte l'emportait sur le fruit. Le lapin était le plat de fête que Maria confectionnait en toute occasion digne d'être célébrée. Le retour du fils l'avait mise au fourneau dès la veille. L'œil sur lui, inquiète de

116

chaque bouchée, le servant avant qu'il eût dit ce qu'il voulait, poussant le sel vers lui quand il cherchait le pain du regard, lui versant à boire lorsqu'il souhaitait du sel, elle le submergeait de ses attentions.

— Je voulais prendre une *fouace* (brioche parfumée d'angélique dont on avait fait confire la tige), mais il l'ont mise à huit sous ! s'excusa-t-elle.

— J'aime mieux ton gâteau.

— Tu dis ça pour être gentil.

— Non, vrai !

Il y eut un bref silence que Maria ne supporta pas. Elle enchaîna :

— La vieille est morte. La mère Falguier. Elle a tombé dans l'escalier du fournil, la tête a pété en bas.

Pour ne pas être en reste sur la chronique nécrologique, Louis enchaîna :

— Nous aussi. Il y en a un qui est mort : Kléber. Il a eu mal au ventre, un soir, on lui a mis de la glace ; le lendemain, il est parti à l'hôpital. Et on ne l'a plus revu ! C'était un redoublant qui avait eu la scarlatine et le croup l'an passé !

— Pauvre mère, dit Maria.

— Pauvre *lui,* corrigea Louis.

Il s'adressa ensuite à Paulin. Il était difficile d'organiser son discours en de telles circonstances.

— Il me reste six francs et trente centimes.

Paulin était héberlué. Louis avait parlé sans fierté de son prodige d'économie. La réaction de Paulin l'étonna.

— Mais alors, s'écria-t-il, tu n'as rien dépensé ?!

— Si, mais j'ai fait trois dimanches chez un pharmacien à lui écrire des étiquettes et à lui trier des plantes. J'ai gagné un franc cinquante à chaque fois.

Maria montra qu'elle était fâchée.

— Et tes études, alors ? Tu les délaissais comme si tu avais eu besoin. Tu as eu ton mandat, pourtant ! Et ceux de M. Labarthe !

Nullement embarrassé par cette réprimande, Louis s'expliqua :

— J'ai donné à la quête des mineurs.

— *Qué* mineurs ? s'exclama Maria, tandis que Paulin, sans mot dire, fixait l'adolescent.

117

— Ceux de Decazeville, expliqua Louis. Ceux de la grande grève. (Une colère avait saisi les « gueules noires » qui, après avoir défenestré le sous-directeur, M. Watrin, s'étaient raidies dans une lutte exemplaire de 108 jours. La misère des familles, même secourues par la solidarité du monde ouvrier, avait eu finalement raison de leur courage. Maria ignorait tout cela, qu'ils ne songèrent ni l'un ni l'autre à lui expliquer.) Et puis, j'ai donné aussi pour Victor Hugo. Pour l'anniversaire de sa mort, nous avons offert *Les Misérables* à M. Blanc, parce qu'il aime beaucoup Victor Hugo et que nous, nous aimons beaucoup M. Blanc. Et comme je m'occupe de la bibliothèque, c'est moi qui ai dû donner le plus !

Paulin approuvait chaque information d'un signe de tête. Il avait prudemment suivi dans la « Gazette » locale, très conservatrice, l'évolution de la lutte des mineurs de Decazeville et le procès de Rodez qui avait conduit à la condamnation de quatre mineurs. Moyennant quoi, la Compagnie des mines avait accepté une augmentation dérisoire du salaire des forçats noirs : dix centimes par benne de charbon !

Maria regardait son fils sans bien comprendre pourquoi il fallait *donner* pour ce Monsieur Hugo. Mais elle se souvenait de la dictée. Ce devait être un ami de M. Labarthe. Alors c'était bien.

Louis, repu, chipotait dans son assiette. C'est ainsi qu'il lui restait quelque chose à dire, le plus important :

— Ces vacances, il faut que je gagne quelques sous. Alors, je vais travailler.

Paulin haussa un sourcil. Il se souvenait de la lettre de Louis.

— La scierie ?

Maria eut une bouffée qui fit saillir les veines du cou.

— Là, je te préviens que je t'interdis ! Un maître qui n'a plus de mains, personne n'en voudrait !

Malgré la réalité des accidents de sciage, l'argument, par son exagération même, fit sourire les deux hommes.

— Non, la rassura Louis. Pas dans une scierie. Dans un journal.

A ce mot, Paulin leva la tête.

— Tu vas... écrire ?

— Pas encore, dit Louis. Je vais seulement faire le travail que vous avez fait à mon âge et plus jeune peut-être.

Maria ne comprenait pas que son fils pût prendre de telles décisions de son propre chef.

— Et mon avis, alors ? Tu lui donnes un coup de chapeau à mon avis ? Pas plus ?

— Je vous coûte assez à tous deux, répliqua simplement Louis.

Maria et Paulin se figèrent, fourchette à la main.

— A moi, tu ne dois rien, dit Paulin.

— Et à moi donc ? Tu crois me mettre des sous dans la main, c'est ça ? cria Maria. Non. Tu n'iras pas travailler !

Elle savait ce que voulait dire « travailler ». Elle avait été, dès son jeune âge, *placée*, c'est-à-dire bonne à tout faire chez ce docteur Tixier et ce pharmacien de Montpellier, et d'autres encore, moins notables. Ce qu'elle désirait avant tout était que son fils ignorât cette servitude, même dans une imprimerie ! Sinon à quoi aurait servi qu'il aille aux écoles et s'y acharne à devenir le premier de sa classe ?

Paulin se gardait bien d'intervenir. Il comprenait Louis et ses scrupules. Et le mot « travail » avait pour lui une signification plus complexe. Pour lui, le travail avait ses vertus. S'il pouvait anéantir toute personnalité par des conditions d'une dureté excessive, il pouvait aussi ennoblir et justifier. Il permettait d'apprendre le monde et de le voir tel qu'il est ; de savoir que des gens vous exploitent, mais aussi de sécréter un sentiment irremplaçable : la fraternité des travailleurs. Et, sans se l'avouer, Paulin Labarthe se souvenait de ses années d'apprentissage dans l'imprimerie, passant de ville en ville, à la façon des compagnons. Le plus beau métier qui soit ! Parce que vous coulez dans le plomb des paroles parfois immortelles qui iront s'inscrire dans les esprits, une fois encrées sur le papier. Que Louis aille travailler dans une imprimerie lui paraissait une suite logique à ses études : il tremperait ses mains dans la pâte du savoir !

Pour « tremper ses mains dans la pâte du savoir », Louis fut servi, dans l'imprimerie qu'il avait rejointe quelques jours plus tard, laissant derrière lui sa mère désolée et furieuse et Paulin songeur ! En compagnie d'Adrien, tout taché d'encre, tanspirant dans un local exigu saturé d'une merveilleuse puanteur d'encre et de plomb, il se coltinait de lourdes rames de papier, aussi lourdes que cinquante draps de lit tout droit sortis du lavoir. Ni lui ni Adrien n'étaient des typographes, ces aristocrates de la profession, en blouse grise ou blanche, qui manipulaient les caractères contenus dans leur *casse* (celle du haut pour les majuscules, celle du bas pour les minuscules) et les rangeaient dans leur composteur à l'aide de pinces, semblables à des entomologistes manipulant leurs insectes. En fait, ils trimaient comme de simples manœuvres.

Un certain jour, une ombre parut au soupirail, au-dessus de leur tête : c'était Anselme Peyrat. Ils furent stupéfaits. Anselme savait où les trouver, mais pourquoi cette visite intempestive ?

— Qu'est-ce que tu fiches ici ? dit Louis.

— Grande nouvelle, mes camarades ! Grande nouvelle !

— La guerre est déclarée ? demanda Adrien, d'une voix où tremblait une louche espérance.

— Mais non, répondit Anselme.

— J'y suis ! s'écria Adrien. Boulanger a avalé son sabre !

Ce n'était pas non plus le cas.

— Plus simple, s'esclaffa Anselme. Ça nous concerne, *nous* !

Il les laissa moisir un moment. Les deux autres étaient là, ouvrant de grands yeux, essuyant leurs mains sur leurs blouses abondamment souillées.

Anselme eut enfin pitié d'eux.

— Renaudart a eu une inspection de fournitures. Il carottait sur tout ! Il est révoqué, débarqué, embarqué. Trève le remplace et Blanc *monte* avec nous en deuxième année !...

Renaudart révoqué ? Ré-vo-qué !

Le petit Peyrat avait ménagé ses effets et réussi son coup. Ils lui firent répéter plusieurs fois la nouvelle, craignant une méprise ou une exagération. Lorsqu'il les eut persuadés, ils poussèrent un hurlement qui releva les têtes de tout l'atelier et se mirent à danser en exultant.

Ainsi la justice divine se confondait-elle avec la justice laïque !

Le cas Renaudart était enfin réglé. L'impitoyable Émile, qui ne pardonnait rien à quiconque, était pris. Anselme, maintenant, comprenait pourquoi « madame la Directrice » était tellement à cheval, si l'on peut dire, sur les seaux à charbon ! Sans parler de l'économique brouet qu'on leur servait à table, non plus que de l'insistance qu'avait mise le père Renaudart à faire payer aux parents des trousseaux à deux cent soixante-cinq francs pièce ! Ce parangon de vertu éducative, qui connaissait par cœur la Constitution de l'an II, était un prévaricateur ! Les trois élèves n'essayaient même pas de comprendre pourquoi l'austère personnage avait ainsi *piqué* dans les caisses de l'École. Hormis le soulagement qu'ils éprouvaient à la perspective d'une rentrée débarrassée du personnage qui gâchait leur bonheur, ils éprouvaient une honte diffuse. Solidaires de tout le corps enseignant, c'était l'un des leurs que marquait l'opprobre de la révocation et, quels que fussent leurs griefs, ils se sentaient touchés en même temps que le paria. Ce qui troublait la fête.

A la rentrée d'octobre 1886, ce qui aurait pu devenir le *scandale Renaudart* était quasiment oublié, mais on vivait plus librement, les fenêtres de l'étage n'étaient plus l' « observatoire » redouté, et la soupe était devenue bonne.

La première classe de l'anné fut l'objet des curiosités habituelles. On avait renouvelé une partie du mobilier et certaines cartes murales.

Quand la porte de la seconde année s'ouvrit, ce fut M. Trève qui entra. Au tableau, M. Blanc, qui était « monté » avec ses élèves, avait écrit d'une anglaise magnifique :

« *C'est la gloire des enseignants de s'épuiser en sacrifices et de n'attendre de récompenses que de Dieu.*

François Guizot. » Chaque jour était ainsi marqué d'une citation, d'une devise ou d'une observation de morale. Celle-ci était particulièrement bienvenue pour marquer l'esprit tolérant du nouveau règne et son désintéressement quasi apostolique.

La journée se poursuivit avec la leçon de géographie de M. Mayer.

— Asseyez-vous, messieurs ! (Il avait l'accent alsacien et, contrairement à ses collègues du Midi qui s'efforçaient de corriger le leur, il avait tendance à forcer le sien !) Nous nous connaissons déjà. Les vacances ne m'ont pas changé. Mon but non plus n'a pas changé : faire de vous des garçons instruits et forts qui construiront plus tard, bientôt, un peuple instruit et fort. Il y a maintenant seize ans que nous avons perdu la guerre, que nous avons perdu mon cher pays d'Alsace et pourquoi ? Parce que l'instituteur prussien était très supérieur à l'instituteur français ! A Reichshoffen, nos officiers ne savaient pas lire les cartes d'état-major ! (L'élan oratoire et l'indignation le portaient au rouge carminé et sa barbe se hérissait.) La prochaine fois, vous saurez : vos élèves *sauront* ! S'il est regrettable que vous ayez été vous-mêmes dispensés des obligations militaires, inculquez-leur les bons principes. Jeunes gens, déployez vos cartes !...

Et les élèves inaugurèrent leur deuxième année d'études en « déployant » sur leur table des cartes à grande échelle qui leur donnèrent bientôt l'impression d'organiser la prochaine victoire.

— Il n'a pas changé un mot de son discours, remarqua Anselme au cours de la récréation suivante.

— Si, rectifia Louis. L'an dernier, il disait : « Il y a maintenant *quinze ans* que nous avons perdu la guerre... » Et l'an prochain, il dira « dix-sept » !

Ils rirent un instant.

Louis reprit :

— Blanc, non plus, n'a pas changé.

— Et toi, Louis ? Ça m'arrangerait que tu changes.

Sinon nous aurons encore le traditionnel refrain : résultats du premier trimestre, premier Meissonnier ; résultats du second trimestre, premier Meissonnier...

Anselme avait vu juste dans ses prophéties. Louis « n'ayant pas changé » au mois de juillet suivant, M. Trève devait renouveler le rite de son prédécesseur. L'immense nouveauté était qu'il en montrait un évident plaisir.

— Voici, dit-il aux élèves rassemblés, compte tenu de ce troisième et dernier trimestre, les moyennes générales pour l'année 1886-1887. Je ne vous étonnerai pas en vous annonçant que le premier, avec une moyenne de 14,85, est Meissonnier Louis ! (Il eut une moue souriante.) A quoi bon vous donner le détail ?...

Ainsi s'était terminée la deuxième année de Louis. Ainsi s'acheva la troisième. Il était entré premier à l'École normale de Rodez, il en sortait premier. Physiquement, il était d'un format modeste, mais bien découplé, large d'épaules, plutôt joli garçon. Et, bien qu'ayant gardé l'accent de Soulargues, il parlait à la manière de Paulin Labarthe que, pourtant, il n'avait guère vu au cours des six années passées à parts égales entre Conques et Rodez.

Ils l'attendaient au même endroit. A chaque retour, Louis les trouvait plantés sous un abri de coudriers qui, selon les saisons, les protégeait de la bise ou du soleil. Des fils d'argent leur venaient aux tempes, le front gardait un pli plus profond, mais les regards conservaient une jeunesse sans défaut.

Cette fois, malgré l'arrivée imminente de son fils, Maria paraissait mélancolique.

— Vous vous souvenez ? dit-elle à M. Labarthe sans le regarder. Un jour, vous m'avez dit : « Ça passera vite, ça passera comme la vie... »

— *Trop* vite, corrigea Paulin.

— Eh bien, ça y est ! J'ai l'impression d'avoir eu juste le temps de coudre un deuxième galon à sa casquette, puis un troisième... et le voilà maître d'école !

— C'est ce que tu voulais ? s'étonna Paulin.

— Non. Je voulais me garder mon garçon et le voilà perdu !

Paulin la prit par les épaules. La tendresse en lui était tout à la fois amoureuse et paternelle.

— Allons ! Ne dites pas de sottises ! Et ne lui faites pas mauvaise figure à son arrivée. Il doit être fier de lui, ne lui gâchez pas son triomphe. Attention, le voilà ! Le voilà !

Il se détacha brusquement d'elle. Il était temps. Louis paraissait dans le chemin en uniforme de normalien, deux croix ballottant sur la poitrine, un paquet de livres sous le bras. Et la casquette ornée du troisième galon.

Il embrassa fougueusement sa mère.

— Mais tu es en avance d'un quart d'heure ! s'écria Maria, extasiée.

— Les femmes de la maison Vibrac, celles de Limoges, étaient à la gare. Elles m'ont pris. Elles ont des chevaux comme des gazelles.

— Et la malle ? demanda Maria, pratique.

— J'irai la prendre demain.

Louis se tourna vers Paulin. Comme l'avait prévu Labarthe, il était gonflé de bonheur, de fierté. Et cette gloire, il ne la montrait que pour leur en faire l'hommage.

— J'ai eu les lauriers. J'ai eu les croix. J'ai le diplôme.

On eût dit un guerrier rentrant vainqueur de ses campagnes, la poitrine et les manches fleuries d'or et de médailles.

— *Milà diou de milà diou, ien sei malaüte dei bonirou* (1) ! dit Paulin, l'œil malicieux.

Mère et fils le regardaient l'œil écarquillé ; ces quelques mots de patois, appris en cachette et prononcés avec un accent qui les rendait à peu près méconnaissables, leur semblaient une incongruité. C'était aussi une manière plaisante de venir à eux. Ils en rirent tout à coup et se jetèrent dans les bras les uns des autres !

Maria se reprit la première.

(1) — Mille dieux de mille dieux, j'en suis malade de bonheur !

— Alors tu peux faire la classe aux *pitchous*, maintenant ?

Elle n'en revenait pas et voulait le lui entendre dire.

— Eh oui ! Et pas loin d'ici. Devinez où ?

— A Soulargues ? cria Maria, folle d'espoir.

— Tout de même pas ! Au Cayrol. (Louis avait prononcé au *Caillerole,* comme il se doit.)

Maria prit une mine déconfite.

— Au Cayrol ? Ce petit trou ? Je croyais que le premier choisissait en premier. Tu aurais pu demander la ville !

— Non. Je voulais mon pays. Et c'est le poste le plus près de vous deux.

— Ce sont des brutes, ceux qui t'ont laissé te perdre dans ce Cayrol !

— C'est moi qui l'ai voulu, insista Louis.

Avant de quitter l'École, il était allé voir M. Blanc dans sa classe. Celui-ci venait d'achever d'inscrire au tableau la sentence du jour : « *La civilisation affine les esprits et les mœurs. Les peuples les plus cultivés ont une idée plus haute de la morale. Jules Steeg.* »

— Je respecte votre choix, lui avait dit M. Blanc, mais je le crois malheureux. Vous allez perdre des années... Vous pourriez postuler une ville de faculté, poursuivre vos études. Tous les espoirs vous sont permis, Louis, tous !

Mais le choix qu'avait fait Louis était irrévocable.

— J'ai bien réfléchi, monsieur. Les autres enfants me feraient peur. Ceux-là, ils sont comme j'étais. Je les comprendrai.

M. Blanc avait senti qu'il serait inutile d'insister. Cette fois, il s'était gardé de dire à Louis qu'il n'était plus un paysan, mais, avant que le garçon fût sorti de la classe, il l'avait rattrapé de la voix.

— Nous ne nous reverrons peut-être jamais, Louis. J'aimerais que vous me laissiez un souvenir. (Il laissa passer le temps d'une légère inquiétude chez l'adolescent.) Vous aviez bien un couteau, je crois ?

Tout remontait à la surface de la courte scène qui avait préfacé leurs rapports, trois ans plus tôt, dans la cour jonchée des feuilles de l'automne. Ils furent au bord de céder à l'émotion mais la pudeur l'emporta. Il s'en tinrent au sourire partagé et Louis sortit de sa poche le Laguiole qui ne l'avait jamais quitté pendant toute la durée de ses études.

Maria et Paulin avaient regagné la maison. Et Paulin n'avait rien eu de plus pressé que de mettre son appareil photographique en batterie pour immortaliser Louis en grand uniforme de normalien, le haut-de-forme sur la tête. Le garçon avait raconté son histoire de couteau à Paulin auquel il ne dissimulait rien de sa vie.

— Tu as peut-être eu tort de le lui donner. On dit que ça coupe l'amitié.

— Lui m'a donné une petite pièce. Il n'y a plus de mauvais sort.

Maria, comme toujours, ne savait qu'inventer pour bouger, courir de droite ou de gauche, être utile. Ce qui la rendait importune.

— Je vais te chercher la casquette. On lui fera aussi le portrait avec la casquette. Ce chapeau de ministre, ça lui fait une figure de vieux !

Elle disparut dans la maison. Paulin se glissa sous le drap noir qui recouvrait l'appareil. Ainsi dirigeait-il la manœuvre pour faire prendre la pose à Louis.

Celui-ci profitait de l'absence de sa mère pour parler à mi-voix :

— Il y a une chose que je n'ai pas le courage de dire à ma mère.

Paulin, tout à son affaire, la tête sous le drap, ne prêta pas attention au propos à peine entendu.

— Tourne un peu la tête vers le poirier.

— J'espérais que vous le sauriez déjà...

— Pas tant ! Pas tant ! grommelait Paulin.

Et Louis tirait sur son col, montait la voix d'un cran.

— Il y a eu de nouvelles lois pour l'instruction publique... C'est l'État qui va nous payer à présent.

Paulin ne pensait qu'à sa photographie.

— Ah bon ! Comme ceux des postes ?...

Louis lâcha enfin la mauvaise nouvelle.

— Oui. Et nous n'avons plus la dispense militaire...

126

Paulin n'avait toujours pas compris. Louis poursuivit par bribes :

— ... Il va falloir, avant de prendre mon poste au Cayrol...

— Tu as bougé le pied, rouspéta Paulin.

— ... Les camarades doivent passer me prendre tout à l'heure pour aller faire la tournée...

Paulin, cette fois-ci, avait entendu sans toutefois relier les nouvelles entre elles.

— C'est bien ! Tu as travaillé, tu as le droit de t'amuser un peu... Lève la tête, ton nez fait de l'ombre. Et ne bouge plus.

Maria était sortie de la maison avec la casquette et s'approchait de son fils, lequel, dans son impatience, l'avait oubliée.

— Vous ne comprenez pas ? cria-t-il à Paulin. La tournée des œufs et des pièces blanches, dans les fermes ! Avec Henriou Peyre, les cousins Raynal et... (c'était une coutume, à la campagne, pour les conscrits qui allaient partir sous les drapeaux de s'offrir une fête avec le produit de cette collecte).

— C'est vrai, dit Maria, que leur voilà l'âge d'être soldats à ceux-là !

Louis ne pouvait plus reculer.

— Moi aussi, j'ai l'âge.

— Oui, tu as l'âge. Seulement tu es maître d'école !

Elle avait parlé avec légèreté d'une pratique qui ne concernait que les autres. Paulin, excédé, sortit de dessous son drap.

— Qu'est-ce que c'est que tous ces gestes ? Tu bouges et tu bouges ! Tu n'arrêtes pas de bouger !

Louis, ne se contenant plus, se mit à hurler :

— C'est fini la dispense ! Je me tue à le dire. Je dois partir, maître d'école ou pas ! *Partir !*

Paulin avait finalement compris la situation. Il se figea.

— Soldat ?

— Oui, soldat.

— Toi ? dit Maria, incrédule, l'œil sur Paulin qui ne pouvait que démentir.

Louis poussa un long soupir.

— Oui, moi ! Ils m'ont pris au conseil de révision. C'est la nouvelle loi. (Il s'efforçait de ne rien dramatiser et affectait le plus grand calme.) Ce n'est que pour deux ans. C'est pour ça aussi que j'ai choisi le Cayrol. Pour être plus près de vous au retour.

Venu du fond de la campagne, un chant n'avait cessé de marcher vers eux. Maintenant ses auteurs se montraient sur la petite pente entre la ligne sombre des arbres et le village. L'un d'eux remuait au-dessus de sa tête un clairon qui jetait ses éclats sur la prairie. Il en tirait de vilaines notes. On eût dit la corne d'une automobile, et ils en riaient tous à gorge déployée.

Maria, éperdue, se sentait à bout de nerfs. Aucun argument ne lui venait pour combattre ce mauvais sort. Elle eut tout de même un sursaut :

— Et si tu te faisais curé ? Tu es assez instruit pour ça. Les autres ne te prendraient peut-être pas pour le régiment...

— Mais, maman, je *veux,* c'est mon devoir, je *dois* être soldat !

Elle l'eût giflé.

— Ton devoir, c'est d'obéir à ta mère ! Et de lui faire plaisir ! Et de ne pas la laisser toute seule !

Après avoir disparu un moment dans un creux du terrain, le groupe des braillards venait de reparaître, plus proche. On les devinait grisés par les tournées offertes dans les fermes, cocardes au chapeau, des paniers à la main déjà emplis des œufs de leur collecte. Dans une minute, ils atteindraient les maisons.

Paulin dit à Louis :

— Allez ! Va les rejoindre. (Il désigna d'un mouvement de tête Maria qui s'éloignait.) Je lui parlerai.

Louis, sur le point de s'échapper pour aller se mêler à ses camarades conscrits, se ravisa et revint se planter devant Paulin.

— Oui ! Parlez-lui ! Et dites-lui de vous épouser. Elle ne sera plus jamais seule...

Et il partit en courant.

Paulin resta longtemps immobile, fixant le point par où il avait disparu, tout occupé par des questions auxquelles il ne saurait jamais répondre : « Mais que sait-il ? Et depuis quand ? »

Lorsque Maria vint l'appeler pour la soupe du soir, Louis courait encore les fermes. Elle semblait avoir pris son parti de ce départ. Mais, alors qu'ils passaient le seuil, elle lui dit doucement : « Et vos frères, puisqu'ils vivent à Paris, ils ne connaissent pas de ces messieurs qui arrangent les choses ?... »

3

LE MAÎTRE ADOLESCENT

UNE carriole chargée de caisses et d'ustensiles divers, tirée par un cheval poussif, pénétrait dans le petit village du Cayrol. Louis, nu-tête mais en uniforme bleu à col jaune, épaulettes rouges, pantalon garance, tenait la bride. Il venait d'accomplir deux années de service militaire. Maria était assise à l'arrière, jambes pendantes ; Paulin marchait à côté, s'aidant d'une canne grossière. Ils regardaient autour d'eux avec un certain effarement, comme les étrangers lorsqu'ils pénètrent un univers clos qu'ils devinent hostile. Maria, hormis le vêtement plus cossu, avait peu changé avec les ans. Pour Paulin, les marques du temps étaient plus lisibles : sous les yeux, aux ailes du nez, aux commissures de la bouche, on voyait poindre la soixantaine. Et le cheveu blanchi se raréfiait. Seul profitait du temps passé Louis dont une moustache blonde soulignait le sourire. Il avait gagné en force et en assurance et le frêle adolescent était devenu un homme, certes jeune, mais détaché de son enfance.

L'arrivée de la carriole ne passa pas inaperçue. Ils croisèrent un paysan, les reins ceints d'une *tayolle* dans laquelle il avait passé une pierre à aiguiser, la faux sur l'épaule, aux pieds d'énormes sabots ; il leur jeta un regard furtif sous le bord du large chapeau de feutre noir. Louis lui fit un salut discret de la tête. L'autre feignit de ne pas voir. Plus loin, deux vieilles, sur le seuil d'une maison aux murs de pierres sèches, se mirent à jacasser à leur approche. L'air était empli des bruits familiers de la campagne : le caquètement des poules, le bruit d'un marteau de maréchal sonnant clair sur l'enclume, le grincement d'une scie...

Ils furent bientôt sur la place centrale du village. Le Cayrol était vraiment un petit bourg qu'aucune trace de modernité ne semblait avoir atteint. La plupart des maisons étaient de schiste ou de granit et couvertes d'ardoise ou de lauze. Les plus cossues étaient flanquées de bâtiments annexes réservés aux animaux et aux récoltes et dominées par le pigeonnier d'où s'échappait un roucoulement perpétuel. Les rues qui débouchaient sur la place étaient toutes de simple terre battue, sans trottoirs, bordées de seuils faits d'une barre de grès d'un seul tenant. Au-dessus s'ouvraient des portes. La partie basse était close et, le plus souvent, la partie haute s'ouvrait sur des ombres au fond desquelles battaient les pendules.

Louis montra à Maria une grande bâtisse dont les murs étaient crépis et qui avait moins mauvaise allure que les autres.

— Ce pourrait être là...

Paulin les avait rejoints. Louis profita du passage d'une femme, poussant une brouette dans laquelle était posé son baquet à lessive plein de linge à peine essoré, pour s'informer sur le lieu de leur destination : l'école. Ils la virent répondre négativement à sa première question. Après quoi, elle lui montra d'un geste un bâtiment qui se trouvait à l'opposé. Se retournant, ils aperçurent une bâtisse sans prestige qui les déçut d'emblée.

Cela faisait des mois que Louis rêvait de ce sanctuaire qui serait le premier de ceux où il enseignerait et, comme toujours, le rêve avait embelli la réalité ! L'école du Cayrol était un édifice modeste et sans grâce, tout de guingois, aux portes et fenêtres déglinguées, dont l'enduit et la peinture pelaient sur toute la surface, quand ils n'avaient pas totalement disparu. Elle était précédée d'une cour caillouteuse où les chevilles devaient souvent se tordre, plantée de deux ou trois arbres maigrichons, avec une sorte d'appentis abusivement qualifié de préau. Deux cabanes dont les portes, percées d'une ouverture en forme de cœur, n'atteignaient pas le sol complétaient l'ensemble en avouant leur destination éminemment utilitaire.

A l'intérieur une classe unique recevait garçons et filles de tous âges. Les *grands* avaient droit à une table personnelle, les *moyens* se faisaient vis-à-vis aux deux côtés d'une seule longue table de ferme rangée le long du mur. Quant aux *petits,* ils étaient relégués dans le fond de la salle. Sur un chevalet était posé un tableau noir devenu verdâtre, usé par les coups de chiffon et les morsures de la craie. Sur une étagère trônait une mappemonde aux inscriptions illisibles. Le portrait de M. Sadi-Carnot, actuel président de la République, était au mur du fond. Sans être un taudis, le lieu était d'une rusticité étonnante. Le parquet aux longues lattes de bois disjointes par endroits, décoloré par l'eau de Javel, les murs sur lesquels apparaissaient de fines « naissances » prometteuses de lézardes futures, le plafond au solivage apparent et sain, tout était propre et d'un entretien convenable. Cependant l'odeur puissante était celle d'une chambre de caserne et l'entassement d'enfants dispensait une chaleur animale qui déposait sur les vitres une buée légère, accusant le sentiment qu'on avait d'être isolé du monde.

Debout, empêtré parmi les élèves, se trouvait le maître. M. Pagès paraissait plus que son âge. Sa maigreur, le peu de soin qu'il prenait de sa coiffure et de sa barbe, toujours entre deux coups de rasoir, sa blouse rapiécée et tachée d'encre et de craie lui donnaient l'air d'un grand chat de campagne, peu disposé au ronronnement. Armé d'une règle de bois épaisse et courte, il surveillait avec résignation le travail des moyens, dominant les tables parmi lesquelles il se frayait le passage avec une lenteur de brise-glace. Cependant il lui arrivait de faire un bond pour réveiller de sa règle quelque indolent dont la tête penchait. Les mouches allaient et venaient, bruyantes.

Un hennissement tira l'oreille du bonhomme. Intrigué, il s'approcha de la fenêtre : une carriole venait d'entrer dans la cour. Il se précipita vers la porte, après s'être tourné vers un garçon d'une douzaine d'années qui en faisait physiquement cinq de plus.

— Pierrou, tu surveilles la classe. Et ceux qui parlent, tu m'écris leurs noms au tableau.

Au milieu de la cour, il se heurta à Louis. L'irruption d'un militaire dans son domaine était pour lui une violation de domicile caractérisée. Il fulminait.

— Vous savez que vous êtes ici dans une cour d'école ?

— Oui, monsieur, répondit calmement Louis.

— Cette école est *publique,* ce qui ne signifie pas...

Louis l'interrompit, du même ton calme.

— Je cherche M. Amédée Pagès, le maître titulaire.

— C'est moi.

L'autre s'était adouci, mû par la curiosité plutôt que par le savoir-vivre.

— Bonjour, monsieur Pagès. Je suis Louis Meissonnier, votre adjoint.

Cette fois M. Pagès exultait.

— *O puta !* Mon adjoint !... J'en ai donc un ! Depuis le temps !...

De toute évidence, le brave homme avait gardé de ses origines une simplicité sans fard et un langage sans apprêt. Il serrait la main de Louis avec une insistance joyeuse dont l' « adjoint » ne savait comment venir à bout. Finalement, il se tourna vers Maria.

— Ma mère.

M. Pagès, lâchant la main qu'il secouait, s'inclina devant Maria tout imbue de sa qualité de « mère de M. l'Instituteur ». Après quoi il vit Paulin Labarthe qui se tenait près d'elle, appuyé sur sa canne et pour lequel il eut une expression de complicité assez inexplicable.

— Ah tiens ! Bonjour, monsieur...

Un bruit vint de la classe. M. Pagès virevolta avec une promptitude inattendue et hurla vers la porte.

— Roques ! je t'ai vu ! Dix coups !

« Dix coups de quoi ? » se demandaient les autres. Mais la fureur, qui disait son comédien, était déjà retombée. Pagès, souriant, revenait à Louis.

— Eh bien ! Je vais vous montrer votre volaille... et le poulailler.

Rien de méprisant dans les mots ni la manière, plutôt une familiarité bon enfant destinée à mettre à l'aise. Louis lui emboîta le pas et, tandis qu'ils pénétraient dans le bâtiment, Maria, sourcils froncés, murmurait à Paulin :

— Vous connaissez cet homme.

Elle n'interrogeait pas ; elle affirmait, provoquant l'embarras de son compagnon qui eut un vague bredouillement.

— Euh... non. Comment voudriez-vous...

— Ne mens pas, Paulin Labarthe, tu le connais !

L'alternance de tu et de vous, lorsqu'elle n'était pas dictée par une présence étrangère, traduisait purement et simplement la domination de l'un sur l'autre.

— Vous m'ennuyez, Maria. (Paulin prit un temps de réflexion avant de passer aux aveux.) Oui, c'est vrai : je suis venu en reconnaissance, la semaine dernière, jeter un coup d'œil sur cette école et son maître. Mais on ne connaît pas les gens parce qu'on leur a dit trois mots en passant !

Elle fixait sur lui son œil noir.

— Vous saviez donc ce qui l'attendait : cette pauvre maison, cet homme qui sent mauvais...

— Qu'est-ce que vous allez encore chercher ?...

— Eh oui ! Il sent la pipe ! Et la sueur ! Jamais vous n'auriez dû laisser Louis venir ici sans au moins le prévenir de cette misère...

— Mais si, Maria. C'est un grand jour pour lui ! Je n'allais pas le lui gâcher ! Il ferait l'école dans une porcherie qu'il ne s'en rendrait pas compte ! Ce sont les enfants qui l'intéressent. Pas les murs !

De fait, Louis était heureux de découvrir dans sa future classe toute une marmaille disparate qui le fixait avec l'extraordinaire attention des enfants soupesant à l'avance leur pouvoir sur l'adulte qu'on propose à leur dégustation. Ce militaire à l'uniforme flamboyant éblouissait les uns, en inquiétait d'autres. Mais l'opinion générale était réservée. Avant tout, soldat français ou non, Louis — inconnu au Cayrol — était un « étranger ». Pour eux, comme pour leurs parents, la suspicion était immédiate et son uniforme ajoutait à leur méfiance. Ainsi que le père Pagès lors du premier contact, ils ressentaient la présence de Louis comme une intrusion.

Ce qui ne les avait pas empêchés de se lever avec un parfait ensemble, moins par politesse que pour profiter de l'occasion de mettre un peu de bruit et de mouvement dans le grand calme de la matinée.

Pagès les présentait :

— Voici nos lascars !... Il manque des garçons, les plus grands, que leurs parents retiennent à la ferme en cette saison. Mais l'hiver dernier, nous avons été jusqu'à cinquante-trois !

Louis était stupéfait. Il parcourut les lieux du regard et s'exclama :

— Dans cette salle ? Cinquante-trois ?

Pagès riait de son étonnement.

— Au moins, nous avions chaud !

Puis, ayant repris son masque de maître d'école, il s'adressa aux élèves.

— Ce monsieur est votre nouveau maître. (Tous se redressèrent et scrutèrent l'étranger avec un intérêt décuplé.) Il a de gros diplômes et il est extrêmement sévère. Vous me regretterez, croyez-moi... Tu ne devrais pas rire, Choudier, ou bien tes oreilles vont te cuire tout à l'heure...

Ledit Choudier, dont les oreilles avaient dû en voir et en entendre d'autres, se fit sérieux comme un pape.

M. Pagès leur jeta un regard impérieux.

— Asseyez-vous, et que j'entende voler les mouches !

Dans un vacarme de galoches et de bancs remués, ils s'assirent tous, sauf Pierrou, le vigile, qui en l'absence du maître assurait la garde du troupeau avec un zèle de chien de berger.

Déjà M. Pagès entraînait Louis sur le seuil. Tout en parlant à son visiteur, il restait aux aguets, relié à la classe par un sixième sens qui lui permettait d'analyser le moindre bruit et de « sentir » l'humeur de ceux auxquels il laissait la bride sur le cou, à la manière d'un amputé que l'onglée continue d'importuner.

— Je vous les présenterai mieux demain matin. Il y a

quelques bons sujets, enfin deux ou trois, et aussi quelques cancres. Le reste, c'est du tout-venant. Nous partagerons équitablement... (Il eut un regard malin.) Vous êtes peut-être un peu jeune pour que je vous confie les grandes filles...

Louis ignora la pique de son aîné.

— Je dois vous dire, monsieur Pagès, que je ne commencerai pas avant la fin du mois...

M. Pagès eut un sursaut de déception.

— Comment ça ? Je vous attends depuis...

— Trois ans, dit Louis, qui avait appris à l'inspection d'académie que ce poste de maître adjoint était réclamé avec insistance par le titulaire.

— Trois ans ! dit songeusement M. Pagès, et vous me dites que...

Comme un diable sortant de sa boîte, il s'élança dans la classe et en ressortit, tirant un gamin par un bras qu'il flanqua au piquet contre le mur sans qu'un mot fût prononcé.

Louis était peiné de la déception du vieil instituteur. Il lui expliqua :

— Je suis encore militaire, comme vous le voyez. Il me reste deux semaines à faire. C'est ma dernière permission. J'aimerais rester quelques jours avec ma mère, préparer mes leçons et mon premier contact avec les enfants.

M. Pagès comprenait. Mais cela faisait longtemps qu'il connaissait le métier.

— Ne vous faites pas trop d'illusions sur ce « premier contact » : il est pris ! Il y a deux minutes ! Et nous ne savons ni l'un ni l'autre si c'est bon ou mauvais, mais toute votre *préparation* n'y changera rien... Enfin, soupira-t-il, j'attendrai un peu plus, voilà tout. Vous pourrez vous installer au-dessus. (Il montrait une fenêtre fermée à l'étage.) Il y a une chambre. J'y avais mis la réserve de fournitures.

Louis se sentait gêné comme un invité qui craint de déranger son hôte.

— Je n'ai pas besoin de beaucoup de place.

M. Pagès fut soulagé.

— Bien !

136

Ce qui intéressait le plus Louis, c'était le lieu où il allait officier.

— Et... ma classe ?

M. Pagès eut un air embêté.

— Il faudrait voir le maire. Pour qu'il débarrasse. (Il montra un local dont les portes étaient closes.) Il entrepose là-dedans tout un matériel. Ça n'ira pas tout seul !

Depuis la loi de 1881, il appartenait aux municipalités d'entretenir les écoles et de payer les maîtres. Ce qu'elles n'acceptaient pas de gaieté de cœur. D'une part, le coût leur paraissait ruineux, d'autre part, les locaux manquaient souvent. Et, surtout, il n'était pas rare que les maires ou leurs conseillers utilisent à leur propre avantage une partie des locaux scolaires. Dans le cas de petits villages comme Le Cayrol, ceux-ci étaient une fois sur deux d'anciens bâtiments agricoles plus ou moins vétustes et rachetés par la commune à vil prix.

Cependant, Louis était maintenant fonctionnaire de l'État, payé et protégé par lui. Il n'avait de comptes à rendre qu'à son inspecteur d'académie, lequel référait à la hiérarchie, c'est-à-dire à la ville de qui tout dépendait toujours : Paris. Louis décida sans barguigner d'aller trouver le maire, après une aimable prise de congé auprès de M. Pagès.

Le maire, un homme noueux vêtu comme les autres paysans rouergats mais avec un je ne sais quoi de plus cossu, était à l'étable lorsque Louis le surprit par sa visite. La cordialité de l'accueil incita le « plaignant » à en venir au fait sans passer par les circonlocutions d'usage. Louis était jeune. Il n'avait noté ni l'œil de maquignon du bonhomme, ni la force du menton, ni la bouche étroite. L'autre le laissait parler, faisant tout pour éluder la revendication.

Ayant traversé la cour, ils étaient entrés dans la grande salle où l'épouse du maire et l'aînée de ses filles préparaient du confit. Le madré guignait du coin de l'œil ce jeune monsieur qui plaidait avec une conviction inattendue.

— Monsieur le Maire, cette classe est indispensable !

Vous devez la libérer... Les enfants sont entassés dans une classe beaucoup trop étroite.

Il n'en finissait pas, ce petit ergoteur.

Il lui tendit un verre de vin.

— Je sais bien, mon petit monsieur. Allez, buvez donc ! On ne m'avait pas prévenu. Voilà toute l'affaire ! (Il levait son verre d'un geste encourageant.) A nos bons rapports ! Il est de l'année. Ça se laisse boire !... quand on n'a rien d'autre !

Il eut un éclat de rire et se vexa que Louis ne s'y mêlât pas. Décidément !

— On vous la libérera, n'ayez crainte ! Seulement, il faut attendre que l'école ferme. Beaucoup de gamins sont aux moissons, ce qui donne de la place. Sans compter que mon matériel a aussi sa valeur...

Louis en avait assez de ces finasseries. Le fonctionnaire en lui s'échauffait, d'autant que trente-sept mois de délicatesse militaire l'avaient écarté des atermoiements et des bonnes manières.

Il fit brusquement front.

— Non, monsieur le Maire. Si ma classe n'est pas débarrassée du matériel qui l'encombre huit jours avant ma prise de fonction, j'en référerai à l'inspection de mon académie...

Il posa son verre dans lequel il n'avait pas bu et sortit. Il s'était toujours soumis à la hiérarchie sans en éprouver le poids, si l'on excepte la période Renaudart. Ses maîtres, ses officiers étaient, chacun à leur façon, des représentants de la République. Et Louis était bon républicain. Obéir, pour lui, n'était pas s'incliner devant un homme : c'était respecter la loi, une loi à laquelle tous devaient se soumettre. Le maire du Cayrol était en infraction avec la loi en occupant indûment un local appartenant à la collectivité, pour en faire un entrepôt où dormaient gratuitement outils, futailles, brouettes, etc.

Louis n'avait pas menacé du bout des lèvres ; il était bien résolu à porter plainte auprès de son académie si l'autre ne cédait pas. Ainsi mettrait-il fin à ce que, dans sa naïve intransigeance, il n'hésitait pas à dénoncer devant Paulin et sa mère comme le « scandale du Cayrol ».

Pour eux, l'installation de Louis fut une grande affaire. Jusque-là, il avait été pris en charge par sa mère, par l'école ou par l'armée. Désormais, il faudrait qu'il se débrouille seul, dans ce trou où ni les gens ni les lieux ne leur tiraient de sympathie. Convaincu qu'il n'arriverait pas à « s'en sortir » sans eux, le couple s'affairait à rendre habitable la petite pièce qui lui servirait de chambre.

Munie d'un entonnoir en zinc empli d'une eau additionnée de crésyl, Maria arrosait le parquet pour empêcher la poussière de voler dans le balayage. Elle se plaisait à tracer de grands huit sur les planches. Paulin, en bras de chemise, entassait dans les endroits déjà nettoyés des piles de livres, de cahiers, des boîtes de craie, des bidons d'encre, des tables qui seraient à réparer. Même deux chaises qu'il y aurait à rempailler. Louis l'aidait dans sa tâche, revenant indéfiniment sur sa rencontre avec le maire.

Paulin, sans succès, s'employait à le calmer.

— Tu y as peut-être été un peu fort. Le maire, c'est important d'être bien avec lui.

— Je sais, convint Louis. Mais, s'il gagne cette première bataille sans trouver de résistance devant lui, dans deux ans je serai devenu une sorte de M. Pagès, prêt à tout subir pour avoir la paix. Et les enfants continueront de patauger dans la même bouillie pédagogique...

En fait, Louis aimait déjà *son* école. Après sa visite au maire, il avait demandé à Paulin de faire une photo de la classe tout entière avec M. Pagès, les élèves et lui. Et Labarthe ne s'était pas fait prier. Cela avait été un événement.

M. Pagès avait fait sortir tous les élèves, qu'il avait rangés par rangs de taille sur un praticable de fortune constitué de bancs, de tables et de chaises. Une fois sa mission terminée, il avait voulu voir de près l'appareil que Paulin avait planté dans la cour. Plus curieux que ses gamins, Pagès tournait autour du trépied, impatient de mettre la tête sous le drap noir.

Maria était montée au premier étage, d'où elle

avait hélé Louis en secouant la vareuse d'uniforme de son fils.

— Je l'ai brossée. Je te la descends ?

— Non, je monte me changer, avait répondu Louis, et il avait appelé Paulin. Monsieur Labarthe ! Je reviens tout de suite.

Au nom de Labarthe, M. Pagès avait été surpris.

— Ce n'est pas... votre père ?

Louis, un instant interloqué par une question aussi directe, répondit, après un léger temps :

— Je crois qu'il est encore mieux que ça. Je vous expliquerai.

Maria aurait aimé « faire plus propre », balayer toute la cour, nettoyer les vitres. « Ce n'est pas si pressé, *millédiou!* Un autre jour, tu aurais meilleur soleil... »

Le petit taureau blond avait hoché la tête.

— Au contraire. Je veux garder un souvenir fidèle de ma première école, maman. Je veux la revoir toujours telle qu'elle est *réellement* aujourd'hui.

Elle avait cédé, comprenant que sa propre obstination ne l'emporterait pas sur celle de son fils.

— Si c'est ton idée...

Paulin, son réglage achevé, revint à la lumière. L'éblouissement lui piquait les yeux. La mimique quémandeuse de M. Pagès lui apparut et lui tira un sourire. Il avait l'habitude.

— Vous voulez voir ?

M. Pagès ne se le fit pas dire deux fois. Il glissa la tête sous le drap. A son étonnement, les élèves lui apparurent la tête en bas dans l'objectif, ainsi que Paulin qui le suppléait pour maintenir l'ordre. L'un des plus grands profitait de ce qu'il lui tournait le dos pour grimacer et gesticuler, assuré de son impunité. Ce qui était un mauvais calcul car, s'il échappait à la vue de Paulin, il n'en était pas de même pour Pagès qui le tenait dans l'objectif.

— Ah ! Roques ! Roques, grondait-il, même à l'envers tu me fais toujours le couillon !

Enfin, Louis avait reparu sanglé dans son uniforme.

M. Labarthe reprit sa place sous le drap et M. Pagès était retourné prendre la sienne au centre du groupe d'enfants, soudainement calmés.

— Attention tout le monde ! Personne ne bouge jusqu'à ce que je baisse le bras !

M. Pagès, qui ne voulait pas être en reste sur Paulin, renchérit d'une voix terrible :

— Et on se tait ! Silence ! Je t'ai à l'œil, Choudier ! Gare, monsieur Roques !

Ils étaient tous là, filles et garçons, grands et petits, gros et maigres, souriants et taciturnes, solennels et ironiques, souillons et astiqués, tous figés dans une sorte de garde-à-vous, même les assis du premier rang, l'œil rond, braqué sur le trou noir par lequel ils allaient entrer dans l'Histoire. Ou plus modestement dans l'histoire du jeune soldat qui se tenait à l'extrémité du premier rang, à droite, sérieux et pâle.

La salle de restaurant de l'Hôtel Moderne était sans charme. Mais il y faisait bon et l'établissement avait la réputation de servir une cuisine savoureuse à des prix qui convenaient à la bourse de Louis. Encore celui-ci tenait-il compte d'une occasion exceptionnelle pour consentir cette dépense qui ne l'était pas moins. Tous les miroirs lui renvoyaient l'image de la jeune fille qui lui faisait face et sur laquelle il hésitait à poser les yeux. Discrètement élégante, d'une élégance un peu sévère pour son âge (elle ne devait guère avoir plus de vingt ans), elle avait relevé sa voilette sur son chapeau de paille et de rubans et montrait un joli visage, nez droit, sourire à fossettes, les yeux sombres et la dent parfaite.

Louis venait de lui montrer la photo de sa future première classe. Elle souriait.

— Qu'est-ce qui vous amuse ?

— Vous ! Vous avez l'air tellement sérieux !

— Mais… c'est sérieux. J'attendais ce moment depuis toujours.

Pour échapper au regard de la jeune fille, il gardait le sien fixé sur la photographie.

— Ce sont encore des étrangers, mais ils seront

bientôt *mes* élèves. Et je pourrai commencer à rembourser ma dette.

La jeune fille s'étonna.

— Quelle dette ?

— Vous ne pouvez pas comprendre. Depuis près de dix ans, l'école déverse en moi ses trésors ! Dire que je n'étais qu'un paysan, c'est flatter la réalité. J'étais un petit *pauvre*.

— L'école ne vous rendra pas riche, dit la jeune fille d'une voix douce.

— Oh si ! C'est déjà fait ! Je l'ai bien vu dans l'armée. Le peu que je sais m'a permis de régner, vraiment régner, sur les garçons qui étaient avec moi. Presque tous des fils de propriétaires, d'artisans, de vignerons... quelques commis aussi ; ce que j'aurais fini par être moi-même. J'ai appris à lire à certains, j'ai fait le courrier de quelques autres. J'ai même défendu des indisciplinés qu'on accusait de désertion pour quelques heures de retard au retour de leur permission. J'avais leur confiance. Et pas du tout à cause de moi...

— A cause de l'École ?

— Oui. Dès qu'ils ont su que j'étais, enfin... que j'allais être instituteur, ils m'ont mis à part. Une sorte d'arbitre, de — le mot est gros, mais il rend bien compte de ce que je veux dire —, de sage !

Ce qu'il y avait d'un peu solennel dans les propos que venait de tenir Louis recouvrait une réalité profonde. Les maîtres (les « éducateurs », disait M. Blanc) jouissaient dans la nation d'un statut particulier. Les lois de Jules Ferry remontaient à dix ans. Un peu plus pour la première qui datait de juin 1881 et avait établi la gratuité de l'enseignement alors que, l'année suivante, un autre texte avait imposé aux chefs de famille l'obligation de confier leurs enfants aux établissements scolaires. Plus récente encore, la loi d'octobre 1886, qui réglementait la laïcité de l'enseignement et de ceux qui le dispensaient, resterait longtemps lettre morte. La France avait la fibre conservatrice. Bien sûr, ces lois importantes n' « inventaient » ni l'école ni les maîtres. Mais jusqu'à elles, garçons et filles n'avaient que des contacts brefs avec le monde de l'instruction. Nombreux étaient ceux qui, dans les couches populaires notamment, travaillaient dès qu'ils avaient la force nécessaire, à la ville comme à la campagne, et s'engageaient dans la vie avec un bagage proche de l'analphabétisme. L'instruction était un domaine réservé aux nantis et n'était guère dispensée que par les gens d'Église. Au reste, les parents n'étaient point dans l'obligation de faire instruire leurs enfants, la bourgeoisie manufacturière et commerçante trouvant son compte à exploiter cette jeune plèbe ignorante, donc bon marché. Il suffisait souvent de se borner à la nourrir pour obtenir ses services. Et le système ne s'appliquait pas aux seuls gens de maison, mais s'étendait aux apprentis, aux commis, aux lavandières, aux garçons de course et à toute une jeunesse paysanne, qui n'avait le choix qu'entre la suite de l'esclavage familial et l'exil vers la ville où tous leurs espoirs s'effondraient dès la première embauche. Pauvreté et ignorance marchaient de pair, l'une conditionnant l'autre et inversement. C'était à juste titre que Louis avait parlé des « trésors » que l'école avait déversés en lui. Et ces trésors lui conféraient, aux yeux de ses camarades, un prestige dont il n'abusait pas mais dont il avait conscience. La jeune femme l'écoutait, attentive et douce.

Louis était d'une fraîcheur parfaite et d'une grande innocence sur le chapitre des femmes. S'il lui était arrivé d'accompagner ses camarades de l'armée jusque sous la lanterne de « la maison », jamais il n'en avait franchi le seuil. Par extraordinaire, il s'était trouvé quelques jours plus tôt le nez en l'air devant les toiles du musée municipal et il avait retrouvé cette jeune fille grave qu'il avait entrevue lors d'une visite au préfet d'études du lycée de garçons de Rodez et qui marquait de l'intérêt pour les mêmes peintures que lui. Ce qu'il croyait inimaginable était arrivé très simplement : il avait adressé la parole à cette inconnue, elle lui avait expliqué ses goûts, il avait justifié les siens. La visite s'était achevée sur le perron. Ils étaient convenus d'une visite à la cathédrale le lundi suivant ; elle était venue.

Deux ou trois rencontres avaient suivi jusqu'à cette journée privilégiée qu'il n'avait pu achever sans lui poser la question :

— Si nous déjeunions ? Je vous invite au restaurant.

Camille, c'était le nom de la jeune fille, avait paru déconcertée.

— Mais, on va nous voir !

— Ce serait donc si grave que je vous compromette un peu ? Je vous croyais plus moderne. J'espère, moi, qu'on nous verra ! Et qu'on nous reverra souvent et longtemps ensemble !

— Allons toujours déjeuner, dit-elle, partagée entre le plaisir et la réticence.

Ils étaient donc venus s'asseoir dans cette salle froide et vulgaire, tendue de velours rouge, bordée de banquettes capitonnées de reps vert bronze, aux tables nappées de toile brodée et couvertes d'argenterie et de porcelaine fine.

En attendant que le maître d'hôtel, occupé ailleurs, vînt à leur table, la jeune fille, à son tour, parla d'elle pour la première fois. Jusqu'alors, leurs propos passaient en revue les beaux-arts, avec une place de choix réservée à la littérature et plus spécialement à la poésie. C'était parler de soi sans rien dire de très intime.

Et voilà qu'après les confidences de Louis (qui avait évoqué, outre son métier, ses études tardives, M. Blanc et même quelques-uns de ses camarades de promotion), elle s'exprimait à son tour. Pour lui révéler que, fille d'enseignants poitevins, elle était elle-même normalienne à Poitiers, en congé de convalescence.

Il se sentit ridicule et lui en voulut un instant pour ce qu'il avait eu d'un peu « glorieux » dans le quart d'heure précédent.

— Pourquoi ne m'avoir rien dit plus tôt ? bredouillait-il. J'ai dû vous paraître grotesque.

— Pour quelle raison ?

— Mon couplet sur l'école ! La noblesse de la mission éducative ! Et votre père est directeur de collège ?!

Il était rouge de confusion, et elle ne savait comment reprendre le fil de leur conversation amicale. Heureusement, le maître d'hôtel s'approchait. Vêtu d'une longue veste sur une chemise blanche immaculée, il affichait la suffisance d'un technicien et considérait Louis, les paupières à demi closes, un calepin à souches à la main sur lequel son crayon demeurait suspendu.

Louis et la jeune fille n'avaient même pas jeté un coup d'œil sur les menus.

— Ces messieurs dames ont fait leur choix?

— Oui... enfin, non, bafouilla Louis.

— Moi si, dit la jeune fille. Je vais prendre le menu avec les deux viandes et la glace.

— Et monsieur? demanda le maître d'hôtel, en notant la commande de la jeune fille.

Il indiquait sur la carte, du bout de son crayon, quelques spécialités qui faisaient l'orgueil de l'établissement.

— Vous avez la bécasse farcie qui est parfaite. Seulement... (Il eut pour l'uniforme une expression d'extrême condescendance.) Ça vaut son prix, notez bien!

Louis fit la moue du gastronome qui justement n'aime pas la bécasse farcie.

— N... Non.

— Alors, la langouste à la tsarévitch, continuait le maître d'hôtel. Pas non plus très raisonnable, mais succulent. Vodka, œufs de poisson, c'est russe, c'est à la mode.

— Je voudrais quelque chose de plus simple, dit Louis, du ton blasé d'un homme que la cuisine savoureuse des casernes a rassasié longtemps.

Le maître d'hôtel comprit qu'il était inutile d'insister.

— Monsieur a faim comment? Grande faim! Faim normale? Petite faim? ajouta-t-il, pincé.

— Normale, dit Louis.

— Alors prenez ça, déclara le maître d'hôtel, en montrant deux ou trois plats sur la carte. Vous serez satisfait. Et... qu'est-ce que nous buvons?

Louis eut un geste d'indifférence.

L'autre n'insista pas.

— Bien! Je vois! Le pichet du caviste et une carafe d'eau pour madame.

Quand le maître d'hôtel s'éloigna, Louis confia à la jeune fille :

— A la vérité, je n'ai plus faim du tout. Je me sens idiot... Je voulais vous dire des choses que j'avais préparées dans ma tête... Comment se fait-il que je vous aie rencontrée ? Ce n'est pas votre région et si vous êtes en troisième année de Normale, que faites-vous ici ? Les cours ne sont pas terminés.

— Je vous l'ai dit : j'ai été très malade. Le docteur m'a recommandé du repos à faible altitude. Et comme mon père connaissait M. Troque, le préfet d'études du lycée de Rodez, il lui a écrit. C'est lui qui m'a trouvé une famille dans l'Aubrac, où je suis depuis Pâques.

— L'Aubrac ? Mais c'est chez moi. C'est très beau.

— Magnifique, renchérit-elle. Mais dur...

— Je suis de Soulargues.

— J'ai dû y passer.

— Oh non ! dit Louis, fier de son hameau. Vous vous en souviendriez. Ma mère y vit encore. Mon père était couvreur. Il est tombé d'une toiture quand j'avais trois ans. Beaucoup plus tard, un homme s'est occupé de moi... (Il s'arrêta, tout à coup troublé par une pensée qui lui traversait la tête.) Mais... je vous ai connue par le sergent Millot ! Millot n'est ni de Rodez ni de l'Aubrac...

— Non, mais il a fait sa demande chez les Troque. Vous n'oubliez pas que, lorsque nous nous sommes croisés pour la première fois, il y avait aussi Denise Troque ?...

— Il ne lui a pas dit trois mots !

— Par pure hypocrisie. J'étais là comme chaperon ! Il n'y a pas que les garçons de Normale pour inspirer confiance. Les filles aussi !

Comme il restait interdit à l'évocation de ce qui lui paraissait une intrigue florentine, elle revint en arrière et lui dit tout à trac :

— Vous ne disiez pas que vous aviez des choses à me dire ?

Louis avait perdu de sa première audace.

— Des choses ?

146

— Des choses que vous aviez « préparées dans votre tête ».

— Je ne sais plus.

Louis évita son regard. Il ne savait pas mentir. Et Camille, sans coquetterie mais « pour savoir », ne le quittait pas des yeux. Une fois encore, le maître d'hôtel le sauva en venant déposer « le pichet du caviste et la carafe d'eau » devant eux. Il repartit. Pour se donner contenance, Louis, sans respect du moindre usage, se servit un grand verre de vin.

Sa compagne le contemplait, consciente de sa gêne, l'œil amusé et compatissant. Il avala son verre d'un trait.

— En fait, je… j'espérais vous impressionner un peu. (Maintenant, le vin aidant, il se lançait.) Je ne sais pas pourquoi, je vous imaginais dans la mode ou quelque chose comme ça. Vous êtes très jolie. Je n'arrête pas de penser à vous. Je m'y prends comme un cornichon, je le sais ! Je dois être tout rouge. (Il ne se trompait pas !) La semaine prochaine, je dois rejoindre Le Cayrol, où je viens d'être nommé.

— Et moi, dit la jeune fille, je vais rentrer dans ma famille et finir le mois d'école. J'ai travaillé seule pendant ma convalescence. Je voudrais passer les dernières épreuves. Ça m'ennuierait beaucoup de redoubler.

— Alors, ce sera fini ? (Louis pouvait à peine articuler.) Je ne vous verrai plus !

Le désarroi lui nouait la gorge, et il se servit un autre verre de vin qu'il avala comme le premier.

— Nous pourrions nous écrire, suggéra la jeune fille à mi-voix.

Louis avait regagné Le Cayrol et l'école de M. Pagès. Cette fois, il avait retrouvé des vêtements civils. Maître et adjoint se tenaient dans la cour, face aux élèves alignés sur deux rangs par ordre de taille, les garçons devant, les filles derrière. Le farouche M. Pagès, une liste à la main, procédait à la répartition des élèves entre les deux classes. Tâche délicate. Il lui fallait tenir compte de bien des choses pour choisir les garçons et les filles qu'il allait confier à Louis. Il avait longuement veillé et, le nez sur sa liste, criait un nom, vérifiait qu'il

147

était obéi, en criait un autre.

— ... Goupil Adrien... Goupil Ernestine... Ernestine, tu dors ? Allez ! Mets-toi là avec ton cousin. (Il poussait chacun des appelés vers Louis.) Solignac Juliette. Jarrousse Jean. Suire Maurice. Raynaldi Pierre...

D'un coup, il se retourna, l'air furibond, les pans de sa blouse tournoyant avec lui, ce qui le fit un instant ressembler à un grand oiseau furieux. La gifle sonna sur la joue de Roques, dont il avait vu l'ombre gesticuler. Vraiment, M. Pagès avait une sorte de sixième sens auquel il était difficile d'échapper. Pour Roques, la mornifle était dans l'ordre des choses. Il en courait le risque cent fois par jour et celle-ci n'était qu'une chiquenaude.

Pagès se tourna vers Louis.

— J'allais vous le donner, ce Roques, mais décidément il est trop bête. (Puis, à Roques :) Tu ne sais pas qu'il y a un singe plus singe que toi dans la classe : ton ombre ! Allez ! Tu iras balayer l'église pour dimanche avec ton ami Trousselier.

Une légère houle d'inattention remuait les rangs. M. Pagès donna un coup du sifflet qu'il portait attaché par une ficelle au bouton de son gilet. Le silence se rétablit.

Il reprit sa liste.

— J'en étais à Raynaldi, je crois... Pierrou, où es-tu ?

Un gamin leva la main dans le groupe de Louis.

— Ah ! tu es déjà en place, c'est bien... Au fait, tu diras à ta mère que si elle avait des œufs...

Il reprit sa litanie.

— Boyer Paul. Souques Henri... Ma foi, c'est tout. Ça devrait vous en faire vingt-trois, conclut-il, en regardant Louis par-dessus son lorgnon.

— J'en ai compté vingt-deux.

M. Pagès était surpris.

— Ah ? dit-il en reprenant sa liste. Voyons !... Solignac, je l'ai dite. Bouette, ça a été le premier. (Il relisait rapidement. Un nom n'était pas coché.) Vergne !... Je t'avais oublié, Lulu Vergne ! Eh bien, le voilà, le vingt-troisième !

Lulu, un rapoutiot aux tendres yeux de gazelle, alla rejoindre les élèves du nouveau maître.

M. Pagès fit un bref discours aux écoliers et écolières qu'il avait attribués à Louis.

— Vous êtes la nouvelle classe, la classe de M. Meissonnier. Il sait très bien ce qu'il doit faire, et il ne reste qu'un peu plus de huit semaines de classe. Je vous demande de bien vous tenir. Si l'un de vous se mettait à broncher, je ne serais pas loin et, croyez-moi, je saurais me payer du dérangement ! Les quatre grands du certificat d'études, je vous veux avec moi tous les soirs de quatre à six et le jeudi toute la journée. C'est un diplôme qui vous servira toute votre vie, ne laissez pas échapper votre chance. Autre chose : les filles de la chorale continueront d'aller à la préparation le samedi matin, je ne veux pas d'histoire avec M. le Curé. Voilà.

Il en avait fini et se trouvait déconcerté par la situation qu'il avait cependant appelée de tous ses vœux. La moitié de « ses » enfants allaient passer en d'autres mains. Eux-mêmes le regardaient, incertains, sachant ce qu'ils perdaient, redoutant ce qui allait venir avec le jeune maître à la figure lisse et pâle.

Pagès mit un terme à l'hésitation générale.

— Monsieur Meissonnier, je vous les confie.

Louis alla se placer devant sa classe, enfin libérée par le maire et remise en état par lui-même et Paulin aidés du cantonnier. Il frappa dans ses mains. Dociles, les enfants vinrent se mettre en rang. Il ouvrit la porte et ils entrèrent.

M. Pagès, de son côté, avertissait les siens avant qu'ils ne franchissent le seuil de sa propre classe.

— A partir d'aujourd'hui, je vais avoir le double de temps pour m'occuper de chacun d'entre vous. Ne l'oubliez pas !

Il y eut des grimaces chez les plus grands. La menace, ils le sentaient bien, n'était pas que mots en l'air. Le père Pagès avait la main leste, et il leur sembla qu'un vol de gifles s'annonçait. L'avenir était maussade.

M. le Maire s'était donc rendu à l'argument de Louis. Potentat dans son village, il craignait les autorités dont le nid était en ville. Les mots « inspection d'académie » l'avaient fait réfléchir. La récente loi, qui enlevait aux communes la charge de gérer l'école, lui enlevait du même coup le droit de disposer du local à son aise. Il se devait d'obéir à l'Administration, laquelle était sous le contrôle du préfet. Et le préfet, c'était l'État ! Les ordres venaient de Paris. Ce petit trou du cul d'instituteur lui faisait bel et bien toucher les épaules.

M. le Maire avait donc non seulement enlevé du local où il les avait entreposés ses outils et le reste, mais il avait fait passer les murs à la chaux, trouvé des tables, souvent boiteuses, et fait acheter par la commune un tableau noir tout neuf et une carte géographique de l'Europe de 1892. la France y demeurait amputée de son Alsace et de sa Lorraine. En revanche, sur une carte d'Afrique de dimensions modestes, gratuitement offerte par la maison Colin, une immense tache rose matérialisait les progressions d'une incessante conquête. Ceci ne compensait pas cela mais atténuait l'amertume.

Sur le tableau, Louis avait calligraphié à la craie (en bon disciple de M. Blanc) : « *Lundi 2 juillet 1892. Il n'y a qu'une morale : diriger vers le haut par l'esprit, la vertu, la raison, les âmes que la nature entraîne vers le bas.* » C'était signé : *Paul Janet,* philosophe spiritualiste du temps, pour qui les mots « esprit », « vertu », « raison », « âme » étaient de véritables *slogans,* comme on dirait aujourd'hui, et la « nature », par définition, une chose contre laquelle on devait lutter. Bien sûr, M. Janet avait des confrères *scientistes* qui, eux, voulaient comprendre la « nature » mais sans la mépriser. Certains étaient disciples de Taine et de Renan, d'autres, plus « radicaux », d'Auguste Comte. Mais, *spiritualistes* ou *positivistes,* ils avaient la même confiance dans l'éducation.

Les élèves de Louis étaient sans nul doute indifférents à ces querelles de Sorbonne : avaient-ils même lu la phrase de Paul Janet ? Ils étaient surtout attentifs au jeune maître qui se tenait debout derrière son bureau, impressionné par le bouquet des visages énigmatiques et muets.

Depuis longtemps, il attendait ce moment. Le soir,

dans son lit, à l'École normale ou à la caserne, il avait souvent préparé ce premier discours qu'il tiendrait à ses élèves. Mais, ayant tout oublié des formules qu'il polissait et ruminait alors à voix basse, il commença par ce qu'il connaissait le mieux, lui-même.

— Je m'appelle Louis Meissonnier. Je suis né à Soulargues et je suis votre maître d'école. Vous êtes ma première classe. Je me souviendrai de vous toute ma vie, même si des dizaines d'autres classes doivent succéder à la vôtre. Nous allons donc faire notre travail de maître et d'élèves. Et justement, pour nous connaître aussi vite que possible, je vais vous dicter un texte que j'aime beaucoup. Je vous demanderai ensuite ce que vous en aurez pensé. Prenez vos cahiers de dictées et vos porte-plumes. Je vous lis d'abord le texte, une première fois.

Il récitait, plutôt qu'il ne lisait, le texte qu'il savait par cœur, guettant les réactions sur les visages.

— « Le progrès de l'homme par l'avancement des esprits, point de salut hors de là. Enseignez ! Apprenez ! Toutes les révolutions de l'avenir sont incluses, amorties, dans ces mots : *instruction gratuite et obligatoire.* Mangez le livre !... »

Était-ce le jeune maître adulte qui parlait ainsi, ou le tout jeune disciple de M. Labarthe, celui qui, dix ans plut tôt, avait accumulé les fautes en écrivant cette même dictée ? En fait, l'un et l'autre, en cet instant unique, se confondaient.

M. Pagès s'était approché et au travers du couloir tendait l'oreille aux propos de son jeune collègue. Certains mots lui firent froncer les sourcils. Aussi, à la récréation, tout en marchant dans la cour en compagnie de Louis auquel il avait pris le bras, lui confia-t-il avec sa franchise coutumière :

— Trop savante, votre dictée ! Trop... politique. Ils n'auront pas compris un traître mot !

— Je pense que si, monsieur. Du moins l'essentiel, l'esprit général.

M. Pagès n'était pas passé par l'École normale, mais il avait une supériorité sur Louis : l'expérience.

— Ne leur en demandez pas trop. De la grammaire, du vocabulaire, jusqu'aux narines ! De la... philosophie, ils ont le temps d'en faire. Ne les troublez pas. Le grand défaut, lorsqu'on a votre âge, c'est de toute évidence l'orgueil.

Il avait hésité avant de dire le mot, soucieux de ne pas blesser le jeune homme.

— On veut être *différent,* inventer des moyens de cultiver ces jeunes cerveaux. Finalement, on se choisit un élève et on ne travaille plus que pour lui *seul,* en espérant qu'il tournera au génie. C'est une épreuve par laquelle nous sommes tous passés.

Sans trop se l'avouer, Louis pressentait que M. Pagès n'avait pas tout à fait tort. Au fond, il tenait à ses gamins un langage que n'eussent pas désavoué ses maîtres de l'École normale. Le hic venait de ce que l'auditoire des jeunes paysans n'était pas celui des élèves-maîtres de M. Blanc.

Ce que venait de lui dire M. Pagès l'avait touché.

Il prit une décision subite.

— Donnez-moi Roques !

M. Pagès fut surpris. Il ne voyait pas le rapport entre ce qu'il venait de dire à Louis et cette prière insolite.

— Comment ça ?

— Vous avez eu la bonté de m'attribuer la moitié la plus douée et la plus docile de vos élèves. Je vais très vite ronronner, m'assoupir. Il me faut une opposition, quelqu'un en face de moi.

M. Pagès, qui en savait long sur les relations entre maître et élèves, triompha :

— Eh oui ! Ce que je vous disais : la classe réduite à un seul ! Et vous négligerez les autres, vous perdrez votre justice et l'estime de vos enfants...

— Donnez-moi Roques !

M. Pagès ferma les yeux, sourit et haussa les épaules. Décidément, l'expérience n'est pas transmissible. Ce jeune monsieur ne ferait pas l'économie d'une erreur.

« Je crois que c'est une sottise, car il me l'a effectivement donné, ce Roques, et je n'ai rien pu en tirer, confiait le mois suivant Louis à Camille, à laquelle il

152

écrivait régulièrement. C'est un farceur qui ne songe qu'à provoquer le rire. Et, comme il n'est pas sot, il découvre toujours un prétexte pour se livrer à quelque pitrerie sournoise. Le sermonner ne sert à rien. Il faudrait employer la force, et je ne puis m'y résigner. Mais je sens bien que je perds la face. Songez à cette situation ! Tout conseil sera le bienvenu dans la difficulté où je me suis mis... »

Ni l'œil que M. Pagès avait dans le dos ni les claques qu'il distribuait sans parcimonie n'avaient eu raison du jeune zigoto que l'école importunait. Roques n'était pas à proprement parler un cancre. C'était un réfractaire.

Louis s'était vite habitué à sa nouvelle situation. le sauvageon de Soulargues n'était nullement dépaysé au Cayrol. Et puis cela faisait des années qu'il couchait dans des dortoirs (au collège, à l'École normale, à la caserne), et il avait à présent une chambre, sous les combles sans doute, exiguë, misérablement meublée, mais réservée à son seul usage. Le matin il descendait dans la cour de l'école, emplissait un baquet avec l'eau de la pompe et se lavait torse nu par n'importe quel temps. La montagne n'était pas si loin et certaines matinées étaient fraîches.

Un jour, alors qu'il affûtait sur le cuir d'une large ceinture la lame de son « sabre », le menton barbouillé de mousse, il vit venir vers lui M. Pagès, tout endimanché. Il était peu probable qu'il se fût livré aux mêmes farouches ablutions que son adjoint, mais il avait la peau nette, débarrassée du charme hirsute qui lui était habituel et, l'œil d'une volaille, veste noire, pantalon idem, chapeau rond sur la tête, il eut un hoquet de désapprobation en contemplant l'affreux spectacle.

— Oh ! là, là, mon ami ! Attention, l'eau est glaciale aux petites heures. Le ventre vide, vous risquez tout bonnement la fluxion !

Louis en avait vu d'autres à l'armée.

— Aux manœuvres de l'hiver dernier, nous cassions la glace pour faire notre toilette.

M. Pagès frissonna.

— Brrr... Je vous ai laissé un petit mot sur votre

bureau. Cet après-midi, vous mènerez les garçons au pré communal. Mme Couderc se chargera des filles. Je serai de retour avant la nuit. (Sept heures sonnèrent.) *Boudi !* Je vais être en retard, si la carriole du lait ne me trouve pas au carrefour, je suis fichu ! Allez, bonne journée ! Et ne vous laissez pas faire ! Vous noterez les noms de ceux que vous n'oserez pas punir. Adieu, Meissonnier !

Il partit en trottinant, important et gauche, tout embarrassé de ses vêtements et de sa personne astiquée. Il faut dire à sa décharge que les chaussures étaient à peu près neuves, n'ayant servi que trois fois, et encore : six ans plus tôt pour le mariage d'un neveu !

Louis le rattrapa de la voix :

— Monsieur Pagès ! Les clefs !

L'autre revint sur ses pas, talons levés, marchant sur des œufs.

Il sortait les clefs de sa poche et du plus loin annonçait leur usage.

— Tenez ! Voilà celle de la pharmacie ! Celle de l'armoire aux fournitures, celle de la porte de derrière, celle de la porte de devant...

Tout à l'urgence, il renonça à donner à Louis la destination de quelques autres et déposa le trousseau sur la margelle de la pompe.

— *Boun Diou dé noun d'ün suort* (1) *!* Je sens que je vais passer ma journée à courir...

Sa montre à la main, éperdu, quelque chose d'un épouvantail ambulant, il détala sur la route poudreuse. Les poules le plaisantaient au passage : « *Aïe rebeïre moussu Pagès ! Diou tü soulatje* (2) *!* »

Après s'être lavé et habillé, Louis se rendit dans la petite cuisine qu'il partageait avec M. Pagès, déjeuna d'un bol de soupe de la veille et d'un quignon de pain, attendit l'arrivée des élèves (ceux de M. Pagès réunis aux siens) puis commença à sonner l'entrée en classe.

(1) — Bon Dieu de nom d'un sort !
(2) — Au revoir monsieur Pagès. Dieu te soulage !

Ma mère mes sabots
J'entends sonner l'école
Malgré le vent il faut
Que j'y sois bientôt...

La chanson de la clochette courait sur la campagne, alarmant les retardataires, disant au laboureur que son fils entrait dans l'ombre de la classe.

Françoise Neyrolles, une *grande*, vint délivrer Louis qu'elle relaya au bout de la chaîne. Son manège n'avait pas échappé à deux de ses compagnes aux silhouettes déjà plus féminines qu'enfantines. Juliette Solignac, fille du facteur, et l'Ernestine, aînée de la ferme Goupil, l'observaient, un sourire de connivence aux lèvres, qu'elle dédaigna, se retournant dans un mouvement d'épaules. Louis n'avait rien vu ni compris. Il commençait de rassembler les plus petits, les guidant de la main vers l'entrée de la classe Pagès.

Ma mère mes sabots
J'entends sonner l'école
Malgré l'orage il faut
Que j'y sois bientôt...

Paul Boyer et Lulu Vergne, petits noirauds brûlés de soleil, trottinaient en direction de cette clochette fatidique, haletants. L'énorme sac des débuts de semaine qu'ils portaient sur le dos leur donnait une allure cahotante, les jetant d'un côté du chemin à l'autre.

Lulu, le plus jeune, n'en pouvait plus. Il s'adossa à un tronc.

— *Dé tant courré crésè qu'aï cogat o los calsos* (1) ! souffla-t-il.

— Viens quand même, salaud ! le supplia Paul.

— *Pouadé pas sé aï cogat* (2) !

— Tu vas te dire malade et c'est moi qui vais prendre la volée !

Pagès s'était bien gardé d'annoncer son absence aux

(1) — De tant courir, je crois que j'ai chié dans mes culottes !
(2) — Je peux pas, si j'ai chié !

enfants, aussi était-ce de lui qu'ils craignaient une réaction de colère.

— Je retourne à la ferme, soupira Lulu en serrant ses jambes l'une contre l'autre, les mains sur le ventre.

— Regarde, au moins ! dit sagement Paul qui redoutait une arrivée en soliste.

Ils habitaient un écart éloigné, mais Pagès était sans pitié sur le chapitre de l'exactitude. La moindre faiblesse eût ouvert la porte à tous les excès.

Lulu inspecta le fond de sa culotte qui lui descendait jusqu'aux genoux.

— Oh, c'est rien, dit-il après un temps, relevant la tête. Comme si j'avais roté.

Soulagé, il reprit son trottinement de scarabée, Paul dans son dos établissant un alibi plausible.

— On dira qu'on a rencontré des gens qui nous ont demandé la route. On dira qu'ils ne comprenaient rien, que ça nous a pris du temps. On dira...

Debout devant Louis, l'œil clair, ils étaient passés du projet à l'acte.

— Quelle route ? demandait Louis.

— La route, euh... de l'Espagne, improvisa Paul, après avoir jeté un coup d'œil à Lulu qui, le bec ouvert, ne lui était d'aucun secours.

Louis s'amusait de leur gros mensonge.

— Et vous avez su quoi répondre ?

— On leur a dit de descendre toujours tout droit, répliqua évasivement le petit Boyer.

— Ah bon ?! Descendre tout droit. Et pourquoi descendre ?

Paul le regardait, incrédule : que le maître en sût moins long que lui le scandalisait.

— Mais, monsieur, voyez la carte ! L'Espagne, c'est plus bas que nous !

Louis réprima un sourire et les fit asseoir.

Il avait la veille au soir inscrit au tableau le programme de la journée : « Jeudi 4 août 1892. *Les grands.* Arithmétique : exercices 126, 127, 135, 140. *Les moyens :* sciences naturelles. Révision chapitre xix, p. 312. Les combustibles : houille, anthracite, lignite, soufre, bitume, ambre jaune. *Les petits* : dessin et coloriage. »

Les vacances d'été n'atteignaient pas la durée que nous leur connaissons aujourd'hui et les premières semaines d'août se passaient à l'école, comme les autres.

Avant de gagner sa place, Marinette Burguère vint poser à côté de Louis un panier rond dans lequel un paquet était enveloppé d'un torchon rougi de sang.

— On a tué le cochon. Mon père envoie le boudin, expliqua-t-elle.

— Pour monsieur Pagès ?

— Pour vous aussi.

— Tu remercieras ton père, dit Louis.

Puis, se tournant vers les autres qui étaient restés debout après la courte prière d'usage.

— Asseyez-vous. En l'absence provisoire de M. Pagès, j'assure la permanence des deux classes. Je ne tolérerai aucun désordre. Ce que vous avez à faire est noté au tableau. Je dois m'absenter un instant. Françoise vous surveillera… Ou, plutôt non : Roques !

Ce dernier n'en croyait pas ses oreilles. Il avait perdu le sourire narquois qui ne le quittait guère. Dès que Louis fut sorti, il se planta face à la classe, à hauteur du bureau, gonflé de sa soudaine importance. Un élève eut l'imprudence de gesticuler en ricanant. Roques, en bon disciple de M. Pagès, lui expédia un revers qui fit retomber le perturbateur sur son banc. Après quoi, il s'assit à la place du maître et montra le tableau à ses camarades subjugués.

— Vous savez lire ?

Même les grandes sentirent que l'heure n'était pas aux plaisanteries dont il faisait son ordinaire.

L'après-midi fut consacré à la promenade. En fait, il s'agissait, comme l'avait dit M. Pagès, de conduire les gosses sur le pré communal pour qu'ils y prennent un peu d'exercice. Il n'y avait là que les garçons, en nombre réduit, certains étant rentrés chez eux pour aider aux travaux de la ferme. Les autres jouaient à la balle au chasseur avec un chiffon noué en guise de balle. Une charrette tirée par des bœufs passa sur le chemin. A l'avant, se trouvait le maire, assis à côté de son commis qui tenait l'aiguillon.

Le maire sauta à terre, fit signe au commis de continuer sans lui et s'approcha de Louis.

— Bonjour, monsieur l'Instituteur ! commença-t-il avec déférence.

— Bonjour, monsieur le Maire !

— Alors, c'est vous qui êtes de garde ce jeudi ?

— M. Pagès est allé régler quelques affaires à Rodez.

— Ah ! les affaires... il faut bien.

Ce dialogue banal, Louis le sentait, n'était qu'un prélude.

— Il va bientôt nous quitter, je crois.

— Nous quitter ? M. Pagès ?

Louis était stupéfait.

— Très bientôt. Il ne vous a rien dit ? (Le chafouin jubilait sous cape.) Alors, moi non plus, je n'ai rien dit, monsieur Meissonnier. Laissons faire. Il viendra un inspecteur juger si vous êtes compétent. Et si vous êtes compétent, vous resterez et vous aurez les deux classes.

Louis avait compris. Il se raidit.

— Sinon ?

— Oh ! Ça ne manque pas de villages sur les écarts, le consolait l'autre. Des poignées de maisons où vous n'aurez guère d'élèves à tenir. N'ayez crainte ! Si on me demande mon avis...

Louis restait là, interdit. Ce n'était pas la sournoiserie du maire qui l'inquiétait. Dès le début, pour cette affaire de local à restituer, il s'était installé entre eux une hostilité secrète que Louis s'efforçait de contenir. Le maire, lui, sautait sur la moindre occasion pour lui donner la leçon : ce petit sermonneur l'exaspérait.

Il ajouta avec une feinte bonhomie :

— Au fait, ce qui est ennuyeux, voyez-vous, c'est qu'il ne faudrait pas rester sur le pré.

— Mais, c'est M. Pagès qui m'a dit...

— M. Pagès, M. Pagès !

Le maire levait les bras, prenant le ciel à témoin de l'inattaquable compétence de l'absent.

— M. Pagès, avec lui il n'y a pas de risque. Évidem-

ment ! Tandis qu'avec un jeune maître comme vous...
L'herbe est haute, *une sarpent (sic)* peut piquer un
gamin. Ou bien, une bête peut s'échapper.

Il interrompit la liste des probables catastrophes qui
guettaient la marmaille dans ce pré communal (où ses
bêtes paissaient la moitié du temps), et avança une
solution raisonnable.

— Vous avez toutes les routes devant vous pour les
promener.

— Vous croyez que c'est plus prudent ? répliqua
Louis sur un ton de sèche ironie.

— Cent fois ! Cent fois ! En tout cas, un accident
n'engagerait pas la commune.

Il se faisait amical, complice : un notable parlait à un
autre notable.

— Vous savez ce que c'est... Quand on a des
responsabilités, il faut songer à tout.

Ulcéré d'être sans parade, Louis donna un coup de
sifflet, rassembla ses ouailles et les remit sur le chemin
de l'école, laissant le maire, un vilain sourire aux lèvres,
savourer son triomphe sur le bord du pré.

M. Pagès était rentré tard de la ville, éméché et le
cœur épanoui. Dans leur petite cuisine commune, il
s'était assis en face de Louis. Deux verres et une
bouteille de vin bouché à demi vide étaient sur la table ;
à côté, dans une large poêle à long manche, rissolait le
boudin du père Burguère. Pagès avait même rapporté
un numéro du *Petit Journal Illustré,* dont la couverture
montrait le régiment de cavalerie américaine du défunt
général Custer triomphant à Wounded Knee d'une
horde d'affreux Indiens. « Custer vengé », disait la
légende.

En bras de chemise, le col ouvert et débarrassé de sa
cravate, Pagès tentait de rassurer Louis qui venait de lui
raconter son algarade avec le maire.

— Ça n'est pas un mauvais bougre, ce maire, seulement c'est un paysan. Il a de la rancune et vous l'avez
froissé.

— Il veut ma mutation, je l'ai bien compris.

— Peut-être, dit M. Pagès avec un geste d'insouciance. Mais nous ne sommes plus au temps où le préfet

décidait de tout et s'arrêtait à l'avis d'un petit bonhomme comme lui. Allez! Trinquons! (Il souriait au souvenir de sa journée.) J'ai fait un billard, figurez-vous! Au café des Colonnes. Il y avait bien cinq ans que je n'y avais plus touché. Alors j'ai perdu... Mais *milledious*, quel plaisir! (La diversion ayant fait fiasco, il revint à cette histoire de pré communal.) Et il vous a parlé de ma demande de mutation? Eh bé, c'est vrai. Je suis justement passé voir les services et, cette fois, je suis bon! Vous aurez mon remplaçant à la rentrée.

M. Pagès, maintenant, parlait avec l'émotion de ceux qui ont longtemps été privés de confident. Il parlait à Louis comme il n'avait plus parlé à personne depuis sa jeunesse.

— Je suis venu ici l'année de la grande loi, en 81. Voilà onze ans!

La « grande loi », comme l'appelait M. Pagès, était celle que Jules Ferry avait fait voter le 16 juin 1881, établissant la gratuité totale de l'enseignement primaire. Elle avait changé sa vie et il n'en parlait jamais sans y mettre un peu d'emphase.

— Grande loi mais pour de petites gens, mon jeune ami. Si vous saviez! Ici, j'ai vécu comme un demi-sauvage, ignoré, méprisé, détesté de la plupart des paysans, surtout dans les débuts, lorsque j'étais payé par la commune. Vous savez comment ils nous appellent, même encore alors que nous ne leur sommes plus à charge? « *Lou trop pagats* » — les trop payés! J'avais mille francs pour l'année, moins de cent francs par mois. Les œufs valaient déjà un franc la douzaine (le double l'hiver), un costume, cinquante! Les souliers? C'est bien simple : je faisais la classe en sabots!

Il était au bord des larmes.

— « *Lou trop pagats.* » Ah! Les maudits chiens! Qu'ils ne nous paient pas mais qu'au moins ils nous aiment! fulmina-t-il. (Puis, soudain, alors qu'une flamme s'élevait de la poêle :) Bon sang! Le boudin brûle!...

Il dévora. Louis mangeait du bout des lèvres, l'esprit ailleurs.

— Je ne m'en tirerai pas avec deux classes ! D'autant que la prévision est de quatorze enfants nouveaux.

M. Pagès, pour lequel le problème des effectifs s'était souvent posé, rectifia cette prévision pessimiste.

— Vous aurez autant de partants. Les huit du certificat, les six ou sept qui auront leurs treize ans. Bien sûr, on vous laissera des filles jusqu'à leur quinzaine.

Au mot de « filles », Louis avait levé les yeux.

— A propos, je ne veux plus de Françoise Neyrolles !

— Et pourquoi donc, demanda amusé M. Pagès.

Louis était mal à l'aise.

— Je n'aime pas ses manières. Elle rêvasse. Elle perd son temps...

— Gardez-la ! Elle est sotte, mais elle a bonne tournure. Et si vous avez trop de *pitchous*, elle vous aidera à les moucher.

Il tendit de nouveau la bouteille à Louis.

— Non merci !

— Vous me faites un affront, Meissonnier ! Allez ! Un doigt pour trinquer et je vous reprends la Françoise.

Il but une gorgée de son verre et resta pensif un moment avant d'ajouter :

— Vous avez tort. C'est un parti à envisager.

Louis s'étonna.

— Dans deux ans, il y aura vingt matous à lui tourner autour. Les Neyrolles ont du bien et elle est leur seule fille.

Louis était scandalisé.

— C'est une enfant !

— Vous aussi, Louis. (Le vin et l'amitié ramollissaient le brave homme.) Ne répétez pas ma sottise. Ne vous enterrez pas dans une solitude finalement avilissante. Prenez femme... et vite ! Ou bien partez ! Personne ne sera volontaire ici. C'est à vous de vous inscrire très vite sur la liste des mutations. Vous n'attendrez que trop !... (Il leva les bras au ciel.) Onze ans, *milledious* ! J'ai perdu onze ans de ma vie. Onze ans de billard et de conversation !

Louis se sentait très proche de cet homme devenu son ami bien plus que son collègue.

— Pourquoi ne resteriez-vous pas, monsieur Pagès ?

161

Nous parlerions. De temps en temps, nous irions au café. Vous m'apprendriez le billard.

— Vous êtes un brave jeune homme, Louis Meissonnier. Mais ma résolution est prise... Albi ! Revoir Albi ! Rentrer *chez moi*. (Il avait presque crié ces derniers mots avant de retrouver un ton de confidence.) Je suis venu ici pour une cousine qui était dans les postes. Malheureusement, ils ont mis la gare du chemin de fer à Saint-Christophe ! Et la poste avec. Nous nous sommes bien écrits, mais...

Louis était devenu tout à coup très sombre.

— Taisez-vous !

— Eh oui, j'ai bien vu que vous aussi... vous écrivez beaucoup mais on ne vous répond guère.

Il était vrai que depuis son arrivée au Cayrol, Louis avait souvent écrit à Camille sans avoir jamais reçu une réponse. Ce qui le désespérait.

Il crut à une ruse du père Pagès et s'emporta :

— Vous m'avez fait boire, mais je ne vous dirai rien !

— Qui vous demande ? (Il eut une expression rêveuse, sa propre histoire l'emportait à nouveau sur les malheurs de ce garçon qui avait tout le temps devant lui. Il reprit à mi-voix :) Figurez-vous, il y en a une autre, une jolie cousine... Eh oui ! la veuve d'un gendarme tué en Afrique. Je ne veux pas la rater, celle-là...

Il sécha son verre d'un coup de langue et conclut la soirée.

— Mais vous, croyez-moi : Françoise Neyrolles !

Le lendemain matin, Louis, la tête lourde, se ressentait des excès de la veille. C'était un garçon sobre de naissance et d'éducation rigoureuse : pour lui, un maître se devait de donner l'exemple et sa morale devait être le prolongement de sa connaissance. L'esprit de la jeune République n'était pas dépourvu d'un certain puritanisme. Les *hussards noirs* ne se confondaient pas avec les hussards bleus des garnisons et des bamboches.

Les élèves venaient déposer sur le bureau leur cahier de devoirs. Louis les regardait faire en silence, en passant de temps à autre une main sur son front dans l'espoir de chasser une migraine obsédante.

Lorsque l'opération fut terminée, il s'adressa à la classe.

— J'espère que vous avez tous su faire le problème — je parle des *grands*. Même les moyens ; les questions n'étaient pas difficiles et tout le monde devrait avoir dix bonnes réponses. Donc dix points. (Il aperçut Lulu en train de se trémousser sur son banc.) Tu n'as pas toutes les réponses ?

— Il manque la dernière. Elle m'a pris le cahier avant que j'aie pu écrire tout !

— Tu viendras au tableau. Si ta réponse est juste, je te donnerai un demi-point, tu n'auras pas tout perdu... Bien ! les *grands*. Le problème ! Qui vient au tableau ? (Plusieurs levèrent le doigt.) Quelqu'un du certificat. Adrien, tiens !

Le fils Goupil se leva et vint essuyer le tableau noir avec de grands gestes circulaires qui faisaient voler la poudre blanche et laissaient des traces longues comme la queue de la comète.

— Je vous rappelle l'énoncé, commença Louis. Ceux qui ne sont pas concernés peuvent écouter quand même, ou bien prendre leur livre de lecture à condition de lire en silence. Je commence. (Il se racla la gorge et commença de dicter en notant au tableau.) Deux frères font un héritage. Le premier reçoit un terrain d'une superficie de 3 hectares 7 décares 5 ares et 4 mètres carrés. La valeur de ce terrain est uniformément estimée à 0,68 F du mètre carré. Un tiers est boisé et produit une rente annuelle de 2,25 %. Pour tenir compte de ce surcroît de valeur, il est entendu entre les deux frères que la partie boisée sera augmentée du revenu de six années d'exploitation forestière. (Pendant que Louis parlait, les yeux s'écarquillaient aux complexités annoncées. Quelle famille que ces gens-là !) Le second frère reçoit une maison et un atelier d'artisan. La maison, dont il occupe lui-même un étage, produit un loyer annuel de 1 215 F. On estime ce revenu à 4,75 % du capital représenté par l'immeuble. (Louis notait soigneusement les chiffres : 4,75 %.) Mais il conviendrait de déduire de cette somme six annuités de loyer non payées par l'héritier et représentant 19/12 du loyer total de ces six années. L'atelier d'artisan produit un bénéfice égal au double du loyer, dont il revient un tiers au propriétaire de l'immeuble...

Louis s'interrompit. Il venait d'apercevoir Honoré Solignac, facteur et garde champêtre du Cayrol, entrant dans la cour. C'était un gros homme abondamment moustachu, portant le képi de son emploi, une large blouse de toile bleue et une sacoche de cuir. On aurait pu le prendre pour un très vieil écolier arrivant en retard. Louis se précipita. Comme chaque jour, il attendait une lettre de Camille qu'il n'osait jamais demander.

Honoré le salua d'un ton jovial.

— Le meilleur jour du mois, monsieur le maître adjoint ! Le jour de la paye !

La tête du maître titulaire se montra.

— Rien pour vous, monsieur Pagès.

Puis, à la classe entière :

— Bonjour, les enfants !

Après quoi le gros homme, que tous connaissaient et avaient vu trinquer à la table de la ferme familiale, se pencha avec un froncement de sourcils faussement sévère vers sa fille Juliette.

— J'espère que tu fais honneur à ton père, hé ! (Il se tourna vers Louis.) Si elle bronche, une bonne rouste ! Je vous autorise.

Louis ne répondit rien, mais, pendant qu'Honoré fouillait dans son sac, il se risqua à lui demander à mi-voix :

— Vous n'avez pas de lettre ?

— Eh non. Dites ! Ça n'écrit pas beaucoup, hé ! Enfin ! Vous en avez peut-être une en chemin qui me fera revenir demain.

Il sortit d'un air important un rouleau de pièces de sa sacoche et les compta solennellement. C'étaient des *thunes*, blanches et savonneuses pièces de cinq francs, qu'il comptait une à une en les faisant sonner sur le bureau du maître.

— Une, deux... qui nous font dix. (Il se tourna ensuite vers la classe.) Plus quarante ?

— Cinquante ! répondirent les élèves d'une seule voix.

Le soir même, Louis écrivait à Camille.

« J'étais mort de honte que ma pauvreté soit ainsi proclamée devant toute ma classe, mais le bonhomme est brave et n'avait pas d'intention mauvaise. Du reste, M. Pagès m'a rappelé que cette somme si modique ne correspond qu'à la moitié de mon salaire, l'autre étant conservée en caution par la comptabilité du ministère. Il en sera de même le mois prochain. Après quoi, je toucherai toute ma paye. Il paraît que, dans certaines académies, on retient tout le premier mois d'un coup. Comment vivre alors ? Personnellement, cette mauvaise surprise n'a pas été la plus pénible. Je m'étais donné l'illusion en voyant paraître le facteur qu'il y aurait une lettre de vous... Mais rien encore depuis plus d'un mois. Je sais bien que vous êtes très occupée par la préparation de vos examens et même peut-être le passage des premières épreuves. Mais si vous saviez comme je suis *seul* ! Et comme j'*attends* ! (Il avait souligné les deux mots.) J'espérais un peu d'abandon de votre part, l'ombre d'un début de tendresse. Peut-être vous suis-je devenu odieux, ou, ce qui reviendrait au même, indifférent ? J'en suis aujourd'hui à quémander trois mots d'*amitié*, en échange de tout ce que mon cœur éprouve pour vous et que je n'ose appeler par son nom, de peur de vous effaroucher. »

Le mercredi suivant, Honoré Solignac entra dans le bureau de poste où une petite pile de lettres était posée sur une longue table. Sa fille Juliette le suivait, cartable sous le bras.

— Pose ça, dit Honoré, et allez ! petite, travaille !

C'était un rituel ignoré de l'administration mais qui arrangeait bien le facteur dont la boisson troublait souvent la vue. A la sortie de l'école, Juliette aidait son père au tri. Elle connaissait comme lui tous les habitants du Cayrol et classait les lettres selon un ordre immuable : celui de l'itinéraire paternel. Elle faisait son travail avec sérieux et efficacité, sans jamais se faire prier. Elle eut tout à coup un geste dont la rapidité et la précision trahissaient l'habitude : avec la prestesse d'une mangouste s'attaquant au cobra, sa main avait saisi une enveloppe qu'elle avait glissée dans son cartable entrouvert.

Sur le chemin de l'école, Ernestine Goupil la guettait. Les deux filles allèrent se cacher en gloussant derrière un buisson. Juliette décacheta la lettre dont Ernestine s'empara avec avidité. L'une penchée sur l'épaule de l'autre, elles commencèrent à lire la lettre, en déchiffrant lentement les mots qu'elles savouraient comme une confiture défendue.

« Très cher Louis,

« Je ne comprends vraiment pas, car je vous ai écrit chaque semaine. (Elles s'esclaffèrent.) Sauf la semaine dernière, qui a été celle de mes examens oraux dont je ne suis d'ailleurs pas très satisfaite car... »

Décidément, Louis n'avait pas de chance avec les « grandes » ! La Neyrolles l'importunait par ses avances sournoises et ces deux-là le privaient régulièrement des lettres que lui adressait Camille ! Pourquoi de tels agissements dont l'inconséquence menaçait l'honneur familial ? Sans doute étaient-elles à cet âge ingrat où les filles, sans être encore des femmes, commencent à regarder les hommes d'un autre œil. Ils sont pour elles des bêtes curieuses sur les mœurs desquelles elles s'interrogent. Elles avaient tout de suite compris que ces enveloppes à l'écriture appliquée venaient d'une femme et s'en repaissaient avec un mélange de naïveté et de perversité, comme elles auraient fait de prospectus sur la vie amoureuse des adultes. Leur vrai problème était que Louis postait ses lettres dans les bourgs voisins, ce qui les privait de tout un aspect de l'information qui n'eût pas été le moins savoureux.

À Soulargues, Maria et Paulin se préparaient à se rendre à la fête du Cayrol, à laquelle Louis les avait invités lors d'une récente visite. Maria repassait le pantalon de Paulin. D'une main, elle aspergeait le tissu, trempant le bout de ses doigts dans un bol placé à côté

166

d'elle, sur une couverture pliée en quatre ; de l'autre main, elle manipulait l'un des deux fers à repasser qu'elle faisait chauffer sur le fourneau et dont elle usait alternativement. La vapeur grésillait entre le linge et la semelle du fer. Paulin astiquait ses bottines, les assouplissant avec patience.

— Pourquoi ne vous êtes-vous pas inscrit au concours de tir ? demanda Maria. Il y a peut-être de jolis lots.

— Non, répondit Paulin. J'ai fait un vœu.

Elle leva la tête.

— Un vœu ?

— Celui de ne plus jamais toucher un fusil.

Maria fut choquée.

— Mais alors, pourquoi étiez-vous si glorieux lorsque Louis a été pris pour l'armée ?

Paulin cessa de briquer ses bottines.

— Si Louis doit se servir d'une arme, un jour, ce sera contre l'Anglais ou le Prussien. L'étranger ! Moi, j'ai tiré sur des Français...

— Tirer, ça ne veut pas dire qu'on tue, répliqua Maria, sur le ton de l'évidence.

Paulin redevenait la proie de souvenirs qui remontaient à plus de vingt ans. Mais il avait la mémoire longue. Les mots lui venaient mal, poussés par l'indignation que suscitait le témoignage, retenus par la honte d'avoir d'abord participé au carnage.

— J'ai vu les corps. Des pleines charrettes. De pauvres ouvriers un peu fous. Des vieillards ! Des femmes ! Des gamins ! fusillés... tous français. Alors, j'ai juré que je ne reprendrai plus un fusil de ma vie.

C'était la seule divergence entre eux, le seul point sur lequel il ait renoncé à la convaincre. Pour Maria, plus que ceux qui tuent, ceux qui incendient avaient un rapport avec l'enfer et le mot *bandit* était au-dessous de son jugement sur eux. Depuis dix ans, un accord tacite les retenait de trop approfondir en ce domaine et, cette fois encore, elle préféra éluder.

— Il n'a rien mangé le dernier dimanche. Pas même avalé une seule bouchée de mon aligot ! Ni même de mon lapin ! Il a chipoté dans l'assiette et le voilà maigre comme la chèvre de cent ans ! Il doit avoir quelque maladie. Le Cayrol est un mauvais endroit. Ma mère disait toujours : « Quand la maladie vient aux moutons, les premiers qui meurent sont ceux du Cayrol. »

Paulin voulut la rassurer. Il sentait aussi que Louis n'allait pas bien, sans pressentir la cause de son état.

— C'est son travail. Louis est trop sérieux. Il donne bien plus qu'il ne reçoit du gouvernement.

— Oh que oui ! s'exclama Maria. *Milledious !*...

Puis, pour se faire excuser :

— Je vous repasserai aussi la cravate, quand j'aurai enlevé la tache qui est dessus...

Son esprit était ailleurs. Machinalement, elle approcha un fer de sa joue pour voir s'il n'était pas trop chaud.

— C'est égal ! ajouta-t-elle au bout d'un moment. Quelle idée, ce père Pagès, de faire ses adieux le jour de la fête du village ! Le jour de la distribution des prix, ça aurait été mieux indiqué.

Paulin, qui n'avait guère d'illusions sur l'accueil que les campagnes faisaient à l'école publique, soupira.

— Tu sais bien ce qu'a dit Louis. Pour les prix, ils n'ont eu personne. Trois familles en tout. Pour la fête, il y aura tout le village.

Elle y vit une plus grande abondance de public et se réjouit de ce que la transmission officielle des pouvoirs de Pagès à Louis aurait ainsi plus d'éclat.

Le dimanche donc, au sortir de la grand-messe, la fête votive tira tout le peuple paysan vers la cour de l'école du Cayrol, *agora* du village. On y avait monté quelques baraques : l'une vendait des gaufres badigeonnées de confiture, à deux sous l'une, cinq francs les trois ; une autre proposait un jeu de fléchettes dont les cibles étaient d'effrayantes têtes de nègres. Le forain, qui les promenait de bourg en bourg à cette saison de l'année riche en manifestations villageoises, les fabriquait lui-même en s'inspirant des journaux illustrés dont les dessinateurs rivalisaient de talent pour glorifier les prouesses de nos troupes poursuivant leur œuvre civilisatrice au Soudan, au Dahomey ou au Togo. Les yeux riboulaient, les faces éclataient en grimaces terrifiantes, chaque fléchette plantée dans le nez d'un « cannibale », large comme un mufle de veau, provoquait un concert de rires, et ceux qui parvenaient à renverser l'une de ces affreuses trognes avaient droit à une poignée de cacahuètes grillées, pompeusement désignées comme « rare denrée de nos belles colonies ».

Roques et Françoise Neyrolles vendaient les billets d'une loterie, calligraphiés par les enfants de M. Pagès. Ils allaient de groupe en groupe, forçant la vente, annonçant comme premier lot « trois portraits photographiques tirés par M. Paulin Labarthe, artiste photographe de Paris ». Le deuxième lot était une dinde de belle taille, encore vivante, les pattes entravées par une ficelle, « don de M. le Maire ». Ici et là, le promeneur découvrait d'autres jeux : l'un proposait d'enfoncer en trois coups de marteau de longs clous dans une traverse de chemin de fer posée sur deux tréteaux ; l'autre, de jeter des palets le plus près possible d'une cible colorée ; un troisième, plus sérieux, rassemblait les anciens dans un tournoi de quilles et l'affrontement des vieux se faisait sans légèreté, le front plissé. Cependant, le clou de cette kermesse rustique était le « stand de la Société de tir ». On avait cerné un enclos devant le pignon de l'école. Pour y pénétrer, il fallait acquitter la somme de 25 centimes. Le règlement inscrit par Louis sur un tableau noir était offert à la vue de tous : « CONCOURS RÉGIONAL DE TIR. *Catégorie carabine.* 15 heures : Épreuves d'élimination à 10 mètres. 16 heures : Finale à 15 mètres. 17 heures : *Concours de tir au fusil.* (Coupe *Sambre et Meuse.*) Éliminatoires à 30 mètres. Finale à 50 mètres. Inscription à la table des juges : *Carabine,* 1 franc. *Sambre et Meuse,* 1 franc 50. Les deux, 2 francs. »

Il n'était pas indifférent aux concurrents que ces exercices, qui auraient pu n'être que « sportifs », aient une résonance patriotique. « Sambre et Meuse » évoquait le Prussien et les provinces perdues, aussi sûrement que les têtes du jeu de massacre glorifiaient les campagnes d'Afrique.

Derrière l'école, sous les arbres qui allaient en rang par deux jusqu'au pré communal, de longs tréteaux couverts de draps attendaient les paniers que les familles déballaient pour déjeuner côte à côte, s'interpellant de table à table, s'offrant à boire et à manger, toutes querelles suspendues. Carrioles et attelages patientaient à l'ombre, sachant qu'il y en aurait pour la journée.

Paulin avait bien vu : tout le village était là. Plus les amis et les parents des environs. M. le Maire, vêtu de noir, avec chapeau neuf et écharpe tricolore lui ceignant la taille, se pavanait parmi les groupes. Honoré, dans son uniforme de garde champêtre, son tambour suspendu au baudrier de cuir, incarnait l'exécutif municipal. M. le Curé, barrette sur la tête, le ventre naissant dissimulé par le camail des grands jours, souriait à tous, suivi de Mlle Aurore, qui était sa sœur et sa bonne. Maria, dans ses plus beaux atours, qui dataient du deuil de Jeannou, bougeait peu dans cette foule dont elle avait perdu l'habitude. Elle ne perdait pas de vue Louis, comme elle vêtu de noir, l'air d'un jeune notaire que la fête ennuyait. L'excitation, le bruit venaient surtout des enfants. L'occasion était unique dans l'année, aussi couraient-ils en tous sens, piaillant, se gavant de gaufres, sautant par-dessus les quilles au risque d'une taloche attrapée au passage. Deux conscrits enrubannés ne quittaient pas Françoise d'un pouce. Ernestine tenait le jeu des palets avec une autorité de sœur tourière. Une cabrette doublée d'un accordéon enchaînait les bourrées que des jeunes gens tournaient inlassablement, faisant trembler de leurs talonnades rythmées le plancher construit dans un angle de la cour. Tout était liesse et liberté.

Vers trois heures, Honoré traversa l'assemblée et alla se placer sur une petite estrade édifiée contre la façade de l'école. Il joua des baguettes sur son tambour, attirant vers lui toutes les attentions, interrompant les jeux, forçant au silence. S'étant abstenu de boisson depuis une bonne heure, il éleva la voix, qu'il avait puissante, pour clamer d'un trait une phrase apprise et ruminée depuis le matin :

« A tous, attention ! Dans quelques instants, M. le

Maire du Cayrol prononcera son allocution d'adieu à M. Pagès, notre vénéré maître d'école, en la présence de M. Achille Vivaldi, l'inspecteur de l'académie d'instruction publique. »

Même les chevaux l'avaient entendu à l'autre bout de l'école. On applaudit et le maire prit place sur l'estrade, suivi de l'inspecteur, qui s'assit sans attendre sur une chaise de paille à lui destinée. C'était un homme grand et maigre, vêtu pour la cérémonie. Il n'était nullement impressionné, ayant l'habitude de ces solennités et dissimulait tant bien que mal son ennui.

Le maire sortit de sa poche un feuillet couvert d'une écriture maladroite et posa son lorgnon sur le bout de son nez.

Avant de lire, connaissant son monde, il ne manqua pas de réchauffer son électorat par une allusion à son état de paysan.

— Vous le savez tous : si je pouvais parler patois (chacun traduisit : si j'en avais le droit), je n'aurais pas besoin du papier. (Tout le monde rit.) Mais ce serait faire tort à la République et à M. Pagès de se permettre ce qu'ils défendent à nos enfants.

Et il ajouta, malicieux :

— Alors tant pis ! *Parloraï francès* (1) !

Puis, se tournant vers l'entrée de l'école, tel M. Loyal annonçant l'entrée d'un trapéziste, il appela :

— Monsieur Pagès !

Le héros de la journée sortit de l'école, en redingote, le *tube* sur la tête. Alerte, il monta sur l'estrade et y demeura immobile, tandis que le maire lisait son papier avec une emphase de tribun, ce qu'au reste il était pour l'auditoire. On l'avait élu pour sa ruse et pour sa voix.

— Monsieur Pagès, voilà onze années que vous êtes arrivé du Tarn, d'où pourtant il ne nous vient guère de bonnes choses, d'habitude… (Un grondement de plaisir parcourut l'assemblée.) Et, si j'ai bien fait mes comptes, dans ces onze années, c'est près de quatre cents enfants de la commune que nous vous avons confiés et auxquels vous avez donné votre science et votre conscience. (Le

(1) Je parlerai français !

17

maire était fier de cet effet de rhétorique qui remontait à Rabelais et dont il avait puisé la formulation dans l'*Almanach agricole*.)

Tandis que le maire continuait son discours, les deux conscrits serraient d'encore plus près Françoise, qui en étouffait de bonheur. Les enfants, distraits, se gorgeaient de mûres derrière les buissons. Un ivrogne, somnolent, fut ramené dans sa carriole par deux costauds qui l'avaient pris sous les bras et les jambes. Lorsqu'ils reparurent, le maire en finissait avec son amphigouri.

— ... Vous emporterez avec vous notre bon souvenir et notre reconnaissance. Quels que soient vos successeurs, je doute fort qu'aucun d'entre eux vous efface de nos mémoires... (Il chercha Louis du regard et, le trouvant, le fixa de son œil glacé.) Et même, j'en suis sûr !

Des gens applaudirent. Mais les derniers mots du discours n'avaient pas échappé à tous. A commencer par Louis, qui en blêmit et se mangea les lèvres. Maria redressa la tête, le regard encore assombri. Paulin avait, lui aussi, marqué le coup.

M. Pagès s'avança. Il lui appartenait de répondre, ce qu'il fit « sans papier » : il était rompu à l'art oratoire !

— Monsieur le Maire, monsieur l'Inspecteur, mesdames et messieurs, chers amis... Je vois devant moi tout un auditoire dont je connais presque tous les visages et dont j'ai tiré bien des oreilles. (On rit dans l'assemblée.) J'ai été très sensible à l'éloge de M. le Maire et je vais faire comme si j'étais assuré que vous pensez tous ce qu'il a eu la gentillesse de dire. (Il se tut un instant. Homme loyal, il avait été frappé par l'injuste malice du maire.) Il y a tout de même un point sur lequel je suis en désaccord avec lui — et il y en a bien eu d'autres au cours des années écoulées ! Permettez-moi de vous rappeler, monsieur le Maire, que mon successeur est *connu* et que votre excessive bonté pour moi vous aveugle sur ses mérites, qui dépassent de loin ceux de votre serviteur... J'ai nommé : M. Louis Meissonnier !

Les derniers mots de M. Pagès avaient porté. Maria avait opiné, la mâchoire serrée, d'un air grave. Paulin, qui s'était emparé sournoisement d'une pelle posée contre un arbre, la remit en place aussi discrètement.

Louis seul n'avait pas bronché mais le poids s'était allégé sur sa poitrine. Et le père Pagès n'entendait pas en rester là.

— ... Et je gage que le jeune adjoint qui viendra le seconder à la rentrée sera lui aussi de la trempe de ces jeunes maîtres que la République dispense aux moindres de ses communes ! Ils ont les diplômes et ils ont le dévouement. Accueillez-les bien : je vous réponds de leur mérite.

Les applaudissements crépitèrent de nouveau. Le maire sentit passer le vent d'un boulet qui avait le poids d'un désaveu public.

— Quant à moi, poursuivait M. Pagès, ces onze années sont, vous vous en doutez, bien remplies de souvenirs dont je ne voudrais citer que les principaux, tant ils abondent...

Vingt minutes plus tard, il n'en avait pas fini.

Pour Maria et Paulin, le reste du discours de M. Pagès s'était comme évaporé dans le plaisir qu'ils avaient pris à entendre prononcer l'éloge de Louis. Une réhabilitation après la perfidie du maire.

De retour à Soulargues, couchée dans son lit, les cheveux défaits sur l'oreiller, Maria parlait encore à Paulin, réfugié dans le réduit qu'il s'était ménagé pour développer ses photographies.

— Ce vieux, il valait mieux que je n'avais cru. Il a rendu justice à Louis.

Paulin se rinçait les mains dans un baquet de bois zingué.

Il dit, pensif :

— Si ce M. Pagès n'était pas intervenu, j'aplatissais la tête du maire !

— Vous ? Mais il est deux fois comme vous êtes ! dit Maria.

— J'avais pris une pelle. Ses « deux fois comme moi » ne lui donnaient pas gros avantage !

A la réflexion, elle se souvint l'avoir vu, à ce moment, se saisir d'une pelle :

— C'est pourtant vrai, cette pelle ! convint-elle avant d'ajouter, pratique : Et pourquoi pas un fusil ?

Comme elle le fixait, incrédule, il ajouta, la voix blanche de colère :

— J'étais trop loin des fusils. Je ne permettrai jamais qu'on insulte ceux que j'aime devant moi. Ni Louis ni vous !

Et il retourna dans son antre.

Elle se trouva tout amollie de cette déclaration dont elle mesurait parfaitement la folie juvénile. A Montpellier, un garçon en avait tué un autre pour une œillade, autrefois. Elle se fit un battement de paupière provocant dans le miroir et imagina Paulin, jaillissant de nouveau, son fusil à la main. Ainsi s'endormit-elle comblée.

Au Cayrol, la fête finie, M. Pagès, Louis, Roques et deux ou trois autres garçons défaisaient les baraques, l'estrade, enlevaient la banderole fixée au fronton de l'école et sur laquelle on avait tracé d'une main maladroite : VIVE LA RÉPUBLIQUE !

Louis et Roques allèrent ranger dans un coin la roue de la loterie. Les chiffres inscrits dans des triangles multicolores avaient bien rempli leur office : Philibert Cagne, le plus pauvre de la commune, avait gagné la dinde et l'Adèle Pujol, qui se mariait en octobre, les portraits photographiques.

Roques profita de l'intimité que lui donnait ce travail partagé avec Louis.

— C'est vrai que vous serez là l'an prochain, monsieur ?

— Oui. Pourquoi ?

— J'ai mon petit frère qui passera dans votre classe. Lui, c'est un bon élève, vous verrez !

Il était touchant, ce sacré Roques ! Louis lui sourit. L'autre réfléchit un instant.

— Le monsieur qui prenait les portraits, vous aviez l'air de bien le connaître...

— Très bien, oui, dit Louis.

— J'aimerais beaucoup apprendre ça, moi.

La vocation de photographe lui était venue dans la journée. A l'école, il ne voulait rien apprendre, ce qu'on lui enseignait le laissait indifférent, mais, là, c'était autre chose !

Louis sentit que l'adolescent dont la turbulence exprimait le côté « artiste » trouverait peut-être dans cette voie une possibilité d'échapper au moule désespérant de la pesanteur rurale.

— M. Labarthe est à Soulargues. J'y serai moi aussi à partir de lundi prochain. Pour les vacances. Passe me voir. Je te présenterai à lui...

Roques ne le remercia pas mais Louis le connaissait assez bien pour voir qu'il était bouleversé.

Soulagé des fatigues de l'année scolaire, Louis se languissait, malheureux. Il avait encore écrit à Camille et celle-ci ne lui avait toujours pas répondu. Certes, lui l'aimait, mais elle ? Pourquoi ce silence obstiné ?

Un jour qu'il flânait sur un chemin des environs de Soulargues, il fut doublé par une voiture légère que conduisait une très jolie jeune femme, habillée d'une robe de mousseline et coiffée d'un canotier à la mode qui recouvrait la masse des cheveux, arrangés en chignon au-dessus de sa tête.

— Bonjour, monsieur Meissonnier ! dit la jeune femme en arrêtant son cheval dont le poil luisait au soleil tout autant que le bois verni de la voiture.

Si l'attelage surprenait Louis, il l'était plus encore de s'entendre interpeller par une telle créature de rêve.

— Bonjour, mademoiselle, répondit-il en soulevant gauchement son chapeau.

L'autre, devinant son trouble, souriait :

— J'ai tellement changé ? Vous m'appeliez dans le temps Antoinette. Antoinette *de Limoges* !

C'était la petite fille qui était venue suivre avec lui les cours privés de M. Labarthe. Celle de la riche maison Vibrac.

— Ah ! c'est toi ?... Je veux dire : c'est vous ! ?

Louis était gêné du tutoiement intempestif. Antoinette, souriante et moqueuse, avec ce rien de suffisance qu'affichent les « demoiselles » à l'égard du menu fretin, répondit :

— Il n'y a aucun mal. Voulez-vous venir bavarder à la maison ? Je suis sûre que vous devez avoir beaucoup de choses à me raconter.

Louis ne mordit pas à l'hameçon. Ce n'était pas prudence mais timidité.

— C'est-à-dire... J'attends des amis.

— Aujourd'hui ou un autre jour, dit Antoinette. Vous connaissez le chemin. Adieu, Louis !

— Adieu, mademoiselle !

C'est lui qui reprenait ses distances.

La petite fille qui, dix ans plus tôt, était venue hardiment frapper à la porte de M. Labarthe, était devenue cette belle jeune fille. Elle se souvenait de lui et venait de l'inviter à lui rendre visite au « château ». Les filles de ce brigand de père Renaudart étaient sans doute aguichantes, mais Louis ne s'en était jamais soucié. Son premier et seul amour, c'était Camille. Camille la muette ! Qui avait déjà dû trouver chaussure à son pied, à la ville, avec toutes les relations qu'avaient ses parents. Elle s'était moquée de lui, ce jour-là, au restaurant. Elle l'avait laissé parler, s'emberlificoter dans ses formules creuses ou naïves. Elle lui avait dit : « On s'écrira. » Tu parles ! C'était lui, Louis, lui seul, qui avait écrit une fois la semaine et sans réponse. Il ne *pouvait* pas oublier Camille, mais il *devait* le faire. Il n'y avait pas qu'elle au monde ! Cette Antoinette, il l'avait connue bien avant l'autre. Et elle venait de l'inviter à lui rendre visite. Pourquoi n'avoir pas accepté l'offre ? Et de suite ? Il serait temps d'y réfléchir. Il rentra soucieux à Soulargues.

Là, il s'était fait un nid dans la *finière,* où il lisait, étudiait, préparait ses leçons pour l'année à venir. Il avait oublié l'« incident » Antoinette. Il ne sortait plus, s'étiolait, passait des heures oisives dans sa retraite, ce qui ne lui ressemblait pas. Les jours lui étaient interminables et d'une monotonie sans espoir.

La voix de sa mère le tira de sa somnolence.

— Louiiiiiiiis !

Il avait entendu mais hésitait à quitter l'ermitage de paille et de toiles d'araignées, « tour d'ivoire » où lui-même tissait une toile de ses rêveries sans fin.

Maria insista.

— Il y a quelqu'un qui vient te voir !

Il n'attendait personne. Ne voulait *voir* personne. La

curiosité le mit cependant sur pied et il descendit.

C'était Roques. Maria s'empressait.

— Ce garçon vient te voir du Cayrol. De plus loin même. On vous garde à déjeuner ?

Roques accepta sans façon.

— Merci, madame.

Et Maria :

— Je vais faire le lapin. Vous aimez le lapin, au moins ?

Elle avait repris l'antienne. Roques acquiesça sans enthousiasme.

— Alors ? demanda Louis dès qu'ils furent seuls, l'œil sur Maria qui s'éloignait à longs pas d'homme, les genoux tirant sur le devant de la jupe. Quelles sont les nouvelles ?

— Le père m'a mis à refaire un mur de la grange qui a *peuté*.

Toujours pédagogue, Louis rectifia :

— Qui avait *cédé,* ou s'était *écroulé*.

— Oui, convint Roques. Et alors il a *peuté* (Louis n'insista pas) en rentrant un char de froment qui a cogné le fond. Après ça, le père m'a mis au bois, un chantier d'où on tire des traverses pour le chemin de fer. Et puis on a creusé un puits avec mon frère Ernest, l'aîné de tous. Et on n'a pas trouvé d'eau. Par-dessus le marché, il s'est écrasé les doigts d'un pied. Alors, me voilà libre.

Telle était la gazette.

— Si on te donne une rédaction sur le sujet des vacances, tu auras à dire !

— Oh ! mais j'y vais plus, moi, à l'école. Je suis trop grand. J'ai fini.

Louis avait oublié. La conviction de Roques disait clairement combien il était soulagé.

— Qu'est-ce que tu vas faire maintenant ?

— Je me demande, dit Roques. A la ferme, le père dit que je suis déjà de trop. L'Administration ne me voudra pas. Peut-être la mine, à Decazeville...

C'était le duc Decazes qui, en 1828, avait découvert dans cette région de l'Aveyron du fer et de la houille. Des industries s'y étaient installées, puis une cité ouvrière qu'on avait baptisée du nom du fondateur. Là, on manquait toujours de bras.

Roques se tut un instant, puis lâcha tout à trac une nouvelle qui lui était revenue :

— Le père Pagès est mort.

Louis en reçut un coup.

— M. Pagès ? Qu'est-ce que tu me dis ? Tu es sûr ?

— J'ai passé devant l'école, ce matin. C'était affiché. C'est arrivé au début septembre. Le 3 ou le 4. Il aurait eu un coup d'émotion en allant sonner à la porte d'une de ses cousines d'Albi. Elle lui a ouvert et, en la voyant, il a piqué du nez dans le bouquet de fleurs qu'il lui apportait. C'était bien un peu une vache, mais tout de même !…

— Ne parle pas mal de M. Pagès, lui dit Louis. Il vous aimait tous, à sa manière. Et toi surtout !

— Peut-être, dit Roques, qui n'était guère convaincu de cet amour saturé d'engueulades et de paires de gifles. (Il enchaîna :) Il m'a semblé qu'il y avait quelqu'un qui passait l'école au badigeon. Ça devait être votre adjoint.

— Déjà ? s'étonna Louis.

Il se rendit, dès le lendemain, au Cayrol. La rentrée était proche. En pénétrant dans sa classe, il vit que les murs avaient été effectivement passés à la chaux. Les tables, les bancs, les armoires étaient cirés et il régnait une odeur puissante d'eau de Javel. La salle était déserte, mais on entendait un bruit de ménage au-dessus. Quelqu'un descendit l'escalier qui menait à sa chambre. D'abord, Louis ne vit que deux sabots, petits et élégants, avec une décoration de cuir sur le dessus. Et, tout de suite après, le bas d'un tablier. Louis était incrédule : jamais le maire du Cayrol n'aurait envoyé une femme du village, aux frais de la commune, nettoyer les locaux ! Il fut pourtant touché qu'on prenne ainsi soin de son domaine.

— Vous voulez que je vous aide ?

La femme en question avait, maintenant, posé les pieds sur la dernière marche de l'escalier. Elle était grossièrement vêtue de ces hardes que l'on réserve aux travaux salissants. Louis s'approcha et la regarda.

C'était Camille ! Il crut rêver. Il imagina une

178

méprise... une fille du village lui ressemblant à s'y méprendre.

Elle vint vers lui. Elle avait le plus beau sourire du monde.

— J'ai été recalée. Je me suis fait nommer ici comme auxiliaire.

C'était elle ! C'était bien elle ! Bouche close, il hurlait de bonheur ! Ils étaient dans les bras l'un de l'autre, joue contre joue. Il la serrait contre lui à étouffer, bredouillant plus qu'il ne parlait.

— Mais... pas une lettre ! Pas un signe ! Pourquoi ?

Il avait pris le visage de Camille à deux mains et la regardait jusqu'au fond de l'âme.

— Je vous écrivais, murmura Camille, stupéfaite. Je vous jure que je vous écrivais ! J'ai répondu à toutes vos lettres ! Moi non plus, je ne comprenais pas vos reproches.

Le bonheur de l'instant leur souffla de remettre à plus tard la solution du mystère. Pour le moment, ils demeuraient enlacés, pudiques et vibrants du désir d'être l'un à l'autre.

4

CHANGER AVEC LE MONDE

Camille s'assit, épuisée. Elle attendait son troisième enfant et l'accumulation des tâches d'institutrice et de mère de famille devenait écrasante. Aussi goûtait-elle avec lucidité chaque instant de solitude et de silence. La lessive bouillait en bas, ici la soupe mitonnait, clapotant comme une lave sous le couvercle qui de temps à autre se soulevait et lâchait une bouffée de vapeur. Elle remit une bûche dans la cuisinière, sans bouger de sa chaise, pivotant jambes écartées dans le bien-être d'un laisser-aller qu'elle se refusait en présence de quiconque, enfants et mari compris. Puis elle revint à la table et retourna une feuille du journal dans lequel elle avait épluché ses légumes, une heure plus tôt. Il datait de plus d'un an et venait d'un boucher ambulant qui passait chaque semaine et lui avait enveloppé le pot-au-feu dans cette fuille où il était dit noir sur blanc qu'une certaine Mme Francillon venait d'être reçue à l'internat des hôpitaux de Paris « pour la première fois ». Ce qui la laissait hésitante : était-ce la première femme reçue ou bien cette Mme Francillon aurait-elle son nom imprimé dans le journal *chaque fois* que l'internat des hôpitaux de Paris lui ferait la grâce de la recevoir ? Elle se sentait stupide, amoindrie par la fatigue, incapable d'une idée claire, et posa son front sur la table. C'était leur onzième année au Cayrol. L'aîné des enfants, Laurent, venait d'avoir neuf ans et Marie-Pauline, qui suivait, allait en avoir six. Elle-même abordait (non : était déjà ! dans) sa trentième année ! La tête sur les mains, elle en riait. Tout allait si vite, et rien qui n'avançait ! Une gelée de larmes dans les yeux, elle se reprit, se leva, pressa ses reins qui la taquinaient d'une douleur lancinante, et sortit de la pièce.

En descendant l'escalier, au fur et à mesure qu'elle gagnait le rez-de-chaussée, lui parvenaient les bruits familiers d'une « séance ». C'est que Louis, conscient de son devoir d'État, avait d'une certaine manière pris en charge l'éducation de tout le village. adultes comme marmaille. Ainsi, une fois par mois, organisait-il, dans l'ancienne classe de M. Pagès devenue la sienne, des séances éducatives auxquelles assistaient jusqu'à cinquante personnes, pour la plupart ses anciens élèves et leurs parents.

C'était le cas en cette soirée de l'hiver 1902. Paulin officiait derrière la « lanterne magique », assisté de Roques devenu son disciple en matière de photographie. Les images fixes défilaient sur un écran de fortune, simple drap punaisé au tableau noir. Louis commentait de la même voix calme et précise dont il dictait à ses élèves les textes de son choix. Dans la pénombre, les yeux s'écarquillaient : bouche ouverte, le petit peuple paysan aspirait le monde.

— Voici la reine Victoria, décédée naturellement il y a quelques mois, comme vous le savez... Le roi Humbert Ier d'Italie, assassiné par un anarchiste l'an dernier... Le président des États-Unis d'Amérique, William McKinley, également assassiné par un anarchiste...

Dans le fond de la salle, la voix joviale d'Honoré Solignac retentit.

— Hé bé ! *Milledious !* Il vaut mieux d'être facteur !

Le défilé passait des grands de ce monde aux toujours attendues « nouvelles de l'actualité parisienne ». Qu'elles fussent en retard de plusieurs mois ne leur ôtait rien de leur attrait puisqu'elles leur parvenaient *avé* l'image pour la première fois.

— Maintenant, toujours grâce à l'obligeance de M. Labarthe qui nous a apporté certaines vues de sa collection personnelle, voici quelques monuments de l'Exposition universelle répartis autour de la tour Eiffel.

L'assistance applaudit avec enthousiasme.

La France entière (à l'exception de certains esthètes, dont beaucoup se déjugeraient sans vergogne dans un proche avenir) était fière de ce chef-d'œuvre de l'architecture métallique édifié en 1889, à l'occasion de l'avant-dernière exposition universelle.

Quand les applaudissements s'éteignirent, Louis reprit :

— La plus haute construction élaborée de main d'homme et probablement inégalable. Vous voyez la grande roue au fond à droite... les constructions exotiques à droite et à gauche... le pavillon de l'Algérie... le bazar tunisien...

La baguette suivait le discours et montrait les détails annoncés. Sans trop savoir pourquoi, l'expression « bazar tunisien » déclencha chez les assistants une hilarité collective dont Louis s'étonna. N'avait-il pas employé à bon escient le mot « bazar », dans son sens oriental ? Il hésita sur la nécessité d'une explication immédiate mais renonça, pressé par le temps. Il reviendrait sur le terme un prochain jour, devant ses élèves.

Camille avait gagné son propre domaine, l'ancienne classe de Louis dont, par « glissement », elle avait hérité lors du transfert de celui-ci de l'autre côté du couloir. Il y trônait le portrait du président Émile Loubet. Péniblement, elle tira d'une lessiveuse où ils avaient bouilli des draps ruisselants d'une eau fumante qui la brûlait et lui tirait des grimaces.

Elle plaça les draps dans un baquet qu'elle soulevait à deux mains lorsque la porte s'ouvrit. Une jeune femme s'avançait, les formes pleines, peignée et vêtue avec cette coquetterie paysanne faite d'astiquage et d'amidon, luisante de propreté. Dans la demi-obscurité, elle n'avait pas vu Camille, laquelle avait sur elle l'avantage (s'étant habituée à la pénombre), et la reconnut sans peine.

— Bonsoir, Françoise, dit-elle à mi-voix.

La grande Neyrolles sursauta.

— Oh ! bonsoir, madame Meissonnier. Vous m'avez fait peur. Je peux vous aider ?

Elle aussi avait onze ans de plus et l'adolescente était devenue femme, sans renier la jeune effrontée qui avait failli provoquer la rupture du couple quelques années plus tôt.

Camille n'avait jamais oublié l'odieux détournement de sa correspondance et, sans que les choses eussent été clairement révélées, elle soupçonnait « la Neyrolles » d'avoir été la complice de « la Solignac », cette fille délurée du gros Honoré.

— Ça ira bien, répondit-elle, modérant son antipathie.

— Je peux rester un peu ? Il fait tellement chaud de l'autre côté !

— Vous pouvez, dit Camille. Mais vous n'aurez pas froid ici non plus. D'ailleurs, je crois que c'est la fin.

Effectivement, un bruit d'applaudissements traversait le couloir.

Comme les gens se levaient, remuant les pieds et les bancs, Louis reprit la parole. Une courte barbe et la chaîne que Paulin avait ajoutée à sa montre lui donnaient un surcroît d'autorité.

— Le mois prochain, nous aurons la conférence pédagogique. J'ai demandé un sujet agricole et on m'a également promis une série de dessins amusants, ainsi que le matériel pour la campagne antialcoolique. Ceux qui voudraient s'inscrire pour le paiement de la lanterne seront les bienvenus. Il nous manque vingt-quatre francs, soit huit participations à trois francs l'une. Toutefois, je n'oblige personne ! (Plusieurs rirent sous cape.) Vous pourrez aussi payer par cinquante centimes, aux prochaines séances. Vous verrez tout ça avec notre trésorière Mme Pujol.

Les problèmes d'argent l'embarrassaient et, de même qu'il s'en remettait à Camille de l'économie du ménage, il se débarrassait sur cette brave femme des tracasseries comptables de l'*Association* qu'il avait fondée.

L'air d'une chaisière, assise à une petite table, un cahier devant elle et à son côté sa « caisse », qui était une vieille boîte en fer-blanc aux dessins à demi effacés par le temps, Mme Pujol était « à disposition ». Mais lorsque sa clientèle tardait trop à régulariser, elle tirait le traînard par la manche et l'asseyait devant elle :

— Dites-moi, Guste, n'avez-vous pas oublié de me payer tous ces mois ?

Le Guste s'exécutait, ou le Noël, ou le Charles, sans trop grogner. L'Auvergne était proche où l'on sait compter mieux que partout ailleurs en France, disent les uns, mieux que partout dans le monde, disent les autres qui ont un peu voyagé.

Honoré Solignac, son képi de facteur légèrement de guingois comme toujours, ce qui lui donnait l'air d'être ivre dès la première matinée alors qu'il ne l'était jamais avant midi, tournaillait du côté de Paulin, occupé à ranger son matériel.

A la fin, il se décida :

— C'était bien joli.

— Trop aimable ! remercia Paulin.

— Et plein de curiosité, comment dire... (Il buvait peu les soirs de séance et la sobriété l'entraînait à des recherches de vocabulaire qui lui donnaient une transpiration.) *Insoupçonnables,* voilà ! Dans des trous à fumier comme le nôtre, on aurait du mal à *soupçonner* le monde comme il est !

Ayant acquitté le tribut à la mondanité, il en vint à l'objet de sa préoccupation.

— Maintenant, pour ce qui nous occupe...

— Le mariage de votre fille ? demanda Paulin en levant la tête, l'œil éclairé d'une malice qui n'alerta pas le facteur, tout à son idée.

— C'est ça !

— Eh bien, c'est entendu : je viendrai photographier la noce, admit Paulin, jetant un coup d'œil à Juliette qui traînait derrière Honoré.

Elle lui sourit avec reconnaissance : jolie fille, elle souhaitait laisser des traces de cette beauté. Son père ne voulait pas s'en tenir là.

— Oui, mais ça va coûter dans les combien ?

— Qu'est-ce que ça vaut, un cochon ? dit légèrement Paulin, reprenant ses rangements.

Honoré vit sourire Roques et eut une soudaine inquiétude. « Qu'est-ce qu'il vient me parler de cochon, ce photographe ? » pensa-t-il en s'épongeant le front, l'œil sur la nuque de Paulin.

— C'est-à-dire que... la grosseur compte beaucoup.

— Disons un gros. Vraiment gros. Le plus gros que vous ayez vu !

Honoré commençait à s'effrayer sérieusement.

— Oh oui, mais gros, vous savez, il n'y a pas que la grosseur. Il faut savoir aussi comment on l'a nourri ! Vous en avez qui n'ont jamais vu de patates et d'autres...

— Écoutez, Honoré. Moi, on me vend le lard trente sous le kilo. Alors, mettons un poids moyen : cent kilos. Cent kilos à trente sous, ça ferait cent cinquante francs, non ?

Honoré suffoquait :

— Cent cinquante !?!... Mais vous voilà fou, dites ! Fou à lier ! Vous savez ce que me coûte la robe, déjà ? Et le plancher pour danser ? Et ce que je gagne à la poste, vous savez ce que je gagne ?

— Si je comprends bien, c'est trop cher ? demanda Paulin en jetant par en dessous un regard amusé à Roques qui se contenait mal.

Juliette comprit la première et poussa son père du coude.

Lorsqu'il vit que Paulin plaisantait, Honoré explosa de bonheur et prit à témoins ceux qui traînaient encore dans la salle.

— Mais il me fait marcher ! Oh, couillon de moi ! Et je marche et je marche et je marche ! Je marche comme le facteur que je suis, té !...

Son rire valait un coup de soleil.

Louis, de son côté, avait rejoint un gros paysan qu'il surveillait discrètement depuis la fin de la séance et qu'il venait d'arrêter avant qu'il ne sorte de la salle. Il le tira à l'écart. Le bonhomme s'était renfrogné dans un buisson de barbe ; quelque chose dans son attitude montrait qu'il s'attendait à l'intervention de l'instituteur et qu'elle l'importunait.

Louis l'aborda simplement, en lui prenant le bras.

— Bien, monsieur Souques, vous savez de quoi je

veux vous parler. (« Oh, que oui, je le sais ! » disait le front têtu penché sur la poitrine.) Croyez-moi, ce serait un crime de ne pas envoyer votre plus jeune au lycée de Rodez.

Le père Souques ne voyait aucun crime à ne pas envoyer son fils au lycée. C'est qu'il en avait trois, de fils ! Pourquoi celui-là échapperait-il à la loi commune ?

— Dites ! Les deux aînés, ils auraient leur mot à dire, non ? Il faut être juste.

— Je les ai eus aussi dans ma classe, vos aînés. Ils ne sont pas sots. Seulement, Christophe est un élève *exceptionnel*. (La poitrine paternelle s'élargit encore.) Vous devriez en parler à Mme Souques.

— Elle pense comme moi, Mme Souques. La ferme est dure à conduire, il y faut de jeunes bras ! Je me fais vieux.

— Vous avez Lucien.

— Eh non, je ne l'ai plus, le Lucien ! Il attendait que Christophe sorte de vos études pour monter à Paris rejoindre l'autre, le grand ! A deux, ils peuvent réussir aussi bien que d'autres, dans le charbon. Ce sont des courageux ! Et nous avons un cousin qui prêtera les sous.

— Alors, Christophe s'épuisera à la ferme ? Quelle folie !

— Voyez-vous, monsieur Meissonnier, les arrangements sont pris là-haut. Lucien se fatigue d'attendre et donc nous avons besoin du petit *avé* nous. Voilà.

Pour le père Souques, dont la voix roulait puissamment, les choses étaient dites.

— Il ne serait pas équitable de lui sacrifier l'un ou l'autre de ses aînés !

Sûr de son fait, Louis insista.

— Mais Christophe est de taille à se faire une situation qui vous élèverait tous avec lui. Professeur, ingénieur, médecin !... C'est peut-être Pasteur que vous gardez à la charrue, monsieur Souques, c'est peut-être Flammarion !

Louis connaissait le faible du géant qui s'était abonné à *l'Astronomie populaire* et venait parfois lui montrer le dernier fascicule pour l'explication d'une image ou d'un

186

mot. Il vit s'ouvrir une bouche de carpe dans la forêt des poils et comprit qu'il lui fallait poursuivre rondement :

— Je passerai un soir, nous parlerons clairement avec votre dame et Lucien. Ils comprendront ! J'essaierai de vous obtenir pour lui une bourse intéressante. Réfléchissez ! Croyez-moi, c'est important pour lui comme pour vous et, qui sait, pour la Nation peut-être !

Il tendit la main au formidable barbu, paysan, fils, petit-fils, arrière-petit-fils de paysan. Il avait affaire à l'obstination de toute une dynastie et savait qu'il était inutile d'ajouter un mot. Aussi conclut-il :

— Allez, dormez bien !

L'autre, assommé par l'argumentation de Louis, gardait la main de celui-ci dans sa grosse patte de cuir où on eût dit un gant trouvé qu'il venait lui rendre.

— Dormez bien, répéta Louis. La nuit porte conseil !

Ayant récupéré sa main, il s'éloigna, laissant Jacob Souques en suspens sur l'arceau de ses fortes jambes, sourcils froncés, la tête en ébullition. Dormir ! Hé bé *Boun Diou dé millé diou !* Avec ce qu'il m'a foutu sous le *capel* ! (Il eut une bouffée de colère.) C'est mon fils, merde ! Je l'ai élevé, quoi ! »

Bien sûr, l'enseignement *primaire* était le fondement et l'espoir de la République. Il formerait tout un peuple. Mais aussi, par les lycées et pour les meilleurs par l'Université ensuite, il pourrait renouveler la population estudiantine, à grande majorité bourgeoise. Par tradition, les notaires engendraient des notaires, les médecins des médecins et les professeurs des professeurs. Louis n'avait pas choisi ses exemples au hasard. Et, dans sa lutte, il connaissait bien l'obstacle principal : Souques respectait cette loi qui lui faisait porter le joug et pensait que, pour l'équilibre du monde, le paysan doit engendrer des paysans. Attaché à sa terre, qu'il craignait de voir tomber en déshérence, Jacob Souques, dont les biens n'étaient certes pas considérables, redoutait le départ de Christophe vers les écoles pour la simple raison que, sans lui, il ne « tiendrait » pas. Même si le petit se révélait, d'après ce maître (qui n'était pas son père), le plus intelligent des trois fils, il avait deux bras, deux jambes et le courage de la race. Sa réussite était une hypothèse, la ruine des Souques une certitude si le relais n'était pas assuré. Au reste, il y en avait à suffisance, de ces beaux messieurs qui vous prenaient l'économie d'un mois de travail pour une ordonnance ou l'avenant d'un bail.

« *Puta!* ruminait-il. Notaire? Médecin?... Et pourquoi pas évêque aussi?!! »

L'idée était venue à d'autres que lui et à peine avait-il quitté Louis que le curé du Cayrol abordait celui-ci. Il n'était dans la paroisse que depuis cinq ans et serait donc le *nouveau* curé pour quelques années encore. Normand rose et blond, Roland Deligny promenait un assez beau visage mélancolique, au sourire contraint. Louis le croyait faux, il était seulement malade, son estomac se faisant difficilement aux nourritures locales.

Il eut un mouvement pour le dos du vieux Souques, toujours prostré.

— Vous lui avez parlé, je présume, de son fils Christophe? Ah! le bon petit, s'il voulait être prêtre!

— Il ne veut pas? s'étonna Louis.

— Il n'a pas la fibre, avoua le curé. Je l'ai sondé. Sa réponse est claire : c'est non.

Louis se croyait quitte sur cet aveu qui, au fond de lui, l'enchantaient en prouvant le caractère du garçon. Il allait prendre congé, le curé le retint par la manche.

— Vos conférences sont bien intéressantes, monsieur l'Instituteur. Elles ouvrent l'esprit de nos gens à tout ce qu'ils ignorent. Ou plutôt non, hélas! pas à tout.

— Je ne comprends pas, dit Louis.

— Toute cette première partie sur la conquête coloniale et rien, je dis bien *rien*, sur l'œuvre de l'Église là-bas, nos missionnaires, nos martyrs. C'est de l'occultation volontaire.

Il parlait sans agressivité, en choisissant des mots qui n'irriteraient pas l'amour-propre.

— Si l'Association y consent, monsieur le Curé, je vous prêterai la lanterne un jeudi et vous montrerez ce qu'il vous plaira.

Le curé témoigna par l'effacement de son sourire que la proposition le touchait et enchaîna :

— Et mes réunions à moi? Certes, vous êtes l'un des

rares instituteurs qui ont encore le courage d'assister à la messe mais ni vêpres, ni veillées, ni chorale !

— Voulez-vous que je vous dise mon emploi du temps, monsieur le Curé, et celui de ma femme ? (Louis voulut rompre sur une note plus légère.) Et puis, un chantre comme moi !

— Bien sûr ! dit le curé pour la forme. Mais tout de même ! Un petit mot sur les missions. Et la mort du souverain pontife : rien ! L'élection de l'admirable Pie X : rien ! (Il se fit grave.) Nous allons vers de grandes crises. Ceux qui ont la foi devront la montrer. Vous verrez ! Il se prépare des choses *terribles*...

Louis vivait difficilement cette contradiction qu'avait évoquée Roland Deligny : « l'un des rares instituteurs qui ont encore le courage d'assister à la messe ». Alors que tout le portait vers un anticléricalisme militant (sa profession, l'influence de Paulin Labarthe, ses rares rencontres avec les collègues voisins), il restait le fils de la dévote Maria Meissonnier et ne trouvait rien dans la nouvelle mode qui le décidât à renoncer aux convictions de sa prime enfance (« les renier », pensait-il). Même, il voyait du ridicule dans la singerie que les ennemis de la religion faisaient de celle-ci. Ridiculiser la chasuble et se mettre un tablier brodé sur le ventre lui paraissaient une sottise. Souvent sollicité (Anselme Peyrat et M. Trève l'avaient pressenti), il refusait avec force d'adhérer à la franc-maçonnerie. Au vrai, sa foi n'était pas très ardente, plutôt un entêtement et une fidélité ; lui-même ne s'interrogeait guère à ce propos. Ce qu'il refusait, c'était qu'on le rangeât dans l'un ou l'autre camp. Avec les mangeurs de prêtres, il se déclarait du côté des mangés ; avec les adversaires de « la laïque », il montrait la vérité des écoles ouvertes à tous, l'hygiène répandue, le livre de l'enfant introduit dans la ferme, la morale expliquée comme une loi sociale et non plus sous l'angle exclusif d'un rapport au péché. Peut-être même, sans l'excès du combisme, eût-il sombré dans une tranquille indifférence. Paradoxalement, l'empreinte de Paulin Labarthe était si forte en lui que les humiliations et les tracasseries dont ses *concurrents* des écoles religieuses avaient été frappés l'avaient plus sûrement déterminé à demeurer « dans la foi » que les plus habiles sermons des missionnaires de passage dans la paroisse. Sur le dogme, il se sentait faillir ; sur la liberté, il ne transigeait pas.

Ses joutes oratoires avec le « nouveau curé » restaient toujours courtoises et ni l'un ni l'autre ne souhaitaient les porter au degré d'agressivité qui semblait de rigueur sur la plus grande partie du territoire. En certaines contrées, on eût pu se croire revenu aux guerres de religion. L'ironie des débats, les quolibets, la caricature avaient engendré une haine qui poussait aux outrages quotidiens, aux disputes, aux coups, aux bassesses les plus noires. Rien de tel au Cayrol : ni la « redingue » de Meissonnier ni la soutane de Deligny ne leur étaient un uniforme de taille à les jeter dans une bagarre. Ils se quittèrent donc sur le douloureux sourire revenu au prêtre après l'annonce des « choses terribles » qui se préparaient, Louis courant vers la mairie où se tenait la réunion du conseil municipal dont il assurait le secrétariat, le curé filant vers le presbytère où l'attendaient les apaisements du bicarbonate de soude.

En l'absence de Louis, retenu donc à la mairie, toute la famille était réunie dans le « logement de fonction » aménagé sous les combles de l'école. Il y avait là Paulin et Maria, désemparée de n'avoir rien à faire, Camille, son fils Laurent, sa fille Marie-Pauline et Roques qui, depuis dix ans, faisait partie de la tribu. Le couvert était mis, la soupe servie.

— Ils sont tous épatés, commentait Paulin. Mais il leur en faut si peu ! (Il tendait son assiette à Camille.) Si je leur avais montré certaines images ! N'est-ce pas, Roques ?

— Oh ! là là ! confirmait l' « assistant ».

— La décapitation des Chinois, par exemple. (Il retira son assiette.) Merci, Camille.

— Mon Dieu ! Encore ces histoires ! Ils vont me couper l'appétit avec ces horreurs.

Paulin passa outre aux gémissements de Maria.

— On voit les têtes à côté des corps agenouillés. Ce n'est plus de la littérature ! Il n'y a plus besoin de

190

cinquante lignes qu'on ne croira peut-être pas. En deux images, la mort est passée : un Chinois à genoux, la tête sur les épaules, clic ! Un Chinois à genoux, la tête sur le sable. Formidable !

Maria eut un haut-le-corps.

— Qu'est-ce qu'il raconte, celui-là ? Devant une femme dans son état. (Elle montrait Camille, son joli ventre difforme, la bouche nauséeuse, appuyée des deux coudes sur la table.) Enfin, Paulin Labarthe ! *Boun Diou !*

— C'est ma lessive, bredouillait Camille. Et puis cet escalier à longueur de journée.

Paulin était confus.

— Ne m'en veuillez pas ! Je suis un goujat.

Camille lui sourit, tout pardon. Elle ne voulait plus qu'on parle d'elle et créa une diversion.

— Et le cinématographe ? Vous avez acheté l'appareil ?

— Presque, dit Paulin, l'œil rusé.

Maria s'étonna.

— Ah bon !?… Je croyais que vous n'aviez plus le sou. Que tout était allé à l'emprunt russe ?

— J'ai vendu quelques parts à mes frères. (Pour masquer la gravité d'une décision qui venait de lui attirer tous les regards, il expliqua :) L'imprimerie est révolue. Il faut changer avec le monde ; l'image va remplacer le mot.

Une ombre de nostalgie ternissait le triomphalisme qu'il eût voulu donner à sa prophétie. En lui, le photographe progressiste le disputait au poète.

Il secoua sa mélancolie.

— J'ai vu lors de mon dernier voyage à Paris des choses absolument admirables. L'image bouge, comprenez-vous : elle *bouge* !

— Si vous reparlez de la Chine, je me lève, ronchonna Maria, coupant court au récit d'une nouvelle décapitation, qui cette fois ferait rouler la tête sur le sable à six pas du Chinois.

Paulin, tout à son affaire, continua, sur le ton d'un homme qui garde encore secrètes de grandes résolutions.

— On me propose de prendre des intérêts dans un studio. Si ça ne marche pas, c'est la ruine. Si ça marche, une possible fortune ! (Son œil riait.) De toute façon, j'aurai eu le plaisir.

Maria s'adressa à Camille dont la présence apportait un autre poids au problème qu'elle voulait soulever.

— Mais vous, les enfants ? Louis m'a dit, la dernière fois, que vous étiez un peu gênés.

— C'est arrangé, répondit Camille avec vivacité. Il a eu son avancement. Avec mon salaire et les suppléments, ici et là, nous joignons les deux bouts.

Visiblement, son souci était qu'on passât à un autre sujet mais sa formule irrita Paulin.

Il plaqua son couteau sur la table.

— Vous « joignez les deux bouts » ! Et ça vous suffit ? Ça vous convient ? Nous sommes gouvernés par des ventres. Et la République laisse les meilleurs de ses fils crever de faim !

— Ne croyez pas cela, dit Camille rougissante et s'enfermant dans un plaidoyer qui ne faisait qu'accroître l'irritation de Paulin. C'est incomparable avec ce que nous avons connu. C'est bien, vraiment bien. Louis est à dix-huit cents francs. J'ai mes douze cents. Avec le secrétariat de mairie, l'arpentage, ses démarches pour les assurances — mais ici, vous vous en doutez, ça ne donne guère ! J'oubliais quelques leçons que nous donnons, l'un ou l'autre...

Il était de tradition, dans les petits villages, que l'instituteur soit secrétaire de mairie. Sachant lire et écrire, il avait de surcroît une compétence d' « État » en matière administrative, des amitiés supposées avec la préfecture et un réseau de relations personnelles, par le truchement des enfants, qui lui ouvraient toutes les portes de la commune. Et beaucoup ajoutaient à ces tâches normales d'autres occupations de rendement incertain qui étaient le beurre dans leurs épinards. Ainsi, pour Louis, de l'arpentage et de l'assurance. Le père Pagès, dans ses confidences, lui avait révélé que dans son jeune temps il avait braconné pour le compte d'un hôtelier d'Albi, avant de diriger une équipe de traceurs pour une ligne de chemin de fer départementale. Certains confrères s'adonnaient à l'apiculture, tenaient un élevage de vers à soie ou bien cultivaient une vigne. Rien ne les rebutait, mais ils souffraient du sarcasme qui stigmatisait tantôt leur pauvreté, tantôt leur paresse de trop payés (les *trop pagats* du vieux Pagès).

Maria, trois cuillerées avalées, releva la tête.

— L'assurance en plus! *Seigné Diou, qué travail! Se coi pas malirou* (1)!

Si elle ne parlait plus guère patois, elle *pensait* dans l'idiome de sa jeunesse et, là, elle venait de penser tout haut.

— Mais non! sourit Camille. C'est bien, croyez-moi! Nous faisons attention, voilà tout! Nous allons au bout des chaussures et des vêtements.

« Faire attention! » Combien de fois l'entendait-on, cette formule, dans la bouche des enseignants. Le moindre accroc à l'économie quotidienne se répercutait longuement sur les finances du ménage. Les trois naissances, un abonnement au journal local, la perte d'un jambon où le ver s'était mis, revenaient de temps à autre comme des spectres dans la conversation. Il était entendu qu'on assurait la nourriture et le vêtement de tous. Pour le reste, il faudrait attendre. Louis avait fumé jusqu'à la naissance de Laurent et dénoncé l'abonnement au journal dès la première année achevée. Encore s'estimaient-ils heureux d'être sans dettes.

— Il n'avait pas été question d'une bicyclette? demanda Paulin.

A Paris et dans les grandes agglomérations commençait la mode du cyclisme. Dans les campagnes où elle eût été plus nécessaire, la bicyclette demeurait rare, faute d'argent, et, pour appâter le chaland, les marchands de cycles s'installaient sur la place des villages, donnaient des « leçons de conduite », louaient de *petites reines* au mois, voire à la journée. Louis eût gagné des heures de déplacement.

— Avec le bébé, il faudra attendre le prochain

(1) Seigneur Dieu, quel travail! Si c'est pas malheureux!

193

tableau d'avancement, dit Camille sans aigreur, on nous a promis...

— C'est si cher ? demanda Paulin.

Camille leva la main qui tenait sa cuillère, en ouvrant de grands yeux.

— Hé ! Deux cent quarante francs !

Plus de deux mois de son salaire.

Maria et Paulin échangèrent un regard et repiquèrent du nez dans leur assiette. Maria connaissait la générosité de Paulin, le coup d'œil l'avait rassurée. Il y aurait une bicyclette avant ce fameux tableau qui n'avançait guère les choses qu'en promesses.

— Il va manger froid ! dit-elle avec un geste pour l'assiette de son fils.

— Il a l'habitude.

— Il va attraper *une* ulcère, gémit-elle, montant sa voix d'un cran. C'est ça l'habitude quand on mange tout froid ! Et tout vite !

— Ce ne sera plus long, dit Camille. L'ordre du jour de cette réunion était peu copieux, paraît-il.

Paulin, qui réfléchissait depuis un moment, laissa éclater son indignation.

— Je viens de faire le compte approximativement dans ma tête. Au total, à vous deux, moins de quarante mille francs par an. Les typographes de mes frères gagnent le double ! Un garçon pareil. Et dire que c'est moi qui l'ai voulu !

Sa voix s'était brisée.

— Ce que vous avez voulu, le consola la douce Camille, c'est son bonheur. Et Louis est très heureux, je vous le jure. A cause de vous.

Ces mots-là jetaient Maria au cou de sa bru.

La séance du conseil tirait effectivement sur sa fin. Une dizaine d'édiles entouraient la grande table. A l'écart, sur une plus petite, Louis notait dans un cahier d'écolier les éléments du débat que plus tard il reportait dans un grand registre entoilé. Comme il s'apprêtait à poser la dernière question, le maire (qui était toujours cet Élie Peygaudirat à

194

long nez de fouine) avisa l'aîné des Roques, devenu chef de famille et conseiller par hérédité.

— Tu dors, Ernest ?

L'Ernest, harassé des fatigues du jour, ferma d'un coup son bec et se redressa.

— Nous allons voter sur le prêt du matériel pour le 14-Juillet à l'école et pour la Fête-Dieu au nouveau curé, reprit le maire.

— Le même, de matériel ? demanda Ernest, pour mettre son grain de sel.

— Hé oui ! L'estrade, les plateaux, les fils pour les guirlandes... *le matériel*, quoi !... Qui est pour ?

— Pour quoi ? demanda Honoré, arrivé tardivement et qui, sans être un notable, était un ancien, aimé de tous. Le prêt à l'école ou le prêt au curé ?

Le maire, dont la politique se réduisait au système de la poire coupée en parts égales, eut un mouvement d'humeur.

— Au deux ! Comme tous les ans ! 14-Juillet (il prononçait Juillette) l'école, 14 d'août le curé !

Beaucoup de mains se levèrent.

— Tu votes pas, toi ? demanda Honoré au maire qui parcourait l'assemblée du regard.

— Je compte d'abord. Sept pour... Maintenant, ceux qui sont *contre* ?

Une seule main se leva, celle d'Ernest Roques.

— Tu pouvais continuer à dormir ! grinça le maire. (Et il expédia, pour Louis :) Contre : un ! Abstentions : deux. C'est bien, la séance est levée.

Les conseillers ne se firent pas prier. Il était tard, tous avaient en tête une dernière tâche à accomplir avant d'aller au lit : une vache qu'il fallait soigner, des bûches à fendre, les bidons de lait à sortir pour le ramassage.

Le maire les retint de la voix comme ils allaient marcher vers la porte.

— Encore une petite chose que j'allais oublier... Peut-être parce que c'est désagréable. Mais moi, je suis franc ! (Il se tourna vers Louis, lui montrant la figure d'homme franc qu'il croyait être la sienne et qui n'était qu'une figure de coquin.) Ça vous concerne, monsieur l'Instituteur.

Il s'efforçait de donner à sa voix un ton d'innocence qui ne préparait que mieux la surprise.

— Enfin... pas vous directement, quoique... Si ! puisque votre dame...

Louis était interdit, la main sur son registre.

— Il s'agit d'un *détournement de biens communaux*.

Tous fixaient le maire sans comprendre. L'expression les avait stupéfiés. Louis ne comprenait pas davantage qu'aucun des témoins mais, comme eux, savait qu'il était la cible.

Le maire reprit, avec le soupir de l'homme-bon après le visage de l'homme-franc :

— Je suis bien en peine, bien en peine, car nous aurons probablement à écrire à votre inspection d'académie...

Louis blêmit encore.

— Je vous en prie, expliquez-vous !

— La salle de classe de Mme Meissonnier n'est pas une buanderie ! Le bois que les élèves apportent pour chauffer l'école n'est pas destiné à faire bouillir ses lessives ! Les murs, le poêle, sont *propriété de la commune*... J'ai encore eu aujourd'hui une plainte à ce sujet.

Louis eut une longue expiration, il avait craint une faute réelle. Autour de lui, un même relâchement de la tension disait le soulagement général. Cette broutille ne méritait pas qu'on retardât le départ. Ils se tournaient de nouveau vers la porte.

La voix vibrante de Louis les coinça de nouveau.

— Monsieur le Maire, il y a onze ans, ces mêmes murs étaient également propriété de la commune et vous aviez fait de la classe un dépôt pour votre propre compte. Je vous ai contraint de le rendre à sa destination première. Ce que vous ne m'avez jamais pardonné ! Faites votre rapport, je ferai le mien. De toute manière, mon épouse et moi quitterons la commune à la fin de l'année scolaire.

— Mais monsieur Louis, ce n'est pas possible ! Vous n'avez pas le droit de nous abandonner..., bredouilla Honoré au nom de tous.

— Ma décision est *irrévocable*. Le pauvre M. Pagès

gémissait sur les onze années qu'il avait perdues ici. Je suis resté parmi vous onze ans, moi aussi. Mais je ne les regrette pas. J'espère avoir préparé une génération *différente*, sans mesquinerie ni rancœur, une génération consciente et moralement forte.

Le maire sentit que les choses avaient pris le mauvais vent et tenta de réduire l'incendie qu'il avait lui-même allumé.

— Monsieur Meissonnier !... commença-t-il d'une voix devenue conciliante.

C'était trop tard.

— Non, criait Louis. J'ai mis deux ans à obtenir quarante francs d'augmentation d'indemnité de résidence. Vous m'avez refusé le charbon du logement. Et ma femme est tombée malade. Nous sommes misérablement logés. L'eau coule du toit dans la chambre de ma petite fille. J'ai payé de mes deniers le curage du puits... (Il se ressaisit.) Je ne vous en veux pas, mais *je m'en vais* !

Puis, au bout d'un moment, pendant lequel le maire eut tout loisir de recenser dans les regards ce qu'il avait de partisans dans cette affaire, Louis, refermant le registre, ajouta :

— Considérez que je suis, dès ce soir, également démissionnaire du secrétariat de la mairie.

Il sortit de la salle. Tous les conseillers, qui avaient suivi son départ dans l'hébétude des victimes d'un coup de force, reportèrent leur attention sur le maire, lui manifestant sans équivoque ce qu'ils pensaient de son intervention.

Il tenta de se disculper d'une voix mal assurée.

— Pour une malheureuse lessive !...

— Tu aurais dû y penser avant de faire le couillon, dit Honoré qui enchaîna sans élever le ton : En tout cas, s'il s'en va, ce maître, tu peux faire tes adieux à la mairie. Crois-moi que tu le peux !

L'homme-franc eut un vilain sourire qui lui tira tout un côté de la bouche.

Louis lâcha tout le paquet dès l'entrée, avant même de s'asseoir. C'était son habitude lorsqu'il éprouvait une difficulté ou subissait un affront quelconque de s'en libérer sans précaution, dès le contact avec l'un de ceux qu'il aimait, le premier à se présenter. Là, il les avait tous devant lui, réunis, et il leur fit une relation froide de l'événement. Après quoi, il s'assit, dans le concert d'interjections scandalisées qui était la conséquence de son récit, leva sa cuillère et ne put aller plus loin. Il ne regrettait pas vraiment mais, immobile devant son assiette qui refroidissait en même temps que l'indignation générale, il commençait à percevoir les conséquences de son attitude sur l'avenir des siens. Camille posa sa main sur la sienne. Laurent le regardait avec son habituelle vénération, ses dix ans avertis que la scène méritait une attention sans défaut.

Maria, ne sachant trop que dire, s'en tint aux banalités.

— Au moins, mange ta soupe tant qu'elle est chaude.

— Je n'ai pas faim, dit Louis, tête basse en repoussant son assiette.

La décision de Louis avait été si brutale qu'ils la ressentaient comme l'annonce d'un deuil : il leur fallait le temps d'assimiler la catastrophe. Paulin qui avait le culte de la dignité, s'étant tu longtemps, rompit le silence.

— Il a bien fait. (Il se tourna vers Louis et reprit avec fermeté :) Tu as très bien fait. Tu as appris ton métier chez des ingrats qui ne te méritaient pas. Maintenant, tu vas pouvoir choisir.

Camille était moins optimiste.

— Ce n'est pas si simple. Il n'y a pas de mutations tous les ans. Je veux parler des mutations intéressantes. Celles qui pourraient l'être sont convoitées. Il y a des protections. Le maire va écrire des insanités à l'inspecteur...

Louis, bloqué dans sa révolte, allait vers les positions ultimes.

— S'il n'y a pas de poste qui me convienne, je démissionnerai.

— Bravo ! murmura Paulin.

Maria, abasourdie, ne comprenait plus.

— Toutes études pour *rien* ?

198

— Je t'aiderai, continua Paulin. Quelle que soit ta décision, s'ils sont assez bêtes pour te perdre, moi, je t'aiderai !

Louis voulut rassurer tout le monde, sans l'être pour autant lui-même.

— Ne vous inquiétez pas ! Il y aura des postes disponibles. J'ai des amis moi aussi...

Sa voix faiblit à la pensée qu'on pourrait lui demander d'en citer un seul qui ait la puissance de lui obtenir un poste.

Ils étaient couchés côte à côte et malgré l'heure ne pouvaient s'endormir.

— Tu ne m'en veux pas trop ? demanda doucement Camille.

— Pourquoi t'en voudrais-je ?

— Toute cette histoire pour m'éviter un peu de fatigue ! Si j'avais monté mon linge...

— Je t'en prie !

— Je n'avais pas à faire ma lessive en bas, dans la classe, le maire a raison.

— Ce qui est fait est fait.

— Tu vois que tu m'en veux, soupira Camille.

— Mais non ! Il ne nous a jamais ratés, ton maire. C'est curieux : je trouve en lui, dans la même carcasse, un brave homme et un salaud.

Camille suivait le cours de ses pensées. Tout à coup, sur une intuition, elle tressaillit. Sûre d'elle.

— C'est la grande Neyrolles qui m'a dénoncée.

— Françoise ?

— Elle non plus n'a pas pardonné. Elle est encore amoureuse de toi.

— Enfin !... Elle est mariée, elle a deux enfants...

— Justement, dit Camille. C'est ce qu'elle ne pardonne pas : d'être mariée à un autre que toi, un autre qui lui a déjà fait deux enfants.

Louis refusait de s'engager dans ce labyrinthe. Seule comptait pour lui sa propre décision.

— Tu es fatiguée, ma chérie. Moi aussi. Nous ne disons que des bêtises. De toute manière, dans quelques mois nous serons loin. (Il prit un temps si long qu'elle le crut endormi.) J'ai bien réfléchi. Je vais écrire à l'inspecteur. Je vais lui demander de fixer ici, au Cayrol, la prochaine réunion pédagogique.

Camille se redressa, affolée.

— Ici ?! Mais comment veux-tu que nous recevions quinze personnes ?

— Justement. Il se rendra mieux compte.

— Tu es fou ! Je suis incapable de faire un repas pour...

— Nous irons au café. J'écrirai aux collègues. Ce sont presque tous des amis. Ils comprendront...

Camille n'était nullement convaincue. Louis, au fond de lui-même, n'était pas non plus très sûr du bien-fondé de son idée, mais à qui d'autre s'adresser, sinon à ses anciens condisciples de l'École normale ? Ce n'était pas en restant au Cayrol onze années durant qu'il avait pu se faire des relations nouvelles. Cette réunion était sa seule chance. Autrement, oui, il démissionnerait. Cette histoire de « détournement de biens communaux », par son excès, lui était une insulte. Bien sûr, la classe n'était pas une buanderie ! Bien sûr, Camille avait mis du bois de l'école dans un poêle qui était un matériel d'État ! Mais, au regard de ces peccadilles, que de fournitures payées sur leurs deniers, que d'heures passées à l'école ou à la mairie, sans qu'il leur vînt à l'esprit d'en réclamer la rétribution. Non ! Toute cette affaire n'était que l'assouvissement d'une rancune, la médiocre « vendetta » du maire. Cette conviction établie que la justice était pour lui, Louis put enfin, l'âme sereine, glisser dans le sommeil.

Au jour prévu, ils étaient là, dans la cour du café. Seul établissement de l'espèce au Cayrol, nul n'avait eu l'idée de lui donner un nom : c'était *le Café*. Un lieu qui eût enchanté le père Pagès car on y tenait l'éternelle *conversation* dont il avait ressenti le manque tout au long de son exil.

Arnaud Billarat, Régis Poulet et le bon Anselme Peyrat étaient venus accompagnés de leurs épouses ; d'autres, confirmés dans le délibat, s'étaient présentés seuls. Mais certains voyages s'étaient accomplis de compagnie, Billarat ayant ramassé Bosc et deux jeunes camarades dans une petite voiture louée dont le trotteur savourait à l'écart sa récompense, le nez dans un sac d'avoine accroché à son cou. Les frais seraient partagés. D'autres attelages, tout aussi modestes, étaient à l'attache sur un côté de la cour. Et l'on voyait, au gris des figures, que tout ce petit monde s'était mis en route bien avant le lever du soleil.

Camille, qui assumait en quelque sorte la responsabilité d'une maîtresse de maison (hors de chez elle, ce qui doublait son embarras), était en faction depuis le grand matin, guettant les arrivées. Elle avait cette plénitude des femmes heureuses d'attendre un enfant et qui les auréole d'une beauté toute spéciale. Elle portait son ventre devant elle comme un accordéoniste sa musique. Le dernier arrivant était un long échalas qui aurait paru bien funèbre, par le costume et la figure, si cette dernière n'avait été éclairée d'un perpétuel sourire de vieil enfant. M. Achille Vivaldi, inspecteur d'académie, passa de l'un à l'autre et dit un mot gentil à chacun d'une voix flûtée, à l'accent plus provençal que rouergat. Il lui revenait de présider cette *conférence pédagogique* dont il avait lui-même fixé le thème : *Quels rapports pratiques établissez-vous entre votre tâche d'enseignant et la nature qui vous environne?* Depuis deux semaines, les jeunes maîtres avaient réfléchi à la question posée, établi des mémoires et s'apprêtaient à confronter leurs idées, ce qui occuperait le reste de la matinée. Après quoi, ils déjeuneraient, chacun payant son écot. Au sortir de table, l'un d'eux, tiré au sort, aurait le redoutable honneur de « faire la classe » à ses confrères sur le sujet de la conférence et en tenant compte des observations de la réunion matinale. Un tourment pour l'élu! Car l'indulgence n'était pas de règle entre ces jeunes loups, si liés qu'ils fussent par le souvenir et l'amitié. Devant l'inspecteur, chacun luttait pour soi et il n'était pas rare que d'irrémédiables ruptures aient trouvé leur naissance dans les critiques formulées au cours de l'une de ces conférences.

M. Vivaldi, ayant consulté sa montre, leur fit signe d'approcher. S'adressant à l' « initiateur » de la réunion, son œil de lavande passait de l'un à l'autre avec une vivacité de furet.

— C'est une conspiration, mon cher Meissonnier. Et comme je l'ai fomentée, je dois vous en livrer la clef. En vérité, nous ne sommes pas encore tout à fait au complet mais guère s'en faut. (Son sourire s'accentuait encore.) Voyez-vous, nous ne tiendrons pas une véritable conférence pédagogique. (Le soulagement des uns compensa la grimace des autres.) Je n'avais pas le temps d'écrire à chacun d'entre vous pour justifier ce changement de programme et ma qualité d'inspecteur peut vous faire suspecter la pureté de mes intentions. Elles sont cependant limpides! (Le sourire s'effaça un instant, le regard même perdit de sa légèreté. Il revenait à Louis.) Vous n'êtes pas le seul, mon ami, à vous morfondre dans votre village. L'isolement est la règle dans nos départements au relief tourmenté, au climat difficile. Je vous connais bien et je reçois de tous la même doléance : « Nous sommes si *seuls*. » Face au pays, face aux populations, face à l'administration, face aux terribles inspecteurs d'académie. (Il retrouvait le ton et le sourire du début.) Je suis personnellement très favorable à la création des amicales et mutuelles d'instituteurs qui sont, vous le savez, d'actualité ; j'ai donc pensé que votre brillante promotion pourrait, autour de son major, constituer le noyau de cette association que je souhaite, ici, pour vous.

Camille et Louis s'interrogèrent du regard. M. Vivaldi semblait n'avoir rien compris à leur problème. Que venait faire là cette histoire d'association ?

Régis, lui, s'attristait que la conférence n'eût pas lieu. Il tenait depuis trois ans, aidé de son épouse et de ses élèves, un herbier qui lui aurait valu les compliments de tous par son adéquation au thème proposé et se sentait frustré d'une occasion de rehausser son prestige aux yeux de la hiérarchie. En revanche, il se trouvait bien de ne plus courir le risque d'être soumis à la critique de ses pairs. Si ses élèves adoraient ce maître rêveur et drôle, lui n'avait rien acquis des *trucs* qui vous protègent devant un tribunal d'adultes. Et

202

puis l'idée de cette association excitait sa curiosité comme celle de ses confrères.

Depuis la loi de 1901, les amicales florissaient en milieu professionnel, y compris chez les travailleurs de l'État, postiers et instituteurs en tête. Mais leur but était avant tout de remédier à l'isolement, ainsi que venait de le dire M. Vivaldi. Elles répondaient à un besoin d'ordre psychologique plutôt que pratique et n'avaient d'autre fondement qu'un vague sentimentalisme républicain. Louis ne voyait guère quel secours trouver à sa situation présente dans la fondation d'une « amicale ».

Prenant son courage à deux mains, il résolut d'intervenir pour dissiper l'équivoque.

— C'est-à-dire, monsieur l'Inspecteur...

— Non! non! mon jeune ami, le coupa aussitôt Vivaldi. Vous allez avoir toute la journée pour discuter du projet et lui donner, éventuellement, la forme qui vous conviendra. Hors de ma présence, d'ailleurs. (Il y eut quelques murmures de désolation polie dans l'assistance.) Oh! les hypocrites! (Il riait franchement.) Allons, jeunes gens! J'ai moi aussi naguère aspiré à voir disparaître mon inspecteur, je sais ce qu'il en est de votre *déception*! (Ils se détendirent à leur tour.) Donc, dispense des travaux de conférence. Ce que vous avez préparé n'est pas perdu, nous en discuterons la prochaine fois. Aujourd'hui, j'ai de vieux parents à la Madeleine, je m'accorde la permission de leur faire visite et à vous la liberté de vous exprimer tout à votre aise.

L'arrivée d'un cycliste, tirant tous les regards vers lui, interrompit l'excellent homme. Louis, bouleversé, se précipita vers le nouveau venu.

— Mais! C'est toi, Adrien!? Adrien Figeac!?

Adrien n'avait rien perdu de sa rondeur. Les deux hommes s'embrassèrent.

— Je te savais dans un trou, dit Adrien, emperlé de sueur, mais bon sang, c'est aussi un nid! Te voilà perché au plus haut du département.

— Moi, je croyais que tu n'appartenais plus à l'enseignement. Comment se fait-il que tu sois des nôtres? Qui a eu l'idée de te joindre?

— Moi ! précisa M. Vivaldi que ces retrouvailles enchantaient. Et c'est moi aussi qui lui ai suggéré de participer à cette rencontre.

La petite troupe n'était pas au bout de ses surprises.

Une soudaine pétarade retentit entre les murs, annonçant l'arrivée d'une voiture automobile. A peine y croyaient-ils qu'elle parut à leurs yeux étonnés : c'était une Levassor décapotée, aux cuivres flamboyants, aux roues équipées de rayons, sorte de gros scarabée haut sur pattes sur lequel étaient juchés deux hommes déguisés en ours, avec leur longue pelisse, leur casque de cuir et leurs lunettes en *mica* qui interdisaient toute identification.

Il fallut que le premier descendît assez péniblement de son perchoir et se découvrît pour que tous les présents le reconnussent dans un cri :

— M. Blanc !

C'était bien, en effet, leur professeur principal de « Normale ». Les quinze années écoulées le marquaient peu, sinon par les cheveux qui, devenus blancs (« comme mon nom ! » riait-il), se raréfiaient. Et peut-être la patte d'oie aux commissures des paupières était-elle plus marquée. Hormis cela, rien : la même bonhomie, la même voix chaleureuse et grave, le même regard qu'autrefois.

L'autre passager, ayant à son tour sauté sur le sol et montré son visage, déclencha une autre ovation.

— Samuel Eskène ! Sacré Samuel !

Lui était absolument identique à leur souvenir, avec quelque chose d'encore plus assuré qui lui venait probablement de l'usage de l'argent. La minceur élégante de la silhouette, le visage fin résolument ironique, le regard de séducteur reproduisaient l'adolescent.

M. Blanc, radieux, fit la tournée des présents. Il regardait chacun, lui serrait la main avec force et s'appliquait à le saluer de son nom.

— Adrien Figeac ! N'êtes-vous pas devenu journaliste ?

— Si.

— Attendez !... *Le Radical* ? C'est ça, vous écrivez dans *Le Radical*. Mais vous ne signez pas de votre nom.

— Ulysse Personne, avouait Adrien.

— C'est bien discret !

— Mais bien corrosif, ajouta M. Vivaldi qui était revenu sur ses pas.

M. Blanc se retourna et reconnut avec gêne l'homme qu'il aurait dû saluer le premier.

— Monsieur l'Inspecteur ! Je ne vous avais pas vu, s'excusa-t-il. L'émotion de retrouver tous ces enfants.

Ce mot qu'il n'avait jamais dit devant eux les bouleversa secrètement. *Enfants*.

— Je vous en prie, répondit Vivaldi. Je repartais ! Ils vous expliqueront. (Il se tourna vers l'assemblée.) Mesdames, messieurs, bonne journée et... bonne réflexion.

Une voiture l'attendait ; il partit au petit trot tandis que M. Blanc reprenait la tournée.

— C'est un homme épatant, murmura-t-il.

— Ils ne sont pas nombreux de son espèce à l'inspection.

M. Blanc se retourna sur la voix qui l'avait surpris.

— Arnaud Billarat ! Toujours aussi exigeant.

— Demandez à mon épouse ! Angeline...

Arnaud lui présentait sa gracieuse jeune femme.

— Pour l'exigence, il semble qu'il ait eu de bons maîtres, dit Angeline.

M. Blanc sourit et s'arrêta face à un autre visage, à demi dévoré par une barbe d'une rousseur d'écureuil. Cette fois, il hésitait.

— Maurice Ayral, lui souffla Louis après un temps.

— Mais oui ! C'est sa faute aussi : comment ne pas hésiter devant tout ce poil qui lui mange la figure ? Maurice Ayral, bien sûr ! (Il passait au suivant.) Anselme Peyrat. Vous, je vous ai revu, je n'ai aucun mérite à vous identifier.

— Non. Mais vous ne connaissez pas Marceline, mon épouse, qui enseigne également à Nasbinals.

Vint le tour d'un inconnu, plus jeune que les autres, grand brun au regard aigu.

— Félicien Pons est un jeune collègue de l'Hérault, spécialement invité par M. Vivaldi, dit Louis.

Le jeune maître confirmait, affinant la présentation.

— Oui, Pons. Je suis le secrétaire de « l'Amicale montpelliéraine ».

— Très bien ! Très bien ! répondit M. Blanc sans se compromettre.

En reconnaissant le visage qui se présentait au-dessus de l'épaule de ce Félicien Pons, il ne put retenir sa joie :

— Régis Poulet ! Cher Régis ! Et votre jeune dame peut-être ?...

Le rite de l'épouse se reproduisait effectivement :

— Suzanne Poulet, professeur de musique.

En arrêt devant Régis, M. Blanc fouillait sa mémoire. Il trouva :

— Oui. J'y suis ! Le 624 ! Je me trompe ?

— Non, monsieur, convint Régis. 624 et vingt-quatrième sur cent cinquante.

Le vieux maître s'épanouit.

— Il se *souvient* ! Il n'a jamais pu retenir trente vers à la file mais il se souvient de mes bêtises.

La revue achevée par Bosc et un gros garçon de Campuac, ils entrèrent tous dans la salle des banquets où les attendait une longue table.

Ils s'assirent de part et d'autre de la nappe dans le joyeux brouhaha commun à toutes les retrouvailles.

Cette conférence pédagogique, qui n'en serait pas une, commençait fort bien.

Deux heures plus tard, le repas s'achevait. On avait parlé de tout et de rien, du temps hors de saison, du salaire qui n'accompagnait pas les efforts demandés, des naissances, des morts, de l'effondrement du campanile de Saint-Marc à Venise et de l'étrange mort du romancier Zola.

On avait aussi parlé du projet de M. Vivaldi que le robuste Adrien Figeac remit sur le devant de la scène en prenant la parole avec sa violence coutumière.

— Personnellement, n'étant plus directement concerné, cela me donne une plus grande lucidité. Je ne suis pas pour vos amicales ! C'est du temps perdu, de l'énergie gaspillée.

Ils marquèrent tous leur surprise. La sortie les prenait dans la béatitude qui prélude au dessert.

— Je m'étonne qu'un républicain de ton acabit..., commença Billarat.

— Tu peux dire un *socialiste*. J'ai ma carte.

Ses camarades, surtout leurs épouses, marquèrent le coup. L'animal socialiste était d'existence connue et présentait même plusieurs variétés, mais c'était le premier qu'ils eussent à portée de main et de voix. Adrien leur fit réellement l'effet d'une bête curieuse.

— Eh bien, continua Billarat, je m'étonne qu'un *socialiste-qui-a-sa-carte* s'oppose à la création d'une société à but à la fois philanthropique et culturel.

Figeac saisit la balle au bond.

— Il manque un terme à votre trinité : philanthropique, culturel *et corporatiste* ! Trois mots qui, à mes yeux, sont la condamnation de ces foutaises. Pardonnez-moi le mot, mesdames !

Les dames se souciaient comme d'une guigne de l'excuse et guettaient la suite, avec le sentiment délicieux d'entendre l'un de ces hommes qui tôt ou tard jettent des bombes et qu'il faut avoir croisés une fois dans sa vie. Elles n'attendirent que l'instant nécessaire au lanceur de bombe pour avaler une gorgée.

Il reprenait :

— Qu'avez-vous besoin d'une société pour vous réunir dans l'amitié ? Dites-moi ce que vous ferez mieux demain que vous ne le faites aujourd'hui lorsque vous aurez solennellement adhéré à de quelconques statuts ? Ceci pour la « philanthropie » ! Le « culturel » (mot bien voisin du cultuel...).

— Trop facile ! grinça Billarat.

— Le « culturel », autre lanterne ! Vous éditerez quelques plaquettes poétiques qui ruineront les caisses (après vous avoir opposés dans leur choix), vous organiserez un voyage éducatif vers le trésor de Conques ou les caves de Roquefort..., la belle affaire ! Quant au « corporatisme », c'est le plus mortel de ces trois venins (les mots sonnaient fort dans la salle et Solange Poulet ne put se retenir de sourire de cette éloquence combattante). Le corporatisme, mes amis, c'est la chapelle, c'est le nombril, l'île ! On se cajole entre soi, sans voir les luttes environnantes qui remuent toutes les couches sociales, les idées qui font lever la pâte et tout progresser alentour. On se réveille trop tard, le monde a chargé, on est *dessous* !

Un serveur aux yeux exorbités se retint d'applaudir.

— Mais c'est un discours politique ! dit le jeune Pons.

Figeac sauta sur le mot.

— Bien vu, jeune homme ! Je ne rate pas une occasion d'en faire.

— Et vous proposez quoi ? demanda le représentant de l'Amicale montpelliéraine.

— Un syn-di-cat ! répondit Adrien.

— Le mot sent la poudre, commenta Billarat.

— Il en faut pour faire sauter la citadelle bourgeoise.

Louis, que toute cette joute oratoire attristait car elle éloignait de l'examen de son affaire qu'il avait modestement exposée, voulut brusquer les choses.

— Amicale ou syndicat, si les deux médecines se ressemblent, je préfère la plus douce !

— Le fameux cautère sur une jambe de bois ! s'exclama Adrien. Prenons ton cas, Meissonnier. Imaginons que l'*amicale* soit créée et même que tu la présides. Avec cette histoire du Cayrol, tu as eu ton coup de tête, bien, je t'approuve ! Mais quelle aide vont-ils t'apporter, les gentils messieurs de ta douce médecine ?

L' « amicaliste » de Montpellier intervint :

— Chez nous, le cas s'est produit... On avait imposé une mutation, nous en avons fait l'article de fond de notre bulletin. Et il y a eu une pétition en faveur de notre collègue.

Adrien ricana. Il connaissait la suite.

— Mais le muté d'office ? Est-il resté chez vous ? Ou a-t-il été bel et bien muté, malgré votre pétition ?

— En tout cas, la solidarité a joué, éluda Pons.

— C'est-à-dire que vous avez tous reçu la gifle, *solidairement* ! Croyez-moi, un syndicat eût tout changé.

— Par quel miracle ? s'étonna Louis.

— Une autre solidarité, combattante et souvent victorieuse. Le syndicat vous mêlerait aux sections ouvrières, vous sortirait du cocon où vous somnolez. Il vous ouvrirait les yeux sur les luttes véritables, celles du monde du travail auquel vous *appartenez* ! La montre et le chapeau, le *savoir* même ne font pas de vous des notables, mes amis. Vous restez des pauvres, parmi les plus pauvres, car vous êtes sans arme. Le syndicat vous en fournirait une.

— Je crois comprendre, murmura Samuel Eskène pour sa voisine.

M. Blanc, qui s'était fait du silence un devoir pendant la discussion, ayant lui aussi « cru comprendre », voulut en avoir le cœur net.

— La grève ?

Après un moment de stupeur, l'unanimité leur fit conspuer tout ensemble le mot et l'idée : « La grève ! Hou ! hou ! jamais ! »

Louis s'était soulevé sur sa chaise.

— Jamais je n'accepterai qu'on en fasse usage pour ma seule défense.

— C'est un problème d'efficacité, répliqua Adrien. L'Administration déplace les gens comme les emboucheurs changent les veaux d'un pré à l'autre. Et pas seulement dans l'Instruction publique, mais aussi dans les Chemins de fer, les Finances, et ailleurs. Imagine-la, ta grève, les journaux montent l'affaire en épingle...

— Il avoue ! s'écria Billarat.

— ... nous alertons l'opinion, le département s'agite, Paris s'en mêle, tout le pays s'embrase. Et la grosse bête administrative beugle mais recule !

Louis en avait une suée. Tout ce tintamarre annoncé lui était odieux.

— Tu es hors du sujet. C'est *moi* qui veux partir !

— A cause d'un imbécile de maire et sans point de chute, ironisa Adrien.

— C'est mon affaire...

Il se rembrunit. Pour lui, tout était dit et tout était perdu. Il n'osait tourner les yeux vers Camille dont il sentait le tendre regard posé sur lui. L'arrivée du gâteau, bouquet final de leurs agapes, le tira de sa mélancolie. La conversation générale s'étant assoupie, il semblait qu'on repartît vers les banalités tranquilles, lorsque, du bout de la table, l'homme de Montpellier, qui leur était à peu près inconnu, lança à l'adresse d'Adrien :

— Votre charabia contre l'Amicale a du moins le mérite de la cohérence : socialiste, vous êtes fatalement internationaliste. Donc, le désordre national est dans votre plan d'action.

Adrien était stupéfait de cette outrance distillée d'une voix sans éclat.

— Qu'est-ce qu'il raconte, ce petit monsieur ?

Pons se tourna vers Samuel Eskène.

— Mais vous ?

— Moi ?

— Vous semblez approuver le projet syndical ?

— Je le comprends, transigea Eskène.

— Par socialisme ?

Eskène ne voyait pas où l'autre voulait en venir, mais il était trop fin pour ne pas sentir la préparation d'une perfidie.

— Disons plutôt par esprit de solidarité.

— Je ne crois pas, affirma Pons, le fixant droit dans les yeux. Ou plutôt, une solidarité qui ne nous concerne plus, *nous* !

— Nous ?

— Nous, Français. Nous, chrétiens.

Ils avaient tous compris. Et pour que toute ambiguïté disparût, Pons précisa de la même voix faussement innocente :

— Vous vous appelez bien Samuel Eskène ?... De la grande famille ?...

Maurice Ayral s'était levé, plus rouge que sa barbe, l'index pointé sur le trublion.

— Je ne me sens lié en rien aux opinions de ce monsieur ! cria-t-il.

Billarat crut devoir faire contrepoids.

— Malgré notre ancienne amitié..., commença-t-il.

— Ancienne ? murmura Louis, désolé.

— ... je me sens plus proche de quiconque défend l'idée patriotique que de tout propagandiste de l'Internationale judéo-ouvrière.

— Vive Dreyfus ! cria le gros Ayral.

Malgré l'objurgation de M. Blanc (« mes amis, mes

chers amis, n'oubliez pas qui vous êtes ! »), ces deux mots furent le signal. Alors que les femmes s'interrogeaient encore sur l'issue de la dispute, celle-ci avait pris les proportions d'une bagarre quasi générale : Eskène se colletait avec Pons, Billarat rendait gifle pour gifle au vaillant Ayral et le grand Bosc secouait Anselme, sans comprendre qu'ils étaient du même camp. Les chaises abandonnées furent renversées, Marceline Peyrat gémit dans son mouchoir, et le serveur aux yeux exorbités commença de repousser imperturbablement les combattants qui l'approchaient vers le centre de la pièce, c'est-à-dire la table. La fête prévue tournait à la catastrophe.

Une voix fit tout basculer à nouveau.

— Et le gâteau ?! Vous allez abîmer le gâteau avant qu'on le mange !

C'était Régis Poulet. Son indignation était si évidente, sa voix si déchirée de l'angoisse d'être privé de meringue, si incongrue, si *enfantine* que la rixe s'interrompit comme un film s'arrête sur une image. Un grand seau d'eau n'eût pas produit plus grand effet. Ils se virent, la main levée, la mèche collée sur le front, la cravate sur l'épaule, ridicules. Parce que le plus intelligent, Samuel, fut le premier à rire du tableau, entraînant les autres, Régis plus haut que tous. Dans la même minute, au vol des gifles succédait une valse d'accolades. Ils étaient jeunes, généreux, ils avaient bu plus que de coutume, tout se remettait en place sans arrière-pensée. Les jeunes chiens ont de ces colères qui bouleversent toute une rue et, le temps de se retourner, on les voit qui trottinent, s'agaçant l'oreille, vers quelque aventure inédite et partagée.

Ils se rassirent à d'autres places aussi soudainement qu'ils s'étaient levés. M. Blanc, ragaillardi par le rétablissement de la paix, fit l'éloge du monument de pâtisserie qui en avait été le prétexte et trônait sur la nappe, entre les boîtes de cigares.

— Je suis pour la création de toute société capable de susciter de tels chefs-d'œuvre. Mais il n'est pas coupé ?

— C'est la coutume de la maison, expliqua Louis : à chacun selon son appétit.

— Alors, vous n'aurez rien ! déclara M. Blanc, hilare et feignant de s'approprier les trois étages de nougatine.

Les femmes, tourneboulées par le vin et l'émotion, rirent plus fort qu'il n'était nécessaire.

M. Blanc se tourna vers Louis.

— Qui fera les parts ? Vous, Meissonnier ?

Louis, que la corvée n'enchantait pas, cherchait sur la table un couteau qui lui parût convenir à l'opération. M. Blanc, sans rien dire, ayant mis la main dans la poche de son veston, en sortit un objet qu'il tendit à Louis, au vu de tous.

— Tenez !

Le ressort d'une lame fit un déclic.

— Mais c'est ton couteau !? s'écria Eskène.

Anselme Peyrat, qui avait dû cent fois rabâcher l'incident devant sa femme, se tourna vers elle et confirma :

— C'est *le* couteau !

C'était bien le Laguiole du premier jour de Louis à l'École, celui de la brimade.

Billarat, qui n'oubliait rien, demanda :

— Et la montre ? Aurais-tu aussi… ?

Avant qu'il eût fini sa phrase, Louis tirait de son gousset la montre de M. Labarthe qui passa de main en main.

Maintenant, l'estomac plein, cigare au bec, le groupe prenait l'air sans avoir examiné plus avant le problème des Meissonnier. Répartis au hasard de la sortie du « banquet », ils se partageaient en plusieurs conversations. La plus animée était conduite par Adrien Figeac et reprenait le sujet de sa prédilection…

— … sans parler de vos salaires qui sont indignes !

Ayral marqua sa désapprobation.

— Oh ! Indignes !…

Serviteur vertueux de l'État, il tenait ce genre de considération comme déplacée, sinon avilissante.

— Peux-tu te permettre de satisfaire ton goût pour le tabac, par exemple ? poursuivait Figeac.

— On peut vivre sans fumer.

— Combien de fois par mois es-tu allé au café ?

— Ce n'est pas notre place, intervint Billarat.

— Le café est un lieu où, sans déchoir, vous pourriez vous affirmer socialement.

Billarat était effaré.

— Tu es fou ! Je crois que la politique te rend fou ! Alors même que la plupart des académies nous recommandent de prêcher la campagne contre l'alcoolisme, voilà que nous devrions tourner à l'ivrognerie par esprit de société !

— Ce n'est pas ce que je veux dire, répliqua Adrien, dont l'idéologie soutenait une argumentation souvent mise à l'épreuve et donc pourvue de toutes parts. Je veux dire que vous n'avez pas le droit de vous exclure des lieux où le peuple s'exprime. Et le café en est un. Ce qui vous en écarte, ce n'est même pas la morale, ne me la faites pas là-dessus : c'est le manque d'argent !

Ce n'était pas avec des histoires de tabac et de café qu'Adrien Peyrat allait les convertir à ce socialisme qui, depuis quelque temps, prenait des allures inquiétantes, confirmées par des appellations provocatrices. Ainsi du *Parti ouvrier français* ou du *Parti socialiste révolutionnaire* ou encore du *Parti ouvrier socialiste révolutionnaire*. La France était leur patrie, la République leur doctrine, et ils avaient pour mission de défendre l'une et de soutenir l'autre par l'enseignement des générations à eux confiées. Ce qui dispensait la plupart de s'interroger sur les nuances, byzantines à leurs yeux, qui séparaient Jules Guesde d'Allemane ou de Vaillant. Toute leur stratégie et leur audace politique se réduisaient à voter parfois pour un candidat local paré de l'étiquette « socialiste », au premier tour ; mais dès le second, ils s'empressaient de reporter leurs voix sur le candidat « républicain », à seule fin de battre le conservateur c'est-à-dire le *réactionnaire*.

Figeac perdait son temps, le savait, mais n'en continuait pas moins par conviction et par plaisir : parler lui était une gourmandise.

M. Blanc, qui précédait le groupe Billarat-Figeac, s'étant arrêté, ils furent de nouveau tous réunis. Il paraissait bouleversé.

— Savez-vous ce que je viens d'apprendre ? Le pauvre Émile Renaudart...

— Pauvre ? s'étonnait Billarat. Le plaindriez-vous ?

— Oui, dit M. Blanc sèchement, car il serait mort. C'est ce que vient de m'apprendre cette jeune femme.

Il montrait Suzanne Poulet, laquelle se trouva dans l'obligation d'en dire plus.

— C'est exact. Il a été compromis dans l'affaire de Panama. Poussé par sa femme, il s'était mis à la Bourse. Mauvais placements, banqueroute, poursuites judiciaires, bref, il ne s'est pas remis de son emprisonnement.

— Emprisonnement !?

Le mot avait jailli de plusieurs bouches.

— Vous êtes sûre ? demanda Anselme.

— J'étais liée à la plus jeune de ses filles, Babette, avec laquelle j'ai fait l'école. Nous continuons de nous écrire.

— Il y aurait donc une justice ? dit Adrien, le seul à ne montrer aucune compassion.

— Figeac, je vous en prie ! répliqua M. Blanc. J'ai connu cet homme avant son mariage, il avait de grandes qualités.

Ce qui signifiait sans équivoque que Mme Renaudart avait corrompu son vaniteux époux.

— Et Augusta ? demanda Samuel.

Tout le monde se souvenait de son idylle avec la fille aînée du directeur. La question du « gendre » dédramatisa l'atmosphère.

— Elle fait du théâtre à Paris, répondit Suzanne Poulet. Sous le nom d'Augustine Renaut.

Samuel ouvrit des yeux ronds. Le nom ne lui était pas inconnu.

— Augustine Renaut, ça serait ?...

— Le loup a retrouvé la piste ! gloussa Billarat.

— Vous avez l'esprit mal tourné, dit Samuel qui rejoignit Camille et Louis et les entraîna devant.

— Pour ton affaire, mon vieux Louis, j'ai peut-être une possibilité. Une possibilité qui est un oncle très bien placé, ancien directeur au ministère. Ses positions dreyfusardes — il est aussi juif que moi, tu t'en doutes :

Lazare Eskène — lui ont valu d'être « démissionnaire ». Mais aujourd'hui, ça va bien pour lui. Seulement, d'après mes informations, le seul poste intéressant pour toi serait le Poitou.

Louis fit une légère grimace, tandis que le visage de Camille s'éclairait.

— Toute ma famille est d'origine poitevine, dit-elle.

— C'est vrai ! se souvint Louis, et il eut un sourire à l'adresse de sa femme.

— Signe du ciel, mes enfants ! conclut Samuel. Yahvé cligne de l'œil. *Got mit uns* (1) ! (Il abandonna le ton de comédie.) Cela dit, il faut que tu passes le concours de directeur. Tu le peux, tu as les notes requises. Passe ce concours, crois-moi !

Louis, qui commençait à désespérer de l'issue de cette réunion provoquée par lui, se sentit revigoré par le ton amical et décidé de Samuel. Malgré la désinvolture qu'affichait celui-ci, il était homme de parole et réaliste : s'il se montrait aussi affirmatif, c'est qu'il ne doutait pas de leur affaire.

Ceux des carrioles étaient partis depuis des heures déjà lorsque Samuel et Blanc revêtirent leur pelisse pour prendre à leur tour congé. Louis avait montré les classes vides (c'était un jeudi). Il avait présenté Laurent et Marie-Pauline à M. Blanc, qui s'était extasié sur la ressemblance du garçon avec le père et de la fillette avec la maman. Il connaissait les usages et, bien sûr, ses affirmations avaient fait plaisir.

Comme les petits Meissonnier avaient passé l'après-midi chez de jeunes amis fermiers, on leur avait donné un fromage frais et une saucisse dont Camille fit un paquet pour M. Blanc.

— Vous ne mangez plus rien de pareil en ville.

La nuit était venue, légère, parfumée par l'odeur des feux partout allumés pour brûler les feuilles, les bogues de châtaignes et même les sarments de quelques vignes qui avaient eu la maladie. Une lune était née au ras des

_____
(1) Dieu avec nous !

monts, énorme. Louis savait que le père Souques s'installerait dans son grenier, la dernière vache traite, et, depuis un châssis soulevé dans le toit, lorgnerait sans fin l'astre énigmatique. « Ce qui est le plus étonnant, monsieur Meissonnier, c'est la vitesse à laquelle ça bouge là-haut ! Vous ne tenez rien dans la lunette. » Dès qu'ils furent dans la cour où ils raccompagnaient leurs visiteurs, les chiens du voisinage lancèrent la nouvelle d'un mouvement du côté de l'école. Elle fut portée jusqu'aux écarts mais, comme elle ne présentait qu'un intérêt médiocre, les aboiements s'éteignirent aussitôt. Seul le chien des Fabre continua car cette lune le rendait fou et il y en aurait pour des heures. Peut-être même la mère Fabre devrait-elle l'enfermer dans la laiterie pour que, ne voyant plus l' « ennemie moqueuse », assommé de fatigue, le grand couillon s'endorme, la truffe sur les pattes de devant.

M. Blanc et Samuel allaient monter dans la voiture de ce dernier.

Le vieux maître prit familièrement Camille à part :

— Journée magnifique et dont je vous remercie.

— Vous ne voulez pas rester ?

— Comment feriez-vous, chère petite madame ? Où dormiriez-vous ? Croyez-vous que je n'ai pas compris vos difficultés ? J'appuierai la demande de votre mari : Vivaldi me doit quelque chose.

— Merci, dit simplement Camille, émue.

De son côté, Samuel rassurait Louis :

— Tu peux compter sur moi.

— Je sais.

— J'espère que tu ne regretteras rien. Le Poitou, c'est le pays chouan. Et l'Église n'y aime guère l'école de la République.

Louis était décidé.

— Le Poitou m'ira parfaitement.

— Alors, tu y es déjà, mon fils ! affirma Samuel.

Et l'automobile qui avait amené M. Blanc et Eskène repartit dans la nuit tombante, toutes lanternes allumées.

Ils la suivirent longtemps des yeux, attendirent les

216

derniers lacets et la remontée sur la pente du Gargarou. Puis comme, malgré le châle de laine qu'elle avait jeté sur ses épaules, Camille frissonnait, il la serra contre lui et ils rentrèrent.

En traversant la cour, elle demanda tristement :
— Tout le monde a payé sa part ?
— Je n'ai pas osé demander à M. Blanc.
— Tu as bien fait, soupira-t-elle. Mais cinq francs, c'est cher !
— Un banquet ! dit Louis pour mettre un terme à la doléance.

Au bas de l'escalier, ils se déchaussèrent pour protéger le sommeil des enfants. En montant elle chuchota par-dessus la rampe :
— Tu crois qu'il fera quelque chose, Samuel ?
— J'en suis certain. Il vaut mieux que son apparence.
— Moi, je n'y croirai que le jour où nos quelques meubles seront arrimés sur le chariot du roulier, dans cette cour !

Camille ne pouvait plus douter.

Il avait suffi de quelques semaines au puissant oncle de Samuel pour que tout fût réglé et la mutation décidée, avant même la fin de l'année scolaire.

Le chariot du roulier était bel et bien posé dans la cour, chargé comme une jonque chinoise. Louis avait tenu à ce que l'affaire fût prise en main par Turlan et celui-ci, devenu Turlan le vieux après son père, aidé d'un commis et de son fils cadet, assurait le transport jusqu'à la gare de Rodez.

Pour l'instant, il faisait patienter un nouveau Miral, plus grand que l'autre mais à l'étoile moins blanche, en lui soufflant doucement dans les naseaux.

Dans leur chambre du premier étage, Camille et Louis finissaient de s'habiller pour le voyage.

Louis, pour donner le change, s'en prenait à la lenteur de Camille qui s'était occupée de tout.

— Tu es prête, oui ? Nous aurons à peine le temps de nous arrêter à Soulargues.

Camille regarda par la fenêtre. Les élèves étaient tous

là. Même ceux que leurs parents accompagnaient semblaient être orphelins.

— Ils me font peine, dit-elle.

Louis masquait tant bien que mal son émotion.

— Dans huit jours, ils nous auront oubliés !

— Je ne pense pas, répondit, songeuse, Camille. Je n'ai jamais oublié Mlle Clémentine qui m'a appris à lire.

— Nos remplaçants sont très capables. Et d'autres enfants nous attendent ailleurs.

— Ne fais pas le matamore, Louis. Je sais très bien qu'au fond de toi...

Elle se retourna et lui découvrit un visage tellement bouleversé que la phrase mourut sur ses lèvres.

— Louis !...

Il était livide, pitoyable, les yeux noyés de larmes. Un gamin lui aussi, un enfant perdu. Ils se serrèrent l'un contre l'autre.

Louis avouait d'une voix blanche :

— C'est un échec ! Je devais *rester,* tenir tête ! Je ne suis qu'un orgueilleux. (Un sanglot lui déchira le visage, sanglot sans larmes comme un éclair de chaleur est sans pluie.) Ces enfants-là sont différents des autres. J'aurais dû tout accepter pour eux. Ils comptaient sur moi.

Le souffle lui manquait. Les phrases se faisaient courtes.

— Je t'en prie, dit Camille en lui caressant le front. Ils vont nous regarder. Je ne veux pas qu'ils te voient comme ça...

Ils descendirent dans la cour. Elle était pleine d'une humble foule attentive et silencieuse. Tous les regards les suivirent tandis qu'ils s'avançaient vers un break précédant le chariot. Un jeune homme et une jeune femme en blouse grise sortirent de l'école et s'approchèrent : c'étaient leurs remplaçants, un couple que la scène empêtrait et qui ne savait trop quelle attitude prendre. Camille portait sa fille Marie-Pauline dans les bras. Laurent suivait son père à un mètre. Sur un signe de Louis, il s'écarta pour aller dire quelques mots d'adieu à ses camarades de classe. Il serrait les mains gravement. Son meilleur ami, Pierrou Besse, pouffa. C'est qu'il avait plus de peine que les autres.

Louis, le visage fermé, empreint d'une froideur qu'il estimait convenir à la situation, s'arrêta devant son successeur. Il eût donné gros pour que sa voix ne le trahît pas, mais dès les premiers mots il sentit monter l'émotion.

— Je me suis bien plu ici. Je vous souhaite... Vous verrez, ce sont des enfants...

L'autre avait de grands yeux noirs qui comprenaient tout. Il approuvait à petits coups de tête.

Louis perdit toute superbe.

— Soyez gentils avec eux. La vie est rude pour ces jeunes. Ils ont besoin de... ils ont besoin qu'on les...

Il ne put poursuivre, serra vivement la main du maître et de son épouse, et fila vers la voiture. Camille, Marie-Pauline et Laurent l'y attendaient. Un groupe s'avança, mêlant Honoré Solignac, Mme Pujol, le père Souques, le curé Deligny et quelques autres. Ils serrèrent la main de Louis sans un mot, le visage amical et bouleversé, comme au cimetière.

Cette cérémonie — car c'en était une — n'avait rien à voir avec celle qui avait été organisée pour le départ de M. Pagès. Ni guirlandes ni discours, seulement ce silence triste qui valait tous les trésors de l'éloquence.

La charrette partit la première, chargée de meubles et de caisses et conduite par le commis des Turlan. Le fils était installé à l'intérieur, un bâton sur les genoux : malheur au chapardeur qui sauterait en route ! D'ailleurs, le break s'ébranlait à son tour et suivait.

Derrière un fourré, au-delà du pré communal, se tenait un homme qui guettait le convoi et tressaillit en l'apercevant. Invisible depuis la route, il fixait les voitures. Enfin, il esquissa un vague salut de la main et grommela, incrédule :

— Pour une malheureuse lessive !...

Élie Peygaudirat, le maire, ne s'en remettait pas, de sa bourde. « Un brave homme et un salaud dans la

même carcasse », avait dit Louis. Le brave homme était
là, payant pour l'autre.

Au bas de la route, les voitures se séparèrent, le break
se détachant pour monter à Soulargues tandis que le gros
du bagage descendait directement sur la gare de Rodez.

Camille, Louis et les enfants ne s'attardèrent pas chez
Maria et Paulin. Le temps de les embrasser, de dire
quelques mots, de boire un verre de vin chaud et ils
avaient repris la route.

Après leur départ Maria décrocha une photographie
sous verre suspendue au mur de la cuisine, l'essuya du
revers de la manche et s'en fut l'examiner à la fenêtre.
C'était la classe de M. Pagès, marquée au dos : « Le
Cayrol. 1892. Première classe. » Le nom de chaque
enfant figurait au verso, rang par rang, à sa place :
« Teyssèdre — Rinaldi — Jarrousse — Fabre —
Roques », etc.

— C'est cette classe-là que je préfère, dit-elle, la
première !... Qui sait ce qu'ils vont trouver là-bas ?

L'angoisse la tenaillait avec constance.

— Et ce chemin de fer qui vous secoue le ventre,
paraît-il, à en vomir ! Même ceux qui vont bien tombent
malades ! Alors les femmes qui attendent un bébé,
povres !

Le nez chaussé de ses lunettes, Paulin consultait une
carte de France dans un atlas de format gigantesque.

— Ils ont eu raison de coucher à Limoges. La journée
leur sera moins dure demain.

— L'hôtel ! *Boun Diou* ! L'argent que ça va leur
coûter ! (Sans être jamais allée à l'hôtel, Maria était
infaillible sur l'instinct de dépense.) Ajoutez les billets de
chemin de fer, les repas au restaurant — ils avaient bien
emporté un panier pour le train mais il y avait toute la
nuit à passer et qui sait l'heure à laquelle ils allaient
arriver — et l'expédition des meubles et ce loyer là-bas,
et...

La litanie s'allongeait.

— Lorsqu'ils seront installés, dit Paulin en enlevant
ses lunettes, nous irons les voir. J'apporterai sa bicyclette
à Louis.

Il avait parlé sans chercher aucun effet, mais Maria sursauta :

— Vous l'avez achetée ?

— Commandée, rectifia Paulin. Malheureusement, je ne l'aurai que dans un mois.

« C'est pour ça qu'il a fait venir ce livre ! » pensa Maria, jetant un coup d'œil au catalogue de la « Manufacture d'armes et cycles de Saint-Étienne », posé sur un coin du buffet. Elle en fut toute remuée.

— On peut dire que tu es bon, Paulin Labarthe ! On peut le dire !

Il la remercia d'un regard. Elle était déjà reprise par le tourment.

— Si seulement j'étais avec eux ! Si seulement je savais ce qu'ils vont trouver là-bas, en arrivant !

Paulin lui prit la main et murmura :

— Leur vie, Maria ! Où qu'on aille, on ne retrouve jamais rien d'autre que sa propre vie.

La ville de Courson, où Camille, Louis et leurs enfants étaient arrivés la veille, était située dans la partie ouest du Poitou, à la frontière des Deux-Sèvres. Elle ne comptait guère plus de quatre mille habitants, mais l'école primaire y avait des proportions autrement importantes que l'École normale de Rodez, par exemple, du temps de Louis. Tout y était immense aux yeux de l'arrivant : bâtiments, cours, préaux, même la grille. Sur le seuil de l'entrée principale, M. Petitot, le directeur, attendait. C'était un homme abordant l'âge de la retraite, presque chauve, les sourcils noirs. Vêtu avec élégance, il patientait, la montre à la main. Sitôt que Louis se présenta, passé la poignée de main et quelques mots de bienvenue résolument conventionnels, il l'entraîna vers l'intérieur des bâtiments. Ils montèrent à l'étage par un escalier dont le tapis rouge était maintenu à l'aide de barres de cuivre, ce qui parut à Louis un luxe étonnant pour une école. L'escalier menait aux appartements du directeur.

Ils s'arrêtèrent sur le palier.

— Venez contempler votre domaine, dit M. Petitot en attirant Louis vers une fenêtre.

La vue plongeait sur les cours, les préaux, les annexes.

Louis se retourna vers M. Petitot.

— C'est très grand !

— Vous n'étiez pas averti ?

— Je ne me rendais pas vraiment compte. Quel est le nombre de classes ?

— Huit, plus le cours complémentaire, claironna M. Petitot. Et nous approchons de deux cents élèves. (Il regarda derechef sa montre.) J'ai convoqué les maîtres pour la récréation, il est temps d'y aller.

Très sûr de lui, le directeur s'exprimait sur un ton d'autorité prétentieuse qui ne manquait pas d'un certain comique involontaire. Avec son complet bien taillé, son léger embonpoint, sa moustache coupée court, il avait quelque chose d'un chef de rayon de grand magasin mâtiné de sous-officier de cavalerie. Toute sa personne démontrait l'inanité du dicton : « Le ridicule tue ! » Mais l'œil ne manquait pas de bonté. A pas rapides, ils redescendirent dans le hall d'entrée, orné de plantes vertes.

Encore jeune, un homme vêtu d'une blouse noire attendait.

— C'est bien, monsieur Nivolles ! Toujours le plus exact !

M. Petitot décerna au complimenté un aigre sourire qui découvrit une dent en or. Il expédia les présentations dans la foulée.

— M. Pascal Nivolles qui fait la classe des moyens. Il est parfait, d'ailleurs. M. Louis Meissonnier qui nous arrive de l'Aveyron et remplace le pauvre Carpentier.

Louis devait bientôt apprendre que « le pauvre Carpentier » avait mis fin à ses jours quelques mois plus tôt, sans aucune raison apparente. « Il était très triste », se contentèrent d'expliquer les commentateurs, ce que sa fin prématurée ne détrompait évidemment pas.

Le directeur poussa Louis vers la porte de son bureau. M. Nivolles fit un mouvement pour les suivre.

— Non ! Vous entrerez tous ensemble lorsque vos collègues seront arrivés.

Le ton n'admettait aucune réplique.

222

Le bureau de M. le Directeur était une grande pièce austère comme il convenait à la fonction. Les meubles rustiques étaient parfaitement astiqués. Outre le bureau lui-même, on voyait une bibliothèque aux dorures flamboyantes, deux fauteuils confortables et, bien entendu, le portrait du président Loubet accroché au mur, en compagnie de gravures dans le goût anglais. Le caractère administratif du lieu était marqué par un « grand tableau d'honneur », sur lequel étaient fixées, tenues par des élastiques, des étiquettes au nom des élèves méritants : une colonne par classe et cinq à six élus par colonne. Au-dessus était inscrite en lettres d'or une citation de Virgile que peu d'élèves, voire de maîtres, avaient la capacité de déchiffrer car elle n'était pas traduite : *Labor omnia vincit improbus* (1).

M. Petitot, frétillant du plaisir de faire à Louis les honneurs de son cabinet, montra son fauteuil à son jeune collègue et alla s'asseoir face à lui.

— Voici votre futur bureau, mon cher *successeur*, dit-il avec un geste large de cabotin.

Pour Louis, cette phrase était prématurée. M. Petitot comprit sa réticence et s'esclaffa, l'air entendu :

— Mais si ! Allons ! Les jeux sont faits ! On ne vous aurait du reste pas muté deux mois avant la fin de l'exercice si l'on n'avait pas voulu favoriser un passage de témoin en douceur.

La métaphore sportive étonna Louis tout autant que la conviction de M. Petitot ; lequel ajouta du ton des mondanités de sous-préfecture :

— Et Mme Meissonnier ?

— Elle va mieux, je vous remercie. La fatigue du voyage s'estompe.

— L'heureux événement serait pour quand ?

— Les vacances. D'ici là, elle gardera la chambre.

Louis et les siens avaient pris pension « chez l'habitant ». Ils avaient renoncé à trouver un appartement en ville pour quelques mois. Ils attendraient le départ

(1) Un travail opiniâtre vient à bout de tout.

de M. Petitot, qui devait suivre de peu l'accouchement de Camille, et profiteraient alors du logement de fonction.

— Si madame votre épouse garde la chambre... vous êtes célibataire, conclut M. Petitot.

— Célibataire, acquiesça Louis.

L'autre enchaîna aussitôt, ravi de l'aubaine.

— Mme Petitot tient une excellente table d'hôte ! Je vous y convie.

Cette perspective ne souriait guère à Louis.

— C'est-à-dire...

— Vous n'aurez pas à vous plaindre, croyez-moi ! Et cela vous permettra d'établir votre autorité sous la mienne, si j'ose dire. Tous ces jeunes maîtres sont bien jeunes ! Il vous en coûtera quatre-vingt-cinq francs le mois.

Louis ne tiqua pas, mais comprit que, sous son envahissante cordialité, le bonhomme cachait une rapacité sans faille. Il ajouta d'ailleurs, interprétant le silence de Louis comme un premier signe d'acquiescement à la proposition :

— ... Sans le vin.

— Je n'y suis pas porté, dit Louis froidement.

— Je vous comprends. *Mens sana in corpore sano.*

N'ayant pas davantage lu Juvénal qu'il n'avait déchiffré Virgile, le cuistre s'était confectionné au fil du temps une petite provision de formules latines, de laquelle il tirait abusivement une réputation d'homme cultivé.

Quant à cette histoire de table d'hôte, elle n'était pas l'exception. En province surtout, nombre de directeurs d'établissements scolaires tenaient ainsi table ouverte (mais payante) pour les subalternes sur lesquels pesait leur autorité.

Dans le cas de Mme Petitot, la table d'hôte était fréquentée par quelques célibataires de l'école. Tous les arrivants y passaient. Ils tenaient un trimestre ou deux, selon la fermeté de leur caractère, et s'enfuyaient à la première occasion vers des lieux plus cléments. Louis, de toute manière, n'avait aucune envie de rejoindre à table, tous les jours de la semaine et quarante semaines dans l'année, directeur et collègues, laissant Camille seule dans leur étroit meublé.

On frappa soudain à la porte, qui s'entrebâilla.

— Un instant ! cria M. Petitot. J'appellerai.

Les maîtres, la récréation sonnée, se rendaient à l'invitation de leur directeur. Il y avait donc dans le couloir cinq ou six jeunes hommes de vingt-deux à vingt-cinq ans, y compris Nivolles. Un seul frôlait la cinquantaine. Le jappement de Petitot les renvoya dans la cour où ils formèrent aussitôt un cercle au centre duquel Nivolles battit une sorte de mesure et psalmodia à voix retenue :

— Mon-sieur-Pe-ti-tot-est-un...

— ... pe-tit-cul ! acheva le chœur.

C'était un rite. Les élèves ont ainsi des traditions pour moquer les ridicules de tel ou tel maître. La curiosité ici tenait à ce que les chahuteurs étaient les maîtres eux-mêmes.

Petitot n'en avait pas fini avec Louis. Il tira d'un tiroir de son bureau un petit calepin à couverture de moleskine noire.

— J'ai noté ici un certain nombre de principes d'administration, à l'intention de celui qui prendrait ma suite. Je vous invite à le consulter. Tout est noté : le système des rotations, le système des fournitures, le système des punitions, celui des récompenses, des cantines. Très important, les cantines ! (Il saisit le regard de Louis et, d'un coup, vira au miel.) Bien sûr, vous ferez à votre guise. Cependant, il y a là quelques indications que j'ai la faiblesse de croire utiles.

Louis prit le calepin sans enthousiasme. Il se souvenait de sa première rencontre avec M. Pagès, le rude accueil devenu chaleureux et fraternel. Celui-là n'avait parlé ni de « principes d'administration » ni de « système ». Cette expérience et ce qu'il avait appris à l'École normale suffisaient à Louis comme base pédagogique. Néanmoins, la réflexion l'entraîna à penser que l'école de Courson était d'une importance qui ne se comparait pas à celle du Cayrol. Peut-être « administration » et « systèmes » avaient-ils un rôle à jouer ici.

225

Ce qui gênait le plus Louis était l'insistance de M. Petitot à le traiter d'ores et déjà comme son « successeur ».

— Tant que ma nomination n'est pas officielle...

M. Petitot prit un air entendu.

— On sait ce qu'on sait ! Vous avez l'oreille de Lazare Eskène. Et, si vous avez l'oreille de Lazare Eskène, le poste est à vous !

Il ne faisait en fait que confirmer ce que Samuel lui avait dit de l'influence de son oncle, mais cette affirmation, dans la bouche de M. Petitot, avait quelque chose d'inconvenant.

— A cet égard, continuait Petitot, et si la possibilité vous en est offerte... (Il se récria aussitôt.) Oh ! je ne demande ni faveur ni passe-droit... Une simple information : où en sont mes palmes ? Rien de plus : où en sont-elles ?

Louis, médusé, s'apprêtait à l'aveu de son peu d'entregent.

Les yeux mi-clos, l'autre lui tapotait l'épaule.

— Je sais que vous ferez ce que vous pourrez.

Puis s'étant dirigé vers la porte, il l'ouvrit et lança d'une voix péremptoire :

— Entrez ! Allons ! Messieurs ! Ne traînons pas !

Ils entrèrent, l'un après l'autre, le plus âgé fermant la marche. C'était un homme silencieux et paisible, qui voyait tout, ne disait rien, et suçait à tout moment de grosses cigarettes fabriquées de sa propre main.

Petitot l'intercepta au passage :

— Je vous ai demandé de ne pas fumer dans nos locaux, monsieur Lectare !

L'interpellé, sans un mot, se dirigea vers un pot où languissait une plante verte. Scandalisé, Petitot le retint par la manche de sa blouse.

— Allez l'éteindre dans la cour ! Vous avez le seau des incendies pour ça ! Le sable, oui, le terreau, non !

Lectare sortit dans la cour où il tira deux ou trois profondes bouffées avant d'éteindre sa cigarette, tel un vieil élève fumant en cachette dans les cabinets. Lorsqu'il retrouva le bureau, M. Petitot y présentait Louis aux autres :

— Voici mon successeur, M. Louis Meissonnier. Disons : mon très probable successeur.

Louis eut un sourire embarrassé. Les autres semblaient plutôt satisfaits : au premier coup d'œil, il leur était sympathique. M. Petitot regarda le groupe, avec un effarement qu'accentuait la circonflexion des sourcils.

— Je ne vois ni Durand ni M. Patin ? s'étonna-t-il.

— Durand surveille les cours et M. Patin a gardé sa classe en punition générale, le renseigna quelqu'un.

— Très bien ! Punition générale, très bien ! Vous rapporterez donc à vos confrères ce que nous allons... (Il se ravisait.) Et puis, non : je les verrai personnellement.

Les maîtres échangèrent des regards convenus : la confiance ne régnait pas en maîtresse chez les Petitot. La pathétique imbécile commençait la présentation des maîtres à Louis.

— Vous connaissez déjà M. Nivolles. Voici M. Billon, M. Patente (Louis serrait les mains), M. Collinet, qui me seconde dans ma préparation au « certif ». (Il s'amusait de sa propre audace de langage.) J'ai eu trois fois le meilleur du canton. Et nous avons, cette année, deux candidats exceptionnels, Sabin et le jeune Carpentier ! Et puis, j'oubliais M. Lectare, notre excellent maître du cours complémentaire.

Son allusion à la réussite de ses élèves au certificat d'études n'avait rien que de normal. Ce n'était pas seulement une question de vanité. A l'inspection d'académie, on tenait compte des candidats reçus dans chaque établissement. C'était surtout à partir de ces résultats que l'on jugeait de la valeur des maîtres et des directeurs. Il y avait également la concurrence des collèges religieux autorisés à enseigner, lesquels, eux aussi, présentaient au « certif » des candidats soigneusement préparés. On comparait ensuite, et de très près, les succès respectifs de l'École publique et de l'École confessionnelle. Les journaux locaux, les sermons, les tracts, les discours, reprenaient les chiffres, et les parents en tiraient des conclusions pratiques, qui ne coïncidaient pas toujours avec les convictions intimes.

Quand Louis rentra dans leur garni, il se précipita vers Camille, étendue sur son lit, dolente mais fraîche, et lui raconta ce premier contact avec Petitot et les autres.

— Il m'a présenté tout son petit monde.

— Il est gentil ? demanda Camille.

Louis haussa les épaules, évasif.

— Tu sais, une première rencontre, comment juger ? Plutôt gentil, oui. Mais verbeux et suffisant. Il me croit certainement franc-maçon, en tout cas très pistonné.

— Et les confrères ?

— Jeunes, sauf une espèce d'ivrogne...

— Comment peux-tu savoir ?

— Il empeste le rhum. Ah ! j'oubliais ! M. Petitot m'a collé pensionnaire d'office. A quatre-vingt-cinq francs par mois !

Elle se redressa.

— Eh bien ! Qu'est-ce qu'il vous donne à manger ? Des ortolans ?

Louis avait questionné ses collègues après l'entrevue avec le directeur.

— Au contraire ! Il paraît que l'honorable M. Petitot et son épouse sont deux goinfres, que tous les bons morceaux leur échoient et que les maîtres demandent leur mutation dans le trimestre qui suit leur arrivée. Ce qui explique la jeunesse de mes collègues : on ne s'attarde pas à Courson. Je n'ai pas voulu discuter le premier jour, mais je ne dînerai pas avec eux.

— Tu ne peux pas rentrer tous les soirs.

— Nous verrons... Et toi, comment vas-tu ?

— Nos logeurs sont adorables. La femme est aux petits soins pour moi et pour les enfants. Et le vieux monsieur ressemble à mon oncle Pierre. Ils sont très impressionnés à la pensée qu'ils hébergent un futur directeur d'école... C'est égal. J'ai hâte d'être debout.

« Moi, j'ai hâte d'être à lundi et de voir les choses d'un peu plus près... », songeait Louis.

Les « choses » se passèrent le plus simplement du monde. Louis était compétent et dès l'abord sut créer avec ses collègues et ses élèves les relations simples qu'il souhaitait. La seule inquiétude qui lui vint tenait à l'accent : le sien faisait parfois sourire les élèves, le leur le déroutait et l'amenait à faire répéter certains mots plus que de raison. Il suffit de quelques semaines pour que l'exotisme des uns par rapport aux autres (Laurent était dans le cas de Louis) perdît tout intérêt. Cependant, Louis avait pu mesurer le bien-fondé de la mesure autoritaire et combien salubre imposée par la République, lorsqu'elle avait interdit les *patois,* dont l'usage conservé dans les lieux d'enseignement eût compromis tout l'édifice de scolarisation. Déjà, dans son Aveyron natal, les dialectes comportaient de notables variantes des Causses aux vallées, du nord au sud, de la ville aux écarts. Ici, il eût été un étranger.

Ce souci écarté, le reste coula sans heurt. La classe de M. Carpentier, le pauvre pendu qui manquait à l'effectif, avait connu plusieurs intérimaires. Louis s'attacha à rattraper le retard dû à ces hiatus. Les enfants étaient dociles, lui patient. Le mal se réparait jour après jour, comme on brode. Cette quiétude semblait devoir régner sur toute la saison, lorsqu'un matin, alors que père et fils atteignaient l'école, Laurent bossu de son lourd cartable, ils aperçurent un rassemblement de peuple devant la grille fermée. Il y avait là surtout des femmes, mais aussi quelques hommes. Une patrouille de gendarmes à cheval débouchait d'une rue voisine et s'approchait au pas, précédée de deux personnages ceints d'une écharpe tricolore, dont il s'avéra peu après que l'un était commissaire de police et l'autre le maire de Courson.

Parvenu à la grille, Louis vit dans la cour un groupe d'autres femmes entourant un prêtre en aube, le goupillon à la main.

Nivolles et Collinet semblaient monter la garde devant l'entrée du bâtiment central, alors que Patente, Durand, Patin et Lectare déambulaient, en bavardant par couples.

Louis se pencha sur Laurent.

— Ne bouge pas d'ici. Attends-moi, je reviendrai te chercher.

Laurent hocha gravement la tête. Oppressé, il regardait son père s'éloigner et s'approcher de la grille. Louis se fraya un passage parmi les groupes.

— Où va-t-il, celui-là ? interrogea une voix.

— C'est M. Meissonnier, répondit Nivolles. Il appartient au corps enseignant.

— Depuis quand ? demanda une autre voix.

— Presque un mois.

Les gens du dehors vociféraient en direction des gendarmes et des deux notables ceints de tricolore, en lesquels cependant ils voyaient un soutien problable.

De la direction opposée apparut alors une procession menée par un vieux prêtre suivi de quelques enfants de chœur portant croix et bannières. *Ave, ave, ave, Maria...*, chantaient les voix désaccordées d'une théorie de femmes et d'hommes lugubres.

Étrange spectacle de voir ce cortège progresser lentement vers les gendarmes, dont les chevaux piaffaient : renversement des alliances, le sabre allait-il affronter le goupillon ?

— Mais que se passe-t-il donc ? demanda Louis à Nivolles lorsqu'il eut passé la grille.

— Une attaque-surprise, répondit celui-ci avec un sourire ambigu.

— Une attaque ?

— La préfecture s'est durcie. Il vient d'être décidé d'enlever les crucifix dans toutes les classes.

Louis était effaré.

— Mais ce sont là des textes anciens, certains ont plus de vingt ans !

— Je sais, dit Nivolles. Mais on vient de leur redonner de la vigueur et, ici, tout le pays prend feu dès qu'on évoque la question religieuse.

Il était vrai que l'arrivée du petit père Combes au pouvoir, avec son programme de laïcisation poussée et de séparation de l'Église et de l'État, avait ranimé les ardeurs des deux camps. La loi du 15 novembre 1887, en faveur des funérailles civiles, de la laïcisation des hôpitaux et de l'enlèvement des crucifix dans les tribunaux avait favorisé la recrudescence de l'anticléricalisme et on avait même vu des conseils municipaux ordonner la destruction des croix dans les cimetières ! Mais ces actes d'aveuglement avaient été rares. Dans certaines régions où le cléricalisme dominait, les circulaires auxquelles faisait allusion Louis avaient été, au contraire, purement et simplement ignorées. Aujourd'hui les radicaux entendaient faire respecter les règlements qu'ils avaient inspirés sans les avoir eux-mêmes promulgués — suprême malice.

L'affrontement menaçait de tourner à l'empoignade derrière les grilles. Aux *Ave Maria* se mêlaient des imprécations qui manquaient d'angélisme. L'école, d'une minute à l'autre, serait le terrain de la bataille, si nul ne s'interposait.

— Mais... le directeur ? demanda Louis.

— Il est allé chercher des... directives, répondit l'énigmatique Nivolles. Et il a déclaré que vous assureriez l'intérim.

Louis ouvrit de grands yeux.

— Moi ?... Et où est-il allé chercher ces directives ?

— A Poitiers. Je pense qu'il reviendra dès que...

— ... la fièvre sera tombée ! acheva Louis qui commençait à comprendre. Comment sera-t-il averti ?

— Le téléphone, dit Nivolles.

Louis allait demander un complément d'explications, ce téléphone l'intriguant, lorsqu'il en fut détourné par l'entrée en scène, le mot n'était pas excessif, d'une sorte de gentleman-farmer que Nivolles salua dès qu'il l'aperçut.

— Monsieur le Marquis. (D'un mouvement du corps, il désignait Louis :) M. Messonnier.

— Ah ! fit l'autre. Vous seriez donc le successeur probable du pauvre Petitot ? Si cela est, monsieur, intervenez ! Il n'est que temps.

Sans perdre de temps à interroger le marquis sur la source de ses renseignements (« assez sûre », pensait Louis), le « probable » successeur consulta ses collègues du regard et décida de monter en première ligne.

— Monsieur le Curé, mesdames, messieurs, messieurs les représentants de la force publique, cria-t-il, se haussant au-dessus de la grille, ce désordre doit prendre fin ! (Le silence se fit par degrés.) Je vous remercie.

Le commissaire de police, poussé par le maire, s'avança.

— Ouvrez cette grille !

— Encore conviendrait-il, monsieur le Commissaire, que nous connaissions l'objet précis de votre démarche, déclara Louis d'une voix ferme.

Il se sentait responsable de la suite des opérations.

— Laissez-moi entrer d'abord.

— L'espace scolaire étant assimilé à l'espace universitaire, il est inviolable.

Les paroles de Louis provoquaient chez les manifestants comme chez ses collègues des réactions opposées, inquiétant les uns, rassurant les autres. Tous, néanmoins, lui reconnurent une autorité qu'ils ne lui soupçonnaient pas. Sa blondeur, sa voix, l'ingénuité de son regard, annonçaient une mollesse que son comportement démentait.

— J'ai des ordres, dit le commissaire.

— Écrits ? demanda Louis.

— Écrits, approuva le policier.

— Puis-je les lire ?

Le commissaire hésita un moment, puis sortit un document de sa poche, qu'il fit passer à Louis à travers la grille.

Louis lut avec attention.

— Vos ordres n'exigent pas votre présence dans les locaux scolaires. (Le commissaire, choqué, voulut parler, mais Louis le devança.) Vous êtes seulement requis pour « faire procéder à — je cite — l'enlèvement des symboles religieux qui sont encore en place dans les locaux scolaires de votre subdivision administrative, malgré les lois des 26 mars 1882, 30 octobre 1886, etc. ». Enlèvement, soit ! Mais par qui ?

Le commissaire se tourna vers un grand escogriffe en *largeots* de velours, ces vastes pantalons aux poches multiples destinées à recevoir les outils familiers.

— J'ai avec moi l'ouvrier.

— Bien ! Qu'il passe, déclara Louis.

L'autre se glissa par la grille entrouverte, apportant une échelle avec lui.

232

Le curé qui dirigeait les troupes de l'intérieur tenta une intervention.

— Il me semble, messieurs, que…

Louis coupa court.

— Les lois sont les lois, monsieur le Curé. J'enseigne leur respect aux enfants, je m'y conforme scrupuleusement moi-même.

— La loi humaine n'est pas l'expression la plus haute de…

— Je vous en prie. « Rendons à César ce qui est à César. » La loi humaine est à César. Pour le reste, je ne pense pas que les certitudes religieuses aient leur siège ailleurs que dans le cœur des hommes.

Le pauvre curé eut pour ses troupes un regard d'épagneul. Derrière la grille aussi, on observait. Louis sentit qu'un ordre du prêtre pouvait encore allumer la poudre.

— Personne, ici, ne peut souhaiter un acte de violence au nom du Crucifié.

L'argument porta. Le curé laissa tomber ses épaules et fit signe à ses ouailles de s'écarter.

Louis s'était tourné vers l'ouvrier.

— Vous déposerez les crucifix et les remettrez aux membres du clergé ici présents.

La dépose eut lieu sans autre incident.

Le prêtre aux yeux tristes, Louis, l'ouvrier et le commissaire passaient de classe en classe et décrochaient du mur les crucifix dont les poids cumulés, à la longue, accablèrent le malheureux curé. Il demanda, depuis une fenêtre, l'aide des enfants de chœur qui se présentèrent ensemble et mirent un peu de couleur et de bruit dans l'opération. Chaque croix enlevée laissait sur le mur une marque claire, presque lumineuse. En une heure, tout fut dit et ceux qui avaient eu la patience d'attendre virent sortir du bâtiment une bande d'enfants hilares, dont chacun portait sur l'épaule une croix poussiéreuse. Seul le curé eut l'esprit de dissimuler son soulagement sous un masque de désolation.

Louis franchissait la grille, à la recherche de Laurent qui l'attendait, immobile sous un arbre, lorsqu'une voix cinglante le fit se retourner.

— J'aimerais savoir de quel camp vous êtes *vraiment,* monsieur Meissonnier.

C'était le marquis, dont l'œil bleu le fixait avec autant de curiosité que de réprobation. Louis cherchait une réponse, le marquis enchaîna :

— Êtes-vous chasseur ?

Ce qui était tout bonnement une invitation, pour le lendemain, sur ses terres.

Louis ne croyait pas qu'on pût tuer avec une telle insouciance. Et, cependant, il en était à dénombrer le trente-septième faisan abattu (encore ne comptait-il que ceux qu'il *voyait* s'effondrer, l'aile rompue). Plus loin, d'autres fusils claquaient, derrière un petit bois, au fond du pré, au-delà de l'étang, partout. Plusieurs centaines de ces beaux oiseaux, probablement, mourraient aujourd'hui, le poitrail emperlé, la tête ouverte. Certains soulevaient encore la gibecière où les jetait un garde indifférent, dans un dernier effort de vie. Le garde passait la main dans le sac de cuir et pressait le cou émaillé d'or et de sang. Rien ne remuait plus.

Spectateur, Louis montrait sa neutralité en gardant le canon du fusil obstinément tourné vers le sol. Son garde crevait d'ennui d'être accroché à un nigaud pareil. A trente mètres, le marquis lui glissait de temps en temps un regard, saisissait le fusil chargé que lui tendait Arsène, chef de ses gardes, tirait, suivait distraitement la chute de la pitoyable bombe de plumes qui venait s'abattre devant lui, rappelait son chien et rendait le fusil à l'Arsène, qui lui en tendait un autre prêt à l'emploi. Bon tireur, il ratait peu. Lorsqu'il en eut assez, il fit sonner d'une trompe et chacun sut que tout s'arrêterait dans vingt minutes, à la seconde sonnerie de la même trompe.

Abandonnant son poste, mains enfoncées dans les poches de sa veste anglaise, le tyrolien penché sur l'œil du côté du soleil, le marquis vint à Louis. Il avançait d'une marche lente, presque solennelle, un très petit cigare noir aux lèvres, qu'il faisait venir d'Italie où sa femme avait tout un cousinage.

Encore à vingt pas, il interpella Louis :

— Ainsi, vous ne tirez pas ?

— Je vous avais prévenu que je n'étais pas chasseur, monsieur le Marquis. Sans votre aimable insistance...

— De toute manière, je vous remercie d'être venu. C'est un signe de paix entre nous.

Il était étrange d'entendre parler de « paix » un homme qui venait de faire longuement un fracassant usage de ses fusils.

Le marquis poursuivit :

— L'École publique en offre peu d'exemples !

Louis sortit de sa torpeur et dit calmement :

— L'École publique *subit* la guerre, monsieur le Marquis, elle ne la provoque pas.

Le marquis affecta le ton le plus modéré.

— Qu'osez-vous dire là, cher monsieur ? On prétend que vous autres, « hussards noirs de la République » (comme vous désigne pompeusement je ne sais quel polémiste imbécile de vos amis), avez le culte de la vérité. Eh bien, la vérité est que, depuis toujours, l'Église enseigne. Elle enseigne les enfants pauvres comme les autres, en leur inculquant les principes qui permettent la vie sociale : respect de l'autre et de son bien, soumission aux lois, exaltation de la conscience, recherche du bien et du beau et crainte de Dieu. Sans négliger l'orthographe, le calcul, les sciences ; mais avec le latin et le grec, dont vos grands esprits font aujourd'hui litière.

Sa résolution de ne rien envenimer céda aux bouffées de passion qui l'empourprèrent.

— Vous avez retiré l'enseignement à l'Église ; vous chassez la religion de vos classes ; les congrégations devaient être autorisées, vous les avez dissoutes. Cela ne suffisait pas encore : on les expulse ! Bientôt, on les rançonnera. Je sais ce que je dis. Je ne le sais que trop ! Et vous me déclarez tout tranquillement que l'École publique *subit* la guerre et ne la provoque pas ? Comment pourriez-vous penser sérieusement une telle énormité !?

— Monsieur le Marquis, dit Louis, qui avait subi cette tirade, impassible, si vous m'autorisez à vous répondre...

— Je suis curieux de vous entendre.

Louis n'avait nullement l'intention de répliquer au

marquis sur tous les points de son discours. Il fila droit à l'essentiel.

— L'Église enseignait même les pauvres, c'est vrai. Mais encore les choisissait-elle.

— Allons, mon bon ! Vous parlez déjà en sectaire !

— Avez-vous jamais été un petit paysan pauvre, monsieur le Marquis ? Moi, si !

— Eh bien, je vous félicite de votre ascension dans l'échelle sociale, ironisa l'autre.

— L'Église n'y a aucune part, répliqua Louis. Mais oublions mon cas personnel. Qu'enseignait-elle ? La résignation, la soumission. Non pas la soumission aux lois, mais à l'argent. La résignation à la pauvreté. Le respect du bien, dont ils n'auraient jamais une miette. La République a décidé que *tous* les enfants passeraient par la *même* école…

— Pour mieux les endoctriner, ricana le marquis.

— Non. Par souci d'égalité. Pour ne pas perpétuer la fabrication de deux espèces de Français, irréductiblement opposées l'une à l'autre. Et sur tous les sujets !

Le marquis s'était assombri. Quelques chasseurs, alertés par l'éclat des voix qui avaient monté à l'insu des deux hommes, s'étaient approchés. Ils étaient par nature ou par nécessité dans le camp du marquis, lequel avait repris la parole.

— Mes renseignements… Eh oui, monsieur, nous avons aussi notre maçonnerie, mes « renseignements », donc, vous donnaient pour un modéré et même un sympathisant au catholicisme. J'ai même lu quelque part que vous assistiez régulièrement aux offices…

— Vous avez bien lu, dit Louis.

— Alors, je ne puis que répéter ma question de l'autre jour, monsieur : de quel camp êtes-vous ?

Louis n'éprouvait aucune gêne à répondre. Simplement, il prit le temps d'une formulation sans équivoque.

— Je crois que je suis du camp des enfants, monsieur le Marquis.

— Le « camp des enfants ! » Mais c'est inepte ! Ça n'a aucun sens !

Petitot, aux cent coups, hurlait son désaveu. De

bonnes âmes venaient de lui rapporter l'entrevue et le malheureux directeur, apoplectique, suant de lâcheté, se retenait de prendre Louis au collet ainsi qu'il le faisait de ses élèves récalcitrants.

Il hoquetait :

— Le marquis a un bras qui va jusqu'à Paris, figurez-vous ! Vous vous êtes grillé les ailes, tout bonnement. Et pas seulement vous, malheureux imprudent ! Pas seulement *vous* !

— Il fallait être là, monsieur le Directeur.

— C'est bien mon sentiment, hélas ! rugit Petitot. Quelle sottise j'ai faite en vous déléguant mes pouvoirs. Même Lectare eût mieux fait ! Personne n'eût osé toucher à quoi que ce soit.

— Les traces qu'ont laissées les croix enlevées sur les murs sont plus visibles que les crucifix eux-mêmes !

— Il s'agit bien de Christ, de crucifix et de tout ce bataclan !

Au bord de l'anéantissement Petitot révélait en un mot la sincérité de ses convictions.

— Vous compromettez toute ma diplomatie. Des années et des années de délicat équilibre.

— Vos palmes ne sont pas en cause !

A l'instant même, sans percer l'ironie mordante, le mépris contenu dans ces quelques mots, le foudre de guerre redevint agneau. L'ombre de Lazare Eskène traversa son esprit embrumé.

— Vous le croyez vraiment ?

Louis poussa cruellement son avantage.

— J'interviendrai au besoin.

— Ah bon ! (Pour un peu, sa bassesse l'eût rendu pitoyable. Il eut un sursaut d'angoisse.) C'est égal… Je connais M. de Coutrelle : d'une manière ou d'une autre, il se vengera !

Louis ne le dissuada pas.

En sortant du bureau du directeur, Louis s'approcha de Nivolles qui faisait les cent pas dans la cour.

— M. Petitot est renseigné sur chacun de mes mouvements, lui lança-t-il. A croire qu'il était de la chasse.

— Ne vous avais-je pas averti ?

— Averti ? Quand cela ?

— Dans la cour, lorsque vous m'avez demandé ce qui le ferait reparaître, l'échauffourée passée.

— Je ne vois pas.

— Je vous ai dit : le téléphone.

— Oui.

— Vous pensez bien que ce n'est pas l'école qui en dispose. Par contre, le château...

Louis écarquillait les yeux dans un effort de compréhension qui n'aboutissait à rien.

Nivolles se fit plus clair.

— Le marquis dicte toute sa conduite à Petitot, qui devait attendre ses instructions depuis une demeure amie. De retour au château, il a prévenu Petitot qu'il pouvait rentrer : vous aviez pris tous les risques !

Louis n'en croyait pas ses oreilles.

— Effarant ! C'est effarant ! (Une pensée le troubla.) Mais alors, si leur connivence est aussi certaine, comment expliquer la crainte de Petitot qui redoute une vengeance du marquis ?

— Je crois qu'il n'a pas tort.

Un sourire flottait sur les lèvres de Nivolles, qui ajouta pour lui-même tout autant que pour Louis :

— Je crois même deviner ce qu'elle sera, cette vengeance !

Louis l'interrogeait du regard.

Il vendit la mèche :

— Sabin et Carpentier sont absents ce matin.

Le soir même, tout devint limpide.

Les maîtres célibataires étaient installés à la table d'hôte. Louis, rarement présent au dîner, participait à la morne fête. Le directeur trônait au centre de la table, son épouse faisant le service avec son autorité coutumière qui la faisait commencer par son mari. Lequel, bouche bée, venait de recevoir de M. Collinet la nouvelle de cette double absence.

— Sabin et Carpentier ? Ce matin ?... (Il eut un instant d'espoir.) Mais... cet après-midi ?

— Également, répondit Collinet sans autre commentaire.

238

— Et on ne m'a pas averti ? hurla le digne homme, plaquant sa serviette sur la table.

— Je vous ai fait chercher, dit Collinet.

— J'étais souffrant ! Mon épouse m'a accompagné en ville !

Il la prenait à témoin et Mme la Directrice acquiesçait, mais la complicité du mensonge ne convainquit aucun des convives.

Nivolles prit la parole.

— Je suis passé chez les Sabin après l'étude du soir.

— Et alors ? demanda M. Petitot, un trémolo d'angoisse dans la voix.

— Le père m'a semblé bien évasif. Et même assez sournois.

M. Petitot venait de perdre son dernier doute sur le malheur qui menaçait.

— Nom de Dieu !

Il s'était levé, comme un diable jaillissant de sa boîte, dans un mouvement qui fit trembler toute la table, et quitta précipitamment la pièce.

— Il est probablement trop tard pour les Sabin, mais je file chez les Carpentier, lança-t-il depuis l'entrée, l'œil égaré, le chapeau de traviole.

Nivolles se pencha vers Louis.

— C'est ça, la vengeance du marquis !...

Chez les Carpentier, M. Petitot fila droit au but, et les parents passèrent vite aux aveux : ils avaient décidé « comme les Sabin » d'enlever leur fils de l'École publique et de le mettre à l' « autre ».

— Enfin, c'est impossible, monsieur Carpentier, suppliait Petitot, la voix blanche. A quelques semaines du certificat !

— C'est plus près de chez nous, ergotait le père.

— Mais mon école est à cent mètres d'ici !

— Chez les autres, on dit moins de gros mots, risqua Mme Carpentier.

La faiblesse de l'argumentation prenait des proportions qui confinaient à l'insulte.

Petitot explosa.

— Vous n'êtes que des salauds ! des saligauds de

salauds ! M. le Marquis sera informé et vous serez jetés dans la mouise !

— Mais, dit le père Carpentier, c'est M. le Marquis qui nous a donné le conseil de mettre le petit à Saint-Joseph.

Incapable d'ajouter un mot, M. Petitot restait la bouche ouverte, les bras ballants.

C'est courbé sous le poids d'une scandaleuse injustice qu'il sortit de chez les Carpentier et reprit dans la nuit le chemin de son école, les yeux brouillés de larmes, l'esprit dans une confusion qui le tint éveillé jusqu'au matin.

A Soulargues, on était tenu au courant de la vie poitevine par la succession des lettres que Louis ou Camille adressaient régulièrement au couple. L'habitude était que Paulin fît une première lecture à haute voix, le soir, tandis que Maria coloriait à l'aquarelle les séries de cartes postales des prochaines expéditions.

— « ... Les deux enfants, Ludovic Sabin et Marcellin Carpentier, ont été reçus respectivement premier et second au certificat d'études pour la plus grande satisfaction de M. de Coutrelle — qui se croit vengé ! — et la plus grande gloire de l'école Saint-Joseph, ce qui est une infamie dont les frères ont bien tort de tirer l'orgueil impudent qu'ils affichent puisque les résultats globaux sont de 72 pour 100 de succès pour l'ensemble des écoles laïques de notre département, contre 28 pour 100 aux écoles confessionnelles... »

— Tout de même, disait Maria, ces nouveaux maîtres ont peut-être la quantité, seulement pour la qualité !...

— Mais, Maria, tu n'as pas compris. Les deux premiers en question ont été *formés par l'École laïque* et débauchés au dernier moment. Les Sabin et les Carpentier sont débiteurs de Coutrelle et...

— Non, Paulin ! Lisez ! Lisez ! le coupa Maria, le fixant de son œil de braise, au-dessus des lunettes qu'ils avaient commandées par correspondance à Rodez. Je connais vos idées. Vous êtes brave, mais la politique vous change en brigand dès que vous vous en mêlez !

— C'est un monde ! Tu y vas fort, mon petit ! (Paulin

240

était ulcéré.) Je te jure que par moments... (Il soupira et reprit sa lecture.) « ... Petitot a reçu ses palmes académiques et j'ai eu, le même jour, la confirmation de ma nomination à son poste. Nous avons fêté les deux événements en une seule réunion amicale dont j'ai supporté tous les frais. Camille s'est bien remise. Laurent m'a paru avoir beaucoup de peine, mais Marie-Pauline est trop jeune pour avoir compris qu'elle avait perdu sa petite sœur. Pour e‘le, le bébé est venu puis il est reparti. Une simple visite un peu trop brève. »

Les lunettes de Maria s'étaient embuées. Depuis que, par un court billet de Louis, ils avaient appris la mort de leur petite-fille inconnue, il ne se passait pas un jour sans larmes. Et Paulin était aussi malheureux qu'elle.

Il continua sa lecture :

— « Laurent a décidé, *absolument seul* (Paulin accompagnait du doigt les mots que Louis avait soulignés), qu'il serait maître d'école, ce qui nous a rendus bêtement heureux, malgré le malheur qui nous a frappés. Grâce à votre bicyclette, je connais de mieux en mieux le secteur et les parents d'élèves. Ils ne sont probablement pas meilleurs que ceux du Cayrol, mais seuls les enfants me préoccupent. Quel monde leur fabriquons-nous ? La République triomphe tous les 14 Juillet, la superstition l'emporte à toutes les Fêtes-Dieu... »

Maria leva une nouvelle fois la tête.

— Pourquoi dit-il la « superstition » ?

Paulin murmura :

— Ses yeux s'ouvrent.

Puis il reprit, peu soucieux d'aller au fond du débat :

— « ... Pourtant, beaucoup de nos élèves sont des deux cortèges. Il n'y a en effet qu'une seule France, et je déteste ces conflits fratricides, alors que toutes nos forces devraient être associées pour la Revanche dont notre Patrie a tant besoin. »

Paulin fit une grimace et tendit la lettre à Maria, à laquelle patiemment, pendant des mois et des mois, il avait appris à lire, le soir, accolés tous deux à la même table, sous la lampe à pétrole.

Elle lut avec application, quelques instants, laissant

inconsciemment les mots bouger sur ses lèvres au fur et à mesure qu'elle les déchiffrait. Paulin l'observait d'un œil tendre. Elle sentit ce regard, s'interrompit, lui tendit une main sur laquelle il posa les lèvres. Quelque chose leur disait que cet instant privilégié, ce bonheur tout simple, marquait la fin d'un temps dont ils ne retrouveraient plus l'innocence.

Ailleurs, les matamores fourbissaient les armes de la prochaine hécatombe, les politiciens lançaient l'anathème, les peuples mordaient à tous les hameçons. Et Paulin venait de comprendre que lui-même n'avait pas réussi à extirper du cœur de « son fils » les ferments pernicieux de la haine collective.

Il soupira, baissa la mèche de la lampe jusqu'à ce qu'elle n'émette plus qu'un rougeoiement orangé sous le tube de verre, et se leva, tirant Maria vers lui.

— Viens ! La nuit est claire. S'il passe une étoile filante, tu sais quel vœu je ferai...

5

LA CASSURE

LOUIS comptait déjà douze années d'ancienneté au poste directorial hérité du pittoresque Petitot, dont il venait d'apprendre la disparition par un article nécrologique dans *L'École émancipée,* un périodique professionnel auquel il était abonné. L'approche de la cinquantaine se marquait sans excès sur lui par quelques fils blancs dans la chevelure et la barbe. Et son accent perdu ne reparaissait que dans les moments de colère ou de violente émotion. Là, bizarrement, il pouvait revenir et même s'accompagner de résurgences de patois montées de la prime enfance.

Le calepin de M. Petitot s'était révélé souvent plus utile que prévu. Diriger une école de l'importance de celle de Courson impliquait des servitudes qu'il n'avait jamais connues au Cayrol. Ici, plus question d'assurer le secrétariat de mairie ni une quelconque tâche alimentaire. Tout son temps était pris par son travail d'éducateur et de gestionnaire. Sur ses maîtres, il avait une autorité bienveillante mais, avant tout, administrative. Il était devenu (l'expression date de l'époque) un « petit chef ». Bien sûr, de cette autorité il n'abusait pas ! Il restait en lui de l'humble sauvageon de Soulargues, le « petit paysan pauvre » dont il avait parlé à M. de Coutrelle. Cependant, il était devenu à son tour *quelqu'un.* On ne l'appelait plus « monsieur Meissonnier » mais « monsieur le Directeur », et le respect accordé au titre retentissait sur le titulaire. Hier, il était un enfant de la République ; il en était devenu un *homme* et faisait dans cette province qui lui était étrangère figure d'important fonctionnaire. Ses convictions républicaines ne s'étaient pas affaiblies : elles s'étaient institutionnalisées. Disons le mot, il était *embourgeoisé*. Plus besoin de sortir le couteau de la poche. Sa force résidait en ses fonctions, en son titre. Les querelles religieuses apaisées, il restait un partisan de l'École publique qui-allait-à-la-messe, paradoxe vivant et dont l'espèce tendait à disparaître. Toutefois, plus de marquis de Coutrelle pour s'en étonner. La III° République, qui dans son jeune âge avait dû combattre les notables issus de l'Empire, voire de la monarchie, avait engendré sa propre hiérarchie, le plus souvent par les richesses issues de l'industrialisation galopante.

Et puis, les Meissonnier avaient désormais de grands enfants : Laurent, instituteur, faisait son service militaire et Marie-Pauline était devenue une jeune fille *moderne*, c'est-à-dire que son esprit d'indépendance croissait de jour en jour.

C'était cela surtout qui, en ce début d'après-midi de juillet 1914, inquiétait Louis Meissonnier.

En maillot de flanelle, bretelles pendantes sur un pantalon à rayures grises et pli impeccable, les chaussures luisantes, il attendait avec impatience que Camille ait fini de coudre un bouton à sa chemise.

— Presse-toi un peu. Je vais être en retard.

— Tu aurais dû t'y prendre plus tôt.

— Je change de chemise tous les samedis à 13 h 45 ! J'ai malheureusement oublié de prévoir qu'il manquerait encore un bouton.

— Sois gentil, Louis. Ce qui t'énerve ce n'est pas ce bouton. C'est le problème que te pose ta fille.

— Que *nous* pose *notre* fille ! Il est vrai que j'ai du mal à comprendre.

— Ce serait plus facile si tu enfilais ta chemise.

Louis s'exécuta sans rompre le dialogue.

— Je m'étais fait à l'idée, pourtant déraisonnable, qu'elle serait artiste. Je l'entends encore à sept ans (sa voix mimait celle de l'enfant :) « Je serai danseuse d'Opéra ! » Puis à neuf ans : « Je serai peintresse ! » Puis à douze : « Vitrière de vitraux ! » Et, finalement, l'an passé : « Papa, je crois tellement que je devrais être musicienne ! »

— Non, dit Camille, la musique, c'était il y a deux ans.

Le calme ostentatoire de Camille ne faisait que pousser Louis à l'ébullition.

— Quoi qu'il en soit, nous lui avons acheté un piano. Aujourd'hui, curieusement, fini l'artisterie !

— Écoute, Louis. Elle t'admire, elle admire son frère, elle veut faire comme vous !

— Alors très bien ! Qu'elle fasse l'École normale ! Mais qu'est-ce que c'est que cette lubie soudaine ? Ce « poste vacant » pour lequel elle aurait les « diplômes requis » ? Un malheureux certificat d'études et un pauvre brevet élémentaire !

— Avec mention « très bien » pour les deux, précisa sèchement Camille.

Louis s'énervait avec les boutons de sa chemise, se trompait de boutonnière, pestait entre ses dents.

— Décidément, le monde va mal ! Qu'elle attende sa majorité ! Là au moins elle pourra décider de son sort en toute liberté. Nous sommes peut-être à la veille d'une crise internationale qui peut déclencher un cataclysme.

— Ça m'aurait étonnée ! soupira Camille. Chaque fois que nous avons à discuter sérieusement, la guerre menace.

— Pour le coup, ça n'est hélas que trop vrai !

Camille haussa les épaules.

— Tu connais un seul Serbe, toi ? Tu connais un seul Autrichien ? Alors, laisse-les s'arranger entre eux et parlons de *ta fille*. Elle doit donner une réponse à la directrice.

Depuis une dizaine d'années, l'Europe était la proie de soubresauts inquiétants. L'Allemagne, redoutant l'expansion française au Maroc, avait à deux reprises montré les dents. Tous les trois ou quatre ans, une crise éclatait. En 1905, Guillaume II et son fameux discours de Tanger ; en 1909, l'Autriche-Hongrie et l'annexion de la Bosnie-Herzégovine ; en 1911, la *Panther,* canonnière allemande croisant devant Agadir, était apparue à la première page de tous les journaux d'Europe. Dans les Balkans, les nationalismes s'exacerbaient. La Serbie, la Bulgarie et la Grèce avaient déclaré la guerre à la Turquie ; ce que l'on voyait d'un mauvais œil à Berlin et à Vienne. Et puis voilà que le 28 juin dernier, à Sarajevo, François-Ferdinand, archiduc héritier d'Autriche-Hongrie, était assassiné par un nationaliste serbe ! Vienne se retournait contre le gouvernement de Belgrade, où elle voyait les instigateurs de l'attentat. Le danger tenait à ce que, par le jeu des alliances, tout l'équilibre européen n'était qu'artifice. D'un côté : la France, l'Angleterre, la Russie ; de l'autre : l'Allemagne, l'Autriche-Hongrie, l'Italie. Le défi ouvert n'était plus nécessaire. Il suffisait que l'un de ces belliqueux vieillards eût une faiblesse et bousculât quelqu'un d'en face pour que, de carton échangé en carton échangé, cinq ou six peuples auxquels on avait inculqué de longue date le sentiment de l'offense se croient tenus d'en découdre.

On en était donc là mais, pour Louis, le drame était que Marie-Pauline voulût aller enseigner chez les sœurs ! « C'est le bouquet ! Les sœurs ! »

— Simplement une école privée, le calmait Camille.

— Même sans cornette, on sait à quoi s'en tenir ! Institution *Sainte*-Clotilde !

Il avait réussi à boutonner sa chemise. Camille lui passa son col et sa cravate.

— On ne peut pas discuter avec toi. La moindre contrariété te fait hurler.

— Mais bon sang ! Tu appelles ça « la moindre contrariété » ? Elle n'a que dix-huit ans, elle engage sa vie en passant à l'ennemi...

— L' « ennemi » ? s'indigna Camille. Si je ne te connaissais pas...

Et Louis, solennel :

— Je ne mélange jamais mes opinions politiques à mes convictions religieuses !

Camille s'appliquait à fixer le dur col de celluloïd à la chemise de Louis, faisant glisser un petit bouton d'acier dans les trous pratiqués dans l'un et l'autre (le col et la chemise) et rabattant ensuite la patte métallique qui les tiendrait ensemble.

— Tu vas me pincer ! grogna Louis.

— Ce n'est pas l'envie qui manque !

— Et Versailles ! rugit Louis. Pourquoi Versailles ? Cette gamine n'a aucun sens des périls, des menaces. Une enfant dans une ville de garnison ! Je sais ce que c'est, moi, une ville de garnison !

— Moi aussi, dit Camille. Je t'y ai rencontré ! (Elle tenait tête, l'exaspérant.) Je sais aussi ce que c'est d'être chez les sœurs : c'est plus serré que là caserne.

— Ah ! tu vois ! cria Louis, triomphant. Tu l'as bien dit : « chez les sœurs ». (Une idée le saisit tout à coup.) Mais ce Jacques, Jacques Sonagry ! N'est-il pas incorporé au 27e dragons ! C'est ça, la vocation soudaine de mademoiselle ! Le 27e dragons est en caserne à *Versailles* ! Quel âne je suis !

Le troisième quart sonnait.

— Ça y est, je suis en retard. (Il se défit de Camille d'un mouvement brusque, en finit avec son col. Il fulminait.) Le 27e dragons ! Versailles, nom de Dieu ! Tu le savais, Camille ! Tu es aussi inconséquente que ta fille !

— Et quand bien même ? Elle fait ce que j'ai fait, rien de plus. D'ailleurs, si tu n'as pas beaucoup d'estime pour Jacques, il est pourtant le meilleur camarade de Laurent...

— Oui ! Oui ! Jacques Sonagry, brillant élève de Normale et probablement brillant maître, ici ou à Poitiers. Bon, très bien ! celui-là, je l'accepte. Mais Jacques Sonagry, maréchal des logis-chef au 27e, s'ennuyant à mourir, à trois cents kilomètres des siens, buvant passablement, fumant, sacrant, tu le connais, toi, ce soudard ?

— Écoute, Louis ! Au lieu de t'emballer, de te monter la tête, parle à ta fille. Quoi que tu décides, *parle-lui* ! Elle est honnête. Moi aussi je suis venue rejoindre un homme, souviens-toi !...

— J'étais un garçon démobilisé et sérieux. (Il prit une brusque décision.) Je la verrai ce soir.

L'instant d'après il était sorti de la pièce en courant et dévalait l'escalier vers les classes.

Camille se dirigea vers la chambre que se partageaient « les enfants ». On y trouvait les deux mêmes lits, les deux mêmes bureaux (deux tables scolaires, rachetées à l'administration lors d'un renouvellement de matériel pour un prix dérisoire). La chambre n'avait guère changé depuis l'établissement de la famille à Courson. C'est là qu'ils dormaient, travaillaient de longues heures, jouaient quelquefois ; c'était « leur chambre ». Depuis le départ de Laurent pour l'armée, Marie-Pauline l'occupait seule.

Sa mère la trouva allongée sur son lit, dans la gloire étalée de ses longs cheveux à la mode du temps. Un joli visage de blonde aux yeux sombres, où tremblaient quelques larmes de rage.

— Tu étais là ? Tu as donc entendu, affirma Camille.

— Il ne comprend rien, dit Marie-Pauline d'une voix étranglée. Personne ne comprend rien à rien, d'ailleurs !... A *moi*, en tout cas !

A l'école, la porte du bureau de Louis s'ouvrit et les maîtres en sortirent portant chacun la pile des carnets hebdomadaires de leurs classes respectives. Louis suivait, un petit coffret à la main. Tandis que les autres regagnaient leur salle, Louis et Nivolles traversèrent le long couloir. Nivolles poussa la dernière porte, qui était celle de sa propre classe, et laissa passer M. le Directeur.

Les élèves s'étaient levés dès qu'ils avaient vu remuer la béquille de porcelaine.

Louis alla s'asseoir derrière le bureau sur lequel Nivolles déposa sa pile de carnets.

— Asseyez-vous, dit Louis.

Combien de fois l'avait-il dite, cette phrase, depuis sa première classe au Cayrol !

Au tableau noir était inscrite la quotidienne et sacrosainte citation : « *La conscience commande même quand personne ne peut nous voir, nous entendre, quand nous sommes seuls avec elle. J. Steeg.* » Maintenant qu'il était dans *son* univers, Louis s'était calmé. Chaque fois qu'il se sentait atteint dans sa vie privée ou sociale, il se réfugiait dans le métier. Au contact des élèves, contrairement à certains de ses collègues qui vieillissaient sous le harnois, lui rajeunissait. Renaudart, Petitot prenaient des airs jupitériens devant leur classe. Louis avait retrouvé la joie muette qui l'habitait le plus souvent et établissait une étrange complicité entre lui et ses élèves, lesquels comprenaient confusément qu'il leur dédiait son bonheur. Cependant, pour être juste, il se contraignait à la sévérité avec les cancres.

C'est par eux qu'il commença :

— C'est une assez bonne semaine, et je vous félicite tous. Ou presque tous. Il n'y a que trois très mauvais carnets. J'en profite pour signaler à leurs titulaires la phrase écrite au tableau par votre maître. N'essayez pas de signer à la place de votre père. C'est inutile. *Quelqu'un* vous voit ! *Quelqu'un* sait ! (Il se gardait bien d'aller plus avant dans l'identification de l'œil invisible, soucieux de respecter toutes les opinions.) Et votre conscience ferait trembler votre main. Quoi que l'on fasse dans la vie, mes enfants, on doit avoir le courage d'en supporter les conséquences. Quoi que l'on fasse ou quoi que l'on ne fasse pas !...

Il prit le premier carnet de notes de la pile, et chercha du regard dans l'assistance.

— Tu comprends, Gilbert Pontin ? Deux devoirs non remis ! Les leçons non sues ! (Il se tut un instant.) Je veux voir tes parents. J'ai mis un mot pour eux. Tu dois te reprendre !

Gilbert, penaud mais digne, vint chercher son carnet.

Louis prit le suivant sur la pile. Au contraire de Renaudart, il refusait l'ironie, cherchait à comprendre et, pour tout dire, compatissait.

— Avant-dernier mais presque ex aequo, c'est-à-dire à un demi-point près, Nattier !

Le fait d'être « avant-dernier » semblait affecter sincèrement le jeune Nattier.

— Là, je ne comprends pas, dit Louis. Tu étais douzième au début de l'année. Vingt-septième à Pâques et maintenant... Il est temps que les vacances arrivent ! (Il observa l'enfant triste devant lui.) Tu n'as pas mal à la tête ? Tu entends bien en classe ? Tu as une bonne vue ?...

À chaque question l'enfant, qui devinait la perche tendue, répondait d'un mouvement de tête navré. Il ne trichait pas. Pas de migraine ; l'audition était bonne, la vue aussi.

— Je verrai tes parents. Allez, va ! (Il passait au suivant.) Marcel Charroux !

Un gosse se leva, réjoui, jusqu'alors titulaire indéracinable de la dernière place.

— Eh bien, toi tu progresses. Dire qu'il s'agit d'un bond prodigieux, non ! Mais enfin tu as conquis deux places ! Si tu voulais, tu pourrais faire beaucoup mieux. Zéro en orthographe ! Ce n'est pourtant pas compliqué, l'orthographe ! Il faut de la mémoire, et tu en as ; connaître les règles et les respecter. Un fils de gendarme qui ne respecte pas les règles, tu te rends compte ?

La clémence de Louis tranchait sur l'autoritarisme de nombre de ses collègues.

Obligatoire, laïque et gratuite, l'éducation avait conservé quelque chose de disciplinaire et de rugueux de la part des maîtres. La punition était la base de l'autorité, les coups n'étaient pas exclus de la pédagogie ordinaire, et les parents ne s'avisaient d'intervenir que si les marques en étaient trop visibles. Peut-être la « préparation militaire », que l'École publique devait dispenser aux tout jeunes citoyens de la République, donnait-elle le ton. La Revanche, qui était dans tous les esprits, justifiait la fabrication d'une race de spartiates. L'obéissance aveugle, le respect de la hiérarchie, le sentiment que la réflexion de l'homme situé immédiatement au-dessus de soi ne pouvait subir la critique, la soumission à la discipline (librement consentie ou non), composaient les éléments fondamentaux de la formation morale dispensée par l'école. L'armée recevait de ses mains ensuite une jeunesse rarement émancipée par l'expérience du travail.

Tandis que Louis passait la revue de ses élèves, Camille essayait de consoler Marie-Pauline et de mettre fin à la brouille qui l'opposait à son père.

— Surtout, descends dîner à l'heure et ne boude pas !
Ne sois pas agressive non plus ! Le samedi est un jour
épuisant pour papa. Tu sais qu'il doit faire toutes les
classes. Et les parents à recevoir, le conseil des maîtres.
Et puis le journal qui n'est pas bon, tout ça. (Ayant
accumulé toutes les justifications de la nervosité de
Louis, elle sentit que l'adolescente faiblissait et lui
sourit.) Allez, mouche ton nez et va travailler ton piano.

— Je vais plutôt faire un peu de latin, répondit
Marie-Pauline. Quoique, c'est vrai, le piano... Je vais
voir.

L'indécise s'était levée et, comme Camille allait sortir
de la pièce, elle l'attira contre elle et l'embrassa.
Derrière son oreille elle murmurait, dolente :

— Tu étais aussi malheureuse à mon âge ?

— Malheureuse, je ne sais pas, répondit Camille en
se dégageant. Mais empoisonnante, certainement !

Ce dialogue entre mère et fille n'était pas sans rapport
avec la récente évolution des femmes. Et, sans que l'on
puisse proprement parler de « féminisme », nombre de
jeunes filles comme Marie-Pauline entendaient façon-
ner leur vie et choisir leur voie. Sans vouloir pour autant
fuir leur famille, elles combattaient la sujétion où la
société les maintenait. Il y avait bien quelques « suffra-
gettes », telles Hubertine Auclert, Marguerite Durand
ou Madeleine Pelletier, qui réclamaient le droit de vote,
cette sottise ! mais elles n'avaient pas encore atteint le
degré d'exaspération de leurs consœurs anglaises, lesquelles en étaient à briser les vitres des hommes
politiques ou à saboter les lignes du téléphone récemment installées.

Au reste, Marie-Pauline n'avait rien à voir avec ces
« pétroleuses » ! Elle était tout simplement une jeune
fille qui entendait se libérer du poids des contraintes, à
commencer par celles de l'École normale. Mais Louis ne
se trompait pas sur la relation qui existait entre son
choix de l'institution Sainte-Clotilde et le casernement
du 27e dragons. Depuis le départ de ce Jacques Sonagry,
qu'elle avait accompagné à la gare en compagnie de
Laurent, la romantique Marie-Pauline (dont le diminu-
tif familial était Maripo) avait décrété que ce serait

« celui-là ». Elle lui écrivait en cachette, recevait son courrier par le truchement d'une camarade délurée, et croyait inaugurer dans le genre des amourettes clandestines, alors qu'à peu de chose près elle reproduisait l'aventure de sa mère et de son père.

Louis, debout devant sa table, en face de la classe, en avait fini avec les cancres et s'adressait maintenant aux meilleurs élèves. Il avait ouvert le coffret qu'il avait apporté. Instant solennel des satisfecit. Trois élèves étaient devant lui, sages comme des images, essayant de ne pas paraître trop triomphants au regard de leurs camarades.

— Voici donc, pour chacun de vous, quatre billets de satisfaction de la « Caisse d'épargne », dit Louis. Ce qui vous fait, quatre fois cinq... ?

— Vingt ! dirent avec ensemble les trois bénéficiaires, dans un réflexe à peu de chose près pavlovien.

Ces quatre billets n'étaient pas que des symboles et valaient cinq centimes pièce !

Louis avisa l'un des trois lauréats, abonné de ce régime qu'il devait à la constance de ses bons résultats.

— Tu en as déjà un petit paquet, toi !

— Oui, monsieur le Directeur. J'ai un franc.

— Eh bien, donne !

Le garçon tira de sa poche une petite liasse qu'il tendit à Louis.

Louis sortit de son coffret une pièce d'un franc qu'il montra à toute la classe comme une hostie de bel et bon argent avant de la remettre à l'enfant.

— Voilà ce qui arrive aux bons élèves : ils peuvent même aider leurs parents.

Il sortit ensuite d'un papier de soie, dans lequel elles étaient enveloppées, trois croix dont la plus grande imitait à s'y méprendre la Légion d'honneur.

Il appela :

— Première croix, René Santerre. (Le garçon s'approcha d'un pas.) Tu es plutôt un habitué de la croix d'honneur, mais cette fois-ci, René, le calcul mental t'a fichu dedans ! Il en faut aussi pour les autres...

Tout le monde sourit dans la classe, y compris le décoré sur la blouse duquel pend bientôt la croix de

252

bonne conduite, qui ne valait pas l'autre malgré le même ruban écarlate.

Camille et Marie-Pauline s'apprêtaient à sortir de leur appartement quand elles entendirent la voix de Lectare dans l'escalier.

— Madame Meissonnier! Madame Meissonnier!

Camille ouvrit la porte et se pencha par-dessus la rampe.

— Un télégramme pour M. le Directeur. Je ne peux pas le déranger pendant la tournée des classes.

Camille et sa fille se précipitèrent vers Lectare qui était confus.

— Sans ma sciatique, je vous l'aurais monté.

Un télégramme était toujours quelque chose d'inquiétant. Camille le défit avec un geste nerveux. Elle resta un moment immobile, le message à la main, les yeux fixes. Marie-Pauline comprit qu'une fois encore le petit bleu apportait une mauvaise nouvelle.

Sa première pensée fut pour son frère.

— Il est arrivé quelque chose à Laurent?

— Non, dit Camille, les lèvres tremblantes. C'est mémé Meisso!

De tout temps, pour les distinguer l'une de l'autre, les enfants désignaient leur grand-mère maternelle par cette abréviation (*Meisso* pour Meissonnier), tandis que l'autre, tôt disparue et n'ayant pas compté pour eux, était officiellement « grand-mère ». Camille descendit et se mit à la recherche de Louis qu'elle trouva à l'instant où il sortait de la classe de Nivolles. D'abord surpris de la voir là, ses yeux quittèrent son visage et se portèrent sur le télégramme qu'elle serrait d'une main blanche.

— C'est ta maman, dit Camille. Il faudrait que...

Louis s'empara du télégramme et le lut d'un coup d'œil.

Blême, il releva la tête, passa la langue sur ses lèvres, recommença de lire attentivement et parut soulagé.

— J'ai eu peur; mais ils disent seulement : mère *accidentée*. Je vais téléphoner.

Le lendemain matin, à la première heure, toute la famille (y compris Laurent débarqué en permission à l'improviste) prenait le train pour l'Aveyron. Par une femme qui tenait à Soulargues la « cabine », c'est-à-dire un poste public de téléphone, Louis avait appris la terrible vérité : l' « accident » était un arrêt du cœur.

Long voyage, cahots, fumée, escarbilles, la bouche mauvaise du petit matin et, une fois de plus, Turlan mis à contribution.

La nouvelle le pétrifia. Il se souvenait bien de la jeune paysanne ramassée dans la neige, avec ce gamin-là qui maintenant était le père du soldat à son côté. Et elle était morte : « Pauvre de nous ! » Il envoya son commis, lui ne bougeait plus guère, et toute la famille parvint à Soulargues à la nuit tombée.

Louis frappa à la porte de la maison de Paulin où brillait une faible lumière. Ce fut Mme Pujol qui vint ouvrir, son chapelet à la main. Il entra le premier, suivi de Camille et de Marie-Pauline, et s'avança vers la bière déjà déposée sur le lit. Maria y semblait dormir, lisse, rajeunie. Deux chandelles brûlaient sur des tabourets de chaque côté du lit. Dans un bol d'eau bénite trempait un rameau de buis.

Paulin était assis dans un fauteuil, le visage défait. Il accusait son âge, qui l'avait rattrapé en une seule nuit. Un vieillard. Les mains sur les genoux, il restait courbé en avant et parlait d'une voix machinale, les yeux vides.

— Elle a demandé à boire. Elle s'est assise, toute blanche. Elle m'a souri, puis elle a glissé…

Louis se tenait debout à côté de Paulin. Les deux hommes faisaient ce qu'ils pouvaient pour retenir leurs larmes, leur douleur, ne pas s'accrocher à ce lit où gisait la femme qu'ils avaient aimée le plus au monde, d'un amour différent qui redevenait semblable.

— Il n'y avait pas eu de signes précurseurs ? demanda Louis.

— Va savoir quels sont les signes ! dit Paulin de sa nouvelle voix détimbrée. (Il soupira et reprit le cours des souvenirs qu'il reliait à cette mort imprévisible.) Un peu avant Noël, elle a eu mal dans le bras ; et une nuit une grande douleur dans la poitrine. Mais ça lui avait passé. On ne vous l'a pas écrit pour ne pas vous mettre martel en tête. (Il regardait Laurent.) C'est bien que tu sois venu. En ce moment, ça doit se faire rare, les permissions.

Laurent était devenu un superbe garçon à l'œil impérieux, au cou fort, musculeux. Un jeune tronc sorti des épaules.

Comme il y avait en lui beaucoup de timidité, il parlait avec brusquerie, cherchant le regard de l'interlocuteur auquel il s'appliquait à faire face en toute circonstance. D'une certaine manière, il était plus paysan que Louis sans jamais avoir quitté la ville.

— Avec ou sans, je serais venu.

— Ça ne change rien pour elle. Mais pour moi… Je te remercie.

— Qui l'a soignée ? questionna Louis.

— Personne. Ça a été si rapide ! De toute manière elle n'aurait pas accepté de voir le docteur. Il est trop jeune.

— Merlerou, trop jeune ?…

— Il a passé la main, Merlerou. C'est un fils Souques qui a repris la clientèle. Un gamin.

Louis était saisi. Il voulut une précision.

— *Christophe* Souques ?

— Oui, Christophe.

— Je l'ai eu comme élève. Son père voulait le garder à la ferme. J'ai insisté. Et le voilà docteur !

Il se sentit payé de bien des efforts qu'il avait crus inutiles.

Marie-Pauline et Camille s'avancèrent vers le corps de Maria.

— Elle était très jolie, mémé Meisso, murmura la jeune fille.

Maria fut enterrée au cimetière de Soulargues. Peu de monde. Le cortège était mené par le curé, accompagné de deux enfants de chœur. Venaient ensuite Louis, puis Laurent et Marie-Pauline ; ensuite encore Paulin, auprès duquel marchait Camille, devant une poignée de villageoises.

— Pourquoi Paulin n'est pas à côté de papa ? souffla Marie-Pauline à son frère.

— Ils n'étaient pas mariés.

— Comment ça ?

Elle s'en était arrêtée sur place de surprise.

— Tu ne le savais pas ?

— Non, répondit Marie-Pauline, pour laquelle cela ne comptait guère. Qu'est-ce que ça change ?

— Pour le village, ça change tout : Paulin n'est pas *le veuf* !

Ils s'approchaient de la tombe fraîchement creusée. Camille, gentiment, voulut prendre le bras de Paulin et l'attirer plus près ; il refusa avec une obstination douce qui étonna Camille.

Marie-Pauline se tourna de nouveau vers son frère et reprit ses chuchotements.

— Tu as vu Jacques, ces temps-ci ?

— Comment veux-tu ? Lui à Versailles, moi à Nancy !

— Je ne sais pas. Entre soldats…

Elle voyait l'armée comme un immense troupeau de grands collégiens joliment habillés, se connaissant tous et se croisant indéfiniment dans ces promenades mouvementées qu'on appelle les « manœuvres ».

Elle poursuivit :

— Il m'a écrit cette semaine. Il croit que nous allons avoir la guerre.

— Il a toujours été optimiste, ricana Laurent.

— Optimiste ? Pourquoi dis-tu ça ?

— Si nous avions la guerre demain, j'aurais encore le temps d'y participer. N'oublie pas qu'on me démobilise dans deux mois.

— Jacques aussi sera démobilisé, rêva Marie-Pauline. D'ici là, je vais le rejoindre à Versailles. Papa est d'accord.

Camille passa la tête, furieuse.

— Vous ne pourriez pas vous taire un peu ?

Le cercueil descendu dans la fosse, le curé l'aspergea d'eau bénite et tendit le goupillon à Louis. Celui-ci le prit et vint le tendre à son tour à Paulin qu'il conduisit sur le bord de la fosse. D'un geste maladroit le vieux libertaire traça au-dessus des quatre planches un signe que n'eût pas désapprouvé la morte. Il resta encore quelques secondes comme en équilibre au bord du trou avant un ultime baiser du bout des doigts.

Louis le rejoignit plus tard près d'un vieux mur contre lequel il s'était appuyé, le cœur broyé de douleur et de solitude. Il fit ce qu'il n'avait jamais osé depuis qu'il avait l'âge d'homme : il passa le bras sur l'épaule de Paulin et lui parla d'une voix douce, le tutoyant.

— Tu vas venir avec nous, Paulin. Personne n'aurait pu la comprendre mieux que tu ne l'as fait. Personne ne l'aurait rendue plus heureuse. (Paulin le remercia d'une forte pression de la main.) Tu verras. Le Poitou est un beau pays. Moins que le nôtre, mais il y a des oiseaux, c'est assez près de la mer, tu photographieras les enfants de mon école, j'en ai plus de deux cents...

Les mots étaient un baume sur la détresse de Paulin.

Toute la famille s'employa à remplir les grandes malles qui n'avaient pas bougé du grenier depuis son arrivée en décembre 1881. Vêtements et objets familiers s'entassèrent. Paulin ne s'intéressait qu'à ses ustensiles photographiques dont il dirigea l'emballage depuis sa chaise. Pour le reste, il était d'une absence qui disait son refus de revivre ailleurs, de toucher ailleurs les objets dont il avait partagé l'usage avec Maria.

Enfin on tira les volets. Il n'y eut plus sur les murs que les rais du soleil qui mangerait la couleur au long des années en passant au travers des lames disjointes.

Louis passa derrière la maison où il ouvrit la porte du clapier à deux lapins surpris. Ils ne sortiraient qu'au soir, incapables de profiter de cette liberté inespérée avant que la faim ne les attire sur les talus où ils rencontreraient soit le renard, soit une vie dilatée pour laquelle ils manquaient de préparation. Et peut-être de goût.

En revenant il ferma les portes et tendit le trousseau à Paulin qui se détourna en haussant les épaules. Il dut les glisser dans une de ses poches. Ils montèrent les derniers dans la voiture, les trois hommes face aux trois femmes. Les bagages prenaient tout l'arrière, arrimés à l'aide de grosses cordes de chanvre aux nœuds compliqués. Le fils Turlan fit claquer sa langue et son fouet, et les chevaux arrachèrent toute cette charge. Ils avaient peu à monter pour sortir de Soulargues, après quoi il faudrait mettre le frein qui couinerait presque jusqu'à Rodez.

Paulin n'eut pas un regard en arrière.

Assis à la terrasse d'un café, en face de la gare, ils attendaient l'heure du départ. Les malles de Paulin mises aux bagages, ils n'avaient gardé avec eux qu'un reliquat d'affaires disparates : son dernier appareil photographique, deux de ses lourdes petites caisses d'imprimeur, et une pile de livres tenus par des sangles de toile. Paulin restait muet. Marie-Pauline, qui avait eu son passeport dans les mains, s'était rendu compte de son âge et n'avait pu se retenir : « Tu as quatre-vingts ans ? » Il acquiesça machinalement. Une nouvelle fois il partait en exil, sans grand espoir de revenir à Soulargues. La question même lui était indifférente. La mort de Maria avait été trop brutale, terriblement brutale, un coup de hache avait taillé dans sa propre vie tout ce qui était chaleur et tendresse. Ce qui restait était une sorte de souche insensible.

« Monsieur, je suis très propre !... » La voix sonnait à ses oreilles, farouche et tremblante. « Vous savez lire, vous apprendrez à mon fils. » Il leur avait appris, à lui, à elle. Sans jamais imposer ses idées, contraires à celles de la paysanne, se contentant d'un mouvement d'épaules à peine agacé, respectueux d'une fraîcheur d'âme qui tempérait son irréductible pessimisme. Ainsi avaient-ils réalisé ensemble ce miraculeux équilibre que seul expliquait un amour rare et profond. Maintenant elle n'était plus là. C'est le vieil homme qui restait, lui, Paulin, avec cette immense lassitude. « Dérision », pensait-il.

Le garçon vint poser les consommations sur la table. Paulin avait demandé une absinthe et le garçon observait le rituel : ayant posé un morceau de sucre dans une cuillère percée, elle-même en équilibre sur le verre, il laissait couler de la carafe un mince filet d'eau qui troublait la « verte » et laissait fondre le sucre. Lentement, comme la vie ! « Cela passera vite, Maria, trop vite ! » Il suivait l'écoulement des gouttes parfumées dans le verre.

Sur une table voisine traînait un journal. Laurent y

jeta un regard. Deux jours auparavant, le tsar avait signé l'ordre de mobilisation générale. Les Anglais tentaient de calmer le jeu.

Il tendit le journal à son père.

— Il est difficile de se faire une idée précise. Les Anglais demandent à Berlin de calmer Vienne. Il faut toujours qu'ils se mêlent de tout.

Le jeune soldat exprimait un ressentiment commun à beaucoup de Français car, s'il y avait bien eu l'Entente cordiale et si Édouard VII avait été connu du Tout-Montmartre, il restait l'amertume de Fachoda, les dissensions africaines et l'affreux traitement des Boers vers lesquels allait la sympathie populaire. Et George V n'avait pas la bonhomie libertine du gros Édouard.

Bref, Laurent se défiait de la *perfide Albion*.

— Les Anglais ont raison, lui opposa sagement Louis. Nous ne sommes plus des barbares. La diplomatie devrait régler les problèmes sans effusion de sang.

La situation internationale n'intéressait aucunement Paulin dont les pensées le ramenaient invariablement à son deuil.

— Si je me plais à Poitiers, je ferai venir le corps, dit-il.

— Vous vous plairez, affirma tendrement Camille. J'en suis certaine. Et ça vous changera les idées.

— Je n'en ai aucune envie, l'interrompit Paulin. J'ai vécu trente ans avec la meilleure femme qui soit, pourquoi voudriez-vous que...? (La phrase s'acheva dans un geste de dénégation vague. Il se tournait vers Louis.) Tu disais que la mer est près de chez toi ?

— Assez près, oui, on y est en trois heures.

— Il y a tellement d'années que je n'ai pas revu la mer. Depuis mon retour de Londres en 81. L'année suivante j'arrivais ici, à Soulargues. (La simple évocation du village le ramena à sa pensée fixe : Maria.) Il vaut mieux qu'on la laisse tranquille. Chez elle. C'est moi que vous ferez revenir de Poitiers quand j'aurai avalé mon bulletin de naissance. (Il soupirait.) J'aurais mieux fait de rester, d'ailleurs, au lieu d'aller vous empoisonner la vie.

— Ne dites pas de sottises, le gronda Camille.

Marie-Pauline, qui était allée aux renseignements, revint à leur table vibrante d'excitation.

— Le train de Paris est arrivé. Le nôtre est dans quarante minutes. (Elle avala une gorgée de grenadine avec un plaisir enfantin.) Il y avait des hommes qui se disputaient sur le quai. Des cheminots. Les uns refusent d'atteler les trains de soldats; d'autres voulaient leur taper dessus.

Paulin sortit de sa léthargie.

— Les Versaillais sont partout ! C'est la majorité. Vous aurez la guerre, mes enfants. Les bedaines ont besoin de guerre. Vous l'aurez !

Il semblait s'exclure de la menace.

Marie-Pauline se pencha vers Laurent tandis que les autres souriaient vaguement aux propos du vieillard, qu'ils jugeaient incongrus et sans rapport avec la situation présente. Radotage.

— Qu'ont-ils de spécial, les Versaillais ? demandait Maripo.

— C'est une image. Je t'expliquerai.

Louis s'adressa à Paulin :

— Vous ne pensez pas que Jaurès peut encore arrêter la poussée belliciste ?

Au dernier congrès de la Section française de l'Internationale ouvrière, Jaurès avait fait voter une motion en faveur de la grève préventive. Il considérait que les socialistes allemands, de leur côté, s'opposeraient à la guerre.

— Pourquoi l'arrêter ? grognait Paulin que l'éloquence de Jaurès n'avait jamais conquis vraiment. Il faudra bien en finir un jour. J'attends ça depuis plus de quarante ans ! Ici, nous ignorons tout : la guerre est peut-être déjà commencée, allez savoir !... (Soudain une pensée l'emporta dans son esprit sur tout ce fatras d'idées brouillonnes.) Vous avez bien fermé le volet de derrière ?

— Mais oui, l'apaisa Camille. C'est moi qui l'ai tiré. Vous m'avez même demandé de l'attacher avec un fil de fer.

— S'il venait un voleur, c'est par là qu'il essaierait d'entrer, maugréa Paulin.

— Pour volet quoi ? s'étonna Louis. Nous avons emporté tout ce qui a quelque prix !

— Tout de même ! Si le voleur ne le sait pas, il vient !

Un brouhaha s'amplifiait du côté de la gare. Les voyageurs du train de Paris sortaient en courant. Deux ou trois d'entre eux pénétrèrent dans le café.

L'un d'eux criait, excité, brandissant un journal :

— JAURÈS EST MORT ! JAURÈS EST MORT !

Après un instant de silence, dû à la stupéfaction et même pour certains à l'incrédulité causées par la nouvelle, le brouhaha reprit, décuplé. Les tables s'interpellaient. La plupart des consommateurs marquaient leur satisfaction, levant leur verre.

Du côté des Meissonnier, tout demeurait flou.

— Qui est mort ? demanda Marie-Pauline, le nez dans son verre.

— Il me semble avoir compris : « Jaurès ».

Laurent se leva.

— C'est Jaurès ? cria-t-il au plus proche.

— Oui. Ils l'ont eu ! Pan !

Cela s'était passé la veille, au Café du Croissant, à Paris. Un fanatique du nom de Villain l'avait abattu d'un coup de pistolet.

Laurent n'exprima aucune compassion : ce pacifiste de Jaurès n'était pas son homme ! Marie-Pauline, de son côté, n'identifiait pas très bien la victime. Paulin hochait la tête : Maria l'attendrait à Soulargues. Seul Louis comprit le sens et l'importance de l'événement.

Le froid le pénétra.

— Cette fois, murmura-t-il, nous y sommes !

Laurent, caporal au 114e d'infanterie caserné à Nancy, avait été aussitôt envoyé sur la Meuse. Le général Joffre ne pensait pas que les Allemands feraient porter leurs efforts sur cette région, mais son entourage l'avait tout de même amené à y envoyer deux corps d'armée.

L'une des conséquences mineures de cette décision était que le caporal Meissonnier se trouvait maintenant dans la cour d'une ferme isolée, aux ordres du capitaine Nassoy qui venait de le convoquer. On avait sorti une table de la laiterie, sur laquelle le gros homme avait déployé un carte d'état-major. Connaissant la profession du caporal, il ne se perdait pas en détails : l'instituteur lirait la carte aussi sûrement que lui-même.

— C'est assez simple. La position de notre flanc droit se situe à peu près ici. (Il décrivait un petit arc de cercle avec son index.) D'autre part, j'ai eu le commandant de Villedieu au téléphone il y a deux minutes. Il nous appuie sur la cote 206. Il n'y a que cette zone sur laquelle je reste perplexe. Les Pruscos peuvent y tenir un détachement. (Aux premiers jours de la nouvelle guerre, on s'en tenait encore aux expressions de l'ancienne, et le Prussien, devenu Prusco, l'emportait encore sur le *boche*.) Vous allez donc prendre une patrouille et reconnaître ce secteur. Vous laisserez le village sur votre droite ; ce qui m'intéresse, c'est la campagne. La campagne, c'est immense, on ne sait jamais ce qui se trame derrière les haies, dans les chemins...

Laurent avait rassemblé quatre hommes et pris leur tête. Depuis de longues minutes, ils avançaient avec précaution, loin des cantonnements où se reposait le gros des troupes.

Lorsqu'il atteignit le repère qu'il s'était fixé sur la carte, il rassembla la patrouille.

— Lambre et P'tit Louis vont venir avec moi jusqu'aux bâtiments là-bas. Si les Allemands y sont, on le saura tout de suite. Vous deux, Dorel et Goulard, vous n'attendez pas qu'on revienne. A la première détonation, vous filez prévenir le capitaine.

— Et s'il y a pas d'Allemands ? demanda Dorel.

— Vous attendez.

— Jusqu'à quand ?

Laurent évaluait rapidement.

— Un quart d'heure pour aller, un quart d'heure pour revenir, un quart d'heure de battement. Vous décrochez dans une heure. Allez, on y va !

Lambre et P'tit Louis lui emboîtèrent le pas aussitôt.

Ils quittèrent la route à peu de distance et s'engagèrent dans un champ d'orge qui leur montait à la poitrine, en direction d'une masse grise qui avait les proportions d'un village et n'était qu'une seule ferme aux bâtiments énormes. Son prestige d'intellectuel et son galon de laine rouge soulageaient les compagnons de Laurent qui s'en remettaient à lui de toute initiative.

La terre était sèche sous leurs pieds, et ils ne faisaient qu'une seule trace dans les épis dont beaucoup se redressaient en crissant, aussitôt après leur passage. A la sortie du champ, ils s'arrêtèrent et tendirent l'oreille. Aucun bruit suspect ne les alerta.

— C'est pas encore ce coup-ci qu'on va tâter du bouffeur de choucroute, râlait Dorel qui avait vu partir ses camarades en éprouvant le regret de ne pas les suivre.

Goulard, lui, était bien aise de ce repos qui lui permettait de délacer ses brodequins. Depuis le matin, il souffrait, à l'étroit dans ses godillots.

— J'enlèverai bien ces sacrées grolles. Vingt dieux ! Jamais tant marché de ma vie. Et par cette chaleur !

— Tes grolles, tu les gardes, bonsoir !

L'autre grimaçait.

Dorel insista :

— Si des fois il faudrait décarrer en vitesse, tu ne peux pas rentrer pieds nus.

— Non, mais je cavale deux fois plus vite pieds nus !

Laurent et ses hommes avaient atteint les premières bâtisses. Rien ne leur parut anormal. Néanmoins, comme il leur semblait que des sabots de chevaux remuaient la pierraille d'un chemin qui devait desservir la ferme, Laurent avisa un grand arbre et se tourna vers P'tit Louis.

— Toi qui es leste, grimpe et jette un coup d'œil !

P'tit Louis ne se le fit pas dire deux fois.

Pendant ce temps Goulard et Dorel patientaient, suçant l'herbe qu'ils arrachaient au talus. Le premier ayant fini par se déchausser s'était assis sur une borne kilométrique où l'on pouvait lire : *Paliseul 1,3 km*. A côté de lui, Dorel sortit une pipe.

Il commençait de la bourrer, lorsque Goulard, fasciné, lui souffla :

— Hé, Dorel, regarde un peu voir !

Dorel se retourna et entrevit, plus qu'il ne vit, entre des noisetiers qui bordaient la route, de hautes silhouettes qui le jetèrent à plas ventre dans le fossé où Goulard le rejoignit aussitôt. En un clin d'œil ils armèrent la culasse de leur fusil et guettèrent, le cœur battant. C'était la plus belle chasse de leur vie. Ils n'attendirent guère. Trois uhlans approchaient dans leur bel uniforme gris de lancier. On les aurait dits en promenade. Aussi jeunes que les deux petits Français mais plus arrogants, puisque cavaliers, ils portaient des moustaches blondes à la Guillaume et se tenaient droits sur la selle.

L'un d'eux sifflotait.

— On les tire ? chuchota Goulard.

— Et comment ! répondit Dorel. Je prends celui de droite.

L'instant d'après, ils faisaient feu.

Laurent, Lambre et P'tit Louis avaient entendu les détonations.

— Il est arrivé quelque chose ! cria Laurent.

Au même instant, tirée d'ils ne savaient où, une courte salve prit pour cible P'tit Louis qui, de frayeur, lâcha son arbre et tomba en poussant un cri.

— Aide-moi ! dit Laurent à Lambre.

Ils tirèrent à l'abri le corps de leur camarade assommé par la chute puis, traversant de nouveau les orges, se précipitèrent vers l'endroit où ils avaient laissé les deux autres. Dorel et Goulard étaient étendus sur l'herbe, ce dernier encore pieds nus, Dorel replié sur son ventre. Tous deux avaient été tués à coups de sabre et deux plaies béantes leur ouvraient la gorge. Sur le talus, le cheval d'un uhlan mort paissait tranquillement l'herbe haute dans laquelle avait disparu le casque de son cavalier. On eût dit une toile d'Édouard Detaille, vieille d'un demi-siècle. Mais Laurent savait que la première image de la guerre venait de se fixer à jamais sur sa rétine, dans sa dérisoire et pathétique réalité.

L'imagerie changea vite. A l'anecdote qui mettait en cause une patrouille-surprise succédèrent bientôt les communiqués qui impliquaient des marées humaines. Les morts firent l'objet d'une double comptabilité dont on ne saurait jamais le fin mot. Les portes des mairies affichèrent le malheur du pays ; très vite il apparut que les saisons passeraient, les années peut-être, avant la fin du massacre. Après le Nord, la Marne ; après la Marne, l'Aisne ; après le mouvement, la stagnation des tranchées. Charles Péguy était mort (le « polémiste imbécile » du marquis de Coutrelle, inventeur de l'expression qui naguère avait provoqué sa haineuse ironie : « hussards noirs de la République »). Mort aussi Psichari, mort Alain-Fournier, morts des milliers d'anonymes accompagnant ces grandes ombres isolées en un cortège ininterrompu, une masse uniforme et boueuse, le fleuve éteint de ceux qui formaient naguère un peuple jovial et coloré, bruissant de vin et de chansons. Morts Henri et Jules Maillebuau, mort Lulu Vergne qui tachait d'un rot ses culottes, et mort Choudier, que poursuivait le vieux Pagès. Les premiers gaz asphyxiants saisissaient à la gorge les fusiliers d'Ypres ; Vincy, Carency, Notre-Dame-de-Lorette étaient entrés dans le martyrologe et le père Joffre entamait de la Suippes à l'Argonne le *grignotage* qui, selon lui, « amorçait le succès final ». La guerre durait depuis plus d'un an et nombre d'enfants déjà étaient nés orphelins.

A Courson, l'école de Louis était partiellement transformée en infirmerie militaire réservée aux prisonniers allemands blessés. Louis et les plus âgés de ses subordonnés versés dans la territoriale avaient été mobilisés sur place. Vêtus d'un uniforme sur lequel ils avaient passé leur blouse d'enseignant, ils continuaient de régner sur un nombre réduit de classes. Le père Lectare, portant galons de caporal, son éternel mégot pendu aux lèvres, poussait dans les couloirs un chariot à roulettes surchargé de flacons, seringues, bocaux, pansements, urinaux. On voyait aussi quelques enveloppes et colis sur le plateau inférieur car, à sa fonction d'aide-soignant, le bonhomme joignait celle de vaguemestre.

D'une classe, transformée en salle d'hôpital, filtrait le son d'un harmonica ; venant d'une autre, un chœur de voix enfantines psalmodiait :

J'ir*ai* : a, i.
Tu ir*as* : a, s.
Il ir*a* : a.
Nous ir*ons* : o, n, s.
Vous ir*ez* : r, e, zède.
Ils ir*ont* : r, o, n, t.

Au mur, une photo très agrandie de Pascal Nivolles était encadrée de noir et un de ses angles était barré du ruban tricolore des morts au champ d'honneur : le pauvre garçon était tombé dès septembre 14 du côté de Maubeuge.

Les jeunes voix s'étant tues, Louis se pencha vers une très petite fille.

— Julie ! Je n'ai pas vu tes lèvres bouger.

Debout devant le tableau où était copiée la conjugaison, il fit reprendre ligne par ligne à l'enfant.

— Allez ! Julie ! Toute seule...

Et la petite :

— J'i-rai... a... i...

— Bien ! Continue !

On frappait à la porte. C'était Lectare.

— Le courrier, monsieur le Directeur.

— Portez-le à ma femme !

— C'est-à-dire... il y a une lettre..., dit Lectare avec un signe de la tête vers le fond de la classe.

Louis comprit et, s'emparant de l'enveloppe, se dirigea vers le dernier banc, à reculons, sans perdre de vue la petite Julie qui poursuivait avec application : « i-rons : o. n. s., vous irez... » Ayant atteint les dernières tables, Louis se tourna vers un étrange élève qui n'était autre que Paulin Labarthe, auquel il tendit la lettre avant de revenir vers Julie. Elle avait mené la lecture à son terme.

— C'est bien, Julie. Tu viendras me demander un bon point. (Il élevait la voix pour être entendu de tous.) Pour demain vous apporterez une pomme. Petite ou grosse, rouge ou verte, peu importe. Ceux qui n'en auront pas s'arrangeront avec... (Il cherchait dans l'assistance.) Il y a bien des pommiers chez toi, Albert ?

Albert acquiesça. Un autre leva le doigt.

— Chez moi aussi, monsieur.

— Bien, conclut Louis. Arrangez-vous avec Albert ou Rémy, mais ne venez pas les mains vides. Et revoyez votre fable, je vous ferai réciter.

Une cloche sonnait dans la cour.

— Voilà, vous pouvez partir.

Il y eut un bruit rapide, deux ou trois traînards, un enfant revint prendre une casquette oubliée.

Une voix s'éleva dans la classe vide, voix de sourd ou de vieillard, et Paulin était devenu l'un et l'autre :

— C'est Roques ! Le petit Roques, tu sais, Augustin, mon aide. (Il montrait la lettre.) Il avait écrit à Soulargues. C'est une lettre qui a près de six mois. Tu te rends compte : six mois ! Le facteur l'avait glissée sous une porte, ce nigaud. Un remplaçant. C'est la vieille mère Portal qui s'en est aperçue en venant cueillir les groseilles, elle a prévenu la poste et voilà, ils font suivre. Tout est raconté sur l'enveloppe.

Le verso de l'enveloppe était en effet couvert d'une fine écriture tremblée qui expliquait tout. Paulin gardait la lettre à la main et murmurait pour lui-même : « Roques ! Augustin Roques ! »

— Il va bien ? demanda Louis.

— Oui. Tu peux la lire.

Il tendait l'enveloppe. Louis la prit sans y porter les yeux.

— Il dit qu'il fait du cinématographe aux armées ! Tu vois un peu, ce Roques !

Louis crut que son vieil ami déraisonnait mais le fait était réel. Dans un mouvement d'enthousiasme, Roques (qui avait l'âge de rester à l'arrière), ayant appris que les Établissements Pathé Frères et la Chambre syndicale de la cinématographie désiraient se constituer des archives historiques, s'était porté volontaire en arguant de sa compétence, qui était indéniable. Agréé, il courait les champs de bataille, armé d'un lourd matériel, et vivait la vie des poilus. L'avantage pour lui était qu'il remontait souvent jusqu'à Paris, touchait la haute paye et se voyait assimilé au grade de sergent, ce qui lui apportait des femmes et des invitations à dîner partout.

— Bon petit gars, Roques, soliloquait Paulin. Il parle de la Champagne. Encore une qu'on a gagnée, la Champagne ! Mais, il y a deux mois, ça allait bien mal par là. Eh bien, il y était, Roques ! Si ça se trouve, il a filmé des attaques où il y avait Laurent. Ils étaient tout près l'un de l'autre. (Il se tut un instant, comme s'il regrettait cette espèce d'enthousiasme athlétique, qui jette les combattants les uns sur les autres.) Ah ! la guerre !...

Louis commença à lire la lettre de son ancien élève :

« J'ai gardé de vous un si bon souvenir que j'espère bien *de* vous revoir ainsi que M. Meissonnier et sa dame après cette sauvagerie qui n'a pas de nom. Tous les jours ce sont des centaines de bons camarades qui tombent et pareil chez les boches. J'ai un opérateur (parce que je suis sergent il faut dire) qui a compté sur une bobine ceux qui avaient l'air d'être morts. Il y en avait cent quarante (des leurs comme des nôtres) et c'était seulement une moyenne attaque dans un petit quartier et on n'a filmé que quatre minutes... »

Louis reposa la lettre de Roques sur la table où se tenait Paulin.

— Ne la fais pas lire à Camille, dit-il.

— Comment ?

La distraction s'ajoutait à la surdité.

— Pas à Camille, non ! dit Louis d'une voix forte en montrant la lettre du doigt. Tu ne la lui montres pas.

Paulin acquiesça machinalement, alors que Lectare faisait une nouvelle apparition.

— Vous êtes demandé au CM 2, monsieur le Directeur. Il y a des colis.

Cette classe du cours moyen était l'une des trois de l'établissement transformées en salle d'hospitalisation. On avait poussé les bureaux dans un coin et installé huit lits, dont la plupart étaient occupés par des blessés en attente ou en retour de chirurgie. L'un d'eux, grand jeune homme blond vêtu d'un treillis délavé, lisait, assis à une table d'écolier, les jambes repliées sous son banc. Un autre jouait aux dames avec l'un de ses compagnons allongé sur un lit, une jambe — ou ce qu'il en restait — enveloppée de pansements. Un quatrième fumait mélancoliquement, accoudé à une fenêtre...

Il y eut un bruit de serrure, la porte s'ouvrit et Louis entra.

— *Gutentag!*

Les autres répondirent à son salut. Le soldat qui fumait à la fenêtre s'approcha de Louis. Il avait une trentaine d'années, une jambe plâtrée jusqu'au genou. Il parlait un français presque impeccable, et se prénommait Franz.

— Vous venez pour les paquets? Il y en a deux, dit-il en montrant la table.

Louis attira un colis à lui.

— Encore pour M. Walter!

— Il est d'une région où on mange bon et beaucoup, dit Franz.

— Et l'autre? demanda Louis.

— Pour Heinz Sogar.

— Des livres, je suppose?

Heinz, le jeune homme qui jouait aux dames avec son camarade, leva la tête.

— J'espère des livres! dit-il.

— Vous faites des progrès, Heinz.

— Pour un instituteur c'est normal, plaisanta Franz!

Louis ouvrit le colis destiné à Walter. Il en sortit deux pots de graisse, un saucisson, du miel, du chocolat, un gâteau. D'entre deux tablettes de chocolat, il retira une lettre écrite sur papier pelure. Il leva les yeux vers Franz, qui se montra aussi gêné que lui, puis vers l'amputé allongé sur le lit. Il ne l'avait pas quitté des yeux.

— Je suis désolé, monsieur Walter. Je dois confisquer cette lettre. (Il s'approcha du lit et la tendit au garçon.) Lisez-la d'abord. Vous me la rendrez ensuite et je vous la restituerai quand vous nous quitterez.

Franz avait traduit au fur et à mesure et l'autre remercia d'un mouvement discret de la main. Louis s'en prit ensuite au colis de Heinz. Il contenait bien les livres souhaités, plus deux partitions musicales, des cigarettes et, entre les pages d'un livre, l'inévitable lettre accompagnée de deux photographies. Louis haussa les épaules et sourit à Heinz.

Il contempla l'une des photos.

— Votre fiancée ?

— *Versprochen ?* traduisit Franz.

— Oui, dit Heinz.

Et Louis :

— Jolie !

— *Hübsch !* dit Franz.

Walter eut un grand sourire et approuva :

— *Ya, ya ! Hübsch und sanfmütig.*

— Ça veut dire : « Jolie et douce », traduisit Franz.

L'autre photographie émut tout autant Heinz et l'inquiéta.

— *Mein Bruder Karl.*

Il parcourut la lettre avec avidité puis se tourna vers Franz, et, bouleversé, lui dit une courte phrase qu'il traduisit aussitôt :

— Son frère Karl est mort. Tué sur la Meuse. Vingt-quatre ans.

Louis menait ainsi une sorte de double vie. Il était le directeur de l'école de Courson en même temps que ce garde-chiourme débonnaire. Pour cette dernière tâche, il était aidé par une poignée de territoriaux vivant mêlés aux prisonniers, blessés ou convalescents, dont ils assuraient sans risque la surveillance. Cette double fonction n'exigeait de sa part qu'un surcroît d'organisation. Il éprouvait à l'égard des prisonniers, dont la plupart avaient l'âge de son fils, un peu du sentiment qui le liait à ses élèves. Même *boches,* ils évoquaient pour lui le combattant de l'Argonne ou de la Champagne. Aussi ne lui plaisait-il guère de devoir contrôler les colis, confisquer la correspondance clandestine, déjouer les mille petites ruses des familles. Mais il y avait le règlement. Un règlement auquel il faisait cependant quelques entorses, moyennant quoi, entre lui et *ses* prisonniers (il aurait préféré dire : ses pensionnaires) passait un courant de sympathie que rien ne parvenait à ternir durablement.

Paradoxalement, il trouvait dans leur commerce un adoucissement à tant d'autres aspects de la vie quotidienne qui lui était devenue insupportable.

Pénibles, l'absence de Laurent et le tourment quotidien du courrier qui pouvait à chaque minute apporter de terribles nouvelles. Pénible, l'absence de Marie-Pauline dont la tendresse redoublée éclatait dans chaque lettre et les inquiétait par le sentiment qu'elle leur donnait d'une extrême solitude. En fait, la jeune fille déguisait son bonheur en feignant de souffrir d'un éloignement qui lui apportait la liberté et la confirmation de ses amours d'adolescente. Elle faisait l'enfant pour dissimuler à quel point elle était devenue femme.

A la mi-novembre 1916, elle se trouvait assise dans l'annexe d'une église proche de son domicile et transformée provisoirement en *cinéma public*. L'engouement était immense pour ce nouvel art qui apportait alternativement le rêve et la réalité. Après de poignantes images de la guerre, l'écran reprenait le texte du communiqué du 25 octobre, trois lignes par trois lignes, tandis que le pianiste, dans l'inspiration, composait un pot-pourri exaltant de *Marseillaise* et de *Sambre et Meuse* :

Sur le front de Verdun, après une préparation d'artillerie intense, l'attaque projetée sur la rive droite de la Meuse a été déclenchée à onze heures quarante.

Tous les regards lisaient les lettres de lumière qui dansaient légèrement, dans l'ombre.

La ligne ennemie, attaquée sur un front de sept kilomètres, a été crevée partout sur une profondeur qui au centre atteint trois kilomètres.

Les cœurs se dilataient d'orgueil, une joie puissante unissait hommes et femmes à ceux qui, dans l'horreur et la boue, leur donnaient cette gloire en partage. Une femme en voiles noirs lisait à mi-voix pour un petit garçon aux yeux écarquillés dans un visage de plâtre.

Le village et le fort de Douaumont sont en notre possession.

Le public s'était levé et applaudissait. Quelques-uns pleuraient sans honte. Un dernier carton confirmait en lettres énormes, scintillantes, dans un cadre de volubilis :

DOUAUMONT EST REPRIS

Le pianiste, également fasciné par le message d'espérance et de mort, ne jouait plus. Dans l'obscurité, on n'entendait que le tac-tac-tac précipité de l'appareil de projection, imitateur dérisoire des mitrailleuses du front. Il y eut un « bravo ! », un « vive la France ! » ; la salle rallumée, les regards demeuraient ceux des somnambules. Au milieu d'un rang, un soldat nu-tête restait assis, prostré, tandis que le flot des spectateurs s'écoulait lentement. L'enfant pâle, la tête levée vers sa mère qui avait rabattu ses voiles de veuve, demandait si l'on reviendrait. Elle résistait, elle était déjà venue deux fois ; elle céda comme ils atteignaient la rue.

Marie-Pauline, ayant un peu traîné, se trouvait à la hauteur du soldat qu'elle entendit parler, rageur, à deux hommes qui l'accompagnaient. L'un, M. Dulâtre, enseignant dans le même établissement qu'elle, lui était connu.

Le soldat s'exprimait sans prudence, par rafales de mots :

— C'est peut-être comme ça, mais le prix que ça coûte, on la boucle là-dessus... le prix que ça coûte !

Marie-Pauline était impulsive. Au passage, elle lança :

— Vous devriez avoir honte !

Le soldat n'en rabattit rien :

— Je ne dis que la vérité, ma petite dame ! Ce que vous avez vu là, moi je me le suis payé !

— Vous n'êtes pas le seul et ça n'est pas une raison.

Elle était indignée. Pour Dulâtre, qui tentait de modérer le poilu dont le corps maladif, légèrement penché en avant, laissait pendre de la capote deux médailles, toutes fraîches au bout de leur ruban, elle siffla :

— Excusez-moi, monsieur Dulâtre, mais si ce monsieur est votre ami !... (« Je ne vous fais pas mes compliments », signifiait le ton réprobateur.)

— Mon cousin a son franc-parler, mademoiselle Meissonnier, mais c'est un héros, répondit prudemment Dulâtre.

Lequel héros enrageait.

— Ne raconte pas de *constés*, mon pauvre Henri ! Les héros, tu viens de les voir. Ils sont des milliers. (Il haussait la voix pour rattraper Marie-Pauline qui s'éloignait.) Verdun, ma petite demoiselle, c'est devenu de la boue, ce que vous avez vu, c'est de la *boue de héros* !

Dulâtre baissait le nez. Toute cette scène en public, devant la jeune intérimaire, le mettait dans l'embarras.

— Tu exagères, Lucien ! Il ne faut pas lui en vouloir, mademoiselle. Il a un peu bu.

Il entraîna son cousin, qui réussit encore à lancer :

— C'est vrai ce que je vous dis ! Il y a trop de morts ! Même les vivants sont morts, ma petite dame !

Marie-Pauline sortit enfin, bouleversée. Elle fit quelques pas dans la rue, expédia de menues courses, le pain, quelques fruits, un journal, puis, après un dédale de rues très populeuses, franchit un porche. Elle habitait là. Ayant atteint son étage, elle fourgonnait dans son sac à la recherche de ses clés, lorsqu'une ombre se détacha d'un recoin du palier. Marie-Pauline poussa un cri.

Reconnaissant son visiteur, elle eut un soupir de soulagement : c'était son frère Laurent, promu sergent-chef, décoré lui aussi, et qui venait à l'occasion d'une permission inattendue la surprendre.

— Je dois convoyer une livraison de camions. (Il consultait sa montre qui n'était autre que celle de Paulin, à lui transmise par son père le jour de son entrée à l'École normale de Poitiers.) Je les réceptionne dans trois heures à la barrière de Pantin.

Elle se remettait, joues en feu.

— Et moi qui traînais à faire les courses !

Laurent remarqua la bouteille de vin que sa sœur avait posée sur la table.

— Tu t'es mise au *pinard* ?

— Non, enfin ! C'est plutôt en cas, répondit-elle, évasive. Tu en veux ?

— A défaut de porto ! dit Laurent en souriant.

Ces retrouvailles les enchantaient l'un et l'autre. Marie-Pauline éclata de rire.

— Mais j'ai aussi du porto !

Il scruta dans un bref silence le visage de Marie-Pauline, ne sachant trop comment en venir à ce qui le préoccupait.

— Alors, tu as quitté les bonnes sœurs de Versailles ?

— Il y avait un poste libre à Paris.

— Qu'est-ce qu'ils ont dit à la maison ? (Elle eut un geste évasif.) Tu les as prévenus au moins ?

De toute évidence, elle n'en avait rien fait. Elle plaida mollement :

— Avec papa, tu sais comment ça tourne. Il se fait un sang d'encre dès qu'il nous perd de vue.

— Mais maman ?

— Maman, maman ! Maman, c'est papa !

— Je ne voudrais pas me mêler de ce qui ne me regarde pas, mais tu y vas un peu fort quand même.

Le ton avait changé. Marie-Pauline tenta une diversion.

— Tu as de nouveaux galons, non ?

— Oui, dit Laurent. Sergent-chef ! (Les yeux clairs ne la quittaient pas.) Il y a quelque chose qui ne colle pas, Maripo. Tu quittes les sœurs de Versailles, tu as une chambre en ville, tu achètes du vin « en cas », tu me sers du porto...

Il se leva, décidé, inspecta du regard la modeste chambre et fila ouvrir l'unique armoire qui s'y trouvait. Il demeurait interdit. Dans le meuble reposaient sur des cintres, chez eux en somme, divers vêtements masculins qu'il arrachait pour les lancer sur le parquet : une vareuse, une veste en cuir, deux pantalons, un chapeau ! Il se tourna d'un bloc vers Marie-Pauline.

— Qui est-ce ? (Elle l'affrontait, les yeux pleins de larmes.) C'est Jacques ? (Elle baissa la tête.) Mais tu es folle ! continua son frère. Il est fou ! On ne fait pas des choses comme ça, Maripo ! Il peut arriver n'importe quoi.

Le désarroi et la fureur lui tiraient le visage. Il ne criait plus.

— Dans huit mois, je serai majeure et nous nous marierons, Jacques et moi.

— Mais vous ne pouviez pas attendre huit mois ?

— L'an dernier, ça ne faisait pas huit mois, cornichon !

— Parce que ça dure depuis l'an dernier ?

Apôtre de l'école laïque ou pas, on n'en était pas moins fort moraliste chez les Meissonnier. Il y avait des choses qu'on faisait et d'autres qu'on ne faisait pas. Par exemple, vivre avec un garçon, sans être majeure ni mariée. Louis avait eu raison de parler des « périls » que sa fille allait courir à Versailles ! Et il avait bien deviné : ce n'était pas d'enseigner chez les sœurs qui intéressait tellement sa fille, mais la présence dans cette ville de l'éternel Jacques Sonagry, le camarade de promotion de l'École normale.

Marie-Pauline, peu soucieuse d'avertir ses parents de sa décision, avait confié sa nouvelle adresse parisienne à une amie versaillaise qui lui faisait suivre le courrier qu'elle recevait de Courson.

— Heureusement que tu ne dois pas le voir souvent, grogna Laurent.

— Dans l'armée aérienne, ils ont beaucoup de permissions ! répondit Marie-Pauline, retrouvant le ton de défi de leur adolescence querelleuse.

Laurent était stupéfait.

— L'armée aérienne ? Jacques ?! Il est devenu aviateur ? (Il allait de surprise en surprise.) Ce type est vraiment fantasque ! On fait Normale ensemble, on commence l'armée ensemble, l'infanterie ! La cavalerie demande des volontaires, il n'est jamais monté sur un cheval, mais le voilà dans les dragons ! Maintenant, il fait le zouave là-haut !? (Il eut une révélation.) C'est un instable. Un beau jour, il va te plaquer et il ne te restera plus que tes yeux pour pleurer !

— Ce que tu es mauvais !

— Non, *lucide* ! La prochaine fois que je le rencontre, je lui casse la gueule !

Marie-Pauline savait que Laurent mourait d'envie de passer des paroles à l'acte.

— Au fait, qui t'a donné mon adresse ? demanda-t-elle.

— La sœur concierge de Versailles.

— La sœur *tourière*, rectifia Marie-Pauline (celle-là même qui faisait suivre son courrier).

— Et maintenant te voilà ici, à Paris, dans un quartier interlope. Je n'ai vu que des cafés, des théâtres.

— Tu as mal vu. Il y aussi des écoles. Je travaille juste à côté.

— Tout de même ! s'exclama Laurent que Paris avait toujours un peu effrayé.

— École *laïque* (Marie-Pauline avait insisté sur le mot) de la rue Lauzoux.

— Laïque ? Ils t'ont acceptée ?

— Comme auxiliaire. Mon brevet a suffi.

La mobilisation avait pratiqué une coupe sombre chez les instituteurs comme dans les autres professions. On manquait d'enseignants et le recrutement se faisait beaucoup chez les femmes. Tout de même, qu'un simple brevet élémentaire pût suffire ! Laurent était rassuré que sa sœur ait du travail mais professionnellement il désapprouvait cette baisse de niveau du recrutement.

Montant de la rue, les appels d'un klaxon firent frémir Marie-Pauline.

Laurent comprit.

— C'est lui ?

Elle l'affrontait de nouveau :

— Oui, c'est lui. C'est Jacques ! Il est formidable. Il m'avait dit qu'il aurait du mal à venir et il est là !

Elle se précipita, ouvrit la porte, se pencha dans la cage d'escalier. C'était bien le beau Sonagry qui montait les marches quatre à quatre, une bouteille de champagne sous chaque bras.

Sans lui dire un mot, Marie-Pauline s'effaça pour le laisser entrer. Les deux amis se heurtèrent presque de front. Jacques, en veste de cuir sur l'uniforme des dragons (les aviateurs volontaires, issus de toutes les armes, conservaient l'uniforme de leur corps d'origine), regardait Laurent, incrédule et ravi.

— Laurent !?

— Jacques !

276

Toute colère tombée, Laurent fixait son camarade d'école. Ils s'étreignirent.

Marie-Pauline mettait le couvert l'instant d'après.

Comme souvent chez les jeunes mâles, l'amitié, la force des souvenirs communs et quelque chose qui appartient en propre au code de la virilité l'écartaient de cette rencontre et la rejetaient au rang de simple témoin de leur complicité.

Deux heures passèrent. Ils rirent ensemble des évocations les plus banales de leur jeunesse : les tics d'un professeur, les audaces d'un condisciple, l'angoisse partagée des veilles d'examen. Tout les renvoyait au bonheur des années de vie commune qu'ils croyaient à jamais aboli. Et puis, insensiblement, parce que l'heure passait, parce que le champagne était épuisé, parce que leur esprit et leur corps ne pouvaient l'ignorer davantage, la guerre reprit entre eux sur place, la première.

— Je crois que, pour nous, c'est tout de même plus facile que pour vous autres *biffins*. Quand je passe au-dessus des lignes, votre misère me fait honte ! convenait Jacques.

Marie-Pauline passait de l'un à l'autre dans un même regard d'adoration.

— Le plus dur, dit Laurent, c'est la crasse, la boue… (Il hésita un instant et se reprit.) Non ! Le plus dur, c'est l'*odeur*.

— Je sais, dit Jacques. Même là-haut, elle nous atteint.

Marie-Pauline entendait faire valoir son jeune amant.

— Jacques a abattu son sixième avion !

— Septième ! triomphait Jacques. Je l'ai descendu ce matin. C'est pourquoi j'ai eu quartier libre jusqu'à demain dix heures. Alors j'ai sauté sur le volant et direction Marie-Pauline. Et, par-dessus le marché, tu es là ! dit-il en regardant Laurent.

— La vraie différence, poursuivait pensivement ce dernier, c'est ça, pouvoir sortir du bourbier. Ne serait-ce que quelques heures.

— Je sais, petit père ! Avant l'escadrille, j'ai tâté de la gadoue moi aussi ! Parce que les dadas, ça n'a pas duré longtemps. Mon régiment a été démonté deux mois après ma mutation aux dragons. Et alors là, la biffe, les tranchées ! Impossible ! Un jour, ils ont demandé des mécanos, j'ai profité de l'occasion.

— Qu'est-ce que tu connaissais à la mécanique ?

— La même chose que toi. Ce que nous avait appris le père Patrice à Normale : quelques trucs sur les moteurs à explosion.

Ils rirent tous les trois.

— Culotté ! Il est culotté ! s'exclama Laurent qui ne cachait pas son admiration. Moi, j'ai fait la retraite. De Rethel jusqu'à Vitry-le-François. A pied !

— Ça fait loin ? demanda Marie-Pauline, naïve.

— Cent, cent vingt kilomètres avec les contre-marches, les détours. Et tout le barda sur le dos. Par une chaleur ! On nous avait interdit de boire aux puits, par crainte qu'ils aient été empoisonnés ! (Ils s'assombrit de nouveau.) Maintenant, nous sommes installés dans l'enfer. On se dit que ça ne finira jamais. Nos projets, nos moindres projets, doivent tenir compte de la guerre comme d'une composante de la vie... Une composante *normale*.

Une idée lui revint à l'esprit et le fit rire, intriguant les amoureux.

— J'allais partir et je ne vous l'ai pas dit !

— Quoi ? s'écrièrent Marie-Pauline et Jacques ensemble, avec la même impatience.

— Je vais me marier.

Il continuait de rire de leur surprise.

— *Qui* va se marier ? demanda Marie-Pauline qui le crut tout à coup passablement ivre.

— Moi, petite sœur. Et j'étais venu t'annoncer la nouvelle et t'inviter.

Il se tourna vers Jacques.

— Toi... je ne pouvais pas deviner mais... l'invitation est faite. Venez, ça vous permettra de tout dire aux parents.

— Mais tu te maries avec qui ? demanda Marie-Pauline, un peu dépassée par l'événement.

— Tu la connais : une demoiselle Vion, la plus jeune, Yvette Vion. Elle a été ma marraine de guerre, nous nous sommes écrit. Et puis voilà !... La voie hiérarchique a donné son accord, sauf coup dur, c'est pour le mois d'avril.

— Si loin ? dit Jacques.

— Le fils était au 137e, expliqua Laurent. Il a été tué, il y a moins d'un mois, à la ferme de Thiaumont. Les parents ont demandé un délai raisonnable pour le deuil.

Ils se turent tous les trois. Ils étaient heureux d'être ensemble, de plaisanter, d'évoquer ces noces prochaines, et la mort venait de resurgir dans leurs propos.

Rien de ce qui en d'autres temps eût été de leur âge au point d'atteindre à la banalité ne pouvait être évoqué sans indécence. Laurent avait eu raison : la guerre, la mort étaient devenues des composantes si *normales* de la vie que tout projet devait intégrer l'une et l'autre.

Il s'était levé. Il avait pris Jacques aux épaules et, selon une vieille habitude, le fixait au fond des yeux.

— Je voulais te casser la figure, quand j'ai su. Je ne l'ai pas fait. Maintenant, c'est trop tard. Je ne peux que vous souhaiter bonne chance. Mais, c'est égal... (Il le relâcha si brusquement que Jacques en recula.) Tu aurais pu me prévenir.

— J'y ai pensé, répondit Jacques. Tu m'aurais dit oui ?

— Sûrement pas ! s'exclama Laurent.

— Alors je vous perdais tous les deux. J'ai donc eu raison !

Laurent haussa les épaules. Après tout...

Il s'approcha de sa sœur.

— Je tâcherai de dire un mot pour toi à maman.

Elle lui sourit avec reconnaissance et s'appuya à l'épaule de Jacques, abandonnée. Laurent broncha, elle le vit et se redressa ; il ne fallait pas mélanger les tendresses.

Il eut encore un moment d'hésitation et demeurait bras ballants, gauche.

— Je resterais bien, bon Dieu, mais... (Il s'ébroua littéralement, rejetant loin de lui dans un mouvement bourru toute émotion, peut-être même toute réflexion.) Allez, j'y vais !

Une dernière fois, il se tourna vers Jacques :

— A ma noce, tu tâcheras d'annoncer la tienne.

Jacques ferma les yeux en signe d'acquiescement. Il

vida son verre cul sec, serra sa sœur contre lui et repartit pour la barrière de Pantin, où l'attendaient ses camions qu'il amènerait au front.

Le mariage n'eut lieu qu'au mois d'octobre. Le jeudi 4 octobre 1917, ainsi que le précisait le faire-part modeste expédié aux invités des deux familles. A la mi-avril, qui était la date initialement fixée par les jeunes gens, toutes les permissions avaient été supprimées et l'offensive du Chemin des Dames déclenchée. Le printemps s'ouvrait par cette danse macabre qui mêlerait à la terre bouleversée par un déluge de fer les corps de deux cent cinquante mille jeunes hommes, dont trois sur cinq étaient des Français de vingt ans. Les mutineries vinrent ensuite. Après quoi, il y eut à Courson l'évasion d'un sous-officier allemand, amputé d'un bras. Louis dut renforcer la discipline et subir quelques contrôles. En six semaines, tout s'oublia ; l'époque n'était pas aux incidents mineurs. Mais alors, les parents de la jeune fille demandèrent qu'on repoussât jusqu'en octobre : ils avaient de grandes vignes et les vendanges y gagneraient la présence de quelques parents rassemblés pour la noce.

Il était de tradition que le repas de mariage se tînt chez les parents de l'épousée. Cependant, toujours à cause du deuil, on prétexta de raisons pratiques pour décider que la réunion aurait lieu dans l' « autre famille », c'est-à-dire à Courson. On avait donc loué trois longues tables et le temps avait permis qu'on les dressât en U dans la cour de l'école. La pluie aurait déplacé l'ensemble vers le grand préau, ce qui eût compliqué le service et fait courir le risque de « manger tout froid », comme l'avait prophétisé Paulin. Les familles se tenaient groupées, les Meissonnier du côté de Laurent, les Vion du côté de la jeune Yvette, dont les sœurs aînées enviaient visiblement la place à table, la robe et le beau garçon qui la serrait contre lui. Père, mère, sœurs, grand-père, tous les Vion étaient en noir des pieds à la tête, hormis la chemise, les chaussettes et les gants qui étaient du même blanc parfait que la robe de la mariée, au sommet de laquelle la figure colorée de la jeune femme mettait une sorte de fleur violente. Paulin, aidé de l'adjudant Augustin Roques en permission exceptionnelle, avait « tiré » plusieurs plaques photographiques. Il avait d'abord prévenu tout le monde puis, comme le clan Vion accusait encore sa tristesse à l'instant du « petit-oiseau-qui-va-sortir », il avait déclenché deux fois sans avertir.

« Ça bougera un peu, glissa-t-il à Roques, mais au moins ça aura plus l'air d'une noce que d'un enterrement. »

Le curé qui avait célébré la messe était de la fête, ainsi que l'inévitable Lectare, dont les doigts jaunis par la nicotine rivalisaient avec ceux de Paulin, toujours marqués par ses manipulations. Deux jeunes maîtresses auxiliaires complétaient la tablée et comparaient fébrilement au sort de Marie-Pauline le désagrément de leur situation provinciale. L'une et l'autre ne souhaitaient qu'une mutation sur Paris, qui les livrerait à la ville, au progrès, aux musées, aux théâtres et (ce qu'elles étaient prêtes à nier, la tête sur le billot) aux beaux hommes entreprenants dont elles avaient un spécimen sous les yeux. Marie-Pauline tentait de les dissuader à mi-voix, surveillée par Louis que cette conspiration agaçait.

Il fit passer les cigares. Deux territoriaux, qui assuraient le service des vins et bâfraient en bout de table, sortirent le champagne d'une lessiveuse où il trempait depuis le matin dans un mélange d'eau, de gros sel et de glace cassée au marteau. Les bouchons sautèrent avec ensemble et les deux troufions commencèrent à verser en partant chacun d'un bout de l'assemblée, ce qui fit hurler Lectare : « Les mariés d'abord, les mariés d'abord ! »

Comme il n'était pas entendu, il vint porter les coupes d'Yvette et de Laurent au plus proche serveur et les leur porta.

Le grand-père Vion, Armand, s'était levé à la demande des Meissonnier. On lui connaissait une belle voix et, sans se faire trop prier, il poussait la chansonnette :

Ah c'qu'on s'aimait
C'qu'on s'aimait tous les deux
Du mois d'janvier jusqu'à la fin décembre

Le curé battait la mesure, la main hasardeuse. Mme Vion pleurait dans son mouchoir. Le père, courageux, retenait ses larmes.

— C'est une chanson que mon frère chantait souvent, expliqua l'aînée des filles Vion à Marie-Pauline, en se penchant vers elle.

Laurent et Yvette se souriaient, mains mêlées, tandis que Louis découpait le gâteau de noce avec un grand couteau prêté par le pâtissier. Il n'eût pas, en cette occasion, osé sortir le Laguiole qui alourdissait sa poche.

— Les parts sont un peu petites, mais si on pouvait en garder pour les gars d'à côté ! dit-il en désignant d'un mouvement du menton l'une des classes aux fenêtres grillagées.

Il y logeait six grands blessés, français ceux-là, en longue convalescence. Tout le monde approuva. Paulin continuait de prendre des photos mais, la lassitude aidant, c'était Roques, en réalité, qui gouvernait l'opération avec une technicité de professionnel.

Le champagne servi, on leva les coupes.

Anne Vion se pencha de nouveau vers Marie-Pauline.

— Quel dommage que votre fiancé n'ait pas pu venir, dit-elle gentiment.

— Les aviateurs ont beaucoup de permissions, mais très courtes. Et c'était trop loin pour lui.

Marie-Pauline avait simulé un détachement qui ne trompa point sa confidente.

— Bien sûr, dit-elle sans insister.

Laurent, passant son index mouillé de champagne derrière l'oreille d'Yvette, aperçut, dans le geste qu'il fit, des silhouettes collées aux fenêtres grillagées. Il prit sa femme par la main, se leva, s'empara de deux bouteilles de champagne au passage de la porte, et sortit en compagnie de la mariée qui emportait avec elle une petite paire de ciseaux.

La voix du pépé s'effilochait d'instant en instant, usée par la fatigue et la tabagie.

Quand ils entrèrent chez les « Français », la classe était pleine de la fumée des cigarettes.

Laurent exhiba ses deux bouteilles de champagne.

— Salut, les gars ! Je vous présente ma petite femme. Si vos quarts sont propres, on va trinquer ensemble.

Les quarts sortirent comme par miracle des tables de nuit et se tendirent vers Laurent.

Yvette découpait de minces bandes de son voile et offrait ces porte-bonheur aux convalescents qui réclamaient la bise et ne savaient plus que faire du morceau de tissu.

Louis, dans une autre classe, une boîte de cigares à la main, passait entre les lits. Il n'y avait là que les Allemands.

— J'aurais aimé vous apporter un peu de champagne. Mais le frère de la mariée a été tué au front, il faut comprendre.

Heinrich, le nouvel interprète et homme de confiance des prisonniers, traduisit pour ses compatriotes.

— Je ne peux pas rester, annonça Louis. Tout va bien ?

— Rien ne va pien, meuzieu Messonir, répondit Heinrich, mais ce n'est pas *ton* faute !

Ayant distribué les cigares, Louis sortit de la salle.

Dans la cour, il retrouva son fils et sa bru. Ils retournèrent prendre place à table alors qu'on applaudissait l'un des territoriaux qui venait de réussir un tour de cartes.

La nuit venue, les Meissonnier partirent pour la gare. Les permissions pour cause de mariage ne duraient guère. Laurent et Marie-Pauline rentraient à Paris. Yvette resterait dans sa famille jusqu'à la fin de la guerre qui ne saurait tarder.

— J'aurais quand même préféré que tu retournes chez les sœurs, ne put s'empêcher de dire Camille à sa fille.

La *faute*, ayant été avouée, se trouvait à moitié pardonnée. Mais tout juste. Il était entendu que Marie-Pauline épouserait Jacques avant six mois. Louis, apprenant la chose, avait fait un éclat ; toutefois, sous la pression de sa femme, il avait fini par accepter la situation. Non sans répéter dix fois à sa fille ce que Laurent lui avait déjà dit :

— Tu aurais pu nous prévenir !

Marie-Pauline, de son côté, avait sa réponse toute prête :

— Pour que vous vous fassiez du mauvais sang ? Il est impossible d'expliquer certaines choses par correspondance. Maintenant, vous m'avez vue, nous avons parlé, j'espère que vous êtes rassurés. Est-ce que j'ai l'air trop malheureuse ?

Elle ne cessait de se tourner vers la grande horloge sertie dans le fronton de la gare.

— Comme tu es pressée de nous quitter ! dit Camille.

— Tu sais que ce n'est pas vrai, s'indignait la jeune fille. C'est autre chose. Tu devrais comprendre. S'il n'y avait pas Jacques !

Ayant saisi les derniers mots au vol, Louis ne put s'empêcher de grincer :

— Tu le féliciteras pour moi.

— Papa !

— Une petite lettre entre deux combats aériens, tout de même ! ironisait Louis. Un simple petit mot dans lequel il aurait déclaré ses intentions.

— Ses intentions, je te les ai dites, rétorqua Marie-Pauline. Il veut m'é-pou-ser !

— Ne vous disputez pas, supplia Camille, accablée. S'il vous plaît, pour une fois.

Quelques mètres devant eux, Laurent avait attiré Yvette contre lui et sondait les grands yeux noirs

284

de cette inconnue à laquelle il venait de lier sa vie.

— Regarde-moi. Écoute-moi...

Il lisait dans le regard de la jeune femme une perplexité qui tenait à son bonheur tout neuf et à l'incrédulité que tout fût si vite interrompu. C'était ça, la guerre ? On se revoyait quarante petites heures, on se mariait et on se quittait aussitôt ? Allait-on même se revoir ? Elle sentait une supercherie. « Se marier » n'avait plus tout à fait le même sens, ne voulait plus dire qu'on vivrait ensemble longtemps et qu'on aurait beaucoup d'enfants, comme dans les contes de fées, alors que la vie était devenue un conte du diable ! En temps normal, on pouvait espérer « vivre son âge » ; ceux qui mouraient jeunes, victimes de la maladie ou de l'accident, subissaient une fatalité d'exception. Ce n'était pas qu'on se sentît immortel, mais à vingt ans la vie était la probabilité la plus raisonnable. Et maintenant, la mort l'emportait, maîtresse de tous et à toute heure, banalité de ces jours de délire meurtrier. Seul comptait l'instant présent. D'une seconde à l'autre, tout pouvait s'arrêter, y compris cette lancinante angoisse, dans l'éclatement sonore et doré d'une grenade ou le miaulement d'un obus aveugle. Les plus inconséquents limitaient au lendemain leur espérance d'avenir. Et Laurent venait d'épouser Yvette !

Il la tenait donc contre lui :

— Regarde-moi. Écoute-moi. Je reviendrai, je te le jure. Je REVIENDRAI.

Il avait presque crié l'incantation magique, la formule talisman. Et maintenant, elle regardait s'éloigner la lanterne rouge que le chef de train avait accrochée au dernier wagon. Lorsque le point lumineux eut disparu, elle prit conscience de son extrême solitude. La présence de Louis et Camille à son côté, leur attention n'y changeaient rien, pas plus que les lumières de la gare et l'agitation due au passage du train qui emportait Laurent. Elle était aussi seule qu'un naufragé, aussi seule que si elle s'était perdue dans un désert de sable ou de glace. « Combien de temps ? », pensa-t-elle sans aller plus loin dans l'interrogation. Sans se demander précisément ce qu'elle avait voulu se dire : « Combien de temps avant la fin de la guerre ? » ou bien « combien de temps avant son retour ? » ou bien encore « combien de temps l'amour résiste-t-il à l'absence ? »...

Ils rentrèrent à pied lentement. Les Vion habitant sur le chemin de l'école, ils l'embrassèrent et la laissèrent à la porte de ses parents.

Roulant vers Paris, Laurent et Marie-Pauline dormaient, vaincus par la fatigue. Mais si la jeune femme avait retrouvé son calme visage d'enfant, Laurent se débattait dans un affreux cauchemar peuplé de shrapnels, de barbelés, de rats et de morts basculant dans des trous où d'autres morts flottaient sur une boue liquide. Les mitrailleuses cisaillaient de jeunes pantins qui, l'instant d'avant, couraient encore à son côté. La tête d'un copain près de lui explosait.

Il hurla en se réveillant, le front en sueur. Marie-Pauline le fixait, craintive. Il la rassura d'un mot :

— Je rêvais... C'est rien. (Honteux, il essuyait la vitre et scrutait la nuit.) Où on est ?

— Je ne sais pas, dit Marie-Pauline. Tu crois que ça peut durer encore longtemps ?

Au fond, elle reprenait la question d'Yvette à son compte. Lorsque la guerre avait été déclarée, Laurent, comme des centaines de milliers d'autres Français, aurait répondu : « Deux mois ! » Mais octobre 1917 était là. Les deux mois étaient devenus trois années et rien n'annonçait une fin imminente. Les victimes s'accumulaient des deux côtés. On ne savait plus ce qui viendrait, victoire ou défaite. La révolution avait éclaté en Russie et c'en était fini de la fameuse alliance franco-russe. Le tsar, sous la pression de la douma, avait abdiqué. A Petrograd, le 24 mars, les soviets avaient voté une paix séparée avec l'Allemagne et ce n'était qu'un début : Lénine, en exil en Suisse, était retourné en Russie. Les États-Unis d'Amérique entraient dans le grand bain tragique et les états-majors affectaient de croire en une défaite rapide de l'ennemi. Pas les peuples ! En Allemagne, en France, en Angleterre, des grèves éclataient pour imposer la paix. Les gouvernements, isolés, s'interrogeaient. Dans les coulisses, des pourparlers s'engageaient entre belligérants. Sans résultat. Des combattants aussi se sont parlé de tranchée à tranchée. Plus personne ne sait à quoi s'en tenir, mais le sang continue de couler.

« Combien de temps encore ? » pensaient de plus en plus d'hommes et de femmes.

Laurent ne savait que répondre à la question de sa sœur.

— Longtemps, je ne sais pas. Mais *trop* longtemps, c'est sûr !

Elle voulait prendre date avec son propre bonheur.

— Six mois ?

— Six mois !... Six ans !

Laurent appuyait son front contre la vitre.

Il y avait loin du caporal de 1914 qui était parti en guerre, sinon la fleur au fusil, du moins l'âme fraîche et la certitude de la victoire au cœur.

Le froid de la vitre l'avait sorti de son cauchemar mais le renvoyait à une réalité qui ne valait pas mieux.

Il se tourna vers Marie-Pauline.

— Pourquoi veux-tu que ça s'arrête ? Ces messieurs font des affaires, des discours. J'en ai assez. Assez ! Tu n'imagines pas ! Mon régiment a été reformé trois fois. Si je ne suis pas tué à la prochaine attaque, j'ai une *chance* (il ricanait), une chance de passer officier : ils tombent tous ! J'ai commencé caporal. Je suis passé sergent, sergent-chef, aujourd'hui juteux. Je finirai pitaine !

Marie-Pauline refusait le désarroi de son frère.

— C'est parce que tu es courageux !

— Non ! (Elle vit qu'il tremblait et que ce n'était pas la fièvre qui le tenait, mais une nervosité extrême.) C'est parce que je suis *vivant*. Les plus courageux sont morts. Ou les plus veinards ! (Il citait les noms de camarades inconnus d'elle.) Verdelet, Sosthène, le gros Quenelle... Mon Dieu, quelle boucherie ! Tu ne peux pas savoir, petite sœur ! Quelle saloperie ! Quel dégoût ! (Une pensée l'assombrit encore.) Je crois que je me suis marié pour avoir une permission. Jamais je n'aurais dû épouser Yvette ! J'ai fait une veuve pour avoir une perme !

Marie-Pauline sentait toutes ses convictions patriotiques s'effriter. Sans être niaise, elle s'accrochait à des certitudes qu'elle ne discutait pas plus qu'on ne discute l'ordonnance d'un médecin. Le visage de son frère, sa voix, son propos rejoignaient l'image qu'elle conservait confusément dans l'esprit du cousin de Dulâtre. « Même les vivants sont morts, ma petite dame ! »

Laurent, devant elle, avait ce même masque tragique, ce même rire muet, cette bouche noire, ces yeux affolés.

— Tais-toi ! Je t'en supplie, tais-toi !

— Il y a trois ans qu'on se tait, Maripo ! Trois ans qu'on crève de peur et qu'on la boucle !

Marie-Pauline était déroutée. Jamais elle n'aurait cru que de telles paroles puissent sortir de la bouche de ce frère solide et bourru, qu'elle voyait au bord des larmes.

— Tu faisais un cauchemar. Tu ne sais plus ce que tu dis. Nous sommes fatigués. C'est ma faute, avec mes questions. Dors.

Elle se leva, s'agenouilla près de son frère, lui caressa le front comme on fait à un enfant. Un long moment s'écoula. Elle crut qu'il s'était rendormi.

Les yeux grands ouverts, il refusait le sommeil et se reprenait.

— Je ne t'ai rien dit, souffla-t-il. C'est le cafard, ça va passer, ne t'inquiète pas pour moi !

Le sourire qu'il tenta fut un fiasco. Il ferma aussitôt les yeux.

Le lendemain matin, ils se séparèrent au sortir de la gare, les yeux bouffis, le cœur barbouillé. Laurent ne faisait que sauter d'une gare dans l'autre. Marie-Pauline, de son côté, s'était empressée de rejoindre son école de la rue Lauzoux.

Un certain M. Ballin, d'âge plus que mûr, qui faisait fonction de directeur en cette période de carence, apostropha Marie-Pauline dès qu'elle franchit le seuil.

— Ah ! mademoiselle Meissonnier ! Nous nous demandions si vous alliez nous revenir ! Je viens de renvoyer Mme Lambert chez elle avec ses deux mioches ! Elle doit faire des heures supplémentaires à son atelier et nous prend pour une garderie. Je lui ai dit que son aîné, bien, il est en âge de scolarité ; mais l'autre, zut, qu'elle s'arrange avec une voisine !...

— Bonjour, monsieur Ballin, le coupa Marie-Pauline.

— Guère bonne mine ! répliqua l'autre, l'œil inquisiteur.

— J'ai voyagé toute la nuit.

Ce pauvre Ballin n'était pas en mesure de s'apitoyer pour si peu.

— Vous allez avoir deux classes sur le dos, mon petit ! Le jeune Cormier s'est fait arrêter par la police avec le cousin de Dulâtre, le blessé de Verdun. Ils distribuaient des libelles défaitistes, ces petits salauds ! Du reste, Dulâtre lui-même ne paraît pas très franc du collier. La police l'interroge. Vous savez, ces syndicats, tant qu'on n'aura pas fusillé les meneurs ! Venez jusqu'au bureau que je vous donne les consignes pour la classe de Cormier. Ah ! j'ai aussi un télégramme pour vous. Depuis avant-hier ! Mais où vous joindre ? Où vous joindre ?...

Dans le bureau de Ballin, Marie-Pauline déchira le télégramme et le lut avant toute chose. « *Jacques grièvement blessé combat aérien. Réclame présence. Priez pour lui.* » C'était signé : « *Famille Sonagry.* »

« Grièvement blessé » ! Marie-Pauline, depuis la mort de mémé Meisso, savait ce que pouvait signifier cette précaution de langage ! Elle demeura immobile, blême, puis sortit de la pièce, sachant qu'une plaie venait de s'ouvrir dans sa propre chair, dans sa propre vie, une plaie qui ne se refermerait jamais.

Deux mois plus tard, elle militait dans un groupe d'enseignants pacifistes. Pour elle, la mort de Jacques avait sonné le glas du patriotisme. Versatile, instable, mais profonde, elle avait résolument changé de bord pour servir la cause qui désormais l'intéressait : celle de la Paix. Et, comme toute femme au service d'une idée, elle acceptait les tâches les plus humbles et les plus dangereuses.

289

De réunion clandestine en réunion clandestine, endoctrinée mais trop fine pour ne pas discerner, dans le fatras propagandiste que déversaient sur elle ses nouveaux camarades, ce qui appartenait à la vérité (la *vérité* des faits, des chiffres, des statistiques, des bilans, des fortunes soudaines, des offensives manquées et des affaires réussies), elle avait établi sa conviction une fois pour toutes qu'il fallait en finir. *En finir !*

Ne s'arrêtant plus aux scrupules de conscience, ignorant résolument tout ce qui pourrait entraver la marche de cette paix tant désirée, passant sur les perspectives de honte et de déshonneur qui l'accableraient dans le cas probable d'une arrestation, elle portait les convocations, rédigeait parfois certains textes, dénonçait l'armée qu'elle confondait avec la guerre (non sans quelque raison). Elle croyait ainsi venger l'homme abattu en pleine jeunesse et dont lui manquaient la douceur, la force et le goût de vivre. Dont lui manquait l'amour. Dont lui manquait le corps.

L'homme au feutre noir feignait de lire son journal au pied d'un réverbère. Une veuve toute vêtue de noir sortit d'un porche et s'éloigna d'un pas tranquille. L'homme plia son journal et la suivit. À l'angle d'une rue, la femme sortit de son sac une liasse de feuillets imprimés et commença de les glisser dans les boîtes aux lettres qu'elle rencontrait sur son passage. De temps à autre, elle regardait derrière elle ; son suiveur, qui n'était pas un néophyte, sautait de cache en cache, de porte en porte ; elle ne voyait que la rue déserte et continuait son manège. À l'angle de deux rues, une charrette dételée attendait. La brise d'hiver soufflait. La femme posa d'un coup sur la banquette toute une pile de tracts que le vent souleva et répandit aussitôt dans la rue.

L'homme au feutre noir saisit l'une des feuilles, alluma un briquet et lut en gros caractères d'imprimerie :

JOFFRE LE BANDIT ASSASSINE VOS ENFANTS.
TOUS LES GÉNÉRAUX SONT D'ACCORD AVEC GUILLAUME.

« La garce ! » maugréa-t-il.

Son regard cherchait la silhouette disparue.

A quelques centaines de mètres de là, dans l'arrière-salle d'un café, à peine éclairée par une lampe à pétrole, une quinzaine d'hommes étaient assis autour d'une longue table. L'un d'eux, debout, appuyé d'une main sur la table, parlait d'une voix ferme, précise, dogmatique. C'était Dulâtre.

— Nous devons reconstituer l'Internationale. C'est la seule chance des peuples. Saper le moral militariste n'est pas une lâcheté mais une obligation primordiale, si nous voulons atteindre le but dont tous les humbles, et spécialement les poilus, tireront le plus grand bénéfice. Je comprends votre découragement. Mais je ne l'accepte pas. Ce qui a échoué à Zimmerwald, ce qui a échoué à Kienthal, peut échouer encore à Stockholm ou ailleurs. Une fois, *dix fois* : qu'importe si, en fin de compte, nous réussissons ! Et nous réussirons. Mes collègues instituteurs, Brizon et Alexandre Blanc, qui sont par ailleurs députés...

La voix prêchait sans faiblir, intarissablement.

De fait en septembre 1915 à Zimmerwald, près de Berne, plus tard, en avril 1916, à Kienthal, toujours en Suisse, des socialistes internationalistes allemands, français, anglais, russes, s'étaient réunis pour dénoncer la guerre, ce « gigantesque abattoir d'hommes », imposer la paix, la fraternité des peuples, ces « peuples que l'on ruine et que l'on tue », obliger les partisans socialistes de l'« union sacrée » à refuser les crédits militaires et quitter les gouvernements auxquels ils participaient. Mais, comme l'avait dit l'orateur, ces congrès s'étaient soldés par une série d'échecs. Et la guerre s'était poursuivie. Lui aussi poursuivait dans la clandestinité une œuvre qu'il estimait, qu'il *savait,* être la voie la plus rapide vers la paix.

— Chaque ouvrière, chaque ouvrier qui contribue à la fabrication des armements, collabore avec les forces unies du capital et du profit, et travaille à l'assassinat des peuples. L'industrie gagne trois à cinq sous par balle...

Tout à coup, des sifflements aigus, venus de la ruelle, interrompirent l'orateur. La jeune veuve venait d'entrer dans la salle. Elle était suivie par l'homme au feutre noir et tout un flot de policiers en uniforme qu'il entraînait derrière lui. Il s'appelait Houvion, était inspecteur de police, et l'un de ses fils était mort dans l'Argonne.

Marie-Pauline et ses compagnons de lutte étaient pris.

Elle se retrouvait maintenant dans les locaux de la police, face à cet inspecteur Houvion qui l'avait filée et fait arrêter avec ses camarades.

— Nous sommes en guerre, mademoiselle. Les tracts que je vous ai vu distribuer sont une insulte à ceux qui combattent. Je pense que vous le savez car, sans prendre de précautions excessives, vous agissez clandestinement.

Marie-Pauline, assise en face du policier, le regardait avec froideur et indifférence.

— Je ne me cachais ni par honte ni par peur. Je me cachais afin de pouvoir tout distribuer. Je voulais être *efficace*.

Houvion prit un tract sur son bureau. Il l'avait déjà lu mais sa stupéfaction ne s'altérait pas à la seconde lecture.

— Vous croyez ces stupidités ignobles ?

Son étonnement était sincère. Il lut à haute voix, l'interrogeant du regard après chaque phrase.

TOUS LES GÉNÉRAUX SONT D'ACCORD AVEC GUILLAUME.
CEUX QUI FONT DES OBUS SONT DES ASSASSINS.
C'EST POUR TUER LEURS FRÈRES.

— Ce sont des mensonges épouvantables, mademoiselle. De pures inepties !

À BAS LES PATRIOTES.
À BAS LES LÂCHES.

Toute cette bêtise le terrassait, le sortait de ses habituelles confrontations avec le crime. Il avait d'ailleurs la pudeur de ne pas évoquer son cas personnel de

292

père douloureux. Simplement, il ne comprenait rien à cette belle jeune fille qui le fixait sans ciller, d'un regard sans vie, sans chaleur.

— Comment pouvez-vous expliquer de telles imbécillités ? Accuser de lâcheté ceux qui combattent et font l'admiration du monde !?

Il se pencha sur le tiroir de son bureau dont il tira une croix de guerre à long ruban orné de six palmes. Il la lui montra, le visage sévère, indigné.

— Et ceci, que nous avons trouvé dans votre sac ? Vous ne respectez donc rien ? Où avez-vous volé cette croix et pour quelle pitrerie ?

Marie-Pauline semblait hypnotisée par la croix. Elle dit d'une voix blanche :

— Elle est à mon fiancé. N'y touchez pas ! Otez vos sales pattes de là !

Cette fois, l'étonnement d'Houvion, ignorant l'insulte, fut à son comble.

— Votre fiancé ?

— Oui, monsieur. (Marie-Pauline parlait à présent sur un ton où le sarcasme se mêlait à une infinie douleur.) Il a très bien travaillé. On lui a donné la croix. Neuf avions abattus ! Il y en a eu un dixième, mais il était dedans !

Houvion ne s'y retrouvait plus. Cette femme disait la vérité, il en était sûr. A quoi lui aurait-il servi de mentir ? Prise en flagrant délit, elle avait tout avoué avec arrogance.

Pourquoi aurait-elle inventé une histoire pareille ?

— Écoutez, mon petit...

En fait, Houvion ne savait plus que dire.

Marie-Pauline continuait à parler de Jacques. Mais ce n'était plus à Houvion qu'elle s'adressait, c'était à l'humanité entière, au spectre de cette guerre horrible et absurde.

— Il me reste de lui ce bout de ruban et quelques lettres. Voilà ce qu'a fait votre guerre : à la place d'un homme, un bout de chiffon et quelques lettres.

Elle en était au point de désespoir qui confine à la folie. Depuis des semaines, son désarroi n'avait cessé de croître, au point que parfois des passants intrigués, se retournant sur elle, haussaient les épaules, la croyant ivre. Ce qu'elle avait eu d'exubérant dans le bonheur avait son symétrique dans une sorte de revendication farouche qui, hors de ses crises de léthargie, la jetait à la face des gens. Ainsi aujourd'hui du malheureux Houvion que ce pathétisme démontait.

Elle conclut en quelques mots avalés dans les larmes.

— Je ne suis pas juste. Il y a aussi un enfant. Là! (Elle avait sa main sur son ventre.) Un petit enfant. Mais pas de père : le père est dans un avion, quelque part, *quelque part*...

Les grands yeux d'azur étaient un ciel vide ; comme pour Guynemer, on n'avait rien retrouvé de Jacques.

L'enfant naquit à la mi-mai 1918. Yvette, la femme de Laurent, était venue du Poitou pour assister sa petite belle-sœur déglinguée. Lorsque la sage-femme qui avait aidé à mettre l'enfant au monde sortit de la chambre, le bébé dans ses bras, prisonnier d'une masse de linge, Yvette pénétra dans la petite pièce monacale.

Marie-Pauline était allongée sur son lit. Elle n'affichait pas la sérénité des jeunes accouchées, cette lassitude glorieuse faite à la fois du soulagement des douleurs disparues et du bonheur de leur nouvel état. Au contraire, son visage naguère si juvénile et tendre semblait durci. Le marbre de celle qui dans sa blondeur, un an plus tôt, hésitait encore aux rives de l'enfance.

— Vous avez fait vite ! dit-elle à Yvette.

— La mairie n'est pas loin.

— Il n'y a eu aucune difficulté ?

— Aucune, répondit Yvette, en l'aidant à se soulever sur l'oreiller. Sauf pour le troisième prénom. L'employée de l'état civil ne le connaissait pas et il n'est pas dans le calendrier.

— Fleuret ? murmura Marie-Pauline d'un air rêveur. C'est un prénom du pays de papa, de l'Aveyron. Je le trouve très joli. On ne peut pas être un tueur et s'appeler Fleuret. J'aurais dû le mettre en premier.

— Jacques est plus moderne, protesta Yvette.

— Jacques, Louis, Fleuret Meissonnier, murmurait

songeusement Marie-Pauline. Je ne lui parlerai jamais de son père !

C'était une étrange résolution mais, au fond d'elle, elle ne pouvait lui pardonner cette absence. Dans la plus parfaite injustice, elle se bloquait sur une idée : « Il n'avait qu'à vivre ! »

— Ne dites rien d'aussi définitif, plaidait Yvette. Le temps passera. Les parents de votre fiancé se repentiront de leur attitude...

Marie-Pauline hochait la tête, refusait ces éventualités de « raccommodage ».

— Je ferai de mon fils un homme doux. Un être civilisé.

Elle changea de sujet.

— Dulâtre m'a écrit. Je vais avoir du travail. Ma radiation de l'enseignement a scandalisé les camarades, ils se sont débrouillés pour me trouver un emploi. (Elle retenait un rire douloureux.) C'est magnifique, non ?

Yvette était surprise :

— Dans l'enseignement ?

— Dans les tramways ! claironna presque Marie-Pauline.

Yvette ouvrit de grands yeux.

— Vous allez conduire des tramways ?

— Non ! Je vais les *nettoyer*. Je vais être nettoyeuse de tramways ! (Elle renonça au sarcasme d'un coup.) Quel cauchemar ! En si peu de temps ! Mon fils qui n'aura pas de père, Laurent porté disparu, pépé Paulin, mort !...

Tout était vrai. Et tout, hormis la mort de Paulin, était dû à la guerre.

Le vieil homme avait passé son quatre-vingt-quatrième anniversaire au fond de la classe de Louis. Le lendemain dimanche, son matériel photographique sur le porte-bagages du vieux vélo qu'il poussait à la main, il était parti pour des étangs proches de Courson.

Une vague de chaleur avait jeté quantité de fretin sur les berges et des milliers de mouettes, « ces espèces de corbeaux blancs », grognait-il, avaient fait le voyage depuis la mer. L'envie l'avait pris de les revoir. On l'avait retrouvé tard le soir, assis contre un petit saule, la poire du déclencheur dans la main, les yeux ouverts sur l'étang où les carpes levaient des bulles énormes en fouillant les vases du fond. Les mouettes étaient reparties pour la mer avant la nuit.

Nivolles avait été tué en août 14.
Il y avait eu ensuite Collinet. Et plusieurs élèves.
Combien ? Il était encore trop tôt pour le dire ; il faudrait attendre la fin, les comptes de la fin, l'addition.
Sabin, lui, le jeune Sabin (qui avait transporté sa personne et la place de « premier du canton au certif » de l'école publique chez les Saint-Joseph), Sabin, donc, s'en était tiré ; il n'était qu'aveugle.

Quant à Laurent, porté disparu, il serait l'un des trois cent cinquante mille : les enfouis, les volatilisés, les non identifiables, les enlisés de la Somme, les pulvérisés des mines, les carbonisés. Jacques n'était jamais revenu du ciel, ceux-là ne remonteraient pas du sol.

Marie-Pauline n'avait pu rassurer ni consoler Yvette qui se refusait à porter le deuil. Novembre était là, avec enfin quelque chose qui ressemblait à de l'espoir. Les jeunes femmes dînaient de miettes, dans le logement où les deux hommes qu'elles pleuraient s'étaient croisés pour la dernière fois. L'enfant dormait dans son berceau. Les bruits de la rue entraient par la fenêtre.

— La seule chose certaine, disait Marie-Pauline, que l'amertume ne quittait plus, la seule bonne nouvelle, la seule assurance de bonheur, c'est que nous aurons la victoire. Nous irons danser, Yvette. Nous boirons à la victoire. La *victoire* !

La femme de Laurent ne supportait plus ces grincements. Elle songeait à quitter Paris où elle avait trouvé une place de surnuméraire des postes. Elle se sentait ainsi plus proche du ministère où elle entreprenait d'incessantes démarches. Mais la cohabitation avec Marie-Pauline lui pesait chaque jour davantage.

Un matin, vers dix heures, il se fit un mouvement dans la poste, un mouvement qui venait de la rue. D'un commun accord, tous les présents, guichetiers, clients, receveurs, tendirent l'oreille et sortirent sur le trottoir. Les cloches sonnaient. Ils s'embrassèrent.

A Courson aussi, à la même heure, les clochers lançaient la nouvelle attendue depuis cinquante-deux mois.

Louis se tenait debout devant sa classe.

Au tableau, il avait dessiné le sujet de la leçon du jour : un bel arbre avec ses chevelures de racines et de branches, et toute une patiente tapisserie de feuilles. Les têtes se tournaient vers le carillon insolite.

Il posa sa craie dans la baguette qui courait tout au long du tableau et formait une sorte de gouttière.

— Écoutez bien, mes enfants. Tendez l'oreille. Vous n'oublierez jamais cette minute. Elle marque le retour de la paix.

Le silence de la classe soulignait l'envolée joyeuse des cloches et donnait à l'instant un surcroît de solennité.

Il reprit :

— Nous devons tout de même finir notre leçon. Nous parlions des arbres. Vous les connaissez, cette région en comporte de magnifiques ; certains sont âgés de plusieurs siècles. Eh bien, cette journée est très importante pour eux. Et pour nous. Il faut des dizaines d'années pour faire un arbre. Un seul obus le fracasse en un instant. Des millions d'arbres viennent d'être foudroyés... Il faut aussi de nombreuses années pour faire un homme, et une seule balle le tue en un instant. Des millions d'hommes sont morts très jeunes dans cette guerre. Aujourd'hui, à partir de cette matinée que nous vivons ensemble, tous les arbres, tous les hommes, vont retrouver des conditions normales de vie. C'est ça que chantent les cloches !

Il alla fermer la fenêtre.

— Ne renouvelez pas l'erreur de ceux qui vous ont précédés et dont je suis. Ne dites pas : « Nous avons GAGNÉ cette guerre. » D'autres enfants, en face, sauraient aussitôt qu'ils l'ont perdue et souhaiteraient leur revanche. Dites plutôt : « C'est fini ! » FINI ! Voilà ce que vous allez dire chez vous et fêter en famille : la fin de la peur !...

Il se tut et sourit au bouquet de jeunes visages pensifs.

— Allez, rentrez chez vous ! Vous êtes libres !

Ce fut un envol de moineaux. Un seul restait à traînasser sur le seuil de la classe, Louis s'approcha de lui.

— Qu'y a-t-il, monsieur Pelletin ? Tu sors le premier d'habitude...

— C'est ce que vous avez dit, monsieur. (L'enfant secouait la tête, buté.) On a tout de même *gagné,* non ?

La question lui tira un sourire ; mais elle le navrait aussi.

— Eh oui, tu as « gagné » ! Mais n'oublie pas d'apprendre ta leçon pour demain...

Resté seul, Louis s'approcha du tableau noir, effaça l'arbre et la date inscrite et s'appliqua à calligraphier avec le soin appris de M. Blanc : « *Mardi, 12 novembre 1918.* »

L' « après-guerre » commençait...

6

LE DÉSORDRE

DEPUIS longtemps déjà, depuis Soulargues et peut-être même l'École normale, Louis, à l'insu de tous, tenait une sorte de journal.

A Courson il s'adonnait avec plus de constance encore à cette occupation, qui parfois lui mangeait une heure de temps, parfois seulement quelques minutes.

Les cahiers s'accumulaient, sagement rangés dans une petite armoire grillagée de son bureau directorial dont il possédait seul la clef. Les dos de moleskine occupaient maintenant toute l'étendue d'un rayon. Pour qui écrivait-il ? Et pourquoi ? Le savait-il profondément lui-même ?

Écrire, pour lui qui avait appris assez tard (« trop tard », se plaisait-il à répéter), écrire était devenu une sorte de devoir personnel, d'affirmation de son destin particulier. Il s'y tenait avec régularité, mais aussi dans une discrétion qui confinait à la clandestinité. N'ayant ni l'esprit romanesque ni la fibre poétique, il ne pouvait parler que de ce qui baignait sa vie.

Ne s'attardant guère sur lui-même, mais plutôt sur les médiocres événements que vivait son entourage familial et professionnel, et plus rarement sur ce qui lui parvenait du monde extérieur, il évoquait aussi ce dont il pouvait se souvenir de son enfance à Soulargues, de sa mère, de Paulin Labarthe, de ses études à l'École normale de Rodez, de sa rencontre avec Camille, de M. Pagès et de sa vie de jeune instituteur au Cayrol.

Tout cela méthodiquement, au fil des jours, avec de temps à autre les enrichissements fournis par sa mémoire. Parfois, une semaine se résumait en un mot ; parfois, une seule journée lui prenait des pages. Mais il s'appliquait toujours à *dater* ce qu'il écrivait, de la même écriture appliquée dont il datait les jours au tableau noir de sa classe, autrefois, lorsqu'il préparait les journées laborieuses.

Un lecteur indiscret aurait trouvé là sans doute beaucoup de détails de peu d'intérêt, comme l'économie du ménage Meissonnier, notée scrupuleusement, somme par somme, ou encore les projets que Louis faisait pour ses prochaines leçons, voire enfin les propos échangés sur un problème administratif avec tel ou tel collègue. La politique était peu présente et plutôt mal comprise. Elle se ramassait en généralités, qui étaient moins sa propre pensée que celle de la classe sociale devenue la sienne, petite bourgeoisie provinciale dont il partageait le conservatisme et le respect de l'ordre établi. Il écrivait avec simplicité, hors de toute recherche de style, pour essayer de dire ce qu'il avait connu en tant qu'enseignant, citoyen, père de famille.

Il avait commencé dans l'imitation d'une mode littéraire dont Jules Renard était le meilleur modèle, puis s'était arrêté plus modestement au dessein de *transmettre*. A ses enfants, certaines pensées inavouables de tendresse ; à son épouse (comme ces lettres écrites et jamais envoyées), tel reproche ou tel aveu qui la surprendraient par leur véhémence ou leur dérision lorsqu'ils tomberaient sous ses yeux. « Je serai mort », se rassurait Louis qui, bien des fois, avait eu la tentation de tout abandonner.

Mais le pli était pris. Sur le point de jeter au feu ces centaines de pages, il avait renoncé trois fois.

Ainsi, chaque soir, Camille et les enfants ayant gagné les chambres, après s'être assuré que le plan de travail de la journée à venir était au point, lues et relues les circulaires, vérifiés les comptes, après la vérification des poêles et l'extinction des lampes jusqu'au fond de la petite cour, après la tournée silencieuse dans les combles aménagés en dortoir pour quelques poignées d'internes, il rentrait dans son bureau, tirait la clef de son gilet, ouvrait la petite armoire et s'asseyait. « Enfin ! » songeait-il. Il n'avait d'ailleurs pas tant le souci d'*écrire* que celui de « noter » avec la plus grande exactitude.

Comme beaucoup d'êtres simples, la rature l'horrifiait. Aussi restait-il quelque temps en arrêt, tirant prétexte de tout pour retarder l'instant où il déciderait du premier mot. C'était tous les jours la page blanche, tous les jours les affres de l'entame. Il nettoyait la plume, touillait l'encre dans son petit cône de porcelaine blanche, parfois même se donnait le délai d'une demi-cigarette.

Et tout à coup la plume chantait doucement sur le papier...

> **23 décembre 1918.** Merveilleuse surprise. Incroyable : Laurent que nous avons si longtemps cru mort est rentré de captivité. Quatorze mois qui l'ont, semble-t-il, amené à beaucoup d'amertume, sa lettre en témoigne. Ses tentatives d'évasion l'ont conduit en camp de représailles où il a contracté une pneumonie. Longue hospitalisation. D'où les retards de sa libération. Il sera à notre table pour Noël.
> Les maîtres se sont cotisés pour m'offrir un cadeau. Je n'ai su que choisir. Ce sera, je crois, un livre.

> **25 décembre 1918.** Laurent est arrivé hier au soir. C'est lui qui a découpé la dinde. Il est très amaigri. Il a pu voir Marie-Pauline à Paris où il a passé quelques jours (Val-de-Grâce). Comme moi, il n'aime guère ce Bob Rivelard avec lequel elle paraît en ménage.

Les jours défilaient, tapisserie humblement travaillée, qui, de temps à autre, dans la monotonie des observations domestiques, faisait éclater la couleur d'un événement dont il pressentait la portée sans la mesurer vraiment.

301

30 décembre 1920. Ce matin, dans le journal, j'ai lu que le parti socialiste réuni à Tours venait de voter l'adhésion à la III⁰ Internationale. Ils ont décidé par motion qu'ils feraient *tout* pour éviter une nouvelle guerre.

Léon Blum, pourtant disciple de Jean Jaurès, a voté contre ! Décidément, je ne comprendrai jamais rien au labyrinthe de la politique. Mais tout ce qui est favorable à la paix, après cet affreux massacre, est mien.

Le petit Jacques compte « jusqu'à deux mains ».

10 janvier 1923. Jacques a été vacciné contre la variole. Si le monde pouvait être vacciné contre la guerre ! Nous venons d'occuper la Ruhr. Cela devrait dissuader les belliqueux d'en face de vouloir prendre leur revanche. Ou, au contraire, les exciter comme nous l'avons été après 1870.

Deux enfants étaient nés chez Laurent. Une fille, Claire, vers Pâques 1920, et un garçon, Jérôme, en février 1922. Il serait du signe des Poissons. Le vieux Lectare, s'étant endormi en fumant au lit, avait provoqué un incendie dans lequel il était mort. Louis avait noté, avec un grand luxe de détails, les maladies infantiles des trois bébés, leurs guérisons, leurs premiers mots. En fait, il notait tout.

3 novembre 1923. Retour de Soulargues. La maison de Paulin est à vendre. J'ai rencontré le notaire de Laguiole, M⁰ Pasquier. Il m'a demandé si je voulais également me séparer de la maison de ma mère. J'ai dit non. Sommes passés par Le Cayrol. Ai vu le monument aux morts, avec son martyrologe : Paul Boyer, Albert Choudier, Adrien Goupil, les deux Maillebeau, Lucien Vergne, le gros Solignac, André Poutignes, Jeannou Vassières, Augustin Roques, qui était devenu un peu notre fils. Tous ces enfants de nos classes de 1903 à 1908. (Je les ai comptés.) Ils sont vingt-quatre. Pour ce petit trou perdu de l'Aveyron ! Et nous avons laissé faire cette chose horrible. Nous avons fabriqué cette génération de martyrs. Un million et demi de jeunes morts qui étaient en culottes courtes dans nos classes, il n'y a pas quinze ans ! Le père Mayer nous parlait des instituteurs prussiens qui, eux, savaient lire les cartes d'état-major. Nous avons voulu rivaliser avec eux. Nous avons insufflé à ces enfants un esprit de revanche et de vengeance, qui les a fait bondir de leur tranchée et courir à la mort. Qu'ils sachent lire une carte ou non. Était-ce notre devoir ? Aucun devoir ne justifie l'assassinat de toute une génération. Chez ceux d'en face, c'était la même bêtise. Je me souviens de la dernière lettre de Heinz. Il n'a, comme moi, retrouvé qu'une poignée de ses anciens élèves. Nous avons été des fous meurtriers. Des *fous* !

Cette prise de conscience ne lui était pas seulement personnelle. Par les confidences des uns et des autres, au cours de réunions professionnelles, Louis avait pu mesurer le désarroi de nombre de ses collègues, ceux du moins de sa génération. D'autres soucis beaucoup plus personnels s'ajoutaient à cette vision pessimiste de la responsabilité collégiale des enseignants et ternissaient plus encore l'euphorie de l'après-guerre.

20 mai 1923. Marie-Pauline est venue nous voir avec Petit-Jacques. C'est une bonne mère qui se comporte comme une catin. Son aventure avec Bob Rivelard terminée, j'ai cru qu'elle se rangerait. En fait, il semble qu'elle ait eu au moins trois amants depuis, dont le violoniste. J'ai honte pour elle ! Et encore, je ne connais pas tout : je vois bien que les conciliabules entre sa mère et elle s'interrompent brusquement à mon arrivée.
Camille, si droite, est d'une immense faiblesse avec ses enfants.

15 juin 1923. Reçu une lettre de Laurent, hâtivement contresignée par Yvette. Ils semblent contents de leur poste dans les Charentes. Laurent a eu la visite de son inspecteur. Il s'est plaint du nombre d'élèves qu'il a dans sa classe : cinquante-deux ! L'autre lui a fait des réflexions tout à fait mesquines sur l'hygiène, la présentation des cahiers, le fait qu'il parle de Jean-Jacques Rousseau aux enfants et du beau roman de Roland Dorgelès *les Croix de bois*. Il se trouve que l'inspecteur en question était Arnaud Billarat, mon condisciple de l'École normale ! D'après Laurent, il est impitoyable, vitupère contre les cheveux longs, les ongles sales. Ce qui m'inquiète, c'est qu'un rapport d'inspection négatif peut nuire à toute une carrière. Laurent veut écrire au conseiller départemental. J'ai tenté de l'en dissuader mais ces jeunes gens sont bien vindicatifs.

22 juin 1923. J'ai pu, hier jeudi, retrouver Arnaud Billarat à l'inspection. Je me suis étonné de sa venue dans notre région. Le motif est que le bougre a divorcé et que la nouvelle cocotte, une pharmacienne de Chauvigny qui a vingt ans de moins que lui, refuse de quitter la région. J'ai pu lui parler de Laurent. Il était extrêmement remonté mais je crois avoir arrangé les choses.

En réalité, passé les amabilités de la première minute, la scène entre les deux vieux camarades avait été d'une tension extrême dès qu'Arnaud avait compris le sens de l'intervention de Louis :

— Parce que ce petit monsieur envoie papa aux nouvelles ! s'était-il exclamé.

— Pas du tout. Il ignore ma démarche.

— Tiens donc ! Tu es cependant ici et parfaitement informé.

— Lorsqu'il m'a parlé du différend qui l'avait opposé à son inspecteur, il ignorait l'ancienneté de nos relations.

Billarat en rabattit un peu et bougonna :

— Je pense qu'il n'était pas trop fier de lui.

— Et toi ?

— Mais moi, Louis, je ne faisais qu'exercer mes prérogatives. J'ai *inspecté*, vérifié les cahiers...

— ... Les mains, les ongles, les oreilles !

— Oui.

— Critiqué ses lectures, ses méthodes.

— C'est mon devoir.

Arnaud, qui éprouvait pour Louis une estime et une amitié sincères, prit la peine de se justifier.

— Ouvre les yeux, Meissonnier. Désolé pour ton fils, mais tous ces jeunes maîtres sont en train de ruiner nos efforts passés. La discipline se relâche, le respect s'effiloche, on accepte l'*à-peu-près*, cette rouille, cette moisissure ! Ils n'ont ni exigence, ni enthousiasme, ni rigueur !

— Tu es injuste.

— Je sais ce que je dis, crois-moi, mon expérience est quotidienne. Les enfants vont passer au second plan.

Louis ne comprenait pas.

— Tu te souviens, continuait Arnaud, tu te souviens de nos luttes pour obtenir la création des mutuelles et des amicales ? L'agressivité des tenants du syndicalisme. Eh bien, ce sont ceux-là qui gagnent, Louis ! Malgré leur dissolution et tout illégaux qu'ils soient, ces fichus syndicats sont à la mode. Tu nous verras faire la *grève* ! Et ce n'est pas pour les élèves qu'ils se battent mais, bel et bien, pour eux, eux seuls !

Il en avait une suée. Louis voulut le ramener à la juste mesure des choses et surtout le dissuader d'impliquer son fils dans ce qu'il voyait bien tourner à l'idée fixe d'un homme dont il avait jadis mesuré la hargne.

— Je puis t'assurer qu'en ce qui concerne Laurent...

Arnaud n'écoutait plus. Il voulait être entendu et non le contraire.

— Ils ne s'intéressent qu'à leur propre sort, l'avancement, les salaires, la notation. Surtout, que le commis des postes n'ait pas sur eux le moindre avantage !

Il prit Louis au revers de sa veste.

— Ils n'ont plus la foi, Louis ! *La foi* ! La nôtre en tout cas.

Louis tenta de temporiser.

— Tu t'exaltes. Mais je reconnais que la situation est

préoccupante. J'ai quatre instituteurs de cette nouvelle génération avec moi, je ne nie pas qu'ils s'agitent volontiers mais quoi, nous aussi, nous étions méfiants avec la hiérarchie !

Voyant sourire Arnaud, il résolut de presser le mouvement.

— Et puis j'en reviens à mon fils, Laurent. Tu peux lui casser les reins et ça, je ne veux pas.

— Il m'a insulté.

— Je ne puis te croire.

— Son comportement manquait de déférence ! Si le respect...

Louis commençait à perdre patience.

— Mais, bon Dieu, Arnaud, ouvre les yeux ! Ce garçon a vingt-neuf ans. La nuit, il s'éveille en hurlant de peur. Ou bien il sanglote. Il est encore *dans* la guerre. Tout ancien combattant est son frère. Tout autre n'est qu'un planqué.

— Il ne me l'a pas envoyé dire, gronda l'inspecteur.

— A moi non plus ! Ils sont malades dans leur âme, détruits quelque part dans leurs espérances. Ce qu'ils ont connu, Arnaud, comment l'imaginer ? Sur 35 000 enseignants mobilisés, 8 419 tués ! Personne n'a payé ce prix ! Un sur quatre, et au moins un autre gravement amoindri, amputé, marqué à vie. Parce qu'ils étaient l'exemple, ils ont voulu le rester jusqu'au bout ! Aujourd'hui qu'ils reviennent (quand ils ont cette chance) tu voudrais, parce que rien n'a changé pour toi, que rien n'ait changé pour eux !

Il sentit la lassitude le gagner devant le visage de bois que lui opposait Arnaud.

— Si tu savais quel bon petit c'était, mon fils. Il n'a jamais eu d'autre ambition que de faire notre métier. A partir de huit ans, je l'ai eu tous les soirs dans ma classe, silencieux, le nez sur ses devoirs, tandis que je corrigeais les cahiers. Il ne jouait pas avec les autres, il était « le fils du maître ». Il a pleuré de n'être reçu que le second à Normale... Jamais une plainte, jamais une révolte.

Sa voix n'était plus qu'un murmure.

— Ils me l'ont abîmé. Sa sœur aussi est abîmée. Son

fiancé a été abattu en 18 et depuis elle vit une sorte de rêve désordonné.

Il s'était tu un moment et releva la tête pour fixer Billarat avec ce même visage dur qu'il avait eu autrefois dans la cour de l'École normale.

— J'étais fier que Laurent choisisse ce métier d'instituteur. Je ferai tout pour dissuader ses enfants, si l'envie leur prenait, de reprendre le flambeau.

Son plaidoyer l'avait épuisé.

— Voilà tout ce que j'avais sur le cœur. Maintenant, agis à ta guise.

Pour sauver la face, Arnaud avait évoqué les opinions politiques de Laurent, s'était enquis de son journal habituel.

— Je ne lui ai jamais vu lire que *le Temps*. Et parfois *l'Écho national* de Tardieu.

Billarat avait paru rassuré : ni l'un ni l'autre de ces deux honorables quotidiens n'étaient les brûlots révolutionnaires qu'il avait imaginé nourrir l'agressivité de Laurent.

Il rompit en demandant à Louis que son fils passe le voir.

— Je lui parlerai. Cette démarche constituerait de sa part... un geste. Ce qui pourrait m'entraîner à la réciproque. Tu me comprends.

Louis, comprenant surtout que Laurent ne ferait rien dans le sens de l'apaisement, repartit la tête basse.

Le surlendemain, qui était un dimanche, Camille et lui allèrent passer la journée chez Laurent. Il n'y avait pas tenu et, bousculant Camille, ils avaient débarqué impromptu de l'omnibus avec un panier de charcuterie et de bouteilles et un carton de pâtisserie.

Il avait tout expliqué à son fils et, le soir, il notait dans son journal :

24 juin 1923. Laurent n'accepte pas d'aller à Canossa. Plus inquiétante encore cette marotte qui semble le gagner d'abandonner l'Instruction publique, démissionner, faire du journalisme, n'importe quelle bêtise ! Il est vrai qu'il a aussi avancé l'idée de profiter des avantages de points consentis aux anciens combattants pour tenter le concours de l'inspection. Le projet n'est pas mauvais en soi, mais sa motivation est navrante : se retrouver l'égal de « ce nabot » (Billarat) et « lui pisser sur la tête ». Je cite ses propres termes. Je lui ai conseillé de demander d'abord sa mutation. Il pense à la région parisienne, ce qui me paraît fou, mais j'ai eu la faiblesse de lui dire que je connaissais bien Samuel Eskène et qu'il pourrait peut-être l'aider. Et comme nous évoquions ces maximes que nous écrivions au tableau, dans le temps, chaque matin, avant d'ouvrir la classe aux enfants, je lui en ai rappelé une, admirable, que j'avais trouvée dans Jaurès : *On n'enseigne pas ce que l'on sait, mais ce que l'on est.*

Le projet de Laurent restait une perpétuelle velléité. Il s'avouait sans courage. La perspective de replonger dans les livres pour son propre compte, repasser devant un jury l'humiliait et le terrorisait.

De son côté Marie-Pauline, toujours avide d'absolu, meurtrie à jamais et quêteuse de tendresse, passait d'un compagnon à l'autre, consolatrice de garçons qui ne sauraient jamais lui apporter autre chose que de fortes étreintes et la rassurante présence d'un homme.

15 avril 1925. Malgré les efforts de Lyautey, les Marocains n'acceptent pas notre présence. Un certain Abd el-Krim vient de fonder une espèce de royaume indépendant fort de trois millions d'habitants dans le Rif. Un missionnaire de passage et qui connaît le pays craint le pire.

Je contemplais encore hier soir les palmes que j'ai reçues. Napoléon disait que c'est avec ces « hochets » qu'on fait marcher les hommes. Contrairement au père Petitot, je n'ai jamais désiré recevoir de récompenses. Je préfère les donner. J'avoue cependant ma faiblesse : je ne suis pas mécontent de cette décoration qui fait tellement plaisir à Camille.

Le docteur Aldebert me trouve « le cœur d'un petit jeunot anémique », ce qui est une formule assez ambiguë pour que je ne sache ni s'il le trouve petit, ni s'il le trouve encore jeune, ni s'il le trouve insuffisant. J'irais bien consulter ailleurs, mais zut, ils sont trop chers.

5 mai 1926. Reçu un mot de Marie-Pauline. Elle continue de filer un mauvais coton. Depuis qu'elle s'est acoquinée à je ne sais quel syndicaliste, elle ne parle à nouveau que de politique. Elle n'a aucun sens de la mesure ni de la modestie féminines. Ses dernières connaissances me font craindre un retour aux excès qui lui ont valu tant de déboires. Petit-Jacques est d'une admirable innocence. Il semble que rien ne peut entamer sa pureté, et je sais gré à sa mère des précautions qu'elle prend à cet égard.

10 juin 1926. Magnifique journée ! Laurent a été reçu dans un très bon rang au concours d'inspection. Yvette et lui vont s'installer à Paris. Yvette y est déjà pour chercher un appartement. Elle connaît la ville, où elle a vécu pendant la guerre avec notre si fragile Maripo. Je crains seulement qu'elle ne voie trop grand. Elle se révèle bougrement arriviste et son autorité sur Laurent est souvent pesante. Camille prétend, sans aucune trace de preuve, que le couple a des « problèmes ». Je ne veux pas le croire. Les enfants en tout cas sont adorables et Petit-Jacques revit lorsqu'il voit paraître l'un ou l'autre de ses cousins. C'est un petit garçon trop grave. Il ne rit pratiquement jamais.

11 juin 1926. Il n'y aura pas de fruits à pépins cette année. C'est ce que déclare madame Vion. En revanche, les noyaux, paraît-il, seront abondants et sucrés. Nous verrons.

19 août 1926. Jérôme nous a fait trop peur. Je supprime la bicyclette.

13 octobre 1927. Laurent a commencé son nouveau métier. Il n'est plus inspecté ; c'est lui qui inspecte ! Est-ce l'influence de Marie-Pauline, influence « a contrario », mais il me semble que lui aussi se politise, en ce sens que tout lui est suspect dans le monde des politiciens. Il exècre députés, sénateurs, journalistes politiques et même syndicalistes, qu'il fourre dans le même sac. Car la guerre continue de l'obséder. Je ne peux que recopier ici sa dernière lettre, de peur de la perdre. « Je ne comprends pas cette histoire de manuels qu'il faut expurger de toute littérature belliciste, de tout chauvinisme. Les enfants sont imprégnés de récits de guerre. Leurs pères ne cessent d'en parler devant eux, et c'est justice : ce qu'ils ont souffert ne peut être passé sous silence. Dans toutes les classes, j'ai interrogé les gamins. Ils sont autrement réjouissants que leurs maîtres ! Par contre, ceux-là, sur le tableau d'avancement, sont intarissables ! J'en ai mouché un qui ne savait même pas que le premier mort de la guerre a été le caporal Peugeot, instituteur du Doubs ! Pauvre vieux ! Le 2 août 1914, à 10 heures du matin. Et ce n'était pas un élève qui séchait, c'était le maître ! Je l'ai sonné, celui-là, tu peux me croire ! Et j'attends la probable réaction de leur bande de planqués ! »

Laurent avait instinctivement adopté le principe de M. Clève (ou peut-être Louis le lui avait-il inculqué par l'exemple qu'il fournissait assez volontiers des « bonnes vieilles méthodes d'autrefois »), qui consistait à faire passer la même épreuve, toujours, aux classes qu'il inspectait ; ce qui lui permettait une comparaison immédiate du niveau des élèves et, partant, de la qualité des maîtres. Plus porté sur les lettres que sur les mathématiques, il dictait donc et, bien sûr, le texte fétiche que toute la famille pouvait réciter « par cœur » :

« Le progrès de l'homme par l'avancement des esprits, point de salut hors de là. Enseignez ! Apprenez !... »

Les enfants marquaient, sans jamais varier, d'une classe à l'autre, d'une année sur l'autre, leur étonnement devant ce texte qui différait sensiblement de ceux dont on les abreuvait d'ordinaire. Plus élevé, plus étrange. Ils lui trouvaient, sans que cela fût absolument clair dans leur esprit, un ton religieux et, sans le comprendre vraiment, le respectaient.

Au contraire, et c'était la surprise et le dépit de Laurent, les maîtres ne cachaient pas leur ironie.

« Le voisinage de la nature rend l'homme du peuple propre à l'émotion sainte du vrai. Tous les enseignements sont dus au peuple. »

Pour la plupart ils souriaient, montrant qu'ils n'étaient pas dupes, que les temps étaient révolus du défrichage et du sacrifice. Et leurs commentaires, lorsqu'il poussait sa vérification, confirmaient ce désaveu d'un texte que lui vénérait mais qu'ils tenaient visiblement pour une vieillerie hors du temps présent. Comble : Hugo lui-même était mis en cause.

Il en eut d'abord de la colère. Puis, le phénomène étant quasi général, prit conscience d'un changement profond entre les deux générations, les deux éducations. Il restait d'une certaine manière un normalien du début du siècle, voire même un produit du XIXᵉ finissant. A coup sûr, le fils de Louis Meissonnier, élève de M. Blanc. Un hussard noir. La guerre l'avait saisi, emporté, changé, sauf en ce qui touchait à ses apprentissages.

Les jeunes maîtres avaient d'autres racines, moins profondément enfouies dans une terre de médiocre épaisseur, déployées plutôt à la surface des choses. Tout les sollicitait : la politique, le sport, les films, le syndicat, la radio. L'idée sacerdotale ne déterminait qu'une minorité des postulants ; la sécurité de l'emploi attirait le plus grand nombre avec une force d'appel autrement séduisante.

Laurent lutta quelque temps, voulut imposer le retour à cette générosité hugolienne qui lui dilatait le cœur. Mais sa manie fut bientôt percée à jour. Les instituteurs, se repassant le tuyau, préparaient soigneusement la « dictée d'inspection ». Lorsqu'il comprit cela, Laurent reçut un choc : on lui signifiait qu'il était passé dans un autre camp, dans un autre âge. Il renonça et s'en tint aux banalités de textes qui décrivaient l'été sur la Beauce ou l'écorçage des mélèzes en Forêt-Noire. Son père ne sut rien de cet abandon. Lorsqu'ils se rencontraient, il n'était pas rare que l'un ou l'autre citât un fragment du texte.

Mais, comme il s'ennuyait dans ses nouvelles fonctions, il porta les yeux ailleurs. Des livres, des voyages, des femmes.

10 mars 1928. Marie-Pauline fait encore parler d'elle. Enfin, dans la famille, ce qui est plus discret que dans la rue ! Elle va quitter l'appartement de son frère où Laurent lui accordait la disposition de deux pièces dont un petit salon ; elle y donnait des leçons de piano. On l'aurait surprise dans une situation délicate avec le père d'un de ses élèves. Ce nouveau compagnon est costumier de théâtre ! Je n'en parlerai pas à Camille qui n'a pas lu la lettre de Laurent. Chose curieuse, à l'occasion d'une revue dont Marie-Pauline accompagnait les répétitions, elle a rencontré Samuel Eskène. Il était avec Augusta Renaudart, devenue Mlle Augustine Renaut (comme nous l'avions appris lors de cette réunion pédagogique du Cayrol où j'ai vu M. Blanc pour la dernière fois). Elle est bien « théâtreuse » et même directrice de je ne sais quel boui-boui. Sacré Eskène ! Il a de la suite dans les idées, malgré sa frivolité — ou peut-être à cause d'elle ! Tout de même : ils ont dans la soixantaine, comme moi. D'après Maripo, ils ont dîné tous ensemble avec Samuel, Augustine, Laurent et Yvette, ainsi qu'un certain Max Liebmann et sa femme, familiers de Samuel et juifs comme lui. Et bien sûr le type avec lequel elle vit aujourd'hui.

Un de ces jours, ce sera un nègre. Je m'attends à tout.

Pâques 1928. Samuel a fait désigner Laurent par le gouvernement comme « observateur » à un congrès de syndicats d'instituteurs allemands. Laurent a donc assisté à cette manifestation grandiose qui s'est tenue dans l'opéra Kroll, à Berlin. Je lui ai donné l'adresse de Heinz Sogar auquel j'aimerais qu'il apporte mes salutations amicales.

Quelques jours plus tard, Louis recevait une carte postale illustrée par la célèbre porte de Brandebourg. Laurent leur disait en quelques mots son plaisir d'avoir retrouvé Heinz et, par lui, d'avoir le contact avec quelques enseignants allemands, presque tous anciens combattants, comme lui-même sincèrement désireux d'un rapprochement pacifique entre les deux peuples. C'est seulement à son retour qu'ils eurent loisir d'approfondir les choses. Laurent avait été fasciné par l'effort allemand de restauration d'une économie naguère encore chancelante : les anecdotes ne manquaient pas ; illustrant la fabuleuse dégringolade de la monnaie : « une valise de marks pour une paire de chaussures, le lendemain une autre pour les lacets ». C'était à peine exagéré. Cinq ans plus tôt, le dollar était coté à 4,52 milliards de marks ! Les choses semblaient donc aller mieux de ce côté, mais l'inquiétude était née chez Laurent du sentiment qu'il avait d'une poussée socialo-communiste intense. L'échec national-socialiste de mai 1928 lui sembla une catastrophe.

D'autres voyages suivirent. Il publiait des articles, allait dîner seul chez des parlementaires, voyait Eskène. Vers le milieu de 1930, il se rallia aux amitiés franco-allemandes qui lui prirent une partie de son temps libre (il n'en manquait pas). Les aventures féminines s'accumulaient. Yvette y trouvait son compte de liberté.

Contrepoids aux amitiés franco-allemandes, il ne ratait jamais ses réunions trimestrielles d'anciens combattants. Plusieurs fois même il sortit sa tenue de l'armoire pour participer à la cérémonie de la flamme. Il ne s'interrogeait jamais sur l'étrangeté de ce comportement qui l'écartelait entre des sentiments parfaitement opposés : ses amis du rapprochement franco-allemand lui jouaient un soir la musique de la confraternité des peuples, tandis que le lendemain il reprenait avec ses anciens camarades de combat les terribles invectives :

> *Tous les arbres y sont hachés*
> *Et des Bavarois desséchés*
> *Là-haut encore sont accrochés*
> *Sur un vieux hêtre,*
> *Ils y sont pour longtemps, dit-on,*
> *Car même le vautour glouton*
> *Vous a le dégoût du teuton*
> *Au Bois-le-Prêtre.*

Ils étaient bien trente entassés dans la salle de billard, leurs décorations sur la poitrine, la couperose naissante, trente à reprendre d'une même voix les derniers mots du couplet tragique. « Au Bois-le-Prêtre. » Debout, le grand Merlot chantait avec cette voix qui l'avait rendu célèbre dans les tranchées. L'air était bleu, irrespirable.

> *Si du canon bravant l'écho*
> *Le soleil y risque un bécot*
> *On peut voir le coquelicot*
> *Partout renaître.*
> *Car dans un geste de semeur*
> *Dieu pour chaque poilu qui meurt*
> *Jette des Légions d'honneur*
> *Au Bois-le-Prêtre.*

— Il a toujours sa voix, ce sacré Merlot, lança quelqu'un par-dessus le brouhaha des applaudissements et des verres qu'on vidait en criant des « à la tienne » qui se perdaient dans l'épaisseur tabagique.

A côté de Laurent, P'tit Louis (rescapé de sa chute

d'arbre d'août 14 et retrouvé par le miracle de l' « Amicale » du régiment), P'tit Louis n'en pouvait plus de boire ni de s'esquinter à *comprendre*.

— Enfin mon lieutenant, disait-il à Laurent, on va pas se mettre à avoir honte, des fois ? C'était quand même pas des petits jésus en sucre, ces saloperies de vaches d'en face, quand ils nous flinguaient du matin au soir ? Moi, je t'avoue, mon lieutenant, je m'y perds. Que la guerre soye une horreur, nous voilà tous d'accord, mais que ceux qui ont démoli les copains soyent devenus des bons zigues, macache ! Là, tout ce que tu veux, mon lieutenant, mais macache !

Laurent soupirait, conscient que toute tentative d'explication serait vaine.

Il eut cependant l'honnêteté de balbutier :

— Nous n'avons ni à oublier ni à pardonner. Mais le passé est le passé, on ne peut pas vivre indéfiniment sur la haine.

— C'est ce que je dis, mon lieutenant. La haine, non ! Mais la vérité, on a encore le droit, oui ou merde ? Toi qui as mis les pieds chez eux : ils réarment ou ils réarment pas ? Hitler, le pas de l'oie, les cassages de gueule quand tu penses autrement que leur sacrée bande, vrai ou faux ? Je dis ce que je vois aux « actualités ». Si les « actualités » racontent des bobards...

— C'est très exagéré. Et puis, ils étaient dans une situation terrible. Ils remettent de l'ordre.

— Tout ce que tu voudras, mon lieutenant. C'est quand même des boches et s'ils peuvent nous crever, ils nous crèveront. Alors, nous avant ! Hein, les gars, *nous avant !*

Il levait son verre. Des camarades répondirent d'instinct, sans avoir rien entendu, hilares.

Laurent, sur le chemin qui le ramenait à son domicile, était d'une insondable tristesse. Il irait voir son père.

Les années passaient. Il n'avait jamais le temps. Les voyages à Courson s'espaçaient d'autant plus que la distance croissait entre la sagesse de Louis et les déraisons de ses enfants. Bien malin celui qui faisait la part nette entre la conquête des libertés et le chaos qui s'infiltrait dans les mœurs et les institutions.

« Nous changeons de peau », disait légèrement Eskène. Laurent, que sa femme ennuyait et persécutait de provocations mesquines, trouvait ailleurs des consolations. Marie-Pauline une fois encore envoyait Petit-Jacques chez mémé Camille passer les vacances de Noël. Elle devait rester pour les répétitions de *la Revue rose*.

30 janvier 1934. Voilà cinq ans que je suis à la retraite ! Et pourtant, j'ai l'impression de n'avoir pas « quitté le métier » ! Jacques a fait un bon premier trimestre. Il est en progrès constants. Encore un an et il entrera à Normale. Comme moi. Comme son père. J'aurai donc engendré deux générations d'instituteurs ! Je continue, grand-père, à servir la cause de l'École publique ! Instituteur ! Serait-ce là un titre héréditaire ? Comme celui de marquis ? (Il n'avait pas oublié ce hobereau de Coutrelle !) En tout cas, c'est un titre qui se gagne !...

7 février 1934. Cette maladie de Camille qui n'en finit pas m'inquiète. J'ai parlé, cet après-midi, au médecin, de la grippe espagnole. Il m'a ri au nez : « Mais non, monsieur Meissonnier, c'est fini tout ça ! » Ah, l'optimisme des gens de l'art ! De mon temps, le père Merlerou ne « la ramenait pas », comme dirait Jacques. Son optimisme à lui était fondé sur la nature, non pas sur la chimie. Quand j'ai eu cette congestion pulmonaire, à Soulargues, maman l'avait soignée avec de la moutarde qu'elle était allée cueillir dans le causse.

La T.S.F. a parlé, ce matin, d'une émeute qui a eu lieu à Paris, place de la Concorde. Que peuvent bien vouloir les gens qui suivent ce colonel Laroque *(sic)*, les « Croix-de-Feu » ? Il me semble que Laurent a des amitiés avec ces gens-là. Je l'interrogerai.

J'ai rencontré les classes de M. Grébus, mon

successeur. Je les trouve bien bruyantes. Et que de gros mots entendus au passage ! Je passerai lui en faire la remarque.

27 juillet 1934. Jacques a été recalé au concours de Normale. Ce serait le français qui l'aurait coulé. Pourtant le sujet portait sur Victor Hugo qu'il connaît bien. Trop bien peut-être ! Hugo n'est plus à la mode. Les nouveaux instituteurs le moquent. On lui reproche je ne sais quelle emphase. Jacques a dû en dire trop de bien.

4 mai 1936. J'ai veillé tard, cette nuit. Le maire m'avait demandé de présider le bureau de vote installé dans l'école. Il semble que ce « Front populaire » ait gagné les élections. Il y a là des gens que j'estime, d'autres qui me semblent des loups déguisés en bergers. Ce qui me plaît, c'est que Samuel Eskène a été élu dans sa circonscription. J'ai vu, l'autre jour, sa photo dans le journal. Il ressemble à Léon Blum, tête coupée ! La même taille, le même visage étroit, le même pince-nez. Par contre, la voix de Samuel n'a pas les chevrotements de l'autre.
C'est égal, il y a loin de ce vieux tribun au jeune dandy d'autrefois qui m'a rendu un si fier service ! Mais, à son âge (mon aîné de deux ans !), que va-t-il chercher dans la politique ? J'aimerais le revoir. Je vais lui écrire.

29 septembre 1938. On ne dit plus « maître » aujourd'hui. On dit « instituteur » ! Ils ont bien changé, de nos jours, les « maîtres d'école » ! Les voici qui se mêlent de la chose publique, tiennent des « meetings » (pourquoi ne dit-on plus *réunions*, en bons Français que nous sommes ?), s'affichent sur le devant de la scène, publient des pétitions, font des grèves. Quel tollé quand ils ont appris que les postiers avaient obtenu de meilleures conditions de retraite qu'eux ! Il est vrai qu'ils ont rattrapé les mêmes avantages depuis, grâce à leur fameux syndicat. Moi, je me souviens des *thunes* que le père Solignac venait m'apporter dans ma classe, au Cayrol. Devant tous les élèves ! Soyons honnête : j'aurais bien voulu gagner plus ! Ils ont raison de se défendre mais, pour penser à eux, qu'ils n'oublient pas les enfants.

Daladier est revenu de Munich. *La paix est sauvée* (il avait souligné). C'est l'essentiel. Je me souviens de ces mots de Camille, un jour, à la veille de la grande catastrophe : « Tu connais un Serbe, toi ? Un Autrichien ? » Je ne connais pas non plus de Sudète, de Tchèque, ni de Slovaque.

2 octobre 1938. J'ai lu dans un exemplaire de *l'Époque* que me fait régulièrement tenir mon successeur une phrase de M. de Kérillis qui me donne à penser : « L'Allemagne nous inflige un Sedan diplomatique, un Sedan qui décide non pas d'une province française, mais du sort de l'Europe. »

Elle m'a fait souvenir d'une autre phrase qu'a prononcée un syndicaliste français au cours d'un congrès, en 1936 : « Plutôt la servitude que la guerre parce que, de la servitude, on en sort, de la guerre on n'en sort pas. » De la dernière guerre, le père de Jacques n'est pas « sorti ». J'ai cru longtemps Laurent mort. Quelles souffrances pour Camille, pour Marie-Pauline, pour Yvette, pour moi ! Mais la servitude n'est-elle pas une autre sorte de mort ?

La dernière page des carnets de Louis ne portait qu'une phrase d'une écriture tremblée et comme surprise :

3 septembre 1939. La guerre est déclarée.

Laurent, capitaine de réserve, n'eut de cesse qu'on ne lui ait fourni une affectation. Il n'aurait plus à réfléchir, ni à supporter les jérémiades d'Yvette, ni à consoler une maîtresse qui le poussait au divorce et gémissait à chaque dérobade.

Le 20 septembre, en uniforme du *train,* il s'asseyait à la popote de son régiment du côté de Maubeuge où déjà, vingt-cinq ans plus tôt, il avait affronté le même ennemi.

« Dans trois mois, tout ça sera terminé », pensait-il avec la même inconscience que ses compagnons.

« La vie est ronde », écrivit un jour Vincent Van Gogh à son frère Théo.

Tout recommençait pour ces hommes, et Laurent se sentait rajeuni jusqu'à l'insouciance.

« La vie est belle surtout », songeait-il en ajustant son casque, devant un petit miroir rond au dos duquel Mireille Balin souriait.

7

PETIT-JACQUES

LES premiers instants de stupeur passés, l'Europe entière s'était ressaisie et d'une certaine manière rassurée. Cette guerre, si différente de l'autre, ne pouvait être *vraie*. Hitler, entraîné par son audace de joueur, s'aviserait brusquement du tas de jetons et de plaques devant lui. Gros gagnant, lui-même sincèrement affecté par les horreurs de la « der des der », il allait sauver sa mise et ses gains, convaincu que le peuple allemand ne le suivrait pas plus loin dans cette partie aventureuse. A coup sûr, on allait s'en tenir là, une fois de plus rentrer chez soi, et le déshonneur serait sauf. On oublierait ces grands bruits de mâchoires à l'est, la Pologne dévorée, la Finlande ouverte au flanc et les bêtes maousses regagneraient leurs tanières, la gueule à peine souillée de sang. Tout était signe d'ailleurs que les choses rentreraient sous peu dans l'ordre. Les murs de la ville n'affichaient-ils pas, d'une part : « Nous vaincrons car nous sommes les plus forts », et, d'autre part, juste en face : « Attention, des oreilles ennemies vous écoutent » ? Le bon sens en tirait la conclusion toute simple que, par ses oreilles, l'ennemi ne pouvait ignorer que nous étions les plus forts, et donc allait sous peu entamer le processus d'une négociation qui renverrait tout le monde à la maison.

Du reste, les reconnaissances aériennes le prouvaient sans équivoque, les Fritz n'en menaient pas large. Tout juste armés de pelles et de pioches, l'esprit brouillé par

320

la fringale, exhibant des canons de bois peint sur des coupoles de carton moulé, dressant l'oreille au passage de leurs rares Messerschmitt dans la terreur de recevoir sur la nuque ces « fers à repasser du ciel », depuis des semaines ils ne décollaient plus des abris. Leur marine elle-même se camouflait honteusement dans des ports neutres, sous des pavillons de fortune et des peintures Corrector qui avaient l'ambition peu crâne de la rendre invisible.

Aussi les communiqués se résumaient-ils en une formule indéfiniment répétée : R.A.S. « Rien à signaler. » Ce qui était une manière de dire : R.A.C. « Rien à craindre ! »

Survint alors le printemps 1940, en deux secousses.

Avril, simple répétition : Suède et Norvège cambriolées.

Mai, grand opéra wagnérien : les Ardennes traversées, la Belgique croquée crue, les Hollandes sous un flot que les digues n'avaient pu contenir, la Meuse franchie et la ligne Maginot tournée.

A leur habitude, les boches (devenus fridolins avant leur proche naturalisation en *chleuhs*), n'ayant respecté ni Dieu, ni Diable, ni Gamelin, ni Georges (ni même Weygand !), venaient de renouer avec la tradition barbare du déferlement nord-sud. Et, bien sûr, encore une fois la triche ! Sans passer par l'itinéraire fléché que nos grands états-majors s'étaient pourtant donné la peine d'établir de longue date. Donc, ils étaient passés. Ils n'iraient sans doute pas très loin mais... *ils étaient passés* ! Et même ils passaient encore.

Incrédule, hébétée, la France du Nord se mettait en route et l'épais liquide de la misère nationale descendait engorger la France du Sud. Les stukas miaulaient sur Dunkerque, Rommel et Guderian saccageaient la moisson, et la Loire croisait un fleuve honteux et lent, mélange de peuple et d'armée sauvant les meubles. Camions, taxis, tanks, landaus, brouettes, tractions, bécanes défilaient entre blés et seigles, couronnés de matelas, de pianos, de vieillards et de cadres dans

321

lesquels des poilus surmédaillés continuaient de monter la garde, l'œil vissé sur la ligne bleue des songes.

Amer, Laurent pleurait. Passé du train des équipages (où il se morfondait) à l'artillerie de forteresse, il venait de comprendre ce que jusqu'alors il refusait non seulement d'admettre, mais encore d'envisager. En un rien de temps, une petite matinée de juin, tout avait basculé.

Quelques heures plus tôt, pilonné par l'aviation allemande, il avait dévalé, suivi d'un aspirant zélé, l'escalier menant au sous-sol, où se tenait le poste de commandement du dispositif Madelon. Il n'y avait trouvé qu'un petit sergent-radio. Introuvables, Portal et Lesgudon, ses deux homologues des ouvrages nord et nord-est. Disparu, le commandant de Jouarneville, issu de la marine et donc « pacha » de l'ensemble. Probablement s'étaient-ils portés aux avant-postes tandis que lui, subissant le plus gros du bombardement en piqué, se terrait sous la coupole retournée du N. 12 qui aurait dû couvrir de ses mitrailleuses tout l'ouest de la zone C.

— Appelez-moi le Q.G. Vite ! Vous me le passerez en clair.

— Ce sera pas facile, mon capitaine : c'est parasité à mort.

— Démerdez-vous !

L'aspirant, de son côté, appelait le Q.G. de la division par téléphone.

— Ici aspirant Joly, aspirant Joly, je demande le colonel Drouin pour le capitaine Meissonnier. Allô ! ici aspirant... (Enfin il s'était tourné vers Laurent, lui tendant l'appareil.) Je vous passe le Q.G., mon capitaine.

— Allô, allô, allô ! criait Laurent dans l'appareil, soulagé de pouvoir s'en remettre à d'autres du soin de sauver sa peau et celle des hommes qui attendaient son retour. Allô ! colonel Drouin ? (La réponse était confuse mais ce n'était pas le colonel.) Alors passez-moi le commandant Maisonneuve. Non plus ? Mais... Vous, qui êtes-vous ? Sergent comment ?... Darcelier ? Bon, dites-moi sur quel poste je peux joindre le colonel...

C'était à son tour de se tourner vers l'aspirant Joly comme s'il voulait le prendre à témoin de cette chose qu'il était seul à entendre.

— Parti ? Parti où ça ?... Avec Maisonneuve ? Et nous alors ? (L'étonnement et l'angoisse lui nouaient la gorge.) Mais quel ordre de décrocher, nom de Dieu ?

Sur un signe d'incompréhension à Joly, qui éprouvait les mêmes sentiments que lui, indéfinissables et oppressants, il se calma.

— Je vous écoute, sergent.

Il dictait pour l'aspirant, qui prenait en notes :

— Repliement sur la rive gauche de l'Aisne. Atteindre le pont de Semuy avant... (Sa voix s'emportait à nouveau.) Treize heures ? Vous dites bien treize, six et sept ? Mais, bon Dieu, il est déjà *quinze* heures, comment voulez-vous... ? Oui, bon, oui. (Il se calmait.) Atteindre le pont de Semuy avant treize heures et le défendre...

Il avait rassemblé ses hommes, trouvé des camions, pas assez mais on s'entasserait, et ils avaient atteint le pont de Semuy. Qui n'existait plus ! Abandonnant les camions, ils étaient redescendus le long de la rivière et avaient profité d'un pont provisoire jeté par le génie pour traverser.

A la tombée du jour, ils avaient fait le coup de feu longuement, d'une rive à l'autre, contre l'avant-garde ennemie qu'ils avaient contenue de l'autre côté de l'eau. Puis ils avaient décroché, peu avant l'aube.

Et maintenant il pleurait, assis dans l'herbe humide, contre le mur d'une grange.

« Foutus ! rageait-il. Nous sommes foutus. »

A cent kilomètres plus à l'ouest, dans une autre cour de ferme, quatre soldats regardaient le ciel où venait de passer une escadrille qui ne pouvait être qu'ennemie. Le quatuor se composait du deuxième classe Jacques Meissonnier et du caporal André Mignot (avec lequel Jacques traînait ses guêtres depuis le centre de recrutement de Poitiers), du maréchal des logis Ahmed Naceur et du simple cavalier Omar Slimane, tous deux de la 3ᵉ brigade de spahis. Les quatre fuyards étaient épuisés. Ils venaient d'atteindre cette ferme déserte dans une fourgonnette de l'armée récupérée sur le bord d'une route. Une crevaison avait découragé ses occupants, probablement inclus dans un convoi qui les avait pris en charge. Eux avaient réparé avec des rustines, obtenues d'un cycliste contre un paquet de troupe.

Après quoi, au petit bonheur la chance, ils avaient pris le chemin qu'ils estimaient mener vers le sud. Eux aussi avaient reçu l'ordre de décrocher, puis de s'accrocher, puis plus d'ordre et, coupés de leurs unités respectives, s'étant rencontrés par hasard, ils avaient sans se le dire décidé de battre en retraite ensemble, au moins pour le temps que durerait le véhicule.

Ils venaient de dormir onze heures d'une traite.

Jacques, torse nu, manœuvrait le bras de la pompe et s'aspergeait d'eau fraîche au milieu de la cour. Ahmed et Omar, ayant repéré le poulailler, y chassaient le volatile pour le repas de midi. Mignot, allongé sur une botte de paille, cherchait à se repérer sur une carte Michelin dont il manquait un bout. Très loin au nord ronronnait un bruit confus de bataille. D'autres avions traversèrent le ciel.

— Des Dornier ! cria Jacques pour Mignot qui acquiesça et reprit son itinéraire idéal là où il l'avait laissé.

Ahmed et Omar avaient fini par jeter leur dévolu sur un gros dindon qui glougloutait d'angoisse, l'œil partout.

S'il avait pu se raser, Jacques aurait vécu là sa meilleure matinée depuis longtemps. Ils n'étaient pas les premiers à être passés par cette ferme et la plupart des meubles étaient vidés, y compris de la vaisselle qui faisait un tas de morceaux rassemblés au centre de la salle commune par quelque maniaque du balai. En tout cas, pas de rasoir. Mais ce bout de savon retrouvé sous l'évier et dont il se frottait le torse, le cou, les aisselles, les cheveux. Sans les copains, il se

324

serait mis à poil dans l'abreuvoir. Il ne se dénudait jamais devant autrui, surtout comme ça, en plein jour, en plein soleil.

Maintenant il se rinçait avec soin, la tête dégoulinante, du savon plein les yeux.

Une vache déboucha dans la cour, le pis violâtre, d'énormes veines saillant sur la mamelle gonflée de lait. Elle meugla, détournant un instant l'attention d'Ahmed pour qui se posait tout à coup le choix entre l'énorme steak en vadrouille et le gros oiseau courroucé qu'il allait saisir. Le temps de décider, il perdit l'un et l'autre, le dindon s'enfuyant dans une cascatelle de rires et de pleurs. Il avait eu peur et le criait à la face du monde. Malheureusement, dans sa course, ramant l'air de ses ailes, qui aidaient les pattes et soulevaient un nuage doré de paille et de poussière, il affola la vache, laquelle reprit un trot sonore et pesant. Elle tournait dans la cour, frottant les murs de ses flancs que des gaz de luzerne tendaient comme la paroi d'une montgolfière. Est-ce qu'on allait enfin songer à la traire ?

Agacé, Mignot était remonté à l'étage, sa carte à la main dont il pensait retrouver là-haut le bout manquant.

Ahmed Naceur, découragé par la mauvaise volonté du dindon, était venu jusqu'à Jacques qui n'en finissait pas de se rincer les yeux. La mousse l'aveuglait dans un picotement intolérable ; il entendit l'Arabe sans le voir.

— Rian a bouffi, Tidjack. Feri mié d'fout'li camp avant li zot' salauds z'arrivent.

Mignot, ayant rencontré Marie-Pauline au cours d'une courte permission passée avec Jacques (ils lui devaient une soirée au théâtre où elle assistait l'habilleuse), l'avait entendue appeler son copain Petit-Jacques pendant tout le souper qui avait suivi, et n'en démordait plus : Petit-Jacques par-ci, Petit-Jacques par-là. Ce que les spahis avaient converti en Tidjack.

— C'est pas pour aujourd'hui, les autres salauds, le rassura Jacques. Crains rien ! Il leur faudra un sacré moment pour traverser la Saône.

Ayant coincé le dindon sous une charrette de paille renversée, Omar réclamait à grands cris l'assistance de son coreligionnaire, qui partit le rejoindre en riant.

Par une fenêtre du haut on entendait Mignot chanter en imitant Georgius, qui était son idole :

> *Pour promener Mimi*
> *Ma p'tite amie Mimi*
> *Et son jeune frère Toto*
> *J'ai une auto...*

Les Allemands avançaient sans hâte. Tout juste un pas de promeneur amélioré. La mitraillette pesait au bout du bras. Les alouettes montaient et descendaient au bord des champs dont la paille jaunissait sur pied. Ils allaient en deux files, une de chaque côté de la petite route, la voiture amphibie entre eux sur laquelle trônait le feldwebel Mueller, assis sur la coupole, une jambe de chaque côté de la fente de visée. Enfin, ils allaient boire frais ! La ferme là-bas, déserte comme les autres, leur offrirait son puits à défaut des bouteilles qu'ils avaient naïvement espérées les premiers jours. Maintenant, ils savaient que les *franzousses* peuvent tout laisser derrière eux, sauf des bouteilles pleines. Et s'il arrivait que l'une d'elles apparût, abandonnée dans une encoignure de cave ou de buffet, les chances étaient grandes qu'ils aient pissé dedans. Ou craché.

Mueller en eut une moue d'écœurement. Il cogna du talon sur la tôle, le véhicule stoppa. Le feldwebel envoya les deux premiers de chaque file en éclaireurs, conformément à toutes les instructions concernant la progression en rase campagne.

Sa carte à la main, Mignot, toujours fredonnant, s'était approché de l'autre façade qui recevait la lumière du soleil. Quelque chose lui tira l'œil. Ça n'avait pas duré, une sensation fugitive, le mouvement d'une ombre au confluent de la route et du chemin. La vache peut-être... Quoique non, la vache meuglait de nouveau dans la cour.

— Merde, c'est un Fritz !

Cette fois, il en était sûr : un type avait sauté d'un bord du chemin à l'autre, traversant la lumière.

Mignot courut prévenir les autres :

326

— Attention les gars ! Les Fritz arrivent par le chemin de derrière !

Jacques s'était redressé, incrédule. Il passait sa chemise, toute tiède de soleil. C'était bien du Mignot, cette panique.

Une rafale coupa court à son optimisme en traçant un long ricochet sur le mur de la grange ; l'enduit de sable et de chaux voleta d'un bout à l'autre du long bâtiment.

Jacques pensa courir vers sa veste posée sur le brancard de la charrette, là-bas, sous laquelle Ahmed avait enfin chopé le dindon. Une nouvelle giclée, plus nourrie, probablement issue de plusieurs armes tirant ensemble, les fit basculer l'un sur l'autre, morts. Jacques renonça et courut vers le bâtiment. Omar s'était replié à toutes jambes vers la voiture où il avait saisi son F.-M. en voltige. Il attendait que parût le premier Allemand, le doigt sur la détente. Derrière toute cette tôle, il se sentait invulnérable.

— Z'alli voir cette saloperie c'qui va prendre dans son gueule.

Mignot tirait, depuis la fenêtre qui donnait sur l'arrière. Il avait décidé qu'il viderait son revolver, coup par coup, puis descendrait les bras en l'air : « Guerre finie, kaputt. J'ai fait ce que j'ai pu. » D'ici là, il se montrait comme un guignol, le temps de lâcher ses inoffensifs pruneaux, un par un, et s'éclipsait à l'abri du mur. Il restait deux balles, deux passages éclair dans le cadre de la fenêtre, et ouf ! En bas, un Fritz le guettait comme à la foire. Pan !

Guignol s'est abattu, cassé sur l'appui de fenêtre, alors qu'il lui restait une dernière fichue balle à tirer.

Paille et charrette brûlent. Tout brûle, Ahmed et le dindon, et aussi la veste de Jacques. Omar, depuis l'abri de la voiture, tire encore, mais son chargeur est à peu près vide. A l'étage, Jacques a trouvé Mignot effondré au bord de la fenêtre et l'a tiré dans la pénombre de la grande pièce. La tête est ouverte comme un fruit trop mûr, et pour être mort, il est bien mort. Assommé de peine et d'horreur, il détache le bracelet d'identité du poignet de son ami.

Deux grenades ont eu raison du spahi. Ce qui restait d'essence a mis le feu au véhicule. Même le peu d'herbe de la cour s'enflamme. Il a fait trop beau, tout a la sécheresse de l'amadou.

Lorsque Jacques entend craquer l'escalier, il n'attend pas pour crier que les autres surgissent en lâchant de nouvelles rafales.

— Je suis là ! Je suis seul ! *Ich bien allein ! Ich kaputt !*

L'Allemand lui fait signe d'avancer.

Comme Jacques va le dépasser, le frizou cueille la veste de Mignot accrochée au dossier de la chaise et la lui lance.

— *Die weste !*

Jacques voudrait s'expliquer : « Ce n'est pas la mienne, c'est celle du copain. Moi, je... » Il renonce. Son allemand est par trop insuffisant et le regard du vainqueur ne lui dit rien qui vaille.

Si bien que, pour l'instant, il est devenu le « maréchal des logis André Mignot, né le 11 décembre 1918 à Saint-Genest-d'Ambière. Fait prisonnier par les forces allemandes le 27 juin 1940 du côté de... ». Au fait, c'est Mignot qui aurait pu le mieux dire où on se trouvait !

Ces événements avaient eu lieu cinq jours plus tôt. Non, six. Laurent avait marché, couru, attrapé des camions, des trains, filé à l'ouest, était revenu, avait miraculeusement pu établir par téléphone le contact avec le commandant Maisonneuve, duquel il avait extirpé l'ordre de rejoindre la formation à Montauban. Il ne manqua pas de faire le crochet par Courson au volant d'une cinq-chevaux Citroën réquisitionnée à la mairie de Loudun.

Quand Camille vint répondre à son coup de sonnette et l'aperçut, elle resta un moment pétrifiée, puis se jeta dans ses bras.

— Tu es là ! Mon Dieu, tu es vivant !

— Maman ! J'ai cru que je n'y arriverais jamais. Mais je ne fais que passer. Je dois repartir dans une heure...

Camille, deux bandeaux de cheveux blancs sur les tempes, les traits de son beau visage à peine altérés par les rides, repoussa légèrement son fils et le regarda dans les yeux.

— Tu arrives trop tard, Laurent. Trop tard pour revoir ton père.

Elle était devant lui, digne et douloureuse. Laurent refusait de croire ce qu'il venait d'entendre.

— Trop tard ? Comment ? Qu'est-ce que... ?

— Comme sa mère, répondit lentement Camille. Comme mémé Meisso. Son cœur a lâché.

Les larmes jaillirent des yeux de Laurent qui ne les retint pas.

Camille continuait :

— J'ai essayé de te faire prévenir, mais comment savoir où tu étais ? Enfin ! Toi tu es vivant, mon petit. J'ai tellement cru que...

Ne pouvant se contenir davantage, elle éclata en sanglots.

Laurent tint à se rendre sur la tombe de son père.

— C'est arrivé quand exactement ?

— La semaine dernière, vendredi. Le 21, je crois. Nous passions à table. Il a mis la radio, ce n'était pas bon, tu t'en doutes, il s'est assis et...

— Le 21, on se repliait déjà. Je cours après mon colonel depuis ce jour-là ! Il paraît qu'on va reformer le régiment à Montauban. Effrayant et absurde !... Je pense que, pour papa, c'est mieux ainsi. Il n'aura pas su où nous en sommes.

— Je crains qu'il ne l'ait compris. Peut-être même en a-t-il souffert, je ne dirais pas au point de se laisser aller jusqu'à nous quitter mais..., cette catastrophe, toi, Petit-Jacques, nous étions sans aucune nouvelle, il n'a pas résisté, c'était trop ensemble.

Maintenant, ils se trouvaient dans le bureau de Louis devant une pile de ses cahiers noirs.

— Tu dis qu'il écrivait *chaque jour* ? (Elle acquiesça.) Et nous n'en savions rien ! Tu le savais, toi ?

— Je m'en doutais, mais je n'avais jamais voulu forcer cette pudeur. Il était secret.

— Pas pour toi.

— Moins peut-être, mais... c'était resté une sorte de vieux petit garçon du causse, mystérieux et fragile.

Laurent feuilletait machinalement les cahiers.

Il lut :

9 mai 1902. J'ai dû faire une leçon sur les volcans, un peu improvisée, pour apaiser l'excitation des enfants que la catastrophe de la montagne Pelée à la Martinique a bouleversés.

Laurent ne pouvait détacher ses yeux de ces quelques lignes. Tout lui revenait clairement à l'esprit : le dessin du volcan au tableau, le morceau de lave sur le bureau, la voix de son père.

— Je me souviens de cette leçon, dit-il, la gorge nouée. J'avais neuf ans. Nous étions au Cayrol.

Il reprenait la lecture :

Nous avons commencé de nettoyer la classe, Laurent et moi, pour les élections de dimanche prochain. C'est un enfant comme je n'osais pas espérer d'en avoir un.

Il eut du mal à finir la phrase.

— Il ne m'a jamais dit le quart de ce qu'il écrivait là-dedans.

— Tu parles beaucoup à tes enfants, toi ? Jérôme sait que tu l'aimes ? Tu le lui dis ?

Il soupira, conscient qu'elle n'avait pas tort dans ses reproches. Il était un père assez épisodique et lointain.

Il referma le cahier.

— Aujourd'hui, c'est la France entière qui est devenue un volcan. Et nous sommes dessus ! (Il prit les mains de sa mère.) Je dois repartir, maman.

— Il est tard. Tu pourrais rester dîner. Tu verrais ta sœur. Elle va rentrer.

— Elle est ici ?

— Oui. Depuis la fermeture des théâtres au début du mois. Très gentille. Elle a un nouvel ami un peu nigaud, mais très gentil lui aussi. Ils sont descendus de Paris sur la moto de ce garçon. Elle est inquiète pour Petit-Jacques. Pour le reste, tu la connais !

— Tu l'embrasseras pour moi. Rassure-la en ce qui concerne son fils. Je l'ai croisé en mai, il allait bien, très bien. Je ne crois pas que son secteur ait pu tenir longtemps. Il doit être sur les routes, lui aussi. Tu vas le voir débarquer un jour ou l'autre, et je ne remonterai pas très longtemps après lui. Ça va aller vite, maintenant, j'en ai peur, et je le souhaite. Nous payons vingt ans de gloriole et d'incurie. C'est peut-être mieux ainsi : nous aurons moins de morts.

— De Montauban, tu pourrais aller à Soulargues. Ce n'est pas si loin.

— Mais, ma petite mère, je suis toujours officier. Malgré mes espérances d'en avoir bientôt fini avec cette farce, l'armée peut m'envoyer en Afrique...

— Oh non ! s'écria Camille.

— On en parle. Tu te doutes bien que si j'en ai l'occasion je filerai retrouver Yvette et les enfants. J'ai pu téléphoner de Vierzon, Claire ne l'a pas quittée et Jérôme les attendait déjà.

— Nous avons eu raison de ne pas vendre la vieille maison Meissonnier, dit Camille. Tu vois comment elle nous rend service aujourd'hui. Jamais les Allemands n'iront jusque-là.

Laurent eut un sourire sceptique.

— Ils iront partout où ils auront envie d'aller. Bizarrement, ils ne détruisent pas : ils s'installent, ils confisquent la France. A commencer par les hommes.

Ayant déjà fait une guerre, il en avait connu les horreurs. Ou l'avait cru mort. Il était revenu dégoûté de cette boucherie, peu désireux de confier son destin à quiconque. Il avait toujours refusé de s'engager dans un parti politique ; le syndicat des instituteurs lui-même lui semblait être une machine à embrigader, et il aspirait avant tout à l'indépendance. Cependant, l'ambiguïté de sa nature, qu'il trouvait mal équilibrée, le tirait à hue et à dia. Les certitudes, quand il les découvrait chez l'un ou l'autre de ses compagnons de travail ou de beuverie (car il lui arrivait de « faire l'homme »), l'émerveillaient et le déconcertaient.

Pouvait-on encore *croire*? Et, si oui, que devait-on croire quand tout autour de soi s'était effondré? Quand les anciens combattants redevenaient des combattants? Quand les amitiés franco-allemandes...

Comme des millions de ses compatriotes, il était mûr pour se rallier à la voix d'un chef qui déciderait en ses lieu et place. Mais le 18 juin était passé et il n'avait pas pris la bonne longueur d'onde.

> *J'l'ai payée trois cents balles*
> *Chez le père Hannibal*
> *Le marchand d'occasions*
> *D'la rue de Lyon...*

Le couplet débile trottait dans la tête de Jacques. Cent fois par jour, il avait récriminé contre Mignot : « Arrête, Dédé! On en a tous marre! D'abord, tu chantes faux... » Ce qui était pure vérité. Et maintenant le copain dans sa tête chantait juste et ça n'arrêtait pas plus que de son vivant.

Après sa capture, Jacques avait été parqué dans la cour du lycée d'Autun en compagnie de quelques milliers de prisonniers. Les Allemands ne brusquaient rien. Simplement, comme font les bassiers des bords de mer avec la crevette, ils ramassaient tout ce qui portait encore un petit bout d'uniforme, au haveneau. Atmosphère ambiguë des camps, faite de soulagement et d'amertume. « Si tout le monde met les pouces, je vois pas pourquoi j'irais me faire trouer ! » Ils étaient sept ou huit cents assis sur le pavage de la cour, certains allongés sur un semblant de paquetage, une *couvrante* kaki, une capote. D'autres, debout, colportaient les nouvelles de groupe en groupe. Énormes. « Weygand va nous racheter cinq mille balles pièce, l'argent est en route. Hitler est à Londres, à négocier. Tout ce qu'il veut, c'est des colonies... »

Pour promener Mimi
Ma p'tite amie Mimi
Et son jeune frère Toto
J'ai une auto...

Ayant compté leurs gardiens, Jacques avait constaté du même coup que la garde était extrêmement lâche. Si lâche que, s'étant obstinément rapproché de la grille d'entrée, il avait profité du remue-ménage de la roulante pour la transformer en grille de sortie. Il s'était promené deux heures en ville mais, sans argent, sans connaissance locale, il n'avait pu dégotter les vêtements civils qui l'auraient sauvé. L'épuisette d'une patrouille l'avait ramené dans le vivier et cette fois il était menotté. Il attendait, humilié, dans un bureau qui avait peut-être été celui du directeur de l'établissement.

Chez le père Hannibal
Le marchand d'occasions...

Devant lui, un grand sergent allemand l'examinait du coin de l'œil tout en taillant son crayon à l'aniline.

... D'là rue de Lyon...

— Asseyez-vous. (Jacques ne demandait pas mieux.) Vous avez fait une évasion... C'est assez rare pour que je vous félicite.

Très peu d'accent, la voix plutôt chaleureuse. Et maintenant le paquet de cigarettes tendu.

— Vous fumez ? (Jacques hésita.) Il n'y a pas dedans de poison, je vous jure. (Jacques montrait ses poignets menottés.) C'est votre faute, maréchal des logis Mignotte.

Jacques tiqua, non à cause de la prononciation fautive, mais parce qu'il ne se faisait pas encore tout à fait à la confusion d'identités. Cependant, il réfléchissait à toute allure pour évaluer s'il avait ou non intérêt à rétablir la vérité avec cet Allemand qui parlait si bien le français. Pour se donner un répit, il cueillit la cigarette offerte, portant ses deux mains liées au-devant du paquet, aspira la première bouffée. Il décida de s'en tenir au statu quo, qu'il considérait jusqu'à preuve du contraire pouvoir lui donner un certain avantage. Après tout, s'il s'enfuyait à nouveau, c'était une manière de brouiller les pistes...

L'autre tirait un volumineux carnet à souches de son tiroir, glissait des carbones. La bureaucratie relayait les guerriers.

— Je dois vous enregistrer. Je tiens à vous rappeler que, prisonnier de guerre, vous serez avec la protection du Droit des hommes et la Convention de La Haye. Et puis j'espère que vous ne durerez pas trop longtemps avec nous. (Il sourit avec suffisance.) Est-ce que vous trouvez mon français *k*orrect ?

— Parfait, répondit Jacques.

— J'ai six ans travaillé dans Paris. Les grands hôtels. Voulez-vous vider vos poches, s'il vous plaît.

Jacques déposa sur la table un mouchoir, deux enveloppes froissées, la plaque d'identité de Mignot et un trousseau de petites clefs.

— C'est tout ? demanda l'Allemand.

— Oui. Les clefs sont celles de la voiture que je conduisais avant d'être capturé.

— Pas d'argent ? Pas de couteau ? Pas de montre ?

— J'ai déjà été fouillé. Les autres ont tout gardé.

— Je comprends, dit l'Allemand que l'observation gênait. (Il enchaîna.) Pourquoi la plaque d'identité n'est pas sur votre poignet ?

— Je l'enlève de temps en temps. L'argent me fait une marque.

Il n'avait qu'à moitié inventé cette explication : sa propre plaque, restée dans les cendres de sa veste, il l'avait bien ôtée parce que la chaîne provoquait un début d'eczéma sur son poignet. De toute façon, le sergent n'avait aucune envie d'approfondir, sa question était machinale.

Il prit son crayon, son carnet et commença de noter :

— An-dré Mi-gnat...

— *Mignot,* rectifia Jacques. *o.t.*

— Né le ?

Aïe ! Jacques n'avait pas pris la précaution d'apprendre par cœur la date de naissance de son ami. Il n'était sûr que de sa classe d'incorporation, la même que lui. Il simula une quinte de toux provoquée par la cigarette et bredouilla une phrase qui se terminait par un « dizuit » enroué à peine audible. Le sergent ne l'entendit même pas, il lisait sur la plaque :

— Décembre 1918. (Il mouillait la mine du bout de la langue et reprenait.) Né à...

Cette fois, Jacques n'hésita pas :

— Saint-Genest-d'Ambière. Département de la Vienne.

Il connaissait le lieu de naissance d'André Mignot.

— Vous voulez bien m'épeler ? demanda le sergent.

Jacques s'exécuta.

Jamais, au cours de leur entretien, la moindre agressivité n'était apparue entre les deux hommes. Mais Jacques avait tenté de s'évader et il fallait bien que, pour l'exemple, il soit puni de cette audace. Le sergent appela deux sentinelles, dit une phrase en le montrant de la tête. Les soldats entraînèrent le prisonnier vers la sortie. S'il n'avait tenu qu'au sergent, il aurait renvoyé ce garçon dans ses foyers. L'Allemagne avait écrasé la France en lui raflant deux millions de prisonniers. Bientôt on manquerait d'hommes pour les garder. Un geste amical n'eût rien coûté entre sportifs, il y aurait eu même de l'élégance à libérer quelques-uns de ces zigotos.

Escorté par les deux fridolins, Jacques avait atterri dans le coin des punis, une baraque importée par l'intendance occupante et qui puait le cheval sans qu'aucun dada y eût jamais posé le sabot. Mais elle avait connu d'énormes entassements d'êtres humains, en divers camps de manœuvre ou d'internement, et s'était imprégnée d'une puissante odeur de sueur et vaguement d'urine. Elle avait même servi de prison volante, ce qui lui valait cette réaffectation. C'était le *gnouf* du camp.

Une vingtaine d'hommes s'y trouvaient confinés, la plupart somnolant dans les profondeurs. Sous l'unique fenêtre aux carreaux grillagés et passés au bleu de camouflage, un petit groupe jouait aux cartes avec des morceaux de carton sur lesquels étaient dessinés les symboles et les figures. L'entrée de Jacques interrompit la partie. Deux fantassins, un chasseur à cheval démonté, un dragon motocycliste et un quartier-maître le dévisageaient.

Jacques se présenta :

— Caporal André Mignot.

C'était la première fois qu'il usurpait délibérément l'identité du mort.

— T'as du tabac ? demanda l'un des fantassins.

— Rien !

— Ils t'ont fait aux pattes aujourd'hui ? s'enquit le chasseur à cheval.

— Avant-hier. Je suis sorti par la grande grille ce matin. Ils m'ont repiqué en ville.

— Et… quelles sont les nouvelles ?

La question cette fois venait du quartier-maître.

— Je ne sais pas grand-chose de plus que vous. Certains parleraient de résister sur la Loire. D'autres disent que les fridolins l'ont déjà passée. D'autres aussi prétendent que l'armistice est en route.

Personne n'ajouta le moindre commentaire aux paroles de Jacques. Tout ce qu'il venait de dire datait au moins de la veille.

— On espérait que tu avais vu de la Croix-Rouge dans la cour. Quand la Croix-Rouge arrivera, ce sera qu'on nous libère.

Le dragon s'était mis ça en tête et y croyait dur comme fer.

A Courson, Camille, Marie-Pauline et son compagnon, un assez beau garçon gras d'une quarantaine d'année, écoutaient la radio.

> *… Du moins l'honneur est-il sauf. Nul ne fera usage de nos avions et de notre flotte. Nous gardons les unités terrestres et navales nécessaires au maintien de l'ordre dans la métropole et dans nos colonies. Le gouvernement reste libre. La France ne sera administrée que par des Français…*

Dans un café de Montauban, Laurent, le patron, toute une grappe de consommateurs écoutaient, eux aussi, le vainqueur de Verdun.

... Je hais les mensonges qui nous ont fait tant de mal... Un ordre nouveau commence. C'est à un redressement intellectuel et moral que, d'abord, je vous convie. Français, vous l'accomplirez et vous verrez, je le jure, une France neuve surgir de votre ferveur...

Le patron coupa la radio et s'adressa à Laurent dont l'uniforme fripé conservait encore quelque prestige dans ces régions que les réalités du Nord n'atteignent qu'avec retard.

— Vous qui êtes officier, mon capitaine, qu'est-ce que vous en dites ?

— Je pense que Pétain sait ce qu'il fait. Je crois qu'il les aura !

Toutes les têtes approuvèrent et le patron offrit sa tournée. Laurent était sincère. Le pacifiste en lui se félicitait que cet armistice mette un terme à une lutte inégale, et le patriote, qu'un vieux soldat comme le Maréchal ait préservé l'essentiel. Quant au combattant vaincu, il se réjouissait que ce vainqueur légendaire engage pour la France un nouveau combat avec d'autres armes qui, tôt ou tard, assureraient une victoire d'un autre type. Les mots entendus le comblaient. L'honneur sauf, la flotte intacte, le gouvernement libre, l'ordre nouveau et le redressement intellectuel et moral indiqués comme seules voies de salut, toute la chanson lui convenait. Il leva son verre, entra dans la procession des rats et suivit le pipeau trompeur. Comme le vieillard à la flûte, lui aussi haïssait les mensonges qui nous avaient fait tant de mal.

Dans les camps, l'armistice avait été accueilli par un immense soupir de soulagement. Sur l'air des lampions, à Autun comme ailleurs, les hommes scandaient :

On-veut rentrer
A-la maison
On-veut rentrer
A-la maison

Les gardiens froncèrent les sourcils et décrochèrent les armes des râteliers. Dans la cour, le grand sergent, qui était leur interprète, les rassura d'un sourire et d'un haussement d'épaules.

Le train roulait vers l'Allemagne. Ils étaient plus de soixante dans le wagon sur lequel on lisait le classique « hommes : 40 — chevaux en long : 8 ». Les punis étaient mêlés à du tout-venant mais demeuraient liés entre eux par une camaraderie de fortes têtes. Ils faisaient dans la grisaille du convoi une tache plus sombre, plus hostile, dont les prisonniers « normaux » se tenaient à l'écart. On serait relâchés à la frontière, ce n'était pas le moment de provoquer des incidents.

Jacques scrutait le paysage par une fente de la paroi. L'un des biffins était occupé à défoncer le plancher avec un morceau de ferraille arraché au wagon. Un artilleur les regardait, la gueule mauvaise.

— C'est une connerie, ce que vous faites. Ça va juste nous attirer des emmerdements.

— D'accord, tu l'as déjà dit, rigolait le dragon. Alors, maintenant, tu la boucles.

L'artilleur, un maussade, était peu disposé à la boucler.

— C'est dans l'armistice. Je l'ai lu. On nous libère sur le Rhin. On est la monnaie d'échange.

— Raison de plus pour qu'ils nous embarquent, andouille ! ricana le chasseur à cheval.

Le train ralentissait.

— Où on est ? dit une voix.

— La pleine campagne, répondit Jacques.

Brelan, le gars qui défonçait le plancher, n'en pouvait plus et transpirait à grosses gouttes. Ses compagnons se proposèrent pour l'aider. Il refusa, secouant la tête.

— Je sens que ça vient. De toute façon, il vaut mieux attendre la nuit.

Une discussion éclata entre les candidats à l'évasion.

— Moi, dès que c'est ouvert, salut les gars ! lança Plantier, le dragon démonté.

338

L'artilleur roulait des yeux de lapin et parlait donc en connaissance de cause :

— En plein jour, tu vas te faire tirer comme à l'ouverture !

— Rien ne dit qu'ils ont des vigies. Le temps que le train s'arrête, je serai loin. On ne tire pas sur les prisonniers, on les reprend ! Et ils recommencent !

Indifférent à ce qui se tramait dans ses entrailles, le convoi poursuivait son cheminement tortueux. Longeant un canal, il dérangea toute une population de poissons qui passèrent sur l'autre rive dans une lente ondulation du corps. Ceux qui happaient une mouche au milieu de l'eau y mettaient un frisson d'argent. Une brume montait, indiquant un changement de température commencé.

Maintenant, plusieurs planches avaient cédé et le trou avait des dimensions suffisantes pour le passage d'un homme. Brelan, auteur du plus gros de l'ouvrage, restait assis, les jambes pendantes, au-dessus du ballast qui filait sous lui. Il usait de son droit de priorité mais l'enthousiasme manquait.

— J'aurais préféré attendre la nuit.

Il tendit la main au dragon en un geste d'adieu.

— Salut, Plantier.

— Pourquoi « salut » ? Je te suis, moi !

— Au cas où je me sonnerais…

Il était perplexe. Les regards sur lui le poussaient vers le vide mais, dans son ventre, la tripe gargouillait et refusait le saut.

— Je ne vois pas trop comment m'y prendre, s'excusa-t-il.

Jacques, descendu de son perchoir, vint lui toucher l'épaule.

— Laisse-moi ta place. Tu vas voir, c'est facile.

Il avait toujours agi ainsi, dans l'impulsion, mais avec un calme qui l'étonnait lui-même.

Comme il prenait place au bord du trou, face à la marche du convoi, celui-ci ralentit. L'artilleur paniquait, glapissant d'une voix aiguë.

— Si ça se trouve, on arrive dans une gare, on va tous aller en discipline à cause de ces cons-là ! Moi j'en suis pas, attention ! Empêchez-les, bon sang de…

— C'est ça, empêche-nous, ricana Plantier en se retournant sur lui, l'œil noir.

— En tout cas, moi, je…

Un revers de main lui cloua le bec. Lorsque son regard revint sur le trou, il était vide ; Jacques avait sauté.

La suite lui parut surprenante de facilité. Ayant récupéré des vêtements civils dans une maison abandonnée au sortir d'un village, il prit la route du sud, se nourrissant de cueillette au hasard des chemins et parfois chez des paysans qui faisaient semblant de croire qu'il cherchait sa famille dans la région. Tout lui était bon pour ajouter un kilomètre aux kilomètres. Une bicyclette abandonnée fut suivie de divers véhicules de rencontre, charrettes, side-car, même une locomotive haut-le-pied qui descendait au triage. On le prenait à bord pour des sauts de puce qu'il ne refusait pas. Ainsi d'une moissonneuse-batteuse qui le cahota sur trois lieues, du côté de La Châtre ; et plus tard d'une grosse barque qu'un tonnelier remontait sur l'Indre, entre Villedieu et Loches. De jeunes teutons dorés nageaient autour d'eux en riant sur la berge, on voyait dormir les tanks. Cependant, il fit le plus gros à pied, la nuit, seul, se cachant, le ventre creux. Finalement, après neuf jours d'errance, il parvint aux abords de Courson, au prix de détours extragants par des routes départementales et des chemins vicinaux sur lesquels commençait le reflux. Les Allemands ne se souciant plus guère des réfugiés, la France du Nord commençait de remonter vers ses pénates.

Camille avait mis le couvert. La maison, héritée dix ans plus tôt de ses parents, était immense.

> *Plus tard quand tu seras vieille*
> *Tchi-tchi*
> *Tu diras baissant l'oreille*
> *Tchi-tchi*
> *Si j'avais su dans ce temps-là*

*Aa-aah
Si j'avais su dans ce temps-là
Aa-aah...*

La radio chantait dans la salle à manger et Camille dut crier pour appeler « les enfants » qui lambinaient au fond du jardin, penchés sur les fraisiers. Enfin, Marie-Pauline et Georges, son compagnon du moment (Georges Toupin. qui l'avait amenée de Paris sur sa motocyclette), vinrent se mettre les pieds sous la table. La famille était rassurée sur le sort des Aveyronnais.

Laurent avait fait passer un mot depuis Soulargues.

« J'ai retrouvé Yvette et les petits en parfaite santé. (Les " petits ", Claire et Jérôme, étaient tout bonnement des jeunes adultes de vingt et dix-sept ans.) On a l'impression que la guerre n'est jamais venue jusqu'ici, même par ouï-dire. Nous mangeons à notre convenance. Je m'en tiens donc aux faits : Pétain nous a sauvés car pas un seul uniforme *feldgrau* n'a souillé la région... »

Camille pensa que la dernière phrase était une audace inutile. Marie-Pauline se levait pour aller chercher un plat qui finissait de cuire. En passant, elle jeta un coup d'œil par la fenêtre de la cuisine et aperçut un inconnu aux vêtements flottants, coiffé d'une casquette dont la visière cachait la moitié du visage. L'homme s'apprêtait à pousser la porte de la grille et leva la tête.

Elle le reconnut dans un cri.

— Jacques! C'est lui! Oui, c'est lui! C'est Jacques!

Elle se précipita en courant au-devant de son fils.

Camille sentit la joie l'envahir, forte à faire éclater tout son être.

Elle eut un regard pour Georges dont le débraillé la choqua.

— Boutonnez-vous, Georges! C'est le fils de Marie-Pauline...

Brave garçon, Georges obtempéra sans discuter.

Ayant passé les bras autour du cou de Jacques,

soudainement redevenu *Petit*-Jacques, Marie-Pauline l'entraîna vers la maison.

Camille attendait sur le seuil. Comme toujours, elle cachait son émotion mais sa pâleur était éloquente.

— Mon pauvre enfant ! Enfin, tu es là. Nous allons pouvoir te gâter un peu.

Marie-Pauline, devant ce vagabond à la jeune barbe blond et roux, n'en croyait pas ses yeux.

— Je pense que tu veux te laver avant tout ?

— J'ai surtout faim.

Il était affamé.

— Mon Dieu ! s'exclama Camille, affolée. Je n'ai pas assez fait à manger ! Georges, allez nous chercher une terrine à la cave, vous serez gentil !

Jacques jeta un coup d'œil à ce Georges qu'il ne connaissait pas. Sa mère s'en aperçut.

— C'est Georges, un ami. Il m'a sauvée, je te raconterai. Mais toi ?...

— J'ai été fait aux pattes. Je me suis évadé et je me cache depuis une dizaine de jours.

Assis à la table familiale, il s'était pris la tête dans les mains. Il avait tant redouté un nouvel échec. Et il avait réussi. L'émotion, la fatigue, le relâchement d'une tension devenue animale l'anéantissaient. Heureusement, Georges reparut apportant la terrine et deux bouteilles de vin cacheté.

— J'ai pensé qu'un jour pareil, ça s'arrose ! dit-il jovialement.

Personne ne fut dupe mais l'heure était à l'indulgence. Ils le regardèrent manger, l'appétit coupé, conscients que leur mastication n'était qu'un tribut payé à la gourmandise. Lui accomplissait un acte vital. Il se ressaisit assez vite, incommodé du reste par sa hâte et l'attention qu'il avait soulevée. Il se força à plus de raison et là, ils se joignirent à lui. En un quart d'heure, ils avaient renoué les deux bouts de leurs habitudes et se retrouvaient *ensemble,* avec seulement des tas de choses à se dire mais qui pouvaient attendre.

Après le déjeuner et la toilette, la question se posa de donner à Jacques des vêtements décents. Camille et sa fille eurent l'espérance d'en trouver dans les affaires de Louis mais tout était vraiment petit.

Marie-Pauline se risqua :

— Georges a peut-être des choses qui t'iraient.

Jacques serra la main de sa mère dans la sienne.

— Non. Les vêtements de pépé, ça collera. Plus ou moins bien mais j'aime mieux. Sauf les chaussures. Les miennes feront encore l'affaire.

— Il est gentil, tu sais, Georges.

— Ce n'est pas la question. On lavera ce que j'ai sur moi, on achètera.

Elle ne discutait jamais avec son fils et ce nouveau langage d'homme (« fait aux pattes », « ça collera ») l'impressionnait.

Elle bifurqua vers d'autres sujets :

— Raconte-moi tout de même... cette évasion ?

Il n'était pas disposé à leur faire le récit héroïque qu'ils attendaient. Il évoqua sa fatigue. Elles l'accompagnèrent jusque dans la chambre, dans un pépiement affectueux qui l'épuisa.

Il s'effondra dans le sommeil.

Jacques mit trois jours à se décider. Tout au long de sa cavale, il avait forgé sa résolution de pousser, dès son arrivée à Courson, jusque chez les parents de Mignot. Une sorte de vœu solennel et secret. La force lui avait manqué, le courage d'affronter cette situation. Mignot lui avait souvent parlé de ses « vieux » avec la tendresse rugueuse dont les hommes croient nécessaire de colorer leurs confidences. Les affronter semblait à Jacques une tâche d'autant plus risquée qu'il culpabilisait d'heure en heure davantage sur la substitution d'identité, laquelle devenait à ses yeux une usurpation pure et simple. Il avait volé à ces gens quelque chose d'impalpable et qui leur appartenait en propre. Aussi était-il décidé à ne pas leur toucher un mot du subterfuge.

> *Pour promener Mimi*
> *Ma petite amie Mimi*
> *Et son jeune frère Toto*
> *J'ai une auto...*

Dès la première rue de Grassiet, où les parents tenaient depuis des années l' « Épicerie-Vins-Journaux » de la commune, le sacré Dédé lui avait remis l'air en tête. Chaque pédalée lui serrait le cœur, mais il se connaissait assez pour savoir qu'il ne se déroberait plus.

La bicyclette posée contre le mur, il poussa la porte sur laquelle on lisait : « MIGNOT-Épicerie fine », en lettres émaillées blanches.

Une femme rondelette et souriante s'avança, qu'il reconnut pour être la mère de son copain sans l'avoir jamais vue.

— Vous désirez, monsieur ?

— Je suis un ami d'André.

Elle se mit en route aussitôt, rayonnante, criant pour les profondeurs de l'arrière-boutique :

— Papa ! Florence ! Venez, c'est un ami d'André.

— Mon nom est Jacques Meissonnier. Il vous a peut-être… ?

— Vous pensez ! (Elle criait de nouveau.) C'est son ami Jacques, de Courson. C'est bien ça, monsieur ? (Jacques acquiesçait.) Si on vous connaît !…

Le père était sorti de sa comptabilité, lunettes à bout de nez, le béret sur la tête. Une jeune fille aussi était apparue. La mère, sans demander l'avis de personne, avait ôté la poignée du bec-de-cane.

— Voilà M. Mignot, mon mari. Et voilà Florence, notre plus jeune, la sœur de Dédé. On ne va pas rester là, monsieur Jacques. Entrez donc boire quelque chose.

Elle le poussait vers la salle à manger qui s'ouvrait à droite, dans un bout de couloir.

— Asseyez-vous donc. Florence, donne à M. Jacques pour s'asseoir.

Discrète, la jeune fille avançait un fauteuil, poussait les patins, approchait un cendrier et déjà se tenait près du buffet où la maman cherchait des verres dans une grande fébrilité de gestes et de paroles. Seul, le père Mignot regardait le garçon maigre et empoté qui se laissait faire dans sa salle à manger et n'avait pas trop l'air d'un soldat qui vient vous apporter de bonnes nouvelles.

— Alors d'où qu'il est maintenant, ce garçon ? demandait la mère. Voici longtemps que vous l'auriez vu ? Voulez-vous du quinquina ou de l'anisette ou bien du porto ? Dites, c'est facile : la boutique est tout près. (Elle riait, épanouie.) Vous êtes bien toujours dans son régiment ?

— Oui, madame. Quinquina, ce sera très bien.

— Les biscuits.

Florence partit pour la boutique.

— Nous avons fait toute la guerre ensemble.

— C'est bien instituteur que vous êtes ?

— C'est-à-dire que j'ai été mobilisé avant d'être affecté, mais oui... c'est le métier que je veux faire. Comme mon père. Et mon grand-père, qui vient de mourir après avoir été directeur de l'école de Courson pendant plus de trente ans...

Il ne souhaitait rien d'autre que leur parler des heures et des heures de sa famille, de son métier, du temps, de ce quinquina et du buffet derrière elle, qui paraissait être un meuble de famille admirable.

— Et cette retraite, demanda le père. Vous l'avez commencée ensemble aussi ?

— Oui. Jusque sous Arnay-le-Duc. Là on s'est arrêtés dans une ferme, André et moi, et des spahis...

L'œil vert du bonhomme l'observait au-dessus des lunettes.

— Les Allemands nous ont surpris.

— Dans cette ferme ?

— Oui.

— Et vous, vous avez pu vous échapper ? demanda Mme Mignot sans aucun soupçon, ravie pour lui.

— Pas tout de suite. Ils m'ont pris et puis... je me suis évadé.

— Mais alors, lui, le petit, vous savez où ils l'ont envoyé ?

Le père posait calmement la question.

Jacques s'embarqua dans des explications malhabiles. Oui, André avait été blessé. Gravement ? Il ne savait pas. Le père Mignot s'étonnait.

— Blessé ? Tiens donc. On nous a bien dit que Dédé était sur une liste de prisonniers. Mais blessé, ça non.

La mère, trouvant Jacques mollasson et même un peu nigaud, ne l'écoutait plus que d'une oreille distraite. Elle répondait elle-même aux questions qu'elle posait, se réconfortant par ses réponses.

— Blessé, vous dites ? C'est bien possible... Ça ne sera pas bien méchant ; quand c'est méchant comme pour le fils Tisserant, l'Eugène, qui a laissé sa jambe — oui, monsieur Jacques, toute la jambe ! —, ils préviennent, ils disent : une jambe ou un bras ou...

— Vous n'avez pas une idée de l'endroit où il pourrait être ? la coupa M. Mignot. Nous écririons. Avec le commerce, nous avons des possibilités par les fournisseurs, les représentants...

Jacques se perdait dans les considérations les plus dilatoires. Comme ils parlaient de déboucher une bouteille de champagne, il n'y tint plus, prit argument du détour qu'il avait à faire pour éviter les gendarmeries au retour et, se levant, prit congé. La maman l'embrassa et le père lui mit la bouteille de champagne sous le bras, ainsi qu'une barre de savon de Marseille, arguant du prétexte — à vrai dire prophétique — qu'on n'en trouverait bientôt plus. « Souvenez-vous de la dernière. »

Il sortit nauséeux de honte. La jeune sœur, qui devait avoir dix-huit ans (« tu verrais ça, mon vieux, cette beauté de gamine ! »), la jeune sœur donc n'avait pas pipé de toute la réunion. Elle l'accompagna jusqu'après l'église de Grassiet pour le mettre sur un chemin plus commode. Une radio, au passage d'une fenêtre, annonçait la tragédie de Mers el-Kébir. Il n'entendit pas. Incapable de dire un mot, il baissait le nez, s'intéressait à sa bouteille et à son savon, ficelés sur le porte-bagages, suivait le vol des papillons d'un regard éteint. Elle lui montra une petite route qui serpentait loin dans la campagne.

Il remerciait lorsqu'il l'entendit qui disait d'une voix de source :

— J'ai vu votre air tout à l'heure, quand mes parents vous interrogeaient sur Dédé.

— Oui, mademoiselle...

— Je crois qu'il y a autre chose, je crois que vous n'avez pas osé leur dire la vérité.

Comme il restait immobile, la tête tournée pour qu'elle ne vît pas les larmes qui lui montaient aux yeux, elle poursuivit :

— Vous pouvez me la dire, à moi. D'ailleurs, je me doute.

— Vous vous doutez ?...

— Qu'il est mort.

Une beauté de gamine, c'était vrai. Un peu sévère mais l'heure n'était pas aux sourires. Il ne pouvait plus reculer.

— Oui. C'est vrai. Il a été tué dans cette ferme, quand les Allemands nous sont tombés dessus.

— Mais pourquoi nous a-t-on dit qu'il était prisonnier ?

— J'avais pris sa plaque d'identité. Les Allemands ont cru que c'était la mienne. Après... c'était difficile de leur expliquer ; et peut-être dangereux.

Il crut qu'elle allait tomber, avança la main, mais elle se raidit, respira profondément, les yeux clos ; la couleur lui revint.

— Je vais déjà les préparer et leur dire ça mais il faudra que vous reveniez les voir, pour donner les détails. Qu'on sache au moins où trouver son corps.

— Je reviendrai.

Lui aussi se remettait de la longue scène oppressante.

— Je dois remonter sur Paris avec ma mère mais je reviendrai avant, je vous le promets.

Il mit la main à la poche et en tira une petite enveloppe dans laquelle il avait enfermé la plaque d'André Mignot avec sa chaîne.

— Je n'oublierai jamais André. Voilà sa plaque.

Elle gardait l'enveloppe à la main, le poing fermé dessus, farouche. Elle hocha doucement la tête et repartit vers l'épicerie familiale sans ajouter un mot.

Yvette et ses deux enfants, Claire et Jérôme, regagnèrent la capitale dès le mois d'août. La rue Mirabeau était aussi déserte qu'une rue provinciale. Les commerçants rentreraient les uns après les autres et l'approvisionnement était un problème. Il durerait d'ailleurs quatre ans, à peu près jour pour jour. Les malles encombraient le parquet. On avait laissé les housses sur les fauteuils et le canapé, mais les femmes s'occupaient déjà dans les armoires qu'elles remplissaient de tout ce qui sortait des valises béantes. Ce qu'elles retrouvaient dans les meubles et qu'elles avaient cru voué au pillage leur tirait des cris de joie.

On sonna.

— Va voir, dit Yvette à sa fille.

Il y eut une sorte de chahut dans l'entrée.

— C'est Petit-Jacques ! Maman, c'est Petit-Jacques !

Jacques entra dans la pièce et vint embrasser Yvette.

— Bonjour, ma tante !

— Quelle bonne surprise ! On te savait évadé, mais on ne s'attendait pas à te voir si tôt ! Qui m'avait écrit que tu étais comme un chien maigre ? Tu es superbe.

C'est vrai que sa mère et Camille l'avaient pratiquement mis à l'embouche et que toute trace de son épopée famélique avait disparu. Au contraire, il était ce qu'elle avait dit : superbe, doré de soleil, le visage plein. Un grand étudiant retour de vacances.

— Tu tombes bien. Tu vas nous aider. Nous débarquons, figure-toi !

Il passait dans sa voix une sorte de ressentiment proche de la colère.

— Soulargues ! Parlons-en de Soulargues ! Pas d'eau sur l'évier, ni chaude ni froide, pas de gaz, pas de nouvelles ! Des souris, même des rats, partout ! Des rats, oui mon vieux ! Sans parler du cochon et des charcuteries qu'on a dû ingurgiter tous les jours. Matin, midi et soir ! Et ces gens, plus bêtes que leurs sabots ! C'est ce qu'ils sentent d'ailleurs, à force d'en manger : ils sentent le cochon. Cuit, bien sûr, pas...

Elle lui montrait les malles, les meubles. « Pousse un peu ça, tire la commode, si tu pouvais me glisser le tapis sous le piano. »

Claire était navrée. Elle avait toujours eu de la tendresse pour Petit-Jacques et le protégeait d'habitude des foucades maternelles.

348

— Tu as su pour grand-père ? demanda-t-elle à son cousin.

Yvette s'impatientait. Les Meissonnier l'irritaient par tout un comportement anachronique, une fidélité familiale qu'elle ne retrouvait pas dans le conjungo. Selon une de ses expressions favorites, « ils se croyaient ». Et puis ces malles auxquelles elle se butait sans cesse, cette poussière, le pain qu'il fallait monter chercher place d'Auteuil, quel tintouin !

— Bien sûr qu'il a su ! Tiens, Jacques, si tu pouvais me porter ça dans la cuisine.

Elle lui montrait toute la batterie de cuisine en cuivre de Maria, qu'elle s'était appropriée sans vergogne (« deux mois de Soulargues, ça vaut bien ça ! »). Comme il avait les bras remplis de casseroles, une idée la traversa.

— Mais, dis-moi, *évadé* ! Ça signifie que tu es en situation tout à fait irrégulière !?

Claire la fusilla du regard. Jacques la rassura.

— Pas du tout. Je me suis fait démobiliser sans difficulté. J'avais un faux nom, je vous expliquerai. Seulement, je n'ai pas encore de nouveau poste. J'ai pensé que mon oncle pourrait m'aider à trouver une affectation. L'Éducation nationale est sens dessus dessous en ce moment...

— Ton oncle, mon pauvre chou, il est à Vichy, ton oncle ! Il ne sait plus où donner de la tête !

Claire intervint de nouveau :

— Je suis sûre qu'il t'aidera. Il a pris du grade, figure-toi ! Il traîne dans les ministères, mais oui, par M. Flandin. Tu te souviens de M. Flandin ? Un immense type, Pierre-Étienne, une tête de plus que n'importe qui...

Huit jours plus tard, Jacques (qui avait réussi à passer la ligne de démarcation en payant un vieux chafouin, qui étrennait le négoce dont il tirerait une fortune dans les mois à venir, sur le dos de ces juifs, de ces communistes et plus généralement de ces « Parisiens » dont il assurerait la fuite), Jacques, donc, se trouvait dans le bureau de son oncle Laurent. En fait, une simple chambre d'hôtel, dont la salle de bains servait de secrétariat.

Tout Vichy était ainsi transformé en une sorte de cité administrative d'opérette. Les ministères étaient de grands hôtels désertés par les curistes et bourrés de militaires qui se prenaient pour des politiques et de civils qui se croyaient commander de la troupe. Les couloirs regorgeaient de solliciteurs, d'archives récupérées, de dactylos bénévoles tapant les circulaires de l'Ordre nouveau sur des Underwood auxquelles l'exode avait arraché une lettre ou deux, qu'on ajoutait à la main.

Jacques exposa son problème à son oncle, qui lui trouvait belle allure. « Il doit se payer les filles qu'il veut, ce coquin-là », pensait-il en l'écoutant.

— Au vrai, nous manquons de maîtres un peu partout, dit Laurent, lorsque son neveu en eut fini. Je t'aurai un poste où tu voudras. Mais il y a un hic.

Jacques haussa les sourcils. Il ne comprenait pas.

— Ta mère a milité à gauche. Elle s'est montrée favorable à l'Espagne rouge… au *Frente crapular* !

Le ton était bon enfant, plus ironique qu'agressif, mais indiquait un réel embarras dont Laurent voulut se dégager :

— Toi, dans tout ça… rien ?

— Je ne comprends pas.

— Politiquement ?

— Non. Rien.

— Tu n'es pas… communiste ?

Le mot était lâché !

— Puisque je te dis…, protesta Jacques.

Laurent continuait la litanie des damnés du pétainisme.

— Juif, ça, je sais que tu ne l'es pas. Franc-maçon ? (Il le jaugea du regard.) Trop jeune pour avoir eu le temps de les intéresser et je ne vois pas Maripo là-dedans. (Il réfléchit un moment.) Ça devrait gazer. Tu as une préférence ?

Décidément, l'oncle avait effectivement pris du grade.

— Une préférence ? dit Jacques.

— Oui. Disons, régionale ?

— Non. Enfin, si. Chez nous. Près de mémée :

Courson, Mirebeau. (Il avança d'une voix discrète :) Grassiet.

— J'aimerais mieux te savoir en zone libre. On ne sait jamais ce qui peut arriver.

Il alla consulter une carte murale qui montrait la France traversée par une ligne rouge et compliquée, qui partait de la frontière franco-suisse et passait par Dole, Paray-le-Monial, Bourges, longeait à vingt kilomètres à l'est la ligne de chemin de fer Tours-Angoulême-Libourne, et rejoignait la frontière espagnole par Mont-de-Marsan et Orthez.

— Voyons ! Pleumartin, Chauvigny... Ça t'irait, Chauvigny ?

Chauvigny, chef-lieu du canton de la Vienne à une vingtaine de kilomètres de Poitiers et le double de Courson, était idéal.

— Très bien, dit Jacques, ravi.

— Je vais t'arranger ça... La rentrée est fixée au 16 septembre. Ça te laisse le temps de te retourner. Je vais faire tout de suite le nécessaire.

En fait, Jacques ne fut pas nommé à Chauvigny, dont le directeur déplaisait à Laurent. Il préféra pour son neveu un poste qui ne changeait pas grand-chose à leurs vœux : Louharans était un gros village de zone libre, pas très loin de Courson.

Marie-Pauline avait été rappelée par son théâtre et c'est Camille qui apporta la notification à son petit-fils, alors qu'il lui bêchait un carré de légumes. Il la souleva dans ses bras et courut avertir M. Grébus, successeur de son grand-père à la tête de l'école de Courson.

— Louharans ? Je connais, dit M. Grébus. Le directeur était mon ami Connétable, Marcel Connétable, qu'ils ont révoqué pour avoir milité dans un comité d'intellectuels antifascistes. Tu seras bien, là.

Sur le départ, Jacques était allé avertir Florence Mignot de sa nomination. Elle l'écouta tout en coupant des fleurs pour un vase.

— Alors, on ne vous verra plus ?

— Pourquoi ?

Elle eut un geste de la main.

— La ligne de démarcation.

— J'aurai un laissez-passer permanent.

— Ça serait bien !

— Ça vous ferait plaisir ?

Elle se dérobait pour la forme.

— Bien sûr, vous avez un bon travail.

— Non. Je vous demande si ça vous ferait plaisir de *me revoir*.

Comme il était timide, il brûla toutes ses cartouches.

— Peut-être même tous les jours. Vous êtes sur mon chemin.

Le 16 septembre 1940, il prit donc son poste à Louharans. École de trois classes, Agnès Vabien et Marceline Comte étaient ses deux jeunes consœurs. La directrice, quinquagénaire assez corpulente et très à cheval sur le règlement, s'appelait Mme Neveu. C'était le premier jour de la rentrée, et elle avait tenu à lire à tous les élèves rassemblés le message du Maréchal.

Sa voix s'élevait sur le jeune public subjugué qui s'étalait par classes sur une moitié de la cour.

— *Il arrive qu'un paysan de chez nous voie son champ dévasté par la grêle. Il ne désespère pas de la moisson prochaine. Il creuse avec la même foi le même sillon pour le grain futur...* (Elle y mettait une émotion qui dénaturait le texte, lequel devenait un morceau dans le genre de René Bazin : une compo comme une autre. Jusqu'à de grands passages déjà entendus.) *Je hais les mensonges qui nous ont fait tant de mal. La terre, elle, ne ment pas. C'est à un redressement intellectuel et moral que je vous convie...*

Une femme pressée, tirant par la main ses deux mioches, les poussait parmi leurs camarades. Aux pieds de l'oratrice, une très petite fille ramassait indéfiniment une bête à bon Dieu qu'elle cherchait à introduire dans son porte-monnaie. Sa maman le lui avait offert le matin même. Elle y rangeait aussi l'argent de sa cantine et quelques tickets d'alimentation exigés par l'administration scolaire.

Mme Neveu, ayant terminé son homélie, respira un grand coup, laissa errer son regard sur l'assistance, et conclut avec une émotion qui fit chanter un trémolo dans sa voix presque virile :

— Signé : *Philippe Pétain,* maréchal de France, chef de l'État français !

Le concierge, qui était borgne depuis 1917 et aveugle depuis l'avènement de son héros, applaudit seul. Mais le sentiment le plus général, maîtres et élèves confondus, se résumait en un mortel ennui. Pour finir, Mme Neveu prit un ton qui la rehaussait à ses propres yeux de la valeur d'une demi-tête et qu'on eût pu définir d'un mot : le ton *pédagogique.*

— Mes enfants, ce texte a été lu aujourd'hui dans *toutes* les écoles de France, devant *tous* les écoliers ! Vous aviez d'ailleurs entendu pour la plupart, je pense, à la T.S.F., le discours dont ce texte est extrait. S'il y a des choses que vous n'avez pas comprises, vous demanderez des explications à votre maître, M. Meissonnier pour les plus grands, et à vos maîtresses, Mme Comte ou Mlle Vabien, pour les autres. Maintenant, en classe !

Elle se dirigea vers Jacques, ses feuillets à la main.

— Monsieur Meissonnier, désirez-vous le texte pour en faire le commentaire ?

— Plus tard, madame la Directrice. Ce matin, j'ai une dictée qui est une tradition de famille.

Mme Neveu n'insista pas et proposa le sermon officiel à Mme Comte qui l'accepta d'enthousiasme.

Dès l'entrée en classe, Jacques fit asseoir ses élèves, prononça quelques mots de sympathie et commença la lecture du texte de Hugo.

En passant dans le couloir, Mme Neveu tendit l'oreille, comme l'avait fait naguère M. Pagès dans l'école du Cayrol.

« Nul ne peut savoir la quantité de lumière qui se dégagera de la mise en communication du peuple avec les génies… »

Reconnaissant le ton du Maréchal, elle éprouva une bouffée de reconnaissance pour ce jeune maître dont elle avait craint le pire.

Peu à peu, la vie normale irriguait à nouveau le pays. La plupart des Français se sentaient déresponsabilisés,

353

exilés de l'Histoire. Aussi ne songeaient-ils qu'à survivre le mieux possible, dans un détournement quotidien des restrictions imposées. Pétain était allé à Montoire serrer la main de Hitler ; l'Allemagne, l'Italie et le Japon se partageaient le monde ; Benito avait attaqué la Grèce et s'en mordait les doigts. Chaque jour, « Radio-Paris » diffusait le matin des nouvelles que démentait formellement « Ici Londres », le soir. Les filles continuaient d'être belles, les garçons rieurs, les cinémas récupéraient toute la clientèle que les bals interdits ne mobilisaient plus. Il suffisait de n'être ni communiste, ni juif, ni maçon, ni libre penseur, ni trop chrétien, ni trop gourmand, ni trop frileux, pour conserver l'illusion que peu de choses avaient changé. Peut-être les moutons vivent-ils ainsi leurs dernières heures, dans la cour des abattoirs, inconscients de ce qui sépare ces lieux des prairies de la veille. Juif et septuagénaire, Samuel Eskène était gagné par une mélancolie qui le rapprochait de ses frères et même de son Dieu. Marie-Pauline trompait Georges Toupin avec un chansonnier de la Lune-Rousse qui la faisait rire jusqu'au lit. A quarante-six ans, elle était d'ailleurs d'une beauté émouvante et abandonnée qui lui attirait de meilleurs hommages qu'autrefois, disons plutôt les mêmes hommages mais des soupirants d'une meilleure qualité.

La grande nouvelle du début de l'été 1941 fut que Hitler attaquait la Russie. Tout ce qui espérait en France comprit que la fin commençait pour lui, quelles que fussent les apparences.

Le 11 décembre, l'Allemagne déclarait la guerre aux États-Unis, ce qui mettait le comble à l'inconséquence mégalomaniaque de la bande nazie.

Laurent avait quitté Vichy sur un coup de tête et attendait un nouveau poste à Paris. Il supportait difficilement Jérôme Carcopino et pas du tout Abel Bonnard. Les intrigues, les incompétences, l'esprit de trahison et la mainmise permanente des Allemands sur le gouvernement français l'avaient guéri de ses illusions. Ce 22 juin 1942, assis dans son bureau, il écoutait la radio.

Claire s'affairait à classer des archives qu'il avait rapportées de Vichy. Laval parlait de sa voix chaude et vulgaire.

— *J'ai toujours trop aimé mon pays pour me soucier d'être populaire. J'ai à remplir mon rôle de chef. Au pouvoir depuis deux mois, les événements ne m'ont guère favorisé. Une république plus jeune, plus humaine, plus forte doit naître...*

— Jocrisse ! éclata Laurent.

Claire le regarda, un peu surprise. Le mot déjà tombait en désuétude.

Laval continuait son discours.

— *Le socialisme s'installera partout en Europe...* (C'était sa prophétie la plus constante.) *Je souhaite la victoire de l'Allemagne !*

C'en était trop pour Laurent qui se leva et coupa la radio. Il se mit à marcher à grands pas sous l'œil de sa fille intriguée.

— Une république plus forte ! En fabriquant une génération de crétins ! (Il se tourna vers Claire.) Ne fais pas l'étonnée ! Tu sais très bien ce que je veux dire : onze heures de gymnastique et d'éducation physique par semaine, sur un programme de trente heures, ça va peut-être faire des cuisses et des poumons, mais ni des cerveaux ni des consciences ! Ils ont supprimé les Écoles normales, le brevet supérieur, les E.P.S. ! Ils sont pour l'ordre et la stabilité, mais nous en sommes à notre *cinquième* ministre de l'Instruction publique en vingt-deux mois ! Compte ! (Lui-même égrenait sur ses doigts.) Mireaux, Ripert, Chevalier, Carcopino et maintenant Bonnard. Le Maréchal voulait peut-être rouler les fridolins, mais c'est Laval qui roule le Maréchal et moi je suis roulé par tout le monde. J'en ai marre !

Claire avait rarement vu son père dans cet état.

On sonnait.

— Ah ! ta mère, enfin !

Ce n'était pas Yvette, mais Jérôme accompagné d'un agent de police.

— Vous êtes monsieur Meissonnier ? demandait le policier. Je vous ramène votre fils. (Laurent et Claire étaient stupéfaits.) J'en ai un du même âge, je sais qu'on n'en fait pas ce qu'on veut. Seulement gueuler au cinéma pendant les actualités, c'est pas vraiment des choses à faire. Normalement, je devais l'emmener au commissariat, relever l'identité, et on ne sait plus comment ça tourne.

— Il faisait scandale ?

— Et alors ! Tout y passait : Laval, Pétain, Scapini, les boches (enfin, c'est eux qui les appellent comme ça !). Classe 42, son intérêt, c'est plutôt de la boucler. Je vous dis, j'en ai un aussi. Je vous ramène le vôtre par solidarité.

Laurent ne savait que dire.

— Merci, monsieur l'agent. Vous fumez ?

Il était allé prendre un paquet de cigarettes dans un tiroir, qu'il tendait au policier.

— C'est pas de refus, dit l'agent.

Et il sortit en saluant.

Père et fils étaient face à face.

— Tu étais donc au cinéma ? dit Laurent à voix presque basse. Un lundi ? Tu sèches le lycée, maintenant ?

Jérôme se taisait. Soudain, il reçut une paire de gifles à toute volée.

— Papa ! je t'en prie, arrête ! cria Claire.

Laurent était dans une fureur noire. Tremblant de rage, il serrait ses mains comme pour se retenir de frapper à nouveau Jérôme.

— Monsieur ne veut pas être un pauvre petit « instit », ni même un « prof ». Monsieur est au-dessus de ça. Une Grande École, voilà ce qu'il lui faut ! Et tu t'imagines que tes ambitions passent par le farniente et le cinéma tous les jours de la semaine !? Où d'ailleurs tu te conduis comme un crétin. Allez ! Dans ta chambre ! Ouste !

Jérôme, qui n'avait pas ouvert la bouche, sortit de la pièce.

— Il y a quelque chose qui ne va pas, dit Claire, ébahie, affrontant Laurent. J'en suis sûre. Tu ne l'avais jamais frappé jusqu'à aujourd'hui.

— Jamais trop tard pour bien faire, grogna Laurent.

— Je t'en prie, papa !

Laurent, penaud, regrettait déjà son geste. Dégrisé, il souhaitait oublier cette scène.

— Je croyais t'avoir demandé ce que fichait ta mère ?

— Tu sais très bien qu'elle est allée acheter le cadeau de mariage pour Jacques ! Tu le sais aussi bien que moi !

Laurent ne voulait pas tenir tête à sa fille. Elle avait raison, quelque chose n'allait pas en lui. Il se passa la main sur le front, regarda autour de lui, comme s'il cherchait ses mots.

— Il y a que je suis un salaud ! (Claire ouvrit de grands yeux.) Un salaud ! Tu te souviens de Max Liebmann ? L'ami de Samuel Eskène ? Eh bien, il m'a écrit. Un véritable message de détresse. Et, depuis ce matin, je cherche toutes les raisons de me défiler.

Claire ne voyait pas de quoi il pouvait s'agir, mais elle ne pouvait supporter de l'entendre s'accuser ainsi.

— Tu n'es pas du tout ce que tu dis ! Absolument pas du tout un salaud.

Lorsqu'il releva la tête, il avait pris sa décision. Peut-être à cause d'elle.

Assis sur une chaise, tout près du bassin du Luxembourg, se tenait un homme aux tempes blanchies, maigre. Ses lunettes dissimulaient ses yeux plus qu'elles ne l'aidaient à lire le journal posé sur ses genoux. Laurent, qui avait cherché du regard en s'allumant une cigarette, le repéra et s'approcha de lui. Il lui mit la main sur l'épaule. Max Liebmann se souleva légèrement du siège. Ils se serrèrent la main.

— Vous êtes donc venu ! dit Max, ému. Je n'ai pas osé vous expliquer au téléphone. Ils écoutent. Vous donner rendez-vous chez moi aurait été trop dangereux. Pour vous. Ici, à condition de ne pas trop s'attarder... Voilà. Il s'agit de Samuel Eskène. Ils l'ont arrêté avant-hier. Et j'ai pensé que vous pourriez faire quelque chose pour lui...

Camille avait reçu au cours des mois écoulés plusieurs cartes de Heinz Sogar, l'un des blessés hébergés par Louis entre 1915 et 1918. Il avait été nommé à l'ambassade, à Paris, au début de l'année, et elle en avait aussitôt parlé à son fils qui l'avait rencontré à Berlin. Maintenant, Laurent se tenait dans le bureau de Heinz auquel il avait téléphoné et qui le recevait avec émotion. Après quelques mots sur la mort de Louis et Camille, les cigares offerts aux prisonniers *boches* lors de son mariage et le congrès de Berlin de 1928, Laurent en était arrivé au but de sa visite :

— Samuel Eskène est un homme de soixante-quinze ans, malade. C'est un authentique Français, depuis plusieurs générations. Il a beaucoup aidé les Meissonnier.

— Je vous comprends, dit Heinz. Mais l'ambassadeur Abetz n'a guère de pouvoir quand il s'agit de juifs. Et je ne suis qu'un employé de l'ambassade. J'ai vraiment peu d'autorité, croyez-moi... mais je vais quand même essayer. Moi aussi, je dois beaucoup à votre famille, à votre père. Peut-être, grâce à lui, je suis resté un Allemand de l'ancienne Allemagne. J'espère ça. Mais vous ? Puis-je faire quelque chose pour *vous* ?

— Non, répondit Laurent. Je ne suis pas personnellement menacé. Pensez à Samuel Eskène. C'est un homme de l'ancienne France, pour reprendre votre expression. Et je vous remercie de ce que vous pourrez faire.

Laurent tendit la main à Heinz ; celui-ci la serra avec chaleur.

N'appartenant pas à la carrière diplomatique, les hasards de la guerre, seuls, et le fait qu'il n'avait cessé de se perfectionner dans l'usage de la langue française lui valaient cette « planque » exceptionnelle. Sans aucune fibre national-socialisante, barré dans sa profession d'enseignant par les zélateurs du régime, il avait postulé par patriotisme dans un domaine où, lui semblait-il, ses amitiés françaises le rendraient utile à son pays. Otto Abetz l'avait embarqué dans ses fourgons : un invalide de guerre n'était pas à dédaigner dans les statistiques d'une équipe dont les états de service militaires manquaient de grognards présentables.

Le soir même, Laurent s'en fut porter la nouvelle à Max. Les Liebmann habitaient un discret appartement du quartier Réaumur. Il y retrouva Max, son fils Paul et sa fille Elizabeth. Le premier avait dix ans, la seconde, douze. Les enfants dînaient avec leur mère Suzy. Elle faisait répéter les leçons du lendemain à son fils, entre deux bouchées.

Et Paul récitait.

— Modèle de courage et de foi, Jeanne d'Arc subit le martyre à Rouen le… ?

L'arrivée de cet étranger le distrayait. Il se reprit.

— Ah oui ! Le 29 mai 1941.

Sa mère sourcillait :

— Paul ! Fais attention à ce que tu dis !

— Pardon, 1431 ! le 14 mai…, non ! (Cette fois, il se concentrait.) Le 29 mai 1431, les cruels Anglais brûlèrent la sainte…

Comme le gamin essuyait ses mains sur sa blouse, Laurent remarqua l'étoile jaune. Ils l'avaient cousue même sur leurs vêtements d'intérieur, par « défi », pensa-t-il.

— Mais vous êtes fou ! avait dit Max en le voyant paraître dans l'embrasure de la porte. Vous risquez gros, mon ami.

Il se sentait coupable d'entraîner cet homme dans un système de vie réservé, fût-ce provisoirement, aux seuls juifs.

Ayant salué les adultes et caressé les enfants, Laurent enchaîna très vite :

— J'ai vu Heinz Sogar dans les services d'Otto Abetz. Il ne m'a rien promis, mais c'est un homme droit.

Max ne croyait plus aux miracles.

— Il n'aura le temps de rien faire, cher ami. Tout va très vite de nos jours, aux Affaires juives. Le commissaire Darquier de Pellepoix est un homme pressé. Un convoi est parti ce matin. Samuel Eskène était dedans.

— Il arrive que les trains s'arrêtent, dit Laurent.

— Plus maintenant. Pas avant l'Allemagne.

— Heinz fera l'impossible. Peut-être là-bas pourrat-il le faire libérer ou rentrer sur la France ou…

Laurent avait une conception très française de l'État. Pour lui, sur simple coup de téléphone, on pouvait modifier le destin d'un homme. Il avait pratiqué cet usage, pour Jacques et pour d'autres, à plus forte raison pour un Samuel Eskène, riche, cultivé, notable, à qui personne ne trouvait rien à reprocher sinon cette origine juive. De plus, Eskène avait combattu pour la France, était français de père et de mère et de cœur et d'idées.

— Il faut espérer, croyez-moi. Il y a encore de bons Allemands.

Max ni Suzy n'écoutaient. La maman partit coucher les enfants. Laurent eut brusquement la révélation de leur solitude. Tout ce qu'il écartait parfois de ses pensées, de sa connaissance des textes, de ce que signifiaient certains d'entre eux pour des êtres de chair et de sang à l'image de ceux qui étaient là devant lui, s'imposait à ses yeux. Leur détresse éclatait. Max, qu'il avait peu rencontré dans sa gloire encore récente, brillant intellectuel, essayiste, conférencier, et Suzy, cette belle femme aux yeux larges qui le regardaient sans le voir, lui devinrent intensément fraternels.

— Écoutez-moi, Max ! Il n'y a pas que Samuel. Et vous ? Votre femme, vos enfants ? Qu'allez-vous faire ?

Max semblait privé de tout désir, de tout espoir pour lui et les siens, prisonnier d'une malédiction qu'aucune force au monde ne pourrait lever.

— Difficile à dire... Passer la ligne, peut-être. Il faudrait un refuge quelque part. Et nous n'avons plus beaucoup d'argent. Il faudrait pouvoir vendre les tableaux, les bijoux. Cela dit, nous sommes guettés par les vautours !

Il est vrai que des officines de trafiquants, spéculateurs sans frein, prêts à sauter sur la moindre occasion de gagner de l'argent, s'étaient constituées. Avec la complicité de l'occupant et de dénonciateurs zélés, ils tenaient une sorte de répertoire des familles juives riches ou simplement aisées. Pis, certains étaient sincères, croyaient au complot international de la ploutocratie judéo-maçonnique, et travaillaient à la perte de « l'ennemi de l'ombre ». Désintéressés, bien-pensants, proprets.

Cependant, le plus grand danger venait des spécialistes, stipendiés de l'abjection. C'est à ceux-là que

songeait Max Liebmann en dénonçant les « vautours ».
Il parlait d'expérience, ayant abandonné le grand appartement de la Muette qu'ils habitaient depuis toujours,
puis un autre venant de son épouse, parce que repérés
dans les deux cas par des maîtres chanteurs. Ils avaient
dû faire plusieurs voyages nocturnes (et en courant
quels risques!) pour récupérer les quelques trésors qui
leur restaient dans cet appartement. Trois malheureuses
pièces qui eussent tenu tout entières dans le grand salon
de l'avenue Mozart.

— Je vais faire quelque chose pour vous, Max, dit
Laurent. Écoutez-moi bien. Nous avons une petite
maison en zone libre, dans l'Aveyron...

L'Europe était à feu et à sang, mais ceux qui passaient
sous les fenêtres de l'école de Louharans auraient pu
croire le temps arrêté au printemps de 1939. Jacques
écrivait au tableau le programme des devoirs de la fin de
la semaine et les commentait à voix haute au fur et à
mesure que la craie courait sur le tableau.

« Pour *lundi matin*. Tout le monde : préparation de
lecture. J.-J. Rousseau, p. 175. " Au déclin d'une vie. "
A partir de : " La campagne encore verte et riante... "
jusqu'à la fin. Préparer les questions 1, 3, 4, 5, 9, 11 et
12. *Orthographe* : pluriel des mots composés. Révision :
accord des participes (les trois leçons). *Chant*. Apprendre *Bergeronnette*. Revoir les chants pour la distribution
des prix. »

Ayant jeté son bâton de craie dans la boîte réservée à
cet usage, au bas du tableau, Jacques s'épousseta les
mains et revint à son bureau.

— Il nous reste cinq minutes. Hélène et Guillaume,
distribuez les biscuits vitaminés...

Sans être savoureux, ces biscuits vitaminés étaient
l'objet de la convoitise d'enfants dont les parents ne
bénéficiaient d'aucune filière illégale en matière d'alimentation. Ceux dont la famille était intégralement
citadine, par exemple. Tout spécialement les tribus
ouvrières, sans tata ni tonton dans le commerce mandi-
bulaire. Cette population souffrait d'une faim authentique et permanente. Pas de carences, mais une fringale

de termitière qui leur mettait dans le ventre une horloge-à-bouffer. Ça sonnait toutes les minutes. Les mères faisaient la queue du matin au soir, souvent sans connaître à l'une des extrémités ce qu'on leur offrirait à l'autre, du moins avec précision. « C'est l'huile ? L'huile de quoi ? » Un plaisantin toujours évoquait l'huile de coude, l'huile de carbi, l'huile de vidange ou d'autres huiles plus impudiques. Ça pouvait n'être que du savon. On lâchait son ticket de matières grasses « MG » de février, ses quatre sous et on filait vers une rue voisine, où du pâté de poisson *sans ticket* était annoncé depuis la veille chez un crémier qui ne vendait plus ni crème, ni beurre, ni fromage que deux jours par mois. Le reste du temps, on pouvait trouver dans son arrière-boutique (et seulement le soir en passant par la cour) de la viande de cheval, du tissu « pure laine et rayonne », ou des pneus de bicyclette ballons et demi-ballons. Mais tous les jours du lait à 30 % « de 6 h 15 à 7 heures du matin ». Du moins était-ce écrit au blanc d'Espagne sur la devanture. A 6 h 25, les deux bidons, séchés jusqu'à la dernière goutte, étaient retournés sur le trottoir, devant le seuil. Une sorte d'enseigne affligeante pour les tardifs. Le patron s'étant déjà recouché, la patronne, muée en alchimiste craintive, trafiquait seule dans le garage (où la *Celtaquatre* rouillait sur cales depuis 1939) ce qu'elle avait subtilisé de lait à 30 et remplacé par de l'eau à 0 pour en faire du « spécial » à 100 % de matières grasses. Par addition d'un pot de crème fraîche obtenu d'un fermier de « la résistance » qui cherchait du ciment. Ce dont le frère de la fermière l'approvisionnait sans difficulté : il travaillait au terrain d'aviation des vert-de-gris et ça n'en finissait pas de bétonner des pistes.

La complexité même du trafic en assurait le succès et la durée. Malheur à qui en était exclu. Il ne lui restait que la *répartition*, la colère et la dignité. Et les biscuits vitaminés, que des maîtres compréhensifs distribuaient parfois avec une telle générosité que les bambins saturés en rapportaient à la maison. Jacques était de ceux-là et sa comptabilité-biscuits faisait frémir Mme Neveu. Elle redoutait un contrôle de l'Inspection, voire du Ravitaillement. Un faible qu'elle avait pour Jacques lui faisait

fermer les yeux. Cependant, elle l'avait mis en garde.
« Ça ne pourra pas durer, monsieur Meissonnier. »

Tandis qu'Hélène et Guillaume achevaient la distribution, Jacques avisa une note sur son bureau.

— J'allais oublier. La collecte des vieux papiers ne va pas du tout ! Nous allons avoir des histoires si vous restez là, les bras ballants. Il faut aller voir les gens chez eux.

Un élève se leva.

— Y donnent rien. Y disent : « Revenez, on n'a pas le temps, on va vous préparer. » Et quand on repasse, y disent que le Secours national est déjà venu.

— Il faut insister, dit Jacques. J'irai avec vous demain, après la messe de 8 heures.

— Et le *foot* ? crièrent des voix.

C'était vrai : il y avait le « foot » !

— Bon ! dit Jacques. Demain, à 5 heures, vous ferez deux équipes de trois ramasseurs. Et je vous accompagnerai à vélo. Une équipe d'abord, l'autre après. Il y a encore les colis pour les prisonniers. Je ne vois pas arriver beaucoup de cigarettes. Pourtant vos parents touchent leur ration.

Il s'interrompit à la vue d'un spectacle qui le surprenait dans la cour. Une voiture, de laquelle descendait son oncle Laurent. Ainsi se reproduisait presque, et à l'envers, la scène qui avait mis naguère en présence Louis Meissonnier et le vieux Pagès.

Jacques pressa le mouvement.

— Lucien, efface le tableau. On reparlera de tout ça lundi. Dépêchez-vous de ranger vos affaires !

Il sortit aussitôt. Immobile, la mine soucieuse, Laurent l'attendait. Ils s'embrassèrent.

— Pour une surprise ! dit Jacques.

— L'occasion, dit Laurent. J'avais envie de connaître ta femme.

— On aurait préféré vous avoir au mariage, tante Yvette et toi. Et mes cousins. Tu viens au ravitaillement ?

Jacques avait plaisanté mais Laurent restait grave.

— Éventuellement, mais… c'est plus sérieux.

La gravité de Jacques répondant à la sienne, il insista :
— C'est même *très* sérieux.

Laurent dînait chez sa mère avec Jacques et Florence, qu'il trouvait charmante. Le mariage avait découlé sans heurt de la situation. Les jeunes gens n'avaient pas cessé de se voir, malgré la ligne de démarcation. La jeune fille avait dit à ses parents tout ce qui concernait le geste de Jacques, la plaque d'identité qu'il avait prise à André pour la leur rapporter, la méprise des Allemands, son embarras le jour de la visite. Les Mignot étaient braves. Ils eurent aussitôt de la reconnaissance pour ce garçon qui leur ramenait un dernier souvenir de leur enfant, fauché par une rafale de mitraillette ! Ils avaient connu une extrême douleur, qui les avait vieillis d'un coup. C'était comme si le Dédé avait péri dans un naufrage, et il ne leur restait que cette misérable épave coincée dans le cadre, entre le verre et la photo : une plaque d'identité. Ils avaient obstinément refusé de s'en dessaisir lorsqu'il avait fallu déclarer le décès à la mairie où le père était conseiller. « C'est tout ce qui nous reste, alors, jamais. Vous m'entendez : jamais ! » Maintenant, ils reportaient sur Jacques une partie de l'affection qu'ils avaient eue pour le fils et qui se trouvait sans emploi. Florence, qui s'ennuyait à Grassiet et y guettait l'amour comme un ange libérateur, répondit très vite au sentiment que Jacques ne dissimulait pas. Et elle était sincère. Elle l'aimait. La guerre abolissait toutes conventions, le cœur battait plus vite, les décisions étaient plus rapidement prises et le mariage de Florence et de Jacques s'était décidé sans les atermoiements d'usage, les calculs de calendrier, tout le monde à prévenir. « Ceux de ton côté seront-ils encore fâchés ou bien crois-tu qu'ils viendront ? » Les deux familles avaient accepté que les choses fussent rondement menées. Ils n'étaient pas gens à se préoccuper de l'avoir ni de l'avenir de l'un ou de l'autre. L'essentiel était que « les jeunes » s'aiment. Et, de cela, ils étaient sûrs. Et puis, Jacques était instituteur, gage de moralité et assurance pour le couple de partir du bon pas dans la vie.

Seule fausse note, dans le concert des niaiseries

rassurantes, Marie-Pauline éberluait le père Mignot par ses manières parisiennes qui lui faisaient croiser et décroiser les jambes en toute occasion. Même, elle fumait. Pas dans la rue, comme les filles Lercassier qui avaient des cloques de chaleur sur le ventre à force de parler aux soldats. Mais enfin elle fumait en caressant une médaille qui lui descendait au milieu de la poitrine et représentait une main. Juste une main. Et elle se passait la pointe de la langue sur les dents, de jolies dents restées blanches et sans trou dans l'alignement. Il s'était retourné dix fois la nuit sous sa couette, se demandant comment il aurait à se comporter le jour du mariage avec cette cavalière qui réunissait des caractéristiques bien opposées, d'un côté une dame de Paris, de l'autre côté une espèce d'*engeance*.

Le mariage fut une fête magnifique, grâce à Marie-Pauline qui se montra d'une attention très simple et très fraternelle avec Mme Mignot dont la lutte pathétique contre le chagrin l'émouvait. Vêtue simplement, sans maquillage ou presque, ayant écarté de sa vie Georges Toupin et le chansonnier de la Lune-Rousse (au moins pour la journée), on aurait pu la prendre pour la grande sœur de son fils. Camille la serra soudainement contre elle et la remercia sans qu'elle comprît pourquoi.

— Si tu étais venu, tu aurais retrouvé ta sœur belle comme à vingt ans, disait-elle à Laurent qui feuilletait poliment l'album des photos du mariage.

— Il m'a semblé, oui, d'après ce que je viens de voir.

— Non. La photo ne rend pas. Il faut dire qu'avec Paulin nous avons été tellement gâtés...

Elle rêvait. Avec l'âge, le passé la dominait, l'assiégeait de plus en plus fréquemment. Ce qui restait du gâteau coulait dans l'assiette. Personne n'en reprenait. Avec le jardin, le clapier, les Mignot, la table avait été copieuse.

— Je ne veux pas vous mettre à la porte, dit Camille, mais ça va bientôt être le couvre-feu, mes enfants. Allez! Encore une petite prune pour vous enlever le goût du café sans qu'il vous empêche de dormir!

— Tout était parfait, dit Laurent, refermant l'album.

Camille commençait de desservir.

— Laissez, maman ! Je vais vous aider à faire la vaisselle, dit Florence.

— J'aurai tout mon temps demain, répondit Camille en disparaissant dans la cuisine.

Florence la suivit dans discuter davantage. Laurent et Jacques restaient face à face. Avant le repas, Laurent s'était exprimé sur ce qui l'amenait à Courson et Jacques, tout en participant à la conversation, avait pu réfléchir au long du repas.

Il enchaîna sur les propos qu'ils avaient tenus avant de se mettre à table et déjà en l'absence des femmes.

— Pour les tampons de la mairie, c'est facile. Même pour les cartes d'alimentation. Je m'occupe du secrétariat et le maire sera avec nous. Pour les cartes d'identité, c'est plus difficile.

— Max a déjà fait le nécessaire, dit Laurent.

— Tu dis qu'ils sont quatre ? questionna Jacques.

— Deux adultes : Max Liebmann, sa femme Suzy et les deux enfants, Paul et Lisa. Ce sera plus difficile pour ces gamins.

— Je me charge d'eux, dit Jacques.

Florence reparaissait.

— Maman a raison, tu sais, il se fait tard.

Les Allemands n'étaient guère tatillons dans ce petit bourg, mais sait-on jamais ce qui passe par leurs têtes ?

Après les embrassades d'usage, Jacques et Florence partis, Laurent rejoignit sa mère dans la cuisine.

— C'est une bonne petite, dit Camille. Quant aux parents, une crème ! Ils ont eu le malheur que tu sais avec leur fils mais ils sont restés braves à ne pas croire.

Laurent avait trempé dans la prune un sucre qu'il suçotait.

— Tu penses descendre à Soulargues cet été ? demanda-t-il brusquement.

Camille n'y avait pas mis les pieds depuis la mort de Maria, près de trente ans ! Elle sursauta.

— Toute seule ? dans ce trou ? A mon âge ? Pourquoi voudrais-tu ?.

Il éluda.

— Ça t'ennuierait que je t'emprunte la clef de la maison de mémé Meisso pour des amis ?

— Longtemps ? s'inquiéta Camille.

— Sans doute. (Il ne voulait la rendre complice de rien si l'affaire tournait mal et refusait donc toute justification qui l'eût informée.) Mettons jusqu'à la fin de la guerre.

— La fin de la guerre ? (Camille était stupéfaite.) Je les connais ? (Il hocha la tête, elle comprit qu'il ne dirait rien de plus.) Eh bien, il faut croire qu'ils n'ont pas grand-chose à faire, ces gens-là ! dit-elle en ouvrant le tiroir où dormaient les clefs.

De retour à Paris, Laurent s'en fut aussitôt prévenir Max que les choses se présentaient aussi favorablement que possible. L'appartement lui parut plus grand. C'est qu'il était plus vide encore. Les murs avaient perdu la plupart des tableaux. Comme les crucifix de Courson, ils laissaient sur les parois une tache claire ; « leur fantôme », pensa-t-il.

Il manquait deux Boudin, un Basile, un Sisley, qui venaient du père de Max. Et d'autres toiles, plus modernes et d'artistes moins réputés qu'il avait eus à sa table et auxquels il avait acheté quelques œuvres : un Chagall, deux Jean-Martin qu'il connaissait depuis un séjour à Lyon, et quelques gouaches de Humblot. Il avait obtenu pour l'ensemble un prix qui n'atteignait pas la valeur du seul Sisley. Mais leur besoin d'argent n'autorisait pas les longues négociations. Du côté des bijoux, qui tous appartenaient à son épouse, l'affaire avait été plus désastreuse encore. Qu'importe ! Ils étaient quatre et l'important était de survivre.

Max et Suzy vivaient en tenue de voyage, dans l'angoisse et dans l'inconfort. Les enfants jouaient dans la pièce voisine. Laurent observa qu'il manquait aussi des meubles.

— Tout ira bien, dit-il à Max. Vous verrez.

— J'en suis convaincu, répondit Max qui n'en croyait pas un mot et s'obligeait à l'optimisme.

— Allons-y pour la comédie ! reprit-il. Je suis désormais Marcel Lubin, écrivain. Suzy est Simone Lubin (ainsi avait été réglé le problème des initiales). Nous nous rendons aux obsèques de mon père, à Solignac, par le train de Limoges. Voici une lettre de ma mère. (Il sortait des papiers froissés de sa poche au fur et à mesure qu'il en faisait mention.) Un télégramme. Un certificat de la mairie. Et l'*Ausweis* pour le passage de la ligne. Maintenant, les enfants. Eux se rendent chez votre mère, Mme Louis Meissonnier, pour passer leurs vacances à Courson, département de la Vienne. Votre fille Claire les accompagne. Ils prennent le train de Poitiers, zone occupée, donc pas besoin de laissez-passer. Nous voyageons séparément et nous nous retrouvons à Limoges, tous les quatre.

Sa gorge se serrait. Dire les choses en exprimait le risque : les gares, les fouilles, les contrôles.

— Pardonnez-moi, Laurent, je n'ose pas y croire.

— Je vous en prie ! dit sèchement Laurent. (Pris par la « technicité » de l'opération, il poursuivit :) N'oubliez pas vos cartes d'alimentation. Les voici... (Il les feuilleta et s'interrompit.) Zut ! Il manque les cartes de textiles !

— Ce n'est pas grave, dit Max.

— Mais non, rectifiait Laurent, soulagé. Mon neveu a pu vous en avoir deux. Il vous les remettra là-bas. (Il avait parcouru la pièce du regard.) Vous avez vendu beaucoup de choses ?

— Tout ce qu'on a bien voulu m'acheter, sourit Max.

— Soyez prudent avec l'argent !

— Tout est là, dit Max en montrant sa ceinture.

Laurent sentit qu'il s'était difficile de contenir plus longtemps l'émotion et l'angoisse ambiantes. Lui-même résistait mal.

Il attira les gosses à lui.

— Allez, je vous emmène ! (Suzy commençait à montrer sa détresse. Elle étouffa un sanglot.) Non ! Vous pleurerez après-demain, madame, à Limoges. Et vous pleurerez de joie !... Ah, j'allais oublier ! (Il fouilla dans sa poche et leur tendit un médiocre trousseau de clefs liées par une simple ficelle.) Les clefs de la maison de Soulargues.

Ils n'en croyaient pas leurs yeux : ainsi *tout était vrai*.

Donc tout était possible. Ce que rien n'avait pu leur apporter, ni leur propre volonté, ni les efforts de Laurent, ni le concours de ceux qui les aidaient et dont ils étaient sûrs, les investit à la seule vue de ce trousseau qui concrétisait l'espoir.

Ils échangèrent le premier regard depuis des mois qui ne fût pas chargé de résignation.

Poussif, l'autocar avançait. Vieil autocar modifié pour recevoir un équipement de gazogène, ce qui lui valait un appendice sur le côté et sur le toit une réserve de charbon de bois. Le chauffeur y puisait en rouscaillant tous les cent kilomètres. Le car avançait droit sur une barrière peinte en blanc et rouge, et qui barrait la route à la façon d'un passage à niveau : on ne l'ouvrait pas, on la levait. Il fit halte à cinq mètres du barrage. A proximité était édifiée une cabane aux couleurs de la barrière. On eût dit une douane. En fait, les marchandises passaient sans trop de problème. De temps en temps, les factionnaires prélevaient la dîme, un morceau de jambon, une bouteille, un sac de farine. C'était plutôt une douane à gens, une douane à personnes, une douane à juifs, si vous voulez. A juifs, à S.T.O., à bolcheviks, à classe 42, à prisonniers évadés, à parachutistes en cavale. L'une des mille et quelques nasses réparties tout au long de la ligne de démarcation.

Un feldwebel sortit de la cabane et vint jusqu'à l'autocar. Jacques ouvrit la portière et sauta sur le sol. L'Allemand et lui se saluèrent. Jacques avait un laissez-passer permanent et prenait toujours le même chemin. Il connaissait donc le feldwebel, auquel il tendit un document émaillé de tampons divers.

— Tenez ! C'est d'accord avec l'*Oberleutnant* Groellen. Nous allons à...

— Je sais, monsieur Misonir, je sais. Pour le match de futebal.

Le Bavarois monta dans le car, le document à la main, et commença de compter les occupants ; soit douze petites filles et dix-sept petits garçons, plus « Mademoiselle » Agnès qui somnolait au fond.

— *Ein, zwei, vier, sechs, acht, zehn, zwölf, vierzehn,*

369

sechszehn, achtzehn... zwanzig... (Sa voix n'était plus qu'un souffle.)... *neun und zwanzig !*

Il tapotait du poing un ballon posé dans un filet de bagages et sourit à la jeune assemblée.

— Il faut gagne ? Toujours gagne.

— On peut y aller, demanda Jacques ?

— Bien zur ! A ze soir !

Le feldwebel descendit du car et donna l'ordre à son subordonné de lever la barrière. Le contrepoids s'abaissa.

Quand le car fut arrivé sur la place de l'église de Grassiet, Jacques et Agnès descendirent ; puis Jacques fit signe à deux enfants, Félix et Martine Perlot, qui s'approchèrent. Il les prit tous les deux par un bras et ils s'éloignèrent ensemble, tandis qu'Agnès conduisait les autres vers un grand pré baptisé *stade,* parce que c'est là que se déroulaient les matches, de clocher à clocher.

Dans la cuisine de Mme Mignot, Paul et Lisa Liebmann devenus Lubin étaient attablés. Ils trempaient des tartines dans de grands bols de lait, sous le regard attendri de Claire qui les avait escortés depuis Paris.

On frappa à la porte et Jacques entra avec les deux Perlot qu'il avait amenés avec lui, dans le car et après. Il embrassa sa cousine, échangea quelques mots avec elle er repartit, emmenant avec lui Paul et Lisa. Mme Mignot apparut et sourit aux nouveaux venus. Elle avait beau faire, son sourire effaçait son deuil.

— Alors, mes petits poulets, à quelle heure il doit venir vous chercher, votre père ?

— A 5 heures, dit le garçon qui était l'aîné des enfants Perlot.

La fille précisa :

— Il est de service au bureau, aujourd'hui. Et il ne traîne jamais après l'heure.

— Au bureau ? Tu veux dire à la gendarmerie ?

Claire ouvrit des yeux ronds.

Mme Mignot la rassura :

— N'ayez crainte. C'est un ami.

Trois heures plus tard, match perdu, goûter avalé sous la halle de Grassiet, le même jeu recommença à la ligne de démarcation. Le feldwebel monta de nouveau dans le car, reprit sa litanie :

— *Ein, zwei, vier...* (Jacques était confiant. Tout allait son cours.) *Zwölf, vierzehn...*

Les enfants chantaient.

> *Alouette*
> *Gentille alouette*
> *Alouette*
> *Je te plumerai*

L'un des garçons se leva brusquement et fila chahuter un camarade qui l'excitait depuis l'arrêt. Il y eut un bref mouvement, qui remit en cause tout le calcul de Rudolf le Bavarois.

— Il faut rester assir, *achtung*, s'il vous plaît ! cria-t-il.

Jacques passait dans les rangs.

— Taisez-vous ! Et tenez-vous tranquilles !

Il était à deux minutes de voir réussir son plan et ces petits crétins excitaient le feldwebel qui, pointant chaque rangée, s'était remis à l'ouvrage :

— ... *sechs, acht, zehn, zwölf...*

Tout à coup, Jacques vit avec terreur, sur la route, de l'autre côté de la barrière qu'elle allait franchir pour les rejoindre, Mme Neveu qui trottinait, en nage.

« Mon Dieu ! Elle va nous foutre tout en l'air ! »

Le feldwebel qui s'était encore trompé d'une tête reprenait, écarlate, en commençant par le fond cette fois. Mme Neveu monta dans le car.

— Ouf ! J'ai bien cru vous manquer ! Je suis moulue d'avoir couru !

Elle s'épongea, fit un signe amical à Agnès qui, dans la confidence, était livide. La directrice dévisageait « son petit monde » autour d'elle. Elle les connaissait tous. Soudain, son regard s'arrêta sur Paul et Lisa, qui étaient juste devant son siège.

Sourcils froncés, elle se pencha vers le garçon.

— Comment t'appelles-tu ? Je ne te connais pas ?

— Pierre Lubin, répondit le fils Liebmann.

Le feldwebel eut un mouvement d'impatience.

371

— Matame, Matame! Holalalalala! Ne pas parler, s'il vous plaît! *Achtzehn, zwanzig, neun und zwanzig!*

Il avait son compte et descendit en riant d'aise.

Le car reparti, Mme Neveu fit signe à Jacques de s'approcher d'elle.

— Monsieur Meissonnier, je ne sais qui sont ces deux-là et je ne veux pas le savoir. Mais je ne vous pardonnerai jamais d'avoir joué avec la sécurité, avec la vie, des autres enfants. Qui sont *les nôtres*!

Jacques préféra ne pas répondre. Le système de substitution qu'il avait employé ne datait pas d'hier et ne présentait guère de danger. Les enfants du gendarme de Louharans rentreraient à pied, insoupçonnables, et le bordereau de l'*Oberleutnant* Groellen ne comportait que le nombre de filles et de garçons et non leur identité. Il aurait fallu au feldwebel une fantastique mémoire visuelle pour avoir enregistré avec précision les visages d'une trentaine de gamins excités!

Après une nuit passée chez Jacques et Florence, Paul et Lisa se retrouvèrent le lendemain soir en gare de Limoges. Leur père et leur mère les attendaient, impassibles, dans la salle d'attente. Florence assista aux retrouvailles. C'était la zone libre, mais ni les enfants ni les parents, pourtant vibrants de joie et de reconnaissance, ne transgressèrent les consignes reçues qui étaient de ne rien montrer. Ils se continrent.

Quarante-huit heures plus tard, les Liebmann étaient à Soulargues. Ivres d'air et de liberté, s'embrassant à s'étouffer dans la petite maison de Maria Meissonnier, ils devaient y demeurer jusqu'à la Libération.

Jacques se prit au jeu. Cette histoire d'autocar lui ayant donné des idées, il entra dans un réseau de résistance, le réseau Marie-Odile, dont l'activité principale consistait à faire passer la ligne à des prisonniers alliés évadés. Il devait s'y lier d'affection avec Arsène Lambert, directeur d'école à Châtellerault, mort en déportation à Neuengamme.

Laurent réintégra l'Éducation nationale et fut nommé à l'Inspection générale de l'Instruction publique d'Algérie peu avant le débarquement allié en Afrique du Nord. Yvette ayant hésité à le suivre, ils vécurent séparés deux ans. A la fin de la guerre, ils convinrent de divorcer. Les enfants étaient grands, Laurent s'amusait ailleurs et Yvette n'était pas non plus sans reproche.

Marie-Pauline, elle, finit par épouser Georges Toupin, qui la laissa veuve dans l'année. Elle fut probablement l'une des dernières souffleuses de théâtre de Paris.

Samuel Eskène mourut avant d'atteindre Dachau, dans le wagon qui l'emportait. Personne ne sut jamais ce que devint son misérable corps.

Camille souffrait depuis longtemps d'un fibrome dont elle ne dit jamais rien à ses proches. Elle ne leur parla pas davantage de l'opération qui, au dire du praticien consulté, n'était qu'une simple formalité. Elle s'éteignit sur la table d'opération. Elle avait assisté à la messe, s'était confessée, avait communié et s'était rendue chez le notaire la veille de son entrée à l'hôpital. « Au moins, s'il arrive quelque chose, je serai propre », avait-elle pensé en bouclant sa petite valise.

Pour en revenir à Jacques, il fut arrêté par la milice française le 28 juillet 1944. Exécuté le jour même. Il avait raté d'un peu moins de cinq semaines l'immense fête de la Libération. Il s'inscrivait au martyrologe en compagnie de 188 de ses confrères instituteurs, fusillés comme lui. 292 autres devaient disparaître dans les camps de la mort.

Lorsque Marie-Pauline rabâchait son histoire à Georgette, vieille copine habilleuse du théâtre du Gymnase où elles travaillaient ensemble, invariablement Georgette finissait par dire en levant la tête vers les cintres et, au-delà, le ciel :

— Tout de même, zut ! Le père, le fils ! Ils ne t'ont pas gâtée là-haut.

Elle souriait. La soixantaine la marquait assez durement après de longues années d'invulnérabilité à l'âge. Le cœur Meissonnier lui donnait des signes que, pour elle-même, le temps était compté.

Elle souriait donc et disait sans trace d'aigreur :

— C'est vrai. Mais j'ai des petites nièces tellement adorables. Tout s'oublie, tu sais. Tout s'oublie. J'espère qu'elles auront plus de chance que moi.

L'une s'appelait Juliette et l'autre Carole. Elles étaient les filles de Jérôme Meissonnier, devenu ingénieur des Travaux publics malgré les heures de cinéma clandestin et le chahut des actualités.

Aux obsèques de Maripo, Carole avait six ans. Ayant surpris le matin une conversation entre son père et sa mère qui s'habillaient pour l'église, elle déclara à sa sœur, qui la bassinait depuis six mois avec sa vocation de docteur de chiens :

— Moi, je serai comme grand-tata Maripo : gourgandine.

Et elle cracha sur ses souliers avant de les frotter contre ses chaussettes blanches afin de leur donner un supplément de beauté-miroir.

8

LE RETOUR AUX SOURCES

LA ville s'était longtemps gardée intacte par une croissance d'arbre. Hormis les extensions normales par les faubourgs (chaque siècle ajoutant son anneau à la masse déjà construite), Rodez se développait raisonnablement et conservait une sorte de « bonne figure ». Capitale provinciale dominée par une forteresse de grès rouge qui en était le cœur et aussi la cathédrale, elle avait l'air farouche et cossu qui convient aux paysannes enrichies. Du plus loin, les voyageurs lui trouvaient l'air d'une géante poule couvant ses maisons sur la colline. Il en était ainsi bien avant que naisse Louis Meissonnier et bien après qu'il fut mort. Mais depuis dix ans *(povre !)* on « ne s'y connaissait plus ! ». C'est qu'on avait eu la maladie. De grandes bâtisses modernes — c'est-à-dire laides et si quelconques qu'on eût pu les transplanter n'importe où sans en modifier le moindre détail — avilissaient le coup d'œil. Comme si un Dieu ivre avait laissé tomber un paquet d'énormes sucres blancs. Les uns reposaient à plat ventre, d'autres sur le grand côté, les pires sur le petit pour qu'on les vît de plus loin. Une rocade, des feux rouges, des bretzels de béton et d'excessifs boulevards, avaient dénaturé le site et satisfait la gloriole des édiles.

Carole Meissonnier ne se souciait pas de cette détérioration à laquelle d'ailleurs elle était insensible, pour la simple raison que ses vingt-trois ans lui épargnaient toute comparaison au passé sur lequel pleuraient les anciens. Une autre raison était qu'en ce matin d'avril 1981 qui la voyait foncer vers le quartier Notre-Dame au volant d'une deux-chevaux vert pomme elle était à la fois en retard et en colère. Comme trois jours sur quatre.

Brinquebalant, le petit véhicule aux tôles martyrisées par de longues années de loyaux services freina violemment et vint s'arrêter en piquant du nez le long d'un trottoir balisé de panneaux d'interdiction de stationnement. Claquant sa portière, la jeune femme filait vers un immeuble en pierre de taille sur le porche duquel une plaque de marbre noir indiquait en lettres dorées : INSPECTION DE L'ENSEIGNEMENT PRIMAIRE.

En débardeur et blue-jean, chaussée de tennis, un sac de toile en bandoulière, sa désinvolture était aussi une manière d'affirmer, au-delà du modernisme de l'accoutrement, un état d'insubordination qui n'était pas sans rapport avec sa démarche du jour. Elle gravit quatre à quatre un escalier vétuste aux marches impeccablement cirées.

Un homme entre deux âges était en train de feuilleter un dossier, quand elle frappa à la porte de son bureau.

— Entrez.

Carole poussa la porte et crut à une erreur.

— Je vous demande pardon. J'ai dû me tromper de bureau.

— Vous veniez pour M. Duhourcq ?

Elle acquiesça. Il se levait aimable pour l'accueillir.

— Vous ne vous êtes pas trompée. Mon collègue Duhourcq a dû subir une petite intervention chirurgicale et j'assume son remplacement. (Il lui tendit la main en même temps qu'il se présentait.) Hervé Perron. Asseyez-vous, je vous en prie.

Malgré la chaleur, il gardait la cravate et n'en paraissait pas incommodé.

— C'est-à-dire... J'aurais préféré...

— ... avoir affaire à Duhourcq ? Libre à vous. Si le motif de votre visite peut attendre l'inter-saison...

— Ah non ! s'écria la jeune femme avec une spontanéité qui l'amusa.

376

— Dans ce cas, vous n'avez guère le choix. (Il lui indiquait la chaise.) Je vous écoute… De quoi s'agit-il ?

— De mon affectation, répondit-elle en s'asseyant. (Le visage tendu, elle parlait d'une voix rapide que l'angoisse asséchait. Se dominant, elle se fit explicative.) L'année dernière, j'ai fait du remplacement toute l'année. J'avais trouvé deux points de chute…

Perron l'interrompit, le nez dans un fichier posé sur le bureau.

— Vous êtes mademoiselle ?…

— Meissonnier Carole. Titulaire remplaçante à la brigade départementale.

Perron tira une fiche puis, se levant, alla fouiller dans un classeur métallique appuyé contre le mur. Des dossiers y étaient suspendus dans un bac coulissant ; il tira celui de la jeune fille.

— Vous parliez d'un point de chute ? dit-il, sans se retourner, déchiffrant la couverture du dossier, un bras posé sur la cheminée de marbre qui ornait la pièce.

— Deux, rectifiait Carole. Un à Espalion. J'avais vu la directrice, ça collait très bien, j'en ai parlé ici même à M. Duhourcq. Il a eu l'air d'accord mais, quand j'ai rappelé, on m'a répondu que le poste était pourvu.

Sa voix ne dissimulait pas sa réprobation.

— Et l'autre ?

— Saint-Florentin. Il m'a aussi passé sous le nez.

— J'ai votre dossier, dit l'inspecteur en revenant s'asseoir à son bureau tout en lisant quelques indications portées sur la couverture de la chemise.

— Meissonnier Carole, Laurence, Marie, née à Paris XVIe, le 8 août 1958. Un petit Lion, c'est ça ? (Carole fit signe que oui, agacée par l'allusion à son signe. Perron continuait.) Fille de Jérôme Meissonnier, ingénieur des travaux publics et Nathalie, née Le Louarn, sans profession.

— En ce qui concerne le poste de Saint-Florentin, je connais celle à qui on l'a attribué, le coupa Carole.

M. Perron eut un geste de la main qui l'invitait à la patience. Il restait le nez dans le dossier pour lequel il semblait éprouver un réel intérêt.

— Je vous demande une petite minute.

La « petite minute » se prolongeant, Carole ouvrit son sac.

— Je peux fumer ?

— Vous fumez en classe ?

Carole referma son sac. Elle ne tenait plus en place.

— Et me lever, je peux ?

S'arrachant à sa lecture, il sourit à Carole.

— Je vous en prie !

Elle marcha jusqu'à la fenêtre depuis laquelle elle observait la rue. Perron, toujours souriant, la suivit des yeux et reprit sa lecture.

« La vache ! »

Perron leva la tête, surpris par l'interjection de la jeune femme. Il comprit, au visage courroucé qu'elle plaquait contre la vitre : probablement surprenait-elle depuis la fenêtre un policier en train de verbaliser.

— Ça va encore me coûter 50 francs.

— Si vous êtes mal garée, j'en ai bien peur. Revenez vous asseoir.

Carole obéit. Perron la considérait d'un autre regard, où la curiosité le disputait à une certaine admiration.

— Permettez-moi de vous féliciter, mademoiselle. Et doublement ! Pour votre curriculum vitae, d'abord. Il est tout à fait original : licence de lettres modernes, certificat de sciences sociales, diplômée d'études cinématographiques de l'université de Louvain... Quel éclectisme !...

— Ça ne sert pas à grand-chose.

Il passa outre à l'acidité du propos et enchaîna :

— Et puis, votre filiation.

— Ma filiation ? s'étonna Carole.

— Vous êtes bien une Meissonnier ? De la *dynastie* des Meissonnier ? J'ai lu deux articles dans notre bulletin signés Claire Meissonnier, je crois ? Votre mère ?

— Ma tante. Elle enseigne « philo ». Mon grand-père Laurent l'a aidée dans ce travail.

— Si je me souviens bien des articles en question, ils étaient nourris par les archives personnelles de votre *arrière*-grand-père, Louis Meissonnier ?

— Pour autant que je sache, plutôt des notes que de

vraies archives. Il tenait une sorte de journal sur des cahiers d'écolier. Il y en a des piles.

— Vous les avez lus ?

— Comme ça, des bouts. En diagonale.

Visiblement, Perron n'était pas le premier à lui manifester ce genre d'intérêt auquel elle opposait une indifférence qui n'était pas feinte. Tout ce qui était le passé la laissait de marbre et même provoquait son ironie.

Elle coupa court avec sa franchise garçonnière.

— Vous savez, en ce qui me concerne, je n'ai pas la vocation.

— Alors comment se fait-il que vous soyez assise devant moi, dans ce bureau, aujourd'hui ?

Elle s'expliqua, sensible à son comportement qui n'était ni paternaliste ni dominateur.

— J'ai eu ma licence il y a cinq ans. Je croyais trouver tout de suite une activité intéressante. J'ai travaillé dans un centre dramatique : complètement bidon ! Après j'ai vécu quelques mois en communauté, une expérience : ça aussi c'était bidon mais ça a suffi à me brouiller avec mes parents. Enfin... avec mon père. Comme il me fallait bien vivre, j'ai passé le concours externe de l'École et j'ai fait mes deux ans. Je suis sortie l'an dernier, titulaire remplaçante. Et j'en ai un peu marre.

Perron en avait entendu d'autres.

— Marre de quoi ? Du remplacement ?

— Oui. Parce qu'il n'y a pas de raison pour que ça s'arrête. Quand je trouve des postes, ils sont pris avant même de figurer comme postes vacants au bulletin départemental !

— Il faut être logique, mademoiselle. (Il perdait un peu de sa placidité.) S'ils sont pris, ils ne peuvent plus figurer sur la liste des postes vacants !

Les démons de sa jeunesse contestataire animèrent de nouveau Carole.

— Ce qui serait logique, c'est que ces postes soient offerts au choix de *tous,* au lieu d'être magouillés pour les petits copains ou les petites copines !

— Mademoiselle Meissonnier, l'intérêt que j'ai manifesté pour votre famille ne vous autorise pas...

Elle le coupa sans se rendre compte que le ton avait changé. Le sien en tout cas, celui de Perron.

— Ma famille n'a rien à voir là-dedans, s'emballait-elle. Ce n'est pas moi qui ai parlé de ma famille. Je vous ai dit que j'étais brouillée avec mes parents. La vérité, c'est que j'ai fait vingt-sept remplacements. Vingt-sept ! Sur neuf mois et demi de scolarité. J'ai la liste, si vous voulez vérifier.

— Nous l'avons aussi, vous devriez vous en douter.

— Je veux une affectation permanente !

Perron avait redressé la tête :

— *Je veux !*

— Oui. Je me suis renseignée et...

— Écoutez, mademoiselle... (Il fallait tout de même qu'il mît les points sur les i.) Vous n'êtes pas sans savoir que notre personnel enseignant appartient, pour une part qui ne cesse de croître, au sexe féminin. Lequel sexe, pour des raisons... biologiques (« ça m'aurait étonnée ! » grommela Carole), familiales, de simple résistance physique ou nerveuse et je ne sais quoi encore, développe l'absentéisme aux limites de l'acceptable ! Nous fermons les yeux et nous remplaçons les défaillantes par d'autres femmes, également défaillantes !

— Ce n'est pas mon cas !

Perron feuilleta une seconde le dossier.

— Excusez-moi, mais je trouve là un arrêt de travail !

— Oui, *six* jours, sur *dix* mois ! (Elle l'aurait bouffé et ça se voyait.) Une entorse ! Ça ne vient pas de mon ventre de bonne femme, une entorse !

Perron se raidit.

— Mademoiselle, je suis d'un naturel plutôt bienveillant, mais je n'accepte ni votre ton ni vos insinuations. Vous avez parlé de *magouilles,* ce qui est proprement inadmissible. Votre accoutrement lui-même est une insolence...

— Parce que vous en êtes encore là ? A ce que vous appelez l' « accoutrement » ?

Ils étaient lancés et leurs voix montaient dans un duel qui n'avait rien d'oratoire.

— Je ne vous autorise pas à m'interrompre ! Le

moins qu'on puisse dire est que vous êtes une petite personne que le respect n'étouffe pas. Ni l'habileté, je me permets de vous le signaler. Nous approchons des notations et vous semblez l'oublier.

— Je ne me fais aucune illusion sur ma note. Ou plutôt sur la vôtre, celle que vous allez me donner. Je me demande sur quels critères vous allez l'établir, d'ailleurs ! Vingt-sept remplacements, ça veut dire vingt-sept classes *différentes*. J'ai eu le temps de m'adapter une fois sur quatre. Je me souviens de quelques élèves de Villecomtal parce que j'y ai passé trois semaines, quelques autres du C.E.2 de Decazeville où je suis restée quinze jours. En dehors de ceux-là, je n'ai vu les autres que deux ou trois jours. J'aurais pu aussi bien leur lire un numéro d'*Okapi* que leur faire la classe !

Il était désolé. Il avait épuisé pour elle toute l'indulgence dont il se croyait capable.

— Décidément, mademoiselle Meissonnier, soupira Perron, il me paraît extrêmement dommage que vous n'ayez pas cru bon de lire les cahiers de votre aïeul. Je crains qu'il n'y ait entre lui et vous...

— ... un monde, je sais : deux guerres et mai 68 !

Il prit une résolution soudaine. Après tout, il ne souhaitait pas la mort de la pécheresse et sentait bien que plus ils allaient, plus se développait le conflit entre eux. Son intention n'était pas de l'acculer à une situation intenable et irréversible, qui exigerait un rapport et de probables sanctions.

Il retrouva son calme en même temps qu'il prenait sa décision.

— Vous tenez vraiment à une affectation permanente à la rentrée de septembre ?

— Oui.

— Eh bien, vous en aurez une, mademoiselle ! Je vous en donne ma parole.

Il s'était levé, marchait vers la porte qu'il ouvrait. C'était lui donner congé sur un propos qui n'était pas sans menace.

Carole avait la fraîcheur de son âge. Elle avait gagné et ce type tout à coup lui paraissait le meilleur qu'elle eût jamais croisé dans la hiérarchie.

Après une seconde d'hésitation, elle lui tendit la main au passage de la porte.

— Je vous remercie. Vous ne pouvez pas savoir. Je suis contente d'être tombée sur vous. Au moins, vous écoutez et vous essayez de comprendre les problèmes !

Elle sortit de Rodez comme elle y était entrée : « à fond la caisse ». Mais elle chantait, malgré le papillon qui ornait son pare-brise.

A deux kilomètres, elle prit la route vers Saint-Pellioux pour porter la nouvelle à ses amis Françoise et Claude Milliavinac, tous deux instituteurs dans ce village. Elle leur enviait l'école confortable, le logement et surtout cette stabilité à laquelle elle aspirait, malgré son caractère fantasque et aventureux. Après les embrassades d'usage, Françoise et Carole purent échanger quelques mots dans un coin de la cour. Les élèves étaient en gymnastique et Claude assurait seul cette partie du programme.

Carole évoqua tout de suite son affectation, Françoise était sceptique.

— Tu sais, une promesse !... Ça ne les engage pas beaucoup. Surtout Duhourcq.

— Mais ce n'est pas Duhourcq que j'ai vu ! C'est un type qui le remplaçait.

— Tu la connais, ton affectation ?

— Non. Ce sera une surprise. J'adore !

— Tu es folle ! Ils peuvent t'expédier n'importe où.

— Qu'est-ce que je fais, en ce moment ? Je passe mon temps sur les routes.

— Reste à dîner. Tu parleras de tout ça avec Claude. Il est de bon conseil. Il t'aidera à examiner...

— C'est tout examiné, ma cocotte ! Les mômes, je m'en fous ! Enfin, je veux dire qu'à mes yeux, ils sont tous les mêmes. Tant qu'à faire, il vaut mieux se colleter avec un petit paquet d'entre eux, toujours le même : au moins ceux-là, tu finis par les connaître ! Ce qui change tout en revanche, c'est la fatigue, les hôtels crasseux et trop chers, les collègues qui te regardent de haut, les élèves qui savent que tu seras loin la semaine suivante et qui... bon, tu sais ça par cœur ! J'irai n'importe où,

Françoise, parce que n'importe où, c'est *quelque part*!

Claude, ayant écourté la leçon de gym, rejoignit sa femme alors que Carole venait de filer. Tout juste s'il aperçut la coquille verte tanguant sur toute la largeur de la route au sortir du village.

— Tu ne l'as pas gardée à dîner? demanda-t-il.

— Elle n'a pas voulu.

Françoise souriait, son affection pour Carole était inaltérable.

— C'est une folle. (Elle eut un petit rire.) Tu connais sa dernière trouvaille?

— Elle a mordu un conseiller pédagogique? plaisanta son mari.

— Elle est passée à l'inspection *exiger* une affectation. Le remplaçant de Duhourcq a dit oui, mais elle n'a aucune idée quant à son nouveau poste. Folle!

Il partageait le scepticisme de Françoise et soupira :

— Il sera toujours temps de lui remonter le moral lorsqu'elle aura reçu la petite enveloppe du ministère.

Trois mois passèrent.

Carole désespérait qu'un changement quelconque intervînt dans sa vie. Les vacances seraient un dérivatif à son désarroi. Elle irait aussi loin que lui permettaient ses finances et s'était procuré par la mutuelle d'achats tout un matériel de plongée sous-marine qu'elle paierait en six mois. Elle était occupée à le déballer, lorsqu'elle avisa l'enveloppe que le « préposé » avait montée avec le paquet. « Inspection de l'enseignement primaire ». Et elle n'y avait pas pris garde! Elle ouvrit l'enveloppe et lut.

C'était un mot plutôt amical de Perron. Il tenait parole.

« ... J'ai vu là une malice du destin, écrivait-il. J'ai donc pu obtenir le poste (sans grande difficulté, je dois le dire) et vous l'affecter. Bonne chance donc, mademoiselle Meissonnier, et, si vous me permettez un conseil, modérez votre caractère si impulsif. »

Elle fila illico chez ses amis de Saint-Pellioux, qu'elle surprit dans leur cuisine. Elle tenait à la main le document administratif. Avant même de donner le bonjour à ses amis, elle leur annonçait la nouvelle formidable.

— Le Cayrol ! Je suis nommée au Cayrol !

Françoise ne partageait pas son enthousiasme.

— Qu'est-ce que c'est cette bête-là ?

— Le village où mon arrière-grand-père a commencé, figure-toi ! C'est pas fantastique ? C'est mon premier poste et ça a été *son* premier poste aussi !

Elle exultait.

Françoise entendait parler pour la première fois de ce trou perdu. Les Cayrol, on en trouve dans tout le pays occitan. Elle n'en voyait pas de très proche.

Louis Meissonnier, lui-même, n'avait pas eu de concurrent pour obtenir ce poste que vraiment personne ne se disputait. Pas plus aujourd'hui que du temps de Louis.

Carole qui, devant l'inspecteur Perron, avait affecté de dédaigner la « dynastie » Meissonnier, était enthousiasmée par ce retour aux sources ! Elle oublia palmes et masque et resta à dîner chez les Milliavinac où François lui apprit à faire des crêpes au fromage. Elle eût dévoré des bûches !

Carole fit son entrée au Cayrol dans sa deux-chevaux plus verte que jamais. Le radieux soleil de septembre inondait un village qui était désert. Sur la place, elle s'arrêta, descendit de voiture et se dirigea vers l'école, en passant devant le monument aux morts auquel elle jeta un regard distrait. Roques, Souques, Vergne, Goupil, Solignac, ces noms, dont certains seraient bientôt accrochés à des visages précis, la laissaient indifférente. Simplement, elle trouvait bien nombreux ces morts et en déduisait une population autrefois beaucoup plus abondante. Ayant identifié l'école à la vieille inscription peinte sur la façade, elle s'approcha du bâtiment qu'on aurait dit à l'abandon. La porte n'était pas fermée. Elle la poussa et entra dans la classe qui avait été celle de son arrière-grand-père. Sombre, poussiéreuse, il y régnait l'odeur de moisissure des pièces restées sans air longtemps. L'électricité était coupée. Carole ouvrit une fenêtre, poussa un volet. La lumière révéla sur le tableau noir quelques dessins naïfs et des inscriptions moins innocentes : « Michu pu du cu », et, près d'une potence vengeresse : « Cocu Roumille ». Un bout de craie s'écrasa sous son pied. Elle vit que le sol en était jonché. Des livres aussi, ouverts, piétinés. Le reliquat de quelques probables batailles d'enfants. Certaines tables et bancs semblaient dater du temps de son aïeul, d'autres étaient plus modernes. Elle découvrait lentement cet univers qu'elle avait souhaité et qui devenait le sien. Aux murs pendaient des cartes de géographie jaunies dont les déchirures avaient été rafistolées avec de larges bandes de papier collées au dos. Les araignées avaient tissé leurs toiles aux quatre coins de la salle. Le plafond s'écaillait en divers endroits et un vieux poêle rouillé se dressait dans le fond de la pièce. Le tuyau semblait disproportionné tant il faisait un long parcours avant de disparaître dans un conduit. Il restait quelques bûches du dernier hiver, car la classe avait fonctionné jusqu'aux vacances. Carole ne s'appesantit pas sur le spectacle, à vrai dire décourageant, de ce qu'il y avait à faire. Elle s'y colla aussitôt. En short, la tête prise dans un foulard, elle se mit en devoir de pousser les tables, entassa les bancs, frotta une moitié du parquet à la brosse de chiendent, déplaça bancs et tables et frotta l'autre moitié. Ayant vainement cherché un robinet de puisage, elle se coltinait les seaux d'eau depuis une pompe située derrière l'école. Sans le savoir, elle refaisait les mêmes gestes que son arrière-grand-mère Camille et poussait les mêmes soupirs en mesurant du regard, heure après heure, ce qui restait à faire. Au milieu de l'après-midi, n'ayant rien avalé, elle s'offrit une cigarette et sortit changer l'eau de son seau pour la énième fois.

Une femme immobile l'observait de l'autre côté de la grille. Carole lui fit un signe auquel l'autre ne répondit rien. Carole lui tourna le dos, tira quelques bouffées voluptueuses et remarqua les volets déglingués à l'étage. Elle habiterait là-haut. Elle décida d'y monter sans attendre.

C'était pire qu'en bas ! Le parquet avait pris l'eau par

385

une fuite du toit et certaines lames cédaient sous le talon. Une crémone de la fenêtre ne fonctionnait plus, le lit était bancal et il manquait une porte à l'armoire. Elle sortit sur le palier, perplexe, poussa d'autres portes, trouva un oiseau mort dans une pièce voisine, chercha jusque dans un réduit au fond du couloir.

— Là non plus je ne vois pas d'eau, murmura-t-elle, dépitée.

Dans son rêve de stabilisation, elle se voyait attachée à une école que celle-ci, à la saleté près, reproduisait assez bien par ses dimensions modestes. Mais aussi elle logeait au-dessus de sa classe. C'était tout l'agrément, tout le bonheur de la situation. Elle s'était toujours vue en pantoufles, descendant l'escalier pour ouvrir la porte aux enfants. Ni route, ni hâte, ni deux-chevaux. Simplement un bout d'escalier à descendre. Et voilà que déjà il fallait déchanter sur ce point : pour quelque temps au moins elle ne pourrait habiter ce taudis. « J'habiterai Soulargues », pensa-t-elle. La vieille maison lui était agréable, mais c'était encore une fois la distance, les chemins verglacés, les trente kilomètres de virages, qui l'attristaient.

Une voix d'homme la tira de sa morosité. Quelqu'un marchait au rez-de-chaussée et l'appelait :

— Il n'y a personne ?

Elle s'avança sur le palier et aperçut un visiteur d'une cinquantaine d'années, vêtu d'un costume de toile assez bien coupé qui jurait avec la pauvreté des lieux.

— Bonjour, mademoiselle. Je suis Marcel Puech, maire du Cayrol. On m'a dit que vous étiez arrivée. Je venais vous souhaiter la bienvenue.

« Qui a bien pu le renseigner ? » se demanda Carole. Elle n'avait vu personne depuis son arrivée, à part cette femme, derrière la grille. Elle commença de descendre.

Le maire la mit en garde.

— Ne vous appuyez pas trop à la rampe !

— J'ai vu, répondit Carole.

Elle descendait.

— On dirait que vous avez donné un coup de propreté à la classe, dit-il.

— J'ai essayé. Il y a beaucoup à faire.

Le maire marquait une gêne légère. « Pour la forme », pensa-t-elle.

— Dame, ça n'est pas luxueux. Là-haut non plus, d'ailleurs.

— On m'avait dit que le logement était possible, c'est faux.

— Vous êtes la première femme à occuper ce poste depuis peut-être quinze ans ! éluda-t-il. Vos prédécesseurs étaient des hommes. Nous avons eu Pivert, Cazauron, Roumille...

— Et alors, ils vivaient à la belle étoile ? En roulotte ? Dans une cahute ? demanda Carole, qui n'était pas femme à se laisser abuser par les propos dilatoires du madré. Ni eau ni électricité, la crasse partout, le plancher qui s'enfonce, la rampe qui me reste dans la main...

— Hélas, je sais ! soupira le maire. Il faudrait quelques travaux, mais la commune est pauvre. L'électricité, ça n'est qu'une coupure provisoire pour les vacances. A la rentrée, on vous l'aura remise.

— Et le chauffage ?

Il sourit. Sur le chapitre du chauffage, il ne craignait rien.

— Oh ! là là ! Ce n'est pas le bois qui manque par ici ! Les enfants vous apporteront les bûches, tous les matins, comme dans le temps. Chacun la sienne ! Vous avez un peu de réserve dans l'autre classe.

Carole commençait à s'inquiéter. Ce faux jovial, avec ses grâces éléphantesques, ne lui disait rien qui vaille.

Elle voulut un peu plus de précisions.

— Quand vous parlez de « quelques travaux », vous envisagez quoi ? L'eau sur l'évier, la peinture, les sanitaires ?

— Chère mademoiselle ! dit le maire dont le sourire s'élargit encore d'un cran, si vous avez le temps d'avaler une soupe à la maison, ma femme vous mettra une assiette et nous aurons meilleur temps pour parler de tous ces détails.

Elle avait une faim à souper avec le diable et le bonhomme l'intriguait. Elle accepta.

La femme du maire n'était autre que celle qu'elle avait aperçue derrière la grille et qui était venue l'espionner sans répondre à son bonjour.

Elle accueillit Carole à la porte de la « villa » des Puech, qui était une construction récente d'un mauvais goût très sûr. Le frère de Puech, ayant réussi dans la limonade parisienne, s'était fait construire une grosse bâtisse confortable, copiée sur celle d'un marchand de vin qu'il fréquentait à Antony. Sa femme, née à Saint-Ouen, ne supportait pas l'exil aveyronnais et le limonadier avait dû regagner la capitale, cédant à son cadet le palais banlieusard de ses rêves : grand séjour, salle à manger, cinq chambres, buanderie et garage en sous-sol. Et sur le toit un chat en céramique. N'ayant d'enfants ni les uns ni les autres, les parents morts de tous côtés, la mairesse briquait désespérément cette nougatine de meulière et béton saumoné dont elle savait qu'elle n'irait à personne. Ce qui évidemment n'améliorait en rien son caractère, déjà porté à la doléance. C'était une grande affaire jaunâtre, sans graisse, au visage de bédouin taciturne. Mais les yeux, dans un mouvement qui ne cessait probablement que la nuit, ne perdaient rien du spectacle de la vie autour d'elle. Elle veillait.

Le maire, en bras de chemise, jouait les hôtes empressés, insistant pour faire boire Carole :

— Allez, chabrot ! Un petit coup de vin sur la soupe, c'est bon ! Surtout celui-là, je sais d'où il vient. Croyez-moi, il ne vous fera aucun mal.

Carole feignit d'apprécier, sans éprouver le moindre intérêt pour ce vin qui du reste ne méritait aucun discours. Seul son gîte la préoccupait.

— Vous avez dit que l'installation d'eau est prévue en seconde priorité : la première, c'est quoi ?

— Ah, les jeunes ! Toujours pressés, ça ne prend plus le temps de vivre ! s'esclaffa le maire. Nous avons bien le temps de parler de tout ça.

Il avait posé une main sur celle de Carole. Un coup d'œil de la sombre épouse suffit à le dissuader de pousser l'entreprise plus avant.

Retirant sa main, il s'appuya au dossier de sa chaise,

toussota, et prit le ton doctoral par lequel il croyait en imposer.

— La première des priorités, mademoiselle (c'est l'inspecteur d'assurances qui vous parle, ce n'est plus le maire), la première des priorités, c'est la sécurité. L'installation électrique est désuète, dangereuse...

Carole n'entendait pas en rester là.

— J'en suis tout à fait d'accord. Mais l'eau ? L'évier ? La douche ?

— La commune met l'eau sur l'évier. Le reste vous concerne. Si vous avez des goûts de luxe !...

Elle ne s'attarda pas sur l'incongruité du propos.

— Et la classe ? Les murs ? Les tables ?

M. Puech se fit bonhomme.

— Tout viendra à son heure, mon petit !

— Une couche de badigeon, ce n'est tout de même pas la lune !

— Vous comprendrez bientôt les difficultés financières qui sont les nôtres dans nos petites communes déshéritées. (Il poussait vers l'invitée le plateau de charcuterie, que son épouse venait d'apporter sur la table.) Servez-vous largement ! C'est de la cochonnaille artisanale, rien à voir avec ce que vous mangez en ville ! (Il abusait du procédé qui consiste à se donner le temps de la réflexion par des incidentes opportunes.) Je disais donc que vous vous en apercevrez après deux ou trois mois de secrétariat de mairie. Le badigeon, il y a cinq ans que nous en parlons ! C'est comme le préau. M. Roumille, dernier en date de vos prédécesseurs, voulait un préau ! Et le jeune Cazauron, celui d'avant, voulait que nous installions...

— Au fait, le coupa Carole, ils logeaient bien quelque part, mes collègues ?

— A l'extérieur du village ; vous dire exactement où...

Mme Puech, qui ne s'était encore mêlée de rien, mit son grain de sel, l'œil sur l'époux :

— Pour Roumille, il y en a pourtant plus d'un qui savait où trouver sa femme !

Puech eut un mouvement d'agacement.

— On en dit souvent plus qu'on ne sait !

Il se tourna de nouveau vers Carole.

— Le principal, mademoiselle, nous n'en avons rien dit encore, mais ça n'est ni le badigeon, ni l'eau, ni les trous du plancher : ce sont nos enfants ! Vous les aurez lundi dans la cour. Je serai présent.

Le lundi suivant, ils se retrouvaient dans la cour de l'école. Les élèves étaient venus par petits groupes, selon les voisinages de fermes ou de hameaux. Quelques-uns s'étaient attendus sous un arbre ou à la croisée de deux chemins, grappillant les dernières mûres ou les dernières noisettes pour patienter. En ce premier jour d'école, les sacoches étaient plates et légères, et la curiosité des nouvelles figures (la maîtresse, le garçon d'un gendarme, la fille d'une receveuse des postes récemment nommée) l'emportait sur le dépit d'en avoir fini avec la liberté des semaines écoulées. Même ceux qui avaient tenu leur place dans les travaux de la ferme familiale, conscients de ce bonheur diffus qui baigne les actes accomplis dans la dilatation de l'air et du soleil d'été, les mains crevassées d'ampoules sèches, une fatigue dans les épaules ou les reins, songeaient déjà aux futures vacances. On venait de les brusquer pour profiter des dernières heures où leur emploi fût possible sans problème ; ils avaient scié et fendu du bois, l'avaient rentré sous les appentis, étaient montés sur des tracteurs qu'ils pilotaient seuls, malgré les interdits, des journées entières ; ils avaient accompagné le père ou les frères sans leur céder beaucoup d'avance, que ce soit au foin, au blé, dans les bouts de vigne des écarts ou les châtaigneraies à défricher ; ils avaient dix ou quinze ans et acceptaient sans rechigner ces tâches de galérien. Mais la pensée d'ouvrir un livre dans une heure et de commencer à livrer devant tous leur difficulté à s'exprimer, lire ou comprendre, simplement *comprendre* les questions posées, leur donnait la suée. La plupart, s'ils en avaient eu le choix, auraient sans hésiter pris le chemin du bagne familial. Bientôt, nombreux seraient ceux qui se dégageraient du carcan de fer des tâches aujourd'hui acceptées. Ils s'en iraient grossir le peuple désœuvré des chômeurs des villes. Pour l'instant, ils n'avaient que méfiance pour la jeune femme que leur présentait le maire et qui symbolisait la loi scolaire aussi évidemment que le brigadier Vasseur symbolisait la loi tout court.

« Pas gros de cul », constata Henri Maillebuau, l'aîné de tous, qui paraissait bien plus que ses seize ans et nourrissait des pensées de grand garçon suralimenté.

Solennel, le maire allait de l'un à l'autre, disait deux mots, touchait une oreille, une épaule.

Carole affrontait les regards. Elle avait l'habitude mais, cette fois, les enfants seraient les siens. Elle mit dans ce premier contact une attention décuplée.

— Voilà Jeannou Teissère, le plus petit. Il a quatre ans. Je me trompe, Jeannou ? Non ! c'est bien ça. Cette petite-là est Micheline Quintard, cinq ans... (Le maire baissait la voix.) Cette grande gourdasse est Simone Lacans. Elle a onze ans. Le père est cantonnier. (Il entraînait Carole, lui prenant le bras.) Le plus grand, avec ses lunettes, là-bas, c'est Henri Maillebuau. Il est à la limite de l'âge légal et double son C.M.2. (Elle dégagea son bras.) Les deux que vous voyez ensemble, ce sont Alain Souques et Louiset Duprat. Il vaut mieux ne pas les séparer, autrement ils pleurent. Ah, voilà Julien Roques. Approche un peu, Julien.

Julien s'approcha, ricanant. Blond, le cheveu raide, il tendit la main au couple et s'en retourna en remuant les épaules.

Le maire eut une mimique d'impuissance.

— Il vous donnera bien des misères, mais c'est de famille. Aucune méchanceté. Des turbulents. J'ai le père au conseil : turbulent ! En revanche, vous avez les deux petites sous l'arbre, Maria Laporte et Huguette Boyer, qui seront pour vous une consolation. Comme la petite Andrieux, Fabienne : un miel ! Pour finir, voici Raymond Boyer, le frère d'Huguette. Si je ne me trompe... (Il parcourut l'espace du regard, comptant les têtes.) Ça vous fait bien onze élèves. Évidemment les âges sont un peu mélangés, mais...

Il semblait soulagé d'avoir mené à terme et sans incident sa corvée de présentation : les onze inscrits étaient présents !

Il serra la main de Carole, un peu longuement.

— Je vous laisse avec vos ouailles. Excusez-moi, mais j'ai une tournée qui m'attend. Vous savez, les assurances, on n'imagine pas le train qu'il faut mener pour que l'argent rentre.

Elle se sentit délivrée lorsqu'elle entendit claquer la portière de sa voiture.

Frappant dans ses mains, elle rassembla les enfants et les fit entrer dans la classe.

— Ne vous asseyez pas encore. C'est moi qui vous indiquerai vos places.

Elle avait noté sur une fiche l'attribution des tables qu'elle avait mises en place la veille. Elle allait commencer de faire l'appel, lorsqu'elle vit accourir une femme du village qui poussait un landau. Elle attendit de la voir paraître dans l'ouverture de la porte.

— Madame ?

— Je vous apporte le petit.

C'était dit avec une simplicité désarmante, et la femme déposait le landau à l'entrée de la classe.

— J'avais l'arrangement avec M. Roumille. Je travaille la journée et je le reprends le soir. La petite Andrieux s'en occupe très bien, elle le connaît. Hein, Fabienne ?

Carole était stupéfaite.

— Mais, madame, j'ai la responsabilité d'une classe, pas d'une crèche !

— Il ne vous donnera aucun mal, continua la femme. Il y a tout pour le changer, et Fabienne a une clef de la maison pour aller faire chauffer les biberons. Je suis déjà en retard.

Elle s'apprêtait à filer. Carole restait les bras ballants, déconcertée par ce comportement qu'elle devinait appelé à se reproduire souvent si elle n'y mettait bon ordre.

— C'est bon pour aujourd'hui. Mais je vous demande de prendre vos dispositions pour l'avenir.

L'autre était déjà sur le seuil.

— Oui, oui... Au revoir, madame !

Carole poussa le landau à l'intérieur de la classe.

La petite Fabienne vint aussitôt la relayer.

— Laissez-le-moi, madame. Je sais faire avec lui.

Les enfants attendaient toujours, debout au milieu de la salle. La veille, Carole avait passé une heure à dessiner sur le tableau, avec des craies de couleur, une petite maison qui était censée représenter l'école et, devant la façade, onze enfants se donnant la main. Elle-même attendait sur le pas de la porte. Au-dessus, une banderole disait : « Bienvenue à vous tous dans votre école. » Les enfants contemplaient ce chef-d'œuvre d'un œil rond.

Quelques-uns cherchaient les ressemblances et en trouvaient, ce qui les amenait à rire et à montrer les figurines du doigt en se chuchotant leurs découvertes à l'oreille. Julien Roques était allé s'asseoir dans le fond de la classe, à la place qu'il estimait devoir être la sienne.

Carole le reprit.

— J'ai dit qu'on ne choisissait pas sa place.

— J'ai toujours été là, rétorqua le gamin.

— Et alors ? Tu penses faire toute la vie les mêmes gestes aux mêmes endroits ?

— Je m'occupe du poêle, dit Julien. C'est là qu'on se met quand on s'occupe du poêle.

— Oui, mais quand on ne s'occupe pas du poêle et qu'on s'appelle… (elle consulta furtivement sa liste) Julien Roques, c'est là qu'on se met, monsieur Julien !

Elle lui désignait une place proche de son bureau. Julien vint s'y asseoir, traversant la salle en sautant des tables. De jeunes enfants rirent de ses grimaces, sauf le plus petit qui était au bord des larmes.

— Et tu restes debout jusqu'à ce que je donne le signal de s'asseoir.

Julien se releva, affectant une servilité qui lui avait valu déjà bien des taloches. Le pauvre Roumille avait renoncé avec ce pitre, qui reprenait une tradition familiale dont Louis avait subi en son temps le désagrément.

Carole oublia Julien pour se consacrer aux autres élèves. Les choisissant en fonction de leur âge, elle leur désignait une place que l'enfant gagnait aussitôt. Elle laissa Fabienne et le landau au fond de la classe et vint elle-même s'installer.

— Eh bien, maintenant, nous allons nous asseoir.

Elle donna l'exemple et, après un instant de silence, releva la tête et se lança :

— Je m'appelle Carole Meissonnier. J'ai vingt-trois ans. Je suis originaire, ou plutôt ma famille est originaire de Soulargues où je vais habiter, en attendant qu'on arrange le logement au-dessus de cette classe. Il se peut que vos parents vous posent des questions, ce soir. C'est pourquoi je vous dis ces petites choses. Nous allons vivre ensemble cette année, dans cette classe, et nous allons travailler sérieusement, surtout les plus grands. Je m'efforcerai de vous rendre les choses aussi simples et aussi agréables que possible.

Le bébé, que le silence puis cette voix étrangère avaient troublé dans son sommeil, s'éveilla et commença à pleurer. La petite Fabienne Andrieux, à peine plus haute que la capote du landau, poussa celui-ci vers la porte.

— Où vas-tu ? demanda Carole.

— Quand il pleure, madame, je vais le mettre dehors, sauf s'il pleut. S'il pleut, je le porte dans l'autre classe. Celle qui ne sert plus à rien.

— C'est sa maman qui t'a dit de faire comme ça ?

— Oui. Et la mienne aussi.

— Bon. Et toi, qu'est-ce que tu comptes faire ?

— Moi, je reviens tout de suite.

Carole laissa sortir Fabienne et l'enfant. Après tout, l'incident n'était pas inédit pour la petite. Elle s'efforça au calme et reprit :

— Aujourd'hui, nous allons surtout faire connaissance et je vous distribuerai vos livres. Je vous dirai aussi quelles fournitures vos parents devront acheter.

— Moi, les livres, je les ai, dit Henri Maillebuau, qui redoublait. Le père Roumille me les a laissés toutes les vacances pour travailler.

— Moi aussi, dit Huguette.

— Et vous avez travaillé tout l'été ?

— Je pense bien, répondit Huguette, chez mon oncle.

— Son oncle, précisa Julien Roques, hilare, c'est

394

le restaurant des Croix-Blanches. Elle travaille à la cuisine. Vos livres, elle s'en fout bien !

— Tu parleras quand je t'interrogerai, Julien. (Le gamin décida, devant l'obstruction de Carole, de se retirer sous sa tente.) Nous verrons plus tard pour les livres, reprit-elle. Pour l'instant, je vais vous lire un texte. Simplement le lire. Nous en parlerons ensuite. Les petits peuvent dessiner sur leur ardoise. Que les grands écoutent bien, je les interrogerai ensuite.

Toute moderne et indépendante d'esprit qu'elle fût, Carole avait souvent entendu son grand-père, Laurent Meissonnier, faire allusion à la tradition du clan et elle en tirait quelque gloriole. Aussi commença-t-elle à lire : *Le progrès de l'homme par l'avancement des esprits ; point de salut hors de là...*

Tandis qu'elle poursuivait sa lecture, le bébé poussait des cris aigus dans la cour et la voix de Fabienne se mêlait à ses hurlements dans l'espoir de l'endormir.

Mme Puech, qui semblait à l'affût de tous les embarras d'autrui, vint jusqu'à l'école et interpella Fabienne.

— C'est la maîtresse qui t'a mise dehors ?

— Non. C'est le Baptistou qui s'est mis à pleurer. Alors je fais comme avec M. Roumille, je le sors de la classe.

— Ce serait embêtant qu'il prenne froid, grinça la compatissante.

— C'est vrai, convint Fabienne, il ne fait que pisser, quand il a froid.

— Rentre-le, va ! *Alleille !*

Fabienne et le petit rentrèrent dans la classe alors que Carole achevait sa lecture. *Tous les enseignements sont dus au peuple.* (Elle leva la tête et observa son auditoire.) Ce texte est de Victor Hugo. Est-ce un nom qui vous dit quelque chose ?

Huguette Boyer leva le doigt et dit d'un ton récitatif de bonne élève :

— Victor Hugo est un écrivain célèbre. Il a une avenue à Rodez.

— Ça, on le sait, couillonne, ricana Julien.

Carole réagit aussitôt :

— Toi qui es si malin, parle-moi un peu de ce que je

viens de lire. Qu'est-ce que tu as compris ? Allez, monsieur l'intelligent, nous t'écoutons.

Manifestement, le garçon n'avait rien compris. Probablement n'avait-il rien écouté.

— Quelqu'un d'autre peut répondre ? demanda Carole.

Henri se leva, un peu rouge, les lunettes brouillées.

— Ça parle du peuple, bredouilla-t-il. S'il comprend plus de choses, il est moins peuple, quoi !

Le bébé pleurait de plus belle. Cette grosse voix qui muait l'avait apeuré.

Carole, ne sachant que faire de ce landau perturbateur, eut un coup d'œil excédé mais revint à Henri.

— C'est bien ! Tu es Henri Maillebuau ?

— Oui.

— Mademoiselle. Oui, *mademoiselle* c'est mieux ! Il faut être galant avec les dames.

Le grand benêt acquiesçait, les oreilles comme des aubergines.

Carole décida d'oublier le bébé.

— Nous allons faire comme si le bébé était sage. Ou comme s'il n'était pas là. Ça l'incitera peut-être à se taire.

Il y eut la fraîcheur de quelques rires dans la classe.

— Tu as parlé du peuple, Henri. C'est quoi au juste, pour toi, le peuple ?

— Les pauvres.

La réponse était arrivée sans trace d'hésitation, raide comme balle.

— Qui, par exemple ?

— Mes parents.

— Que font-ils ?

— Paysans.

Carole enregistra.

— Et M. le Maire ?

— Non.

— Tu ne le mets pas dans le peuple ?

— Non.

— Pourquoi ?

— Il est riche.

— Et moi ?

Henri hésita. La question demandait réflexion.

— Non.

Carole se mit à rire.

— Parce que je suis riche ? C'est ma belle deux-chevaux qui te fait dire ça ?

— Non. Vous faites la classe. Vous êtes instruite.

Carole sentit qu'elle ne pourrait plus tirer grand-chose d'Henri et le délivra, en changeant d'interlocuteur.

— Tu es d'accord avec lui, Maria ?

La petite Laporte, qui était une brunette à l'œil tendre, eut une sorte de moue.

— Comme ça...

— Tu as une idée sur ce que j'ai lu ?

— Je n'y ai rien compris, avoua Maria. C'est ce bébé, aussi.

— Et toi, Raymond ?

Raymond Boyer restait tête baissée sur son banc sans répondre.

Carole se leva et s'approchant de lui constata que, sans dormir, il somnolait.

— Raymond ! Tu n'es pas bien ?

Julien sauta sur l'occasion de médire.

— C'est la télé ! Chez lui, ils regardent toute la télé, jusqu'à ce que ça ferme ! Et alors le matin il faut le jeter du lit.

Carole secoua doucement Raymond dont le regard retrouva sa vivacité. Elle regagna sa table.

— Je verrai vos parents pour cette affaire de télé. Il y aura une réunion dans une semaine. Je leur expliquerai dans quelle mesure nous pouvons utiliser la télévision comme un outil pédagogique.

Maria Laporte, décidément peu en verve ce matin-là, plissa le front.

Carole expliqua :

— Ça veut dire, pour apprendre des choses...

La réunion des parents d'élèves annoncée n'était pas sans évoquer les « séances avec projection » que Louis organisait dans cette même classe trois quarts de siècle plus tôt. Mais il manquait la lanterne (donc la magie), l'écran, les clichés montés sur verre. Il manquait surtout la chaleureuse naïveté du public d'autrefois. La vingtaine d'hommes et de femmes qui avaient répondu à l'invitation de Carole ne lui était pas acquise par principe. Même, on trouvait bien jeune cette petite personne qui se tenait droite dans son pantalon de toile délavée et semblait vouloir leur faire la classe, car l'assistance s'était répartie aux tables des élèves. Il y avait le maire, bien sûr, trônant au centre de la salle, mais aussi Jeanne Figuerolle, la maman du bébé au landau que Carole était passée voir la veille et quelques autres : Auguste Maillebuau, le père d'Henri ; Rosa Boyer, grand-mère de Raymond et de Huguette, une belle jeune femme aux yeux clairs et durs, qui était la sœur aînée de Julien Roques, et Vincent Duprat, le père de Louiset, grand gaillard que le veuvage assombrissait.

— J'espérais que vous seriez plus nombreux, mais je vous remercie d'être venus, commença Carole.

— Certains présents sont mandatés par plusieurs familles, indiqua Puech. Ceux que vous avez ici feront les commissions.

— Un contrat direct est irremplaçable, monsieur le Maire, répliqua Carole.

Son regard passait d'un visage à l'autre sans gêne ni insolence.

— J'aurais souhaité aussi vous rencontrer plus tôt, mais vous m'avez fait savoir que les gros travaux n'étaient pas achevés. Nous sommes donc un peu en retard sur mes plans, et l'hiver n'est pas loin.

— A propos d'hiver, mademoiselle Meissonnier, dit Puech, sautant sur le mot, j'ai une demande à vous faire de la part des familles Teissère et Duprat, qui sont sur votre chemin. Si vous pouviez prendre les petits dans votre voiture, matin et soir...

Carole accepta sans difficulté et trouva l'occasion propice à une revendication qu'elle avait préparée.

— Moi aussi, j'ai une requête à vous adresser. Elle concerne le bois de chauffage. Ce que les enfants apportent en classe est très insuffisant...

— Comment ça, insuffisant ? De mon temps...

— De votre temps, monsieur le Maire, vous étiez

plus de trente par classe. Je me suis renseignée. Aujourd'hui, j'ai onze enfants, dont une grosse moitié ne peut apporter qu'une bûchette ridicule.

— Bon. Nous aviserons, concéda le maire.

— Comme pour l'eau ?

— L'eau ! L'eau ! Elle vous causerait plus d'ennuis que d'avantages, à présent que le gel menace.

Rosa Boyer intervint. C'était une sexagénaire au beau visage régulier, à la voix paisible.

— Tout de même, Marcel ! Ce serait mieux que les petits aient chaud. Demande au gros Vacquier de couper ce qu'il faut.

— Le cantonnier est occupé, je suis désolé.

— Oui, occupé à faire ton bois, l'interrompit Rosa, approuvée par tous les autres. Il en fera aussi bien pour l'école que pour toi !

Puech sentit que l'heure ne serait pas favorable s'il devait s'embarquer dans un procès public.

— Écoutez ! Nous ne sommes pas venus ici pour des histoires qui sont de la compétence du conseil municipal et de lui seul !

— Vous avez raison, dit Carole, en se retenant de sourire. Je m'occuperai du conseil municipal très bientôt. Ce soir, je voudrais qu'on s'en tienne au problème de la télévision et des enfants. Et aussi que nous abordions, dans le cadre des activités d'éveil, un petit voyage que j'organiserai au printemps. Nous aurons le temps d'en reparler. Il pourrait durer trois jours.

Le maire eut un regard effaré et se chercha des alliés.

Les autres écoutaient et lui refusèrent tout secours.

— On peut louer un petit autocar pour une somme raisonnable, et il y a des locaux de colonies de vacances disponibles à cette saison. C'est une question d'organisation.

— Pourquoi trois jours ? demanda la fille Roques.

— Nous irions à Conques, visiter Sainte-Foy et le trésor. Également à Decazeville, voir la mine à ciel ouvert. Et nous traverserions l'Aubrac, pour aller visiter un barrage et une usine hydroélectrique.

— Croyez-vous vraiment que ces fantaisies soient si nécessaires ?... Les enfants n'en demandent pas tant.

— Tout ce qui nourrit l'imagination est bénéfique pour eux. C'est d'ailleurs l'objet de ces activités d'éveil : ouvrir leur esprit aux beautés du monde.

— Mais Conques ! Enfin, Conques ?! (Il avait le dédain proverbial du pays pour le prophète.) Laissez les parents les y conduire eux-mêmes s'ils ont le goût des bondieuseries... Autrement je ne vois guère ce qu'ils y trouveront de nature à « nourrir leur imagination ».

— L'autocar, le voyage, la découverte en commun, en un mot : la *fête*, décuplent l'intérêt et fixent le souvenir dans la mémoire. Decazeville est dans mon plan pour équilibrer la « bondieuserie », comme vous dites si bien, monsieur le Maire. Conques, c'est la beauté du site, l'architecture, le trésor. Vous ne vous souvenez pas de l'effet que ce simple mot produisait en vous, du temps de votre enfance, monsieur le Maire ? un *trésor*. Eh bien, ils en verront un. Et je leur raconterai la légende de ce moine du IXe siècle, fasciné par l'histoire de Sainte-Foy, qui résolut de s'emparer de ses reliques conservées dans la ville d'Agen. Il s'y rendit, fit tant et si bien qu'il fut désigné pour assurer leur garde. Et c'est lui qui les a dérobées, ramenées à Conques où elles sont aujourd'hui...

— Il suffit d'ouvrir un guide.

— Vous le saviez, vous, monsieur le Maire ?

Il eut une mimique de vieux galopin agacé.

— A Decazeville, ils verront la houille exploitée à ciel ouvert, la cité ouvrière, les rues que deux mille ouvriers faméliques parcouraient en se donnant le bras, à la fin du siècle dernier, pour obtenir un plus juste salaire. 108 jours de grève et en fin de compte quel résultat, monsieur le Maire ? Nous ne sommes plus dans la bondieuserie, là, la lutte ouvrière, c'est dans vos convictions, non ?

Rosa Boyer s'amusait franchement.

Le gros Puech, écarlate, bredouilla :

— Je ne vois pas très bien en quoi les enfants...

— Dix centimes par benne ! 108 jours de grève pour obtenir dix centimes d'augmentation par tonne de houille extraite ! Dix centimes qu'il fallait partager.

Elle fixait tranquillement son auditoire.

400

— Je suis sûre que vous non plus vous n'oublierez pas.

Le regard perdu, ils évaluaient la dureté de la lutte, le prix payé, les dettes chez l'épicier, la misère des longs mois passés à rattraper ces cent huit jours de révolte. Vincent Duprat hochait la tête. Puech sentit un danger en quelque sorte électoral.

Il usa de l'argument qui emporte tout dans ces régions économes :

— Et l'argent ? Qui va payer tout ça : l'autocar, l'hébergement, les visites ?…

Carole ne décolérait pas.

— Et il m'a emmerdée, mais emmerdée ! Il débinait tout, refusait la moindre proposition d'amélioration : « Mais, mademoiselle, paver la cour !? Et si les enfants tombent !? » Un poêle plus grand pour chauffer la gamelle de ceux qui ne rentrent pas le midi, refaire deux fenêtres qui s'ouvrent dès que nous avons un coup de vent… Rien ! Il n'a rien accordé !

Françoise Milliavinac, qu'elle avait invitée à dîner avec son époux, hochait la tête.

— Nous y sommes tous passés.

— Ça, vous pouvez dire que je l'aurai entendu ! Mais justement, il faut que ça change, qu'on nous écoute, que…

Le mari, Claude, profitait de ses passages à Soulargues pour réparer tout ce que Carole était incapable de remettre en état. Il venait de bricoler l'interrupteur d'une lampe de cuivre (qui n'était autre que la vieille lampe à pétrole de Maria, trafiquée par un électricien de Laguiole) et le manipulait avec satisfaction devant elle.

— Voilà le travail, ma belle.

— Tu es gentil, Claude. Si je ne vous avais pas…

Les deux femmes essoraient sur la pierre d'évier, du même grès rouge que la cathédrale de Rodez, une lessive de quinze jours.

— Il pourrait t'offrir une machine à laver, ton père, constatait Françoise. Même une séchante. Ici, ça ne serait pas de luxe.

— Je trouve que si, figure-toi. Et même un luxe extraordinaire.

— Tu te plais au moins ?

— Comment ?

— Ici, tu te plais ?

— Tu veux dire à Soulargues ?...

Carole haussa les épaules, incertaine.

— Je suis chez moi. Autrement, j'arrive à la nuit, je gèle, un jour sur deux je ne dîne même pas tellement je suis claquée, je me jette au lit pour avoir plus chaud, et je corrige les cahiers sous la couverture. A dix heures du soir, je roupille. Je me réveille avant le jour. Et je saute dans ma deudeuche. Je me plais bien, oui.

Françoise faisait la part des choses, mais évaluait la part de vérité sous le cynisme plaisant.

— Tu as les dimanches.

— Je les oubliais, ceux-là, c'est vrai ! Le dimanche, je récure, je frotte. Et je bouffe. Je me suis même fait des tripoux !

Françoise riait. Elle retrouvait le climat difficile de ses débuts, le transfert affectif, le bagne thérapeutique des tâches ménagères et le célibat de ses premiers postes. Et puis il y avait eu Claude.

Le voyant reparaître, elle eut un sourire de reconnaissance pour ce gentil garçon dont rien n'entamait la bonne humeur.

— J'ai regardé ta cheminée, dit-il à Carole. Ça ne m'étonne pas qu'elle fume, tu as des oiseaux qui ont nidifié dans le mitron. Probablement des corneilles.

— Quelle horreur ! Et ils sont dedans ?

— Bien sûr que non. Je vais essayer de t'arranger ça. On peut accéder au toit, il y a un châssis quelque part ?

Elle ne savait pas.

Il leva les yeux au ciel et décida de se débrouiller avec le balai qu'il emporta.

Françoise restait en arrêt devant un panneau du mur que les parents de Carole, du temps qu'ils fréquentaient encore la maison de Soulargues, avaient orné de photographies qui reconstituaient d'une certaine manière l'arbre généalogique de la famille.

Carole sourit.

— Elle t'amuse, ma tribu ?

— Ce sont vraiment des gens de ta famille ?

— Bien sûr. On dirait un cimetière.

Elle lui fit les honneurs du panneau, pointant l'index sur chacune des photos.

— L'ancêtre, Louis. Le fondateur.

— Je le reconnais. C'est cette photo qui illustrait l'article du bulletin, non ?

— Exact. Maria, sa mère. Et Camille, sa femme.

— Ce que tu lui ressembles !

— Paraît-il.

— Un sosie, je te jure.

— Là, tu as leurs enfants : Marie-Pauline qui s'est plus ou moins débauchée dans le théâtre ; son fils Jacques, fusillé en 44, pas d'enfant. C'est ce que papa appelle la « branche éteinte ».

L'expression les amusa par ce qu'elle avait de solennel, si exacte fût-elle. On eût cru entendre parler d'une monarchie de droit divin.

Françoise voulut en savoir davantage.

— Et ta branche à toi, alors ? La « pas éteinte » ?

— Mon grand-père, Laurent Meissonnier. Il est mort vers soixante-huit. Peut-être même *de* soixante-huit : il était inspecteur général de l'enseignement. En retraite, mais tu vois un peu ! Yvette, sa femme. Elle s'est remariée à un type de la pharmacie, les labos je-sais-plus-quoi, la grosse galette. (Elle bêtifia.) Mon papa, ma maman, ma sœusœur...

— Mais le fondateur ? Il n'avait pas de père, lui ?

— Je crois qu'il a été orphelin très jeune, et Maria s'est collée avec un type venu de Paris, une sorte d'aventurier qui l'a séduite. J'ai d'autres photos, si tu veux les voir.

La calomnie avait bondi par-dessus les années. Dans son langage expressif, Carole reprenait à son compte le jugement d'une caste qui n'avait connu ni Maria, ni Paulin, ni la force, ni la pudeur de leur attachement. Les liens officiels manquaient, la « faute » était donc sous-jacente. Si évoluées et laxistes que soient devenues les mœurs, elles n'appliquaient pas au passé les licences contemporaines. Carole et son amie s'attendrirent sur

403

les photos du mariage de Laurent, celles des classes de Louis, soigneusement datées et rangées dans un grand album à fermoir. Celles du Cayrol lui firent dire quelques banalités sur le dépeuplement des campagnes : « Ils étaient bien cinq fois plus ! C'est vrai que pour vivre à longueur de temps dans ces bleds... »

Elles imaginaient des cousinages, découvraient des filiations illusoires et prirent même Augustin Roques pour Laurent, à deux reprises. Elles traquaient surtout Paulin Labarthe dont, par fragments de souvenirs, Carole reconstituait une image romantique et fausse de communard vindicatif et séduisant.

— Je me demande tout de même qui l'a éliminé des albums et de tout ! remarqua finalement Carole, que leur échec agaçait.

Redescendu de la toiture, Claude leur livra l'explication de cette absence :

— Dans les photos de famille, mes enfants, celui qu'on ne voit jamais, c'est le photographe !

Carole sauta sur place :

— Mais bien sûr ! C'était sa passion, paraît-il. Il a même fait des cartes postales.

Par ce côté lavallière et feutre large se confirmait l'anarchie de Paulin, dont elle se promit d'affiner la silhouette imprécise en recourant aux archives des Meissonnier, à la première occasion. Elle voulut les retenir à dîner, mais Françoise avait à faire chez elle. Au moment du départ, Claude l'embrassa.

— C'est une belle maison, tu sais. Une maison qui a une âme. Et la vue est magnifique. Quand j'étais sur le toit, je voyais un paysage d'une sérénité, d'une étendue...

Elle eut une moue de scepticisme.

— Ce doit être fabuleux l'hiver, lorsque vient la neige.

— Lorsqu'elle vient, oui, soupira Carole. Mais il paraît qu'elle reste. Et longtemps.

Les premiers flocons vinrent au 15 décembre, insignifiants : le 16, ils avaient disparu. Carole ayant obtenu le téléphone assez rapidement, l'isolement en perdit son caractère angoissant. Elle pensa à la télévision mais y renonça pour satisfaire des urgences d'une nécessité plus absolue : une gazinière, un radiateur électrique, un tas de bois qui comblait tout un côté de la maison et dans lequel elle puisait avec une joie d'enfant.

Elle passa Noël avec ses parents. Malgré leur brouille, Jérôme (qui était en poste à Rodez où il finirait sa carrière) n'aurait pu supporter que ses filles ne soient pas à la table familiale pour le réveillon qui les barbait l'une et l'autre. Ils se virent donc deux jours pleins et se disputèrent aussi souvent qu'ils se rencontrèrent. Parce qu'elle gagnait mal sa vie, parce qu'elle n'était pas mariée, parce qu'elle continuait de maigrir, parce qu'elle buvait trop de café, parce que sa mère la soutenait et parce qu'en posant une barre à serviettes dans la salle de bains il s'était donné un coup de marteau sur le doigt. Cela ne les empêchait pas de s'adorer, mais il leur était difficile de passer quelques minutes ensemble sans qu'intervînt entre eux la déflagration affective qui était de leurs relations depuis toujours. Il en souffrait, elle en souffrait, mais ils en restaient là.

Lorsqu'elle repartit, sa mère lui dit :

— Tout de même, tu pourrais être plus conciliante avec papa.

Elle ne répondit pas. Elle embrassa sa mère, lui sourit, quitta rapidement cette maison qui l'étouffait un peu. Elle emportait huit jours de vivres et des cadeaux, dont un séchoir à cheveux électrique qui l'enchantait.

Elle s'en servait d'ailleurs trois jours plus tard, en robe de chambre, une cigarette au bec, lorsqu'elle vit un couple inconnu s'arrêter devant la maison, la dépasser, revenir et pousser la barrière. L'homme appelait et la femme agitait la sonnette mais le séchoir l'empêchait de les entendre et il lui fallut plusieurs secondes pour qu'elle réalisât et prît la bonne décision en coupant l'appareil.

L'homme frappait à la porte.

— Entrez.

Il se montra, laissant la porte ouverte pour sa femme à laquelle il faisait signe d'approcher. Lui-même s'avançait dans la pièce, affable, surpris par sa présence, ou plutôt par ce qu'elle était : une jeune femme dans une bâtisse inconfortable et si manifestement isolée.

L'un et l'autre étaient dans une tenue sportive qui évoquait le ski, sur laquelle ils avaient passé, lui, un blouson de cuir matelassé, elle, un manteau de fourrure.

— Bonjour, mademoiselle. Nous sommes désolés de vous importuner mais cette maison est-elle bien celle de M. Laurent Meissonnier ?

— Oui. Enfin, plus maintenant. Maintenant elle appartient à mon père, Jérôme Meissonnier.

— Son fils !

Il était aux anges. Tourné vers sa femme, il la prenait à témoin de la vérité de ses dires.

Carole poursuivait :

— Mon grand-père est mort.

— Ah ! (L'inconnu s'était assombri.) Je redoutais cette information mais elle est, si j'ose dire, dans l'ordre des choses. Mon propre père, qui était son ami, et qui était à peu près de son âge, est mort lui aussi.

La femme intervint.

— Excusez mon mari de ne pas s'être présenté, mademoiselle. Son émotion, je crois, le trouble beaucoup.

— C'est vrai, mon Dieu ! s'excusait l'homme. Mon nom est Paul Liebmann.

Carole ne réagit pas.

— Nous avons vécu dans ce village. Je veux dire : ma famille, pendant la guerre. Mais je n'étais pas sûr de la maison. Cela remonte à... près de quarante ans.

Il parcourait des yeux la petite salle. Carole prit tardivement conscience de l'appareil photographique sur sa poitrine.

— Vous pouvez visiter, vous savez. C'est un peu en désordre mais vous fermerez les yeux.

— Pour rien au monde je ne fermerai les yeux, répondit le fils de Max Liebmann. J'ai déjeuné dans cette pièce, j'ai dormi là-haut avec mon père, ma mère et ma sœur. (Sa voix se brisait au fur et à mesure qu'il identifiait les lieux et retrouvait des détails qui le renvoyaient à ce passé douloureux qu'il était venu redécouvrir.) La cuisinière n'est plus là. Et on a gratté le carrelage. Mon père l'avait peint avec du siccatif très rouge. C'était affreux. (Il eut un sursaut.) Et l'horloge ?

— Mon père l'a descendue à Rodez. Il travaille sur le barrage de la vallée du Lot, à Saint-Geniez-d'Olt. Et il habite Rodez.

Paul Liebmann hochait doucement la tête.

— Vous n'étiez jamais revenu ?

— Non. J'ai vécu en Amérique et au Liban, où je me suis marié. Mais le Liban d'aujourd'hui !... Nous sommes rentrés en France l'an dernier... (Il en revenait à ses souvenirs d'enfant.) Je crois que nous avons mangé des tonnes de châtaignes dans cette pièce. J'allais à l'école des Naudes, à trois kilomètres d'ici.

— Aujourd'hui elle est fermée, dit Carole. Vous prendrez un peu de café ?

— Volontiers, dit Mme Liebmann en défaisant son manteau.

— Nous vous dérangeons, s'excusait Paul.

— Quand on vit ici, seule, les visites ne dérangent jamais, protesta Carole.

— Une semaine seule ici et je meurs ! confessa l'épouse en examinant tout autour d'elle.

— Je peux vraiment monter ? demanda Paul en hésitant.

— Je veux bien, mais ma chambre, vous savez... c'est un bordel, quoi ! dit Carole.

— Cette fois, je promets de fermer les yeux.

Il sourit et s'avança vers l'échelle de meunier qui desservait l'étage.

— Tu exagères, Paul.

— Je sais, Nadia. Mais Liza et moi (Liza est ma sœur), nous avons caché quelque chose là-haut.

Carole ne pouvait refuser. Elle avait vaguement entendu son père évoquer Soulargues comme un abri, pendant l'Occupation et comprenait d'instinct l'émotion de cet homme.

Lorsqu'il eut disparu, Nadia Liebmann vint jusqu'à la jeune femme qui préparait le café annoncé.

— Il m'a tellement parlé de cette maison. Son père aussi. Vous avez connu Max Liebmann ?

Carole réfléchissait.

— Il me semble, oui, mais c'est plutôt confus. Je crois me souvenir que c'est un nom qui revenait dans la conversation, du temps de grand-père. Il n'a pas été préfet ?

— Oui, répondit Nadia. Et lorsque j'ai épousé Paul, son père était même ambassadeur au Liban. Mon pays. C'est pourquoi nous nous sommes connus.

Au premier étage, Paul avait déplacé le lit, soulevé une lame de parquet et fouillait dans une cavité, de laquelle il tira une boîte cylindrique sur laquelle il posa religieusement les lèvres avant de l'ouvrir. Lorsqu'il redescendit, il fermait la main sur ce qu'il venait de retrouver et qui mouillait ses yeux de larmes.

— Vous avez trouvé ce que vous cherchez ? demanda Carole.

Sans dire un mot, Paul tendit sa main vers Carole et l'ouvrit. Elle ne comprit pas tout d'abord, puis découvrit deux petites étoiles de tissu, deux étoiles jaunes.

Ils burent le café en silence, les femmes respectant ce qu'elles ne pouvaient partager avec la même intensité que lui.

S'étant repris, Liebmann se tourna vers Carole.

— Si quelque jour votre famille envisageait de vendre cette maison, ne faites rien sans m'en parler.

— Je vous promets d'avertir mon père.

— Voici ma carte. Vous lui transmettrez mon souvenir très reconnaissant.

Il tendit une carte de visite à la jeune femme. Celle-ci eut un mouvement de surprise en la parcourant du regard.

— Ça, c'est drôle !

— Pardon ? demanda Paul.

— Vous êtes chef de cabinet de mon ministre !

Paul eut un sourire chaleureux.

— J'aurais dû m'en douter. Une Meissonnier ne peut être qu'une enseignante !

— Institutrice titulaire au Cayrol, répondit Carole, encore sous l'effet de la surprise.

— Au moins, vous ne devez pas être surchargée !

Carole leva les yeux au ciel. Puisqu'ils étaient, l'un

et l'autre, « du bâtiment », elle énuméra en termes de métier la composition hétéroclite de sa classe :

— Le nombre d'élèves, c'est une chose, la variété, c'en est une autre. (Elle énumérait sur ses doigts.) 2 maternelles, 2 prépa, 2 CE1, 1 CE2, 2 CM1, 1 CM2 et un redoublant ! Filles et garçons de quatre à seize ans ! Je n'ai guère le temps de tricoter, vous pouvez me croire.

— Tant que j'occuperai ce poste, répondit Paul, n'hésitez pas ! Si je peux vous être utile...

— Je vous remercie. Mais pour l'instant ça va.

Il réfléchissait.

— Le Cayrol, c'est bien de l'autre côté de la Truyère ? Au moins vingt kilomètres ?

— Oui. Vingt-six, porte à porte.

— Comment faites-vous ?

— J'ai ma voiture.

— Oui, bien sûr ! C'est une commodité que nous ignorions pendant l'Occupation.

Ils sortirent sur le pas de la porte. Paul respira voluptueusement l'air glacé.

— Tu sens ? demanda-t-il à son épouse. Quel pays ! J'ai trente ans de moins.

Il tendit la main vers Carole pour prendre congé.

— Nous étions venus dans l'espoir de faire un peu de ski de fond. Malheureusement, l'absence de neige nous cloue à l'hôtel de l'Aubrac. Malheureusement *pour nous !* Je connais l'hiver ici. C'est dur, très dur ! Il faut avoir l'âme chevillée au corps pour résister. Je sais ça, mademoiselle Meissonnier... J'ai bonne mémoire.

Ils s'arrêtèrent un instant sur le chemin. Elle entendit fonctionner plusieurs fois le déclencheur de l'appareil photographique, puis une voiture qui s'éloignait. Elle était de nouveau seule et pas fâchée de l'être.

L'hiver, qu'ils avaient évoqué comme une menace, prit son travail au sérieux dès le lendemain. Les nouvelles chutes de neige blanchirent les monts sans que tout s'effaçât en quelques heures. Au contraire, l'épaisseur ne cessa de croître au long des vacances. Pour Carole, la dernière nuit de l'année fut semblable à celles qui l'avaient précédée. Un moment, elle avait espéré être invitée chez les Milliavinac, mais Claude jouait au rugby à Rodez et l'équipe se retrouvait pour le réveillon du premier de l'an. Il s'était laissé fléchir une fois encore. Elle aurait pu se joindre à eux, mais elle avait l'expérience de quelques beuveries d'après match, au milieu des costauds. Elle savait que tôt ou tard, plus ou moins éméché, l'un d'eux entreprendrait de l'asseoir sur ses genoux et qu'il lui faudrait être désagréable. Ou céder. Ce qui lui était arrivé deux fois et lui laissait un souvenir embarrassant.

Elle s'offrit deux séances de cinéma le 1er janvier, regretta son argent, dîna dans un restaurant où l'on retrouvait partout les épaves de la veille, y compris dans les assiettes. Le retour à Soulargues lui fut un soulagement. Elle se surprit même à sourire à la pensée de reprendre bientôt sa classe. Elle en fut étonnée. Un tel sentiment six mois plus tôt n'aurait pu éclore en elle. Toute sa revendication concernait l'exercice normal de sa profession, elle n'imaginait pas qu'elle pût en tirer un plaisir véritable.

La reprise se fit sans heurt. Elle quitta Soulargues alors qu'il faisait encore nuit et roula mollement sur la couche de neige accumulée qui atteignait une vingtaine de centimètres. Les cantonniers jetteraient du sel et du sable dans la journée, il suffisait d'être patiente et de mettre en pratique certains principes de conduite que son père lui avait appris. « Tu braques et tu contre-braques en sentant bien la route. » Le problème était que, dans les moments délicats, elle ne savait plus si elle braquait ou contre-braquait. Ce matin, tout allait aussi bien que possible. Le bruit même de la deudeuche était amorti par le matelas de neige. Au détour de la ferme Delprat, elle aperçut, au bout d'un chemin de desserte, Louiset qui serrait le petit Jeannou Teissère sous sa cape, épaisse comme une couverture. Ils attendaient, immobiles, les yeux immenses.

Elle s'arrêta, ouvrit la portière arrière.

— Allez ! Montez ! Vous avez vos bûches ?

Celle de Jeannou était minuscule. Sa mère devait

penser que le gamin n'était pas difficile à chauffer, pitchou comme il était : la bûche était à son échelle.

Quand ils arrivèrent à l'école, le feu était déjà allumé et ronflait dans le poêle. Cependant la classe, qui n'avait pas été chauffée de toutes les vacances, était bien fraîche, aussi autorisa-t-elle les enfants à garder leur manteau. Elle-même conserva sa parka. Au bout d'une heure de leçon, les pieds encore glacés, elle alla toucher de la main le tuyau du poêle : il n'était même pas tiède et le tas de bûches avait diminué de moitié.

Elle se dirigea vers la porte, furieuse.

— Henri, mets-toi à ma place et surveille la classe !

Rassemblant ses affaires pour les amener jusqu'au bureau derrière lequel il allait s'asseoir, le gros bourru promena sur la classe son regard à lunettes et proclama :

— Celui qui déconne, je lui fous mon poing !

Il était inutile de préciser où, et chacun piqua du nez sur son cahier ou son livre, y compris Julien Roques qui n'affrontait jamais l'autorité de front.

Le bébé Figuerolle dormait dans son landau. La mère avait triomphé de la résistance de Carole et venait chaque matin, sauf le mercredi, pour lequel elle avait un arrangement avec la mère de Fabienne. Elle déposait le bébé (« je vous porte Baptistou », disait-elle, courant déjà vers la sortie de peur que la maîtresse se ravisât), et repassait le soir le prendre chez les Andrieux. Un biberon tiédissait sur le poêle, dans une casserole qui lui tenait lieu de bain-marie.

Quelques minutes passèrent ainsi puis tout se désagrégea. Maria Laporte, ayant croqué la pomme de son dessert de midi, désœuvrée, s'en fut guigner par-dessus l'épaule de sa voisine, Huguette Boyer, laquelle gémit dans un réflexe :

— Mademoiselle, elle me copie !

— Elle est sortie mademoiselle, alors hé, tu la boucles, lui conseilla Maria.

Henri, depuis le bureau, dressé à demi, cria pour les pécores :

— Taisez-vous ! Maria, tu retournes à ta place ou je te marque !

Déjà, il notait sur une feuille. Maria fulminait, secouant Huguette à laquelle elle lâcha une calotte.

— C'est elle qui fait le bruit et c'est moi que tu marques ?

— Ouilla ! couinait Huguette. Elle m'a foutu la gifle, cette salope !

L'heure était venue pour Julien Roques d'orchestrer le chahut naissant. Comme le bébé, réveillé, pleurait à cris aigus, il doubla sournoisement le chant, la tête sous le bras. Henri n'hésita guère. Ayant bondi de sa chaise, il rétablit l'ordre en deux temps et trois mouvements. Peut-être quatre, si l'on comptait les pleurnichards.

Carole, ayant arrêté la deux-chevaux près du tas de bois des Puech, dans la cour même de leur villa, remplissait la voiture des bûches que le cantonnier avait débitées pour le maire. Elle les comptait au fur et à mesure dans le mouvement de balancier qui les faisait passer du tas dans le coffre.

Elle en était à vingt-sept, lorsque la porte de la maison s'ouvrit sur le visage de cuir de Mme la Mairesse.

— Ne vous gênez pas, cria-t-elle.

— La mairie vous paiera, madame ! C'est pour l'école !

— On dit ça !

— Venez avec moi, vous verrez bien ! Mais prenez un gros manteau si vous voulez rester dans la classe.

Lorsque Carole regagna l'école, qu'elle avait abandonnée depuis une vingtaine de minutes, c'était la révolution. Les filles piaillaient, accusant Henri de les avoir « tabassées en brute, à pleines mains, mademoiselle ». Henri criait : « C'est pas vrai ! Elles copiaient !... »

— Taisez-vous ! cria Carole. Je vous ordonne de vous taire !

Au comble de l'exaspération, elle laissa tomber sur le sol les bûches dont elle s'était chargée et se précipita vers tout ce qui bougeait. Le Baptistou, qui n'avait cessé de hurler pendant toute son absence, se tut comme par enchantement, subjugué par le changement d'ambiance.

— Julien, va t'occuper du poêle !... Simone et Henri, il y a du bois dans ma voiture. Vous le mettrez en tas au fond de la classe, contre le mur. Et n'ouvrez pas trop la porte. (Les corvéables se levèrent.) Non, pas maintenant ! A la récréation. Julien ! Tu as compris ce que je t'ai dit ? Le poêle ! Et vite !

Julien ne bougeait pas. Furieuse, elle courut à lui et lui redressa la tête, comme pour le gifler. Son geste resta en suspens. Le gamin était pitoyable, un œil à demi fermé, la lèvre supérieure ouverte.

— Que s'est-il passé ?

— C'est cette brutasse d'Henri ! moucharda Maria.

Henri bondit sur elle et commença de lui administrer un supplément de raclée, mais elle était habile à parer les coups.

Carole sentit qu'elle allait craquer.

— ASSSSSEZ !... Mais qu'est-ce qui m'a fichu une pareille bande de... ! On ne peut donc pas vous lâcher cinq minutes.

Calmée par sa sortie qui médusait la marmaille, elle se tourna vers Julien.

— Tu as mal ? (Julien se contenta de geindre, parler lui déchirait la lèvre.) Approche, lève la tête, montre un peu.

La voix d'Henri s'éleva du fond de la classe.

— Pour une petite tape !

Carole examinait le gamin.

— Bon. (Elle se redressa.) Nous allons faire la récréation tout de suite. Simone, tu surveilleras la cour. Vous autres, allez jouer ! On met les manteaux et les cache-nez ! Qui veut s'occuper du feu à la place de Julien ?

Celui-ci avait en effet récupéré sa fonction.

— Moi, dit Henri, pénitent, prêt à toutes les humiliations.

— Non, dit Carole, toi, tu t'occupes de décharger et de ranger les bûches. Raymond fera le poêle. (Elle prit Julien par le bras.) Nous, on va chez Mme Bécu.

Mme Bécu, bonne femme assez sinistre qui portait ses lunettes demi-lune sur le bout extrême de son long nez, jouait dans le village le double rôle d'infirmière et de pharmacienne. A l'inverse du nez, sa science était courte mais adaptée par trente années d'expérience à la phase des premiers soins. Elle tira un flacon de son armoire, un bout de coton, et enduisit les plaies de Julien d'une pommade dont la formule datait de sa jeunesse.

— Merci, lui dit Carole, que cette médication ancestrale satisfaisait peu. Je vais reconduire Julien chez lui. Prévenez tout de même le docteur qu'il passe le voir dans la soirée.

La neige n'avait cessé de tomber de toute la nuit. Les cantonniers n'en finissaient pas de saler et de sabler, et rentraient se coucher à l'aube.

Arrivée de bonne heure, Carole inscrivit ses instructions sur le tableau à l'usage des grands. Son écriture n'était plus la belle anglaise d'autrefois, mais elle s'appliquait et le résultat était correct.

On pouvait lire, sur trois colonnes :

RAYMONDE FABIENNE	MARIA HUGUETTE	SIMONE
Orthographe : Bled p. 40 Ex. 233 et 234	Orthographe : Bled p. 63 Ex. 361 et 367	Orthographe : Bled p. 104 Ex. 298
	Dessin sur la feuille	
RAYMONDE FABIENNE (chacune) un berger un mouton	MARIA L'âne HUGUETTE Le bœuf	SIMONE 2 palmiers 2 moutons

Noël était passé mais elle avait pris du retard et le rattrapait, avec l'arrière-pensée que le calendrier était une chose et l'expression graphique une autre.

Elle avait peu dormi. Et mal. Sa voix dolente était prise par un début de bronchite.

— Henri, je ne t'ai évidemment rien noté, tu m'accompagnes. Je ne veux pas de disputes, les filles, c'est promis ?

— Oui, mademoiselle.

— Est-ce que quelqu'un ira voir Julien chez lui ?

— Moi, mademoiselle, dit Fabienne.

— Tu diras aux parents que, si je ne suis pas trop fatiguée, j'y passerai vers quatre-cinq heures. Alain et Louiset, vous demanderez à vos papas s'ils savent où j'ai une chance de trouver du houx. Vous savez ce que c'est, le houx ?

— C'est un truc qui pique, avec des boules rouges, répondit Maria, fière de son savoir.

Carole sourit.

— A peu près. Mais si tu disais un « arbuste », au lieu d'un *truc,* ce serait beaucoup mieux.

La petite voiture verte fit une entrée chaloupée dans la cour du maire. Carole venait d'emprunter un demi-stère de bois à Rosa Boyer. Elle lui « rembourserait » dans les prochains jours. L'idée d'être en reste avec le Puech (elle pensait aujourd'hui comme les autres membres de la communauté villageoise et disait *le* Puech) la tracassait. C'est pourquoi, aidée d'Henri, dont la bonne volonté était sans bornes depuis la « petite tape » assénée au malheureux Roques, elle déchargeait la deux-chevaux.

Alerté par son épouse, Marcel Puech se montra, scandalisé.

— Ah non ! Une fois, ça peut passer, vous aviez l'excuse de la nécessité. Mais vous n'allez pas nous dévaliser.

— Au contraire, répondit Carole en se dominant. Je vous *re*valise. J'ai réfléchi, je viens vous rendre ce que je vous ai pris. Vous le direz à votre dame.

Puech en restait pantois : qu'on pût restituer sans contrainte passait son entendement.

— Par la même occasion, vous lui direz aussi de garder ses réflexions pour elle chez les commerçants, parce que, si elle continue, moi non plus je ne suis pas bonne quand on me pousse trop, je pourrais me mettre à vous faire de la pub à tous les deux.

— Entrez et faisons la paix ! suggéra le maire, que la menace de Carole inquiétait. Vous prendrez une tasse de thé.

— Je n'ai pas le temps, rétorqua Carole. Je vous avais embarqué vingt-sept bûches, je vous en remets vingt-neuf. Et plus grosses. Ça m'évitera de vous remercier.

En compagnie d'Henri, elle se trouvait à présent au chevet de Julien. La mère l'observait depuis l'embrasure de la porte.

— Je ne sens plus mes reins, soupira Carole.

Henri expliqua :

— On a charrié du bois de chez les Boyer et de chez le Puech. On s'est tout colltiné, la maîtresse et moi. (Comme l'information laissait Julien de marbre, il en vint à l'objet de leur visite.) Et ton pif alors ? Ça va ?

— C'est pas mon pif, c'est mon œil. Mon père dit que, si je perds tant soit peu la vue, il porte plainte.

Henri blêmit. Il se voyait déjà traversant le village entre deux gendarmes.

— C'est pas un crime de te foutre une beigne, quand même ! Tu lui as dit, à ton père, que tu me traitais de grand-con-de-merde ?

— Si je lui dis, il m'en fout une autre !

Carole allait intervenir mais Julien parlait à nouveau :

— *O touto façône, couos pa countro tü, lou plainto. Couos countro* (1)...

D'un coup de menton discret, il avait indiqué la maîtresse.

Henri se détendit.

— *Ah ! Comprénés meillour* (2).

Intriguée et consciente que les enfants ne retour-

---

(1) — De toute façon, c'est pas contre toi, la plainte. C'est contre (elle).

(2) — Ah ! Je comprends mieux.

naient au patois que pour la mettre à l'écart de leur confidence, Carole s'informa :

— Qu'est-ce que vous racontez, tous les deux ? J'aimerais bien comprendre.

Henri était moins retors que le chafouin à l'œil contus.

— Il dit que son père, la plainte, il l'envoie pas contre moi. C'est contre vous.

Elle cherchait du regard un démenti chez Julien. Au contraire, il ricanait.

— Vous deviez être en classe. C'est vous la responsable.

Le soir même, à peine rentrée chez elle, elle téléphonait aux Milliavinac. Françoise avait des responsabilités syndicales et elle en attendait un soutien. A tout le moins quelques conseils. Le père Roques était un débiteur de Puech et cette histoire sentait le rance.

— Est-ce que tu crois que le conseiller pédagogique peut m'aider ?

Françoise était sans grande illusion et le lui fit comprendre.

— Le conseiller pédagogique, il va te demander ce que la pédagogie vient voir là-dedans...

— Et le syndicat ?

— Le syndicat, le syndicat... On peut toujours essayer, mais tu n'étais pas dans ta classe à une heure normale de cours. Ce sera difficile de...

Carole raccrocha brutalement. Françoise était une bonne fille qui connaissait son règlement par cœur mais n'avait pas l'âme très combative.

Elle se coucha sans dîner, furieuse. Les yeux ouverts dans la pénombre, elle fulminait : « Qu'est-ce que je fiche là-dedans ? Pour 3 171 francs par mois. Échelon 369. Fin de carrière à 5 134 ! Mais qu'est-ce que je fiche là-dedans ?! »

Quinze jours passèrent. Julien avait retrouvé le chemin de l'école, un cache noir sur l'œil qui augmentait son allure d'apprenti forban. On ne parlait plus de déposer plainte mais Carole ne s'y fiait pas, consciente d'un complot souterrain.

Le soleil avait amené le froid et la neige s'était durcie.

Deux fois, des skieurs de randonnée avaient traversé Le Cayrol en troupes nombreuses, les lèvres blanches de pommade, le teint sombre. La météo annonçait de nouvelles chutes auxquelles il était difficile de croire tant le ciel était pur et bleu. Même la fenêtre de la classe était ouverte pour « changer l'air » et l'on entendait les voix enfantines psalmodier :

> *A Paris*
> *Sur un cheval gris*
> *A Nevers*
> *Sur un cheval vert*
> *A Issoire*
> *Sur un cheval noir*
> *Ah ! qu'il est beau ! qu'il est beau !*
> *Ah ! qu'il est beau ! qu'il est beau !*
> *Tiou !*

Carole avait écrit le texte sur le tableau et dit deux mots sur l'auteur : Max Jacob, poète juif, converti au christianisme, ce qui sembla aux enfants d'une banalité extrême. Ils suivaient le catéchisme par un prêtre qui passait tous les mois et déléguait une partie de ses pouvoirs à la veuve Bécu, laquelle soignait donc aussi les âmes. Ils lui avaient entendu citer le cas de conversions nombreuses et qui mêlaient toutes les peuplades et toutes les religions dans un grand mouvement de reconnaissance de la suprématie catholique. L'inverse les eût estomaqués, un chrétien converti à Mahomet ou qui deviendrait juif, ou chinois, ou nègre. Le contraire n'était que la norme. Rêveur, Alain Souques en souriait à son banc, le pouce dans la bouche. Il imaginait son père, qui chantait la messe et tenait l'harmonium, en babouches et turban. Il revint dans la comptine au couplet :

> *C'est la cloche qui sonne*
> *Pour ma fille Yvonne*

Qui est mort à Perpignan ?
C'est la femme du commandant.

Carole referma la fenêtre.

— Déshabillez-vous, enlevez vos manteaux maintenant.

Il faisait enfin chaud dans la pièce, moitié grâce au soleil, moitié grâce au poêle. La fumée montait droite au-dessus du toit.

Au début de l'après-midi, elle s'inclina. Un vent, très haut dans le ciel, poussait des tonnes de nuages noirs. On ne le sentit vraiment que lorsqu'il descendit au ras des faîtages, sifflant dans les trous des murs et les squelettes des arbres défeuillés dont une branche cassait de temps à autre, avec un bruit d'os brisé. En une heure la nuit fut là. Ce qui angoissait, ce n'était pas la courte avance qu'elle avait prise sur la veille, c'est qu'elle était deux fois plus noire et qu'elle avait l'air de courir à contresens de la lune qui se montrait dans les trous de nuages.

Carole, qui tenait une *étude du soir* pour aider quelques parents que les enfants encombraient de leur présence lorsqu'ils leur traînaient dans les jambes, avant la fin des travaux quotidiens, décida d'abréger. La neige était venue si forte, si soudaine, qu'on entendait son froissement dans l'air lorsque cessaient les mugissements du vent.

La sortie se fit très vite.

— Vous restez ensemble aussi longtemps que possible, les enfants. Non ! Julien, non ! Pas de boules de neige ! Nous verrons demain si nous pouvons organiser une partie dans la cour, mais ce soir, non !

Il restait un large ruban noir de chaque côté de la route, là où les pneus traçaient leurs ornières. Là aussi où le gravier et le sel s'étaient accumulés dans une bouillie sur laquelle les flocons ne tenaient pas. Au centre, le tapis touchait le plancher de la voiture, avec des épaisseurs qu'elle rabotait au passage dans un raclement qui la freinait. Le côté exposé au vent avait été le premier colmaté par les flocons mais, comme on avait tourné en tous sens, les deux côtés maintenant étaient opacifiés. A l'arrière, très sages, Jeannou Teissère et Louiset Duprat se tenaient la main, les yeux écarquillés. Ils trouvaient la voiture plus jolie, ainsi capitonnée de coton cru, et ne s'étonnaient pas de n'y rien voir : la nuit est la nuit. Le silence de la maîtresse les troublait davantage.

Carole en revanche s'inquiétait. Les essuie-glaces patinaient et bourraient la neige, dont le terrain s'étendait de plus en plus sur le pare-brise. Il ne restait plus de libre qu'un créneau large comme deux mains et contre lequel elle posait presque le front pour déchiffrer la route. Elle n'osait s'arrêter pour nettoyer les glaces, de peur de ne pouvoir repartir, et crut avoir dépassé la petite route qui menait aux fermes Teissère, après lesquelles se trouvait celle de Duprat. « De toute manière, pensa-t-elle, je peux prendre à l'envers par la côte et la remontée chez Vincent Duprat. Je me ferai conduire par lui chez les Teissère. »

Elle vit l'embranchement à la dernière seconde et prit à gauche, l'œil sur le rétroviseur pour voir si les petits n'étaient pas trop bousculés.

— Ça va ?

— Ça va, maîtresse.

— On ne doit plus être très loin.

— Non, maîtresse.

Leur confiance lui serrait la gorge.

La petite route n'avait été ni déblayée par le chasse-neige ni salée. La deudeuche montait courageusement la courte côte mais Carole la sentait brouter, lâchant sous elle d'énormes paquets boueux. Elle soupira lorsqu'elle atteignit le plat sur la hauteur et crut entrevoir des lumières. C'était une erreur. Elle ne retrouva pas non plus les bouquets d'arbres familiers.

Et soudain, la voiture glissa, direction bloquée par la masse de neige qu'elle venait d'emmagasiner, telle une abeille ramasseuse de pollen. La glissade l'emporta jusqu'à une congère contre laquelle elle s'arrêta.

— Eh ben !... dit-elle.

Après un instant de réflexion, nerfs tombés, immobile, elle se ressaisit.

420

— Je vais voir comment c'est dehors. Vous ne bougez pas d'ici. Vous ne sortez pas. Je suis là dans deux minutes.

Elle coupa le moteur. Sa portière étant bloquée par le talus de la congère, elle sortit par l'autre, et se retourna au dernier moment, une jambe en l'air.

— Et vous ne touchez à rien ! A rien !

Dehors, elle comprit très vite qu'elle s'était perdue. La neige atteignait ses genoux, pénétrait ses pataugas, entrait pas l'ouverture des lacets. Il y avait là toute l'épaisseur de l'hiver. Elle était sur un chemin inconnu, probablement abandonné des services des travaux publics à cette saison ; ils avaient assez à faire ailleurs. Elle grimpa sur un talus, en peinant. La tourmente semblait se calmer et la lune redonnait une couleur tragique à ce paysage qu'elle avait cru fixé dans sa mémoire par mille détails dont elle ne reconnaissait rien. Aucun repaire, aucune lumière.

Elle en frissonna et revint à la voiture.

— Bon. Ça n'est pas grave ! mentit-elle en venant s'asseoir à l'arrière entre les deux bambins. Les gens vont venir nous chercher bientôt. Ils vont se demander où nous sommes passés, alors ils vont venir. Et nous, nous allons les attendre, bien au chaud, tous les trois. Seulement il ne faut pas dormir, si nous nous endormions, nous ne pourrions leur faire des signes quand ils viendront.

Elle leur souriait, enjouée.

— Je sais ! Nous allons réviser notre leçon. Et nous aurons les meilleures notes.

— Oui, dit Louis et d'une voix forte.

La perspective de briller devant la classe le redressait. Elle commença de chanter.

> Sur le plancher
> Une araignée
> Se tricotait des bottes
> Dans un flacon
> Un limaçon
> Enfilait sa culotte.

Les enfants répétaient après elle, avec application.

Enfilait sa culotte.
Je vis dans le ciel
Une mouche à miel
Pinçant sa guitare
Un chien tout joyeux
Qui bougeait la queue
Au son d'la fanfare.

Elle réfléchissait en même temps qu'elle battait la mesure. Pas question de remettre le moteur en route. Elle avait lu trop de faits divers relatant ce comportement d'automobilistes imprudents que le retour des gaz asphyxiait. Mais devait-elle éteindre les phares ? Ou ne les allumer que cinq minutes par quart d'heure, par exemple, pour économiser la batterie ? Si elle procédait ainsi, ne risquait-elle pas de l'épuiser plus rapidement encore par les ponctions du rallumage ? L'angoisse commençait de la nouer au ventre. Elle enleva sa parka et en recouvrit les deux petits, tout en les forçant à chanter. Elle regrettait d'avoir refusé la radio que lui offrait sa mère. « Je l'aurais mise à tout-va ! On nous aurait entendus à un kilomètre ! » Elle se calma lorsqu'elle comprit que la radio aurait tiré sur la batterie.

Sur le plancher
Une araignée
Se tricotait des bottes...

Ils en avaient assez de la comptine et les petites têtes dodelinaient de fatigue. Une heure avait passé. Peut-être moins. Sûrement moins. Elle décida d'aérer la voiture et releva le volet de la portière avant. Le froid leur pinça bientôt les oreilles et les réveilla, ce qu'elle espérait. Elle décida de leur apprendre une chanson qu'elle avait copiée sur elle ne savait plus quoi...

Ma mère mes sabots
J'entends sonner l'école
Malgré la neige il faut
Que j'y sois bientôt.

Le temps s'écoulait avec une lenteur désolante. Elle n'osait regarder sa montre, déçue à chaque regard qu'elle posait sur le cadran. Ils étaient là depuis plus d'une heure. Une heure vingt exactement. On ne pouvait pas ne pas être parti à leur recherche. Elle avait rabattu le volet mais le froid était en elle. Presque apaisant. Toutes les minutes, elle secouait l'un ou l'autre enfant qui s'était assoupi. Un moment, elle eut une bouffée d'espoir : quelque chose venait de bouger à gauche. Elle dut faire effort pour ne pas pleurer de dépit lorsqu'elle comprit que c'était un phare qui venait de s'éteindre. L'autre tenait, mais pour combien de temps encore ?

— Nous allons tout recommencer pour être sûrs que nous savons bien la leçon. Jeannou d'abord, tout seul.

> *Sur le plancher*
> *Une araignée*
> *Se tricotait...*

La voix du pauvret n'était plus guère audible. Il piquait du nez sur sa poitrine...

— Toi aussi, Louiset, allez, tous les trois, très fort ! Allez, fort, *fort* !

Elle s'efforçait de crier mais sa voix n'avait plus ni volume ni vigueur. Même, elle semblait lui échapper, devenir la voix d'une autre qui s'éloignait dans le froid et la nuit.

> *... Se tricotait des bottes*
> *Dans un flacon*
> *Un limaçon...*

Cette fois, elle ne se trompait pas : une lueur montait vers eux, lente et d'un jaune faible et sale, qui lui parut aussi splendide qu'une aurore. Elle sortit de la voiture et fit de grands gestes en hurlant.

C'était Vincent Duprat, le père de Louiset, sur son tracteur. Il bifurqua. Elle sentit les larmes geler sur sa

joue lorsqu'elle vit le gros engin prendre leur direction :
il l'avait vue. Les jambes lui manquèrent. Elle s'effondra dans la neige.

Maintenant, elle buvait un bol de bouillon brûlant, à
petites gorgées avides, une couverture sur les épaules,
secouée de frissons en rafales. La tête lui était douloureuse aux tempes. Vincent Duprat avait jeté du bois
dans la cheminée et la flambée faisait danser les ombres
dans la pièce.

Ils se connaissaient depuis la première réunion de
parents d'élèves, consacrée à la télévision. Ce grand
costaud de trente-cinq ans lui était sympathique.

Il avait embarqué Carole, l'avait posée sur un caisson
à côté du siège du tracteur et sans un mot avait déposé
les enfants sur les genoux de la jeune femme. « En
route ! » Maintenant, ils étaient dans la salle commune
de sa ferme.

— Comme je ne vous voyais pas venir, j'ai pensé que
vous aviez raté la maison, lui dit-il lorsqu'elle eut repris
figure humaine. Il n'y avait guère de chances que vous
vous en sortiez avec toute cette pouillerie de neige. Et je
tournais, je tournais ! Heureusement, ça s'est calmé et
j'ai pu repérer des traces de roues. J'ai suivi.

A l'entendre, tout était simple.

Il reparut le sourire aux lèvres.

— Ils dorment comme des bûches.

Ayant appelé ses voisins Teissère, il leur avait
annoncé que le Jeannou passerait la nuit avec son
gamin. « Ils dormiront mieux d'être dans le même lit. »

Sa prédiction se réalisait.

— Je vais vous laisser ma chambre.

Elle protesta.

— Mais si ! J'ai où dormir. Ne craignez rien. La
maison n'est que trop grande. Pour le petit, je ne vous
remercierai jamais assez. (Il sourit.) On disait que vous
n'aimiez pas trop les enfants. Maintenant, je saurai quoi
répondre.

— Et qui raconte ces gentillesses ? demanda Carole,
entre deux gorgées.

— Oh! les cons! les méchants! Ça ne vaut pas la peine d'en dire les noms.

Il avait une sagesse tranquille qui rassurait et ne s'attardait pas sur les médisants.

— Votre voiture, je la ramasserai demain matin avec le tracteur et j'irai la mettre au garagiste. Celui qui est près du pont, vous voyez, Fabre. C'est un honnête.

— Elle est très abîmée? s'inquiéta-t-elle, horrifiée à l'avance par le spectre d'une facture inattendue.

— Je n'ai pas vu de près. De la tôle. Et une roue qui louche un peu. Peut-être aussi la batterie.

Elle totalisait mentalement les évaluations de dépense. Elle eut un soupir, avala une dernière gorgée sous le regard bleu qui ne cillait pas.

— Encore un petit bol?

— Merci non.

Il n'insista pas.

— Dites-moi, Vincent, si mon deuxième phare s'était éteint, vous pouviez encore nous retrouver? Je veux dire... à temps?

Il eut un geste évasif.

— Les petits, je pense qu'ils auraient tenu encore assez longtemps, oui. Ils étaient mieux couverts que vous...

Un frisson la secoua des pieds à la tête.

Au matin, elle se sentit mal et dut accepter à contrecœur qu'il prévienne le maire.

— Que va-t-il penser?

— Dès l'instant que ça ne lui coûte rien, on peut toujours s'entendre avec le Puech. Il fermera l'école deux ou trois jours.

La sueur lui piquait les yeux. Elle avait honte. Elle voulut se lever mais se sentit faible, au bord de l'évanouissement. Elle retomba dans le lit et s'abandonna à une semi-léthargie de marmotte.

Les enfants se butèrent à la rébarbative silhouette de la mairesse, figée dans la cour comme un totem.

Mécaniquement, elle prévenait chaque arrivant.

— Il n'y a pas d'école. Rentrez à la maison et dites que l'école est fermée jusqu'à nouvel ordre. La maîtresse est malade.

Elle attendait que l'élève, désappointé, tourne le dos
et lâchait alors entre ses dents, juste assez fort pour que
la perfidie ne fût pas gaspillée : « Paraît-il. »

Ce fut une pneumonie. Hospitalisée deux semaines,
elle retrouva sa chambre de jeune fille chez les parents
pour une convalescence qui l'épuisait d'ennui. La pensée lui revint incidemment des archives familiales et de
ce fameux Paulin Labarthe, avec lequel elle s'était
promis de faire un jour plus ample connaissance. Elle
avait donc obtenu de son père, que cette maladie
terrassait d'inquiétude, qu'il lui confiât les cahiers noirs
de Louis. Elle ne les quittait plus. Ils étaient là, épars
autour d'elle sur la couverture du lit, et elle en reprenait
indéfiniment la lecture.

Sa sœur Juliette, de trois ans son aînée, entra en coup
de vent dans la chambre. Leurs rapports avaient la
cordialité d'une camaraderie de collégiennes, sans plus.
Toute la fantaisie disponible dans la famille était chez
Carole, le rigorisme, le bon chic et le bon genre, chez
Juliette. Elles s'estimaient donc plus qu'elles ne s'ai-
maient vraiment. Néanmoins, la vie commune leur était
agréable.

— Bonjour, petite sœur. Tu vas ?
— Bien.

Caresse furtive des joues duveteuses.

— Tu lis encore le journal de l'aïeul ?
— Comme tu vois.

La grande sœur hochait la tête. Cette piété familiale
toute neuve lui paraissait n'être qu'une foucade de plus.

Elle s'assit un instant au pied du lit.

— Bon ! Il faut que je me sauve, j'ai mon cours à 10
heures. Maman demande si tu aimerais manger un peu
de gibier ?
— Buerque !
— Et un aligot ?
— Je me sens plutôt portée vers la mandarine et le
bouillon de légumes.

L'aînée tripotait négligemment la moleskine noire des
couvertures.

— Qu'est-ce que tu en penses ? demanda-t-elle à Carole. Plutôt marrant, non ?

— C'est mieux que ça ! Le tout début est fabuleux. Tu as lu ?

— Comme ça... des bribes.

— Les réminiscences sont incroyables !

— Tu ne veux pas plutôt dire les coïncidences ? La réminiscence induit le souvenir et l'inconscient.

Le formalisme un brin pédant de Juliette l'agaçait toujours.

— Chiante, écoute ! « Coïncidences », si tu veux, mais excuse-moi : mon premier poste fixe est Le Cayrol, qui a été son premier poste aussi à lui ! J'ai dans ma classe un Souques et un Roques, qui sont les descendants en droite ligne d'un Roques et d'un Souques dont il parle là-dedans...

Elle s'était redressée sur le lit et s'animait à tenter de convaincre Juliette dont la jolie bouche en cerise se coinçait sur un sourire de sceptique.

— Et la mairie ! De son temps, le maire était un paysan, le mien est une sorte de parvenu mais l'un et l'autre nous sont hostiles. J'oubliais le plus beau : il y a cent ans tout ronds, ils remontaient de Conques et moi, on m'a retrouvée sur la vieille route de Conques... !

— Et alors ?

— ... dans la neige, ma vieille ! Maria et son fils comme moi et mes mômes. Et on a tous failli en crever.

Juliette se levait, prête au départ.

— Fais un effort, écoute : « crever ». Tu disais ça devant papa, c'était encore la crise.

— Mais c'est *vrai* ! Bon, d'accord, on va causer poli, ma poule. Disons qu'à quelques heures près on nous retrouvait froids et raides comme des mammouths sibériens.

Elle prit un cahier, l'ouvrit au hasard et lut :

Il n'est pas sain que les parents analphabètes baissent le nez devant nos écoliers. Camille et moi (Camille, c'est celle qui me ressemble sur les photos de Soulargues), Camille et moi, nous devons trouver deux ou trois heures par semaine pour leur apprendre au moins la lecture. Mais où les trouver sans renoncer à l'un des compléments lucratifs auxquels nous nous astreignons tous deux ? (Elle changeait de page.)

Je suis passé chez les Souques (tu vois !) *j'ai pu décider la mère ; le père cédera à son tour et Christophe ira au lycée. Je suis rentré à dix heures passées, trempé comme une soupe, mais tout de même très heureux.*

Elle referma le cahier.

— On a cassé le moule. Ils étaient formidables, les ancêtres. Tu devrais lire ça, je te jure.

— Mais j'ai lu...

— Je sais, oui : des bribes ! Je veux dire une lecture complète, sérieuse. Toi qui parles toujours d'écrire un bouquin.

Juliette rit, légère.

— Il y a peut-être des sujets plus palpitants.

— En tout cas, moi, si je m'y colle un jour...

Juliette s'impatientait.

— D'accord, nous en reparlerons.

Son regard tomba sur la pendulette de la table de nuit.

— Je suis à la bourre, mais à la bourre !

Elle filait, lui envoyant un baiser du bout des doigts.

Elle se ravisa comme elle franchissait la porte.

— Zut ! j'oubliais. Tu as une lettre.

Elle lui tendit une enveloppe qu'elle venait de sortir de sa poche. Carole jeta un regard sur l'en-tête qui lui tira une grimace.

— L'inspection. Qu'est-ce qu'ils me veulent ?

— Ils vont te coller une médaille, plaisanta sa sœur en disparaissant.

Carole attendit que Juliette eût refermé la porte sur elle pour prendre connaissance de la lettre. Duhourcq n'avait jamais repris son poste et c'était Perron qui la convoquait sans fournir d'explication. Elle se coula dans les draps. De nouveau, elle avait froid.

A la date fixée, elle se retrouvait dans le bureau de Perron.

— Je croyais qu'on ne vous remplaçait jamais, mademoiselle Meissonnier, lui dit-il en lui tendant la main. Non, je plaisante. En réalité, nous sommes assez fiers de vous.

Ce n'était plus la même jeune femme qu'il avait rencontrée quelques mois plus tôt. Amaigrie, Carole s'était féminisée. Même si son arrogance de timide n'avait pas tout à fait disparu, son côté garçon manqué s'estompait derrière une fragilité qui lui attirait la sympathie. Au moins celle de Perron.

— Vous vous êtes conduite…

— … comme un être humain, le coupa-t-elle.

— Oui. Un être humain, comme vous dites, qui aurait la vocation d'enseigner et de protéger. Ce que vous contestiez, si j'ai bonne mémoire.

— Vous l'avez.

Ils semblaient assez contents l'un de l'autre, mais Carole était trop fine mouche pour ne pas savoir que seules les friandises venaient d'être servies. La soudaine expression de son interlocuteur annonçait une potion plus amère.

— Bien ! dit Perron, s'efforçant à la désinvolture. Maintenant, parlons de l'avenir. Quels sont vos projets ?

— Je reprends lundi au Cayrol, s'étonna Carole. Vous ne le saviez pas ?

— Oui, si. Mais je parlais de l'année prochaine.

— Eh bien, si la mairie fait un effort pour installer le logement, j'habiterai sur place, c'est la seule différence.

— Non, mademoiselle Meissonnier.

— Comment ça, non ?

— Ils ne feront aucun effort.

Elle restait bouche bée, attendant une explication.

— Nous fermons l'école du Cayrol.

Le ciel lui tombait sur la tête. Elle venait de vivre de longues journées de réflexion qui l'avaient conduite au constat tout bête qu'elle ne ferait rien d'autre de sa vie, que sa vocation était là, son bonheur, sa plénitude, que les enfants des autres seraient les siens ; elle venait de découvrir ses véritables racines, ses véritables raisons d'être, et tout sautait à cause de ces quelques mots. Incrédule, elle interrogeait Perron du regard.

Il soupira et prit une fiche sur son bureau.

— Vous aviez onze élèves. Les deux plus grands, Henri Maillebuau et Simone Lacans, passent en technique. Reste neuf. Or, les enfants Boyer suivent leur famille à Clermont où le père a trouvé un emploi. Reste *sept!* Le seuil du nombre d'inscrits étant fixé à neuf élèves, en deçà, vous le savez... nous fermons !

Il était sincère mais ne pouvait rien à une situation que réglaient les textes. Il feignit de ne pas remarquer les larmes montées aux yeux de la jeune femme qu'il venait de désespérer.

Elle termina l'année au Cayrol, déboussolée, incapable d'accepter ce nouveau coup du sort qui la renvoyait aux remplacements incessants, à l'incertitude, à cette errance détestable. Perron lui avait promis une affectation « dès que nous aurons une possibilité équivalente à ce que vous perdez ».

Merde !

Quelle équivalence à ces enfants sur lesquels elle avait déjà construit un projet scolaire, pour lesquels elle avait imaginé d'autres leçons, d'autres approches du monde qu'il lui appartenait de leur faire découvrir ? Quelle équivalence aux grands yeux sombres de Maria, à l'arrogance de Julien, à la douceur de Fabienne ? Bien sûr, tôt ou tard, elle les eût perdus. Mais de nouvelles têtes seraient venues doucement prendre leur place, d'autres regards auraient cherché le sien.

Elle ne voyait plus guère les Milliavinac. Françoise l'agaçait. Réponse à tout. Claude aussi l'agaçait. Réponse à rien.

A la vérité, Vincent Duprat les avait remplacés dans les brèches de temps qu'elle pouvait accorder à son « affectif ».

— Et si on faisait une pétition ? proposa Vincent lorsqu'elle lui annonça la nouvelle de son départ.

— Ce serait reculer pour mieux sauter. La loi est la

loi. Ils vont organiser un ramassage scolaire, Louiset et ceux qui restent iront ailleurs. Un car viendra les prendre tous les matins et les ramènera le soir. Vous savez, personne n'est irremplaçable! C'est un dogme dans l'administration.

— Vous pourriez démissionner, changer de vie? dit Vincent, un peu gêné de son audace.

Carole secoua la tête.

— J'ai pris goût à mon métier. Et puis ça me coûterait trop cher. J'ai signé un contrat, j'ai encore huit ans à faire. Je n'ai pas les moyens de payer des millions de dédit.

Elle avait dormi plusieurs fois à la ferme. Il croyait avoir pris sur elle un ascendant durable et voyait bien qu'elle était blessée. Faisant table rase de ses illusions, elle l'incluait dans la débâcle. Elle n'était pas venue chercher un appui mais dire adieu.

— Donc tu vas partir?...

Elle lui prit la main.

— Oui. Mais pas seulement d'ici, Vincent. Je vais essayer de... je ne sais pas au juste. Quitter la France, demander la Coopération, l'Afrique, n'importe quoi n'importe où mais foutre le camp. *Foutre le camp!*

Paul Liebmann la reçut dans son bureau du ministère. Une vaste pièce à lambris, avec des meubles anciens, de la moquette, un bureau somptueux tiré du Mobilier national.

La présence de la jeune femme le réjouissait sincèrement.

— Si vous saviez le plaisir que m'a fait votre lettre. Enfin, vous me fournissez une occasion de témoigner ma reconnaissance à votre famille.

Derrière lui, un agrandissement de la maison de Soulargues remplaçait dans son cadre une toile abstraite qu'il avait reléguée dans le bureau de sa secrétaire.

Il se retournait à demi pour la montrer à Carole.

— Vous reconnaissez?

Elle acquiesça.

— Et vous voulez abandonner cette merveille?

— Oui.

— C'est décidé?

— Absolument.

— Bien.

Paul Liebmann était déçu, mais il avait pris l'engagement de l'aider.

— Je vous demanderai seulement de patienter un peu.

Elle crut que tout recommençait, les atermoiements, les dérobades. Il surprit une expression de déconvenue sur son visage sans ruse et la rassura aussitôt.

— Je vous donne ma parole que je ferai tout ce qui est en mon pouvoir pour satisfaire votre désir d'exotisme. (Il prit un léger temps avant de poursuivre.) D'ici là, j'ai quelque chose à vous proposer. Une étape, disons, avant le dépaysement que vous souhaitez, une étape qui vous en donnera l'avant-goût. Vous connaissez les S.E.S., les « Sections d'enseignement spécialisé » ?...

Elle était déjà revenue à Paris, où elle avait vécu ses années d'enfance, mais pour de simples passages touristiques ou « culturels », ainsi qu'on disait dans la famille où le mot connaissait une vogue sans frein. En fait, tout se résumait à un coup de cinéma entre deux trains ou, si les délais le permettaient, un coup de théâtre subventionné et une ou deux grosses bouffes avec des cousins de sa mère.

Là, elle venait de se trouver une chambre (toujours par le truchement de Paul Liebmann), dont elle dut faire répéter trois fois le montant du loyer à la vieille personne qui lui en accordait l'usage, tant il lui parut excessif. Elle en changerait. Elle ne connaissait ni les gens, ni les rues, ni les itinéraires métro-bus, ni la manière de vivre sans bonjour, ni bonsoir, ni regards, ni mots échangés. Rien. On se croisait. Tant pis : elle croiserait.

Après les gazogènes, elle prit à droite. Elle avait étudié le plan la veille au soir et se reconnut sans trop de peine. Elle dépassa le centre culturel, hésita, reprit à droite et laissa la piscine derrière elle. Enfin, elle crut découvrir les bâtiments du lycée technique dont une classe était affectée à sa S.E.S. C'était la piscine. Elle revint sur ses pas et comprit que la piscine devant laquelle elle était passée cinq minutes plus tôt était en réalité le lieu de son travail. Elle franchit le portail d'entrée dans un ballet de cyclomoteurs qui l'effarouchèrent en la frôlant. La directrice la reçut, chaleureuse, l'air d'une jeune fille malgré la tignasse toute blanche, et un regard joyeux de bonne sœur. On lui montra sa classe. Elle s'y rendit, prit sa respiration et poussa la porte.

Ils attendaient et même ils l'attendaient. Ostensiblement. On leur avait annoncé une remplaçante. Celle qu'ils venaient d'user en trois semaines remplaçait déjà la titulaire en cure de déprime. Ils attendaient, guère plus nombreux que ses élèves du Cayrol, une quinzaine d'ados frimeurs, tous en fin de scolarité. Tous éclatants d'insolence, enfants du rock et peut-être du joint, machos, cabots, mâcheurs de chouime, sournoisement agressifs. Qu'elle soit à peu près de leur âge et plutôt jolie les déconcerta.

Plutôt que de monter prendre sa place, elle leur fit front en se retournant devant son bureau.

— Bonjour, dit-elle.

Les yeux rigolaient devant elle. « Si tu crois nous avoir aux bonnes manières », disaient-ils. Les bouches restèrent muettes.

— Je m'appelle Carole Meissonnier et j'ai vingt-quatre ans. J'ai aussi la responsabilité de cette section. (Toujours rien, les bouches, les yeux rigolaient deux fois plus.) Je pense que vous avez des idées sur moi et vous pensez probablement que j'en ai sur vous. Aucune.

Ils ne l'impressionnaient plus. Elle s'en était fait tout un monde et maintenant, l'artiste étant passée du côté des lumières, le trac l'avait quittée. Elle les voyait tels qu'ils étaient, boutonneux, bistres ou cuivrés, ou même carrément noirs, jouant à l'homme, fringués comme dans les clips, cinoches par solidarité. Très mecs. Et elle savait une chose de plus qu'eux, qui lui venait de ses entrailles de fille, toujours en avance d'une ou deux saisons sur la maturité des mâles, qui lui venait aussi de son année de Cayrol et peut-être de son hérédité : ils avaient peur. Devant chacun d'eux, elle voyait un petit garçon qui lui ressemblait, un petit garçon qui pour rien au monde ne tenterait de répondre intelligemment à la question que cette connasse n'allait pas manquer de lui balancer. Pour rien au monde, le petit garçon n'avouerait devant ses copains qu'il était sans réponse intelligente aux vingt-sept millions de questions de merde qu'elle pouvait poser. « Viens au plumard, là tu verras », disaient les yeux de loup par-dessus les petits garçons apeurés.

Elle reprit de la même voix sans passion :

— Aucune idée. Je sais seulement que nous aurons à vivre ensemble un certain nombre d'heures, chaque semaine, que l'école vous barbe et que vous avez bien l'intention de me le faire sentir.

Du milieu de la classe, un blondin l'interrompit.

— On peut t'appeler Carole ?

— Si vous voulez. Toi, c'est comment ?

— Stany.

— Stany comment ?

— Voloviak.

Elle s'avança vers les tables et commença de passer dans les rangs, les interrogeant du regard et s'efforçant de retenir au moins quelques noms. Ils jouèrent le jeu, amusés.

— Ahmed.

— Pépé.

— Mario.

— Omar.

Le voisin souffla : « dit la Langouste ». Ils riaient modérément. Elle aussi.

— Stephan.

— Ivo.

— Ivo ou Ivan ? demanda-t-elle.

Stany, qui avait sur les autres un certain ascendant, répondit à la place de l'interrogé.

— Ivo. Stephan et lui, c'est des yougs.

— Pardon ?

— Yougos, Yougoslaves.

Elle acquiesça.

— Bon. Pas toi ?

— Non, moi, pollack. Beur pollack.

— Tu parles polonais ?

— Non.

— C'est dommage.

— Pourquoi ?

— Tu nous aurais appris quelque chose, un poème, une chanson.

Elle reprit sa tournée.

— Carlos.

— André.

Elle n'en croyait pas ses oreilles.

— Français ?

— Gitan.

— C'est pareil, non ?

— Non.

Elle sentit qu'elle l'avait vexé et n'insista pas. Il y avait encore Salem et Yang, l'un maghrébin, l'autre viet. Et un carré de bruns taciturnes qui semblaient ne pas même participer à la scène.

Encore une fois, Stany intervint.

— Eux, c'est des portosses. Ils débarquent, ils savent pas deux mots.

— Qu'est-ce que c'est, des portosses ?

Elle comprit tout à coup. Des Portugais.

Comme elle gagnait son bureau juché sur la petite estrade, André le Gitan, plus trouble que les autres, lui lança :

— Pourquoi tu mets pas des jupes ?

Elle marqua un instant d'arrêt.

— J'y penserai. Mais tu seras déçu : j'ai deux jambes de bois.

Omar s'esclaffa, André le prit brusquement à partie.

— Pourquoi tu ris, Langouste ? Tu trouves ça marrant ?

Il revint à Carole.

— C'est con ce qu'elle a dit.

L'épreuve de force menaçait. Carole était vive.

— Je trouve aussi, convint-elle. Maintenant on va mettre les choses au point tout de suite. Vous êtes quinze, costauds, vachement malins, et moi je suis toute seule et je suis une bonne femme. Donc, si on se fait la guerre, j'ai perdu d'avance. Okay ?

Ils l'écoutaient, intrigués par ce comportement sans rapport avec celui des deux malheureuses qu'ils avaient envoyées nager dans le Témesta.

— Seulement, attention, je peux quand même vous compliquer la vie. Et il y en a peut-être deux ou trois qui ont envie de faire quelque chose pour en sortir un jour.

— Sortir de quoi ? demanda Ahmed.

— Des sections spécialisées. La vie en est pleine, d'un bout à l'autre.

André la coupa :

— Elle va pas nous gonfler, non ?

— Laisse-la parler, dit Stany sans même se tourner vers l'interrupteur. Pour l'instant, elle fait chier personne.

— Et mon intention est de ne jamais le faire, enchaîna Carole. Si possible. Je vous demande le même régime. Je suis comme vous, je suis de passage dans cette S.E.S. J'aimerais que ça se fasse en douceur.

Elle pensa seulement à s'asseoir.

— On va essayer de se *respecter*. Et aussi d'apprendre quelque chose ensemble.

Elle prit le temps d'un regard qui balaya toute la horde.

— Dans ma famille, il y a des instituteurs depuis cent ans. Quatre générations. Je suis en train d'écrire un bouquin là-dessus.

— Toi ?

— Oui, moi.

— Un *vrai* bouquin ?

— Enfin... si j'arrive au bout, oui, j'espère que ce sera un vrai bouquin.

André s'agitait.

— Elle nous charrie.

— Pourquoi voudrais-tu que... ?

— Vas-y : lis ! J'espère que tu sais lire.

Elle fut seule à rire de la boutade et se reprit vite.

— Je n'ai pas l'intention de vous lire quoi que ce soit, ni à vous ni à personne d'autre, avant d'en avoir terminé avec ce livre. Mais je peux vous raconter ce qui est écrit et qui est le début, bien sûr.

« Ça se passe dans mon pays, mon pays d'origine, l'Aveyron ; il y a donc cent ans, puisque c'était l'hiver de 1881-1882. C'est une époque tellement différente de la nôtre que mon arrière-arrière-grand-mère, Maria Meissonnier (le même nom que moi, vous voyez), une simple paysanne, a risqué sa vie pour que son fils Louis reçoive l'instruction qui lui permettrait de sortir de sa misère.

Elle était sans moyens, mais une loi nouvelle accordait à tous la chance de l'instruction gratuite. Son fils avait déjà douze ans et aurait pu échapper à cette loi et partir pour la mine ou les forêts, travailler, l'aider à vivre. Au contraire, elle voulait *son droit* pour l'enfant, qui ne parlait pas un mot de français lui non plus. Le pays est difficile. Je peux vous dire que, même aujourd'hui, il y règne un froid terrible, un froid à mourir. Et elle s'était laissé surprendre par la neige, elle en avait à mi-jambe et leur chemin était perdu...

Aussi longtemps qu'elle parla, ils suivirent la marche harassante, arrachèrent leurs jambes de la gangue glacée, entendirent les loups et le grand chien du Barral. Paulin leur toucha le cœur. Ils espéraient de tels hommes, éparpillés ici et là dans le monde et dans le temps, et ils en connaissaient un. Louis, lui-même, était de leur race : sortir le couteau et désespérément faire face à l'injustice, au rejet, ils connaissaient.

Elle les tint presque une heure sous le charme.

— Et vous comprenez pourquoi cet acharnement, ce courage ?... C'est qu'ils étaient comme vous, prisonniers de leur ignorance. Mais ils avaient une volonté terrible, la volonté des pauvres qui ont décidé de vaincre leur pauvreté. Rien n'aurait pu les empêcher de réclamer leur part d'école et d'instruction parce qu'ils savaient que c'était aussi la clef de leur liberté.

Au-dessus des petits garçons subjugués, les yeux avaient perdu leur arrogance. Bistres, cuivrés ou noirs, blondins ou crépus, yougos, portosses ou beurs, ils ne pouvaient ignorer que, sur ce point au moins, elle ne leur mentait pas.

Les mots chantèrent longtemps à leurs oreilles.
« PARCE QU'ILS SAVAIENT QUE C'ÉTAIT AUSSI LA CLEF DE LEUR LIBERTÉ. »

TABLE DES MATIÈRES

*Achevé d'imprimer en décembre 1988
sur les presses de l'Imprimerie Bussière
à Saint-Amand (Cher)*

PRESSES POCKET - 8, rue Garancière - 75285 Paris
Tél. : 46-34-12-80

— Nº d'imp. 6473. —
Dépôt légal : décembre 1988.
Imprimé en France